SOMMAIRE

(D'après une estampe)

La Tour au siècle dernier.

PROGRAMMES DE VISITE

Visite-éclair. – Circuit touristique en **bus,** sans guide (dépliant illustré en plusieurs langues). *Départ (sauf le 25 décembre) toutes les heures ou demi-heures de 9 h à 20 h (16 h en hiver) de Victoria (Grosvenor Gardens), Marble Arch (Speaker's Corner) ou Piccadilly Circus. Durée 1 h 1/2. Prix : £ 2.*

Cette agréable promenade donne un bon aperçu des principaux monuments du centre de la ville, des bords de la Tamise et de la « City ».

Vue du ciel. – Rapide survol en **hélicoptère.** *S'adresser à Westland Heliport, Lombard Road, Londres SW 11, ☏ 228 3232. Départ de l'héliport du parc de Battersea tous les jours ouvrables jusqu'à 17 h, si un hélicoptère est disponible. Vol de 10 à 12 mn de Battersea à Tower Bridge ; prix : £ 80 pour 4 personnes.*

Ce parcours aérien offre un aspect inhabituel de Londres sur Westminster, St-Paul, les ponts et les docks.

7 jours. – *Pour un week-end, s'inspirer des deux premiers jours.*

1er jour. – **Abbaye de Westminster,** Salle capitulaire et musée de l'Abbaye. Square du Parlement, « Big Ben », Pont de Westminster (**vue** sur la Tamise et le Parlement). Possibilité de mini-croisière sur la Tamise, de 2 h sans escale avec repas à bord *(les mercredis, samedis et dimanches seulement, départ 12 h 45, réservation ☏ 01-839 2349).*
Shopping dans Brompton Road (Harrods), Regent Street (Liberty's), Oxford Street (Marks and Spencer), « lèche-vitrine » dans Bond Street *(fermeture des boutiques de luxe le samedi après-midi),* Piccadilly Street (Gered : faïence Wedgwood). Soirée à Piccadilly.

2e jour. – La **Tour de Londres** (maison des Joyaux, tour Blanche). Coup d'œil sur Tower Bridge et détente à St Katharine Dock (agréable port de plaisance avec bars et restaurants).
A Mayfair, Shepherd Market (quartier pour piétons). **Wellington Museum.** Promenade dans Hyde Park (Serpentine), Kensington Gardens (Albert Memorial). Soirée à Chelsea (King's Road).

3e jour. – **Hampton Court** : palais, jardin *(restaurant).* Aller en bateau par la Tamise *(embarquement à Westminster, renseignements ☏ 01-930 2062),* retour par train ou bus.

4e jour. – **National Portrait Gallery.** Relève de la Garde à Whitehall. **Greenwich** *(par bateau, embarquement à Westminster Pier ou Charing Cross).* Halte repas, visite du voilier Cutty Sark, du musée national de la Marine, de l'Observatoire, prolongation possible (par bateau) jusqu'au **Barrage de la Tamise.**

5e jour. – **Musée de Londres** et quartier Barbican. **Guildhall** et Clock Museum.
Promenade dans la City. **St-Paul.**

6e jour. – Hampstead **(Fenton House, Kenwood).** Highgate (village et cimetière).

7e jour. – **British Museum** (choix d'un département : antiquités égyptiennes ou grecques). Détente à Regent's Park (Nash Terraces) et Zoo.

Silver Jubilee Walkway. – Le **parcours du Jubilé d'argent** a été créé en 1977 pour commémorer le 25e anniversaire de l'accession au trône d'Élisabeth II. Couvrant plus de 13 km, il est jalonné de signaux représentant le dôme de St-Paul s'inscrivant dans une couronne (dalles, plaques murales et disque d'aluminium sur le trottoir). Le point de départ, au Nord-Ouest de **Leicester Square** est marqué d'un poteau arborant le symbole du **Silver Jubilee.**

Cette promenade à pied peut être divisée en plusieurs secteurs :

- De Leicester Square au Parliament Square
- Du Parliament Square à South Bank Jubilee Gardens
- Des Jubilee Gardens à Southwark Cathedral
- De Southwark Cathedral à Tower Hill en passant par St Katharine Dock
- De Tower Hill à St Paul's Cathedral
- De St Paul's Cathedral à Leicester Square
- Extension possible vers le Barbican *(2,5 km).*

La traversée de ces quartiers tous différents donne une bonne idée de Londres pour qui a le temps de flâner. Il est toujours facile de regagner son point de départ par métro, bus, taxi ou même par le fleuve *(quais d'embarquement à Westminster, Charing Cross et Tower).*

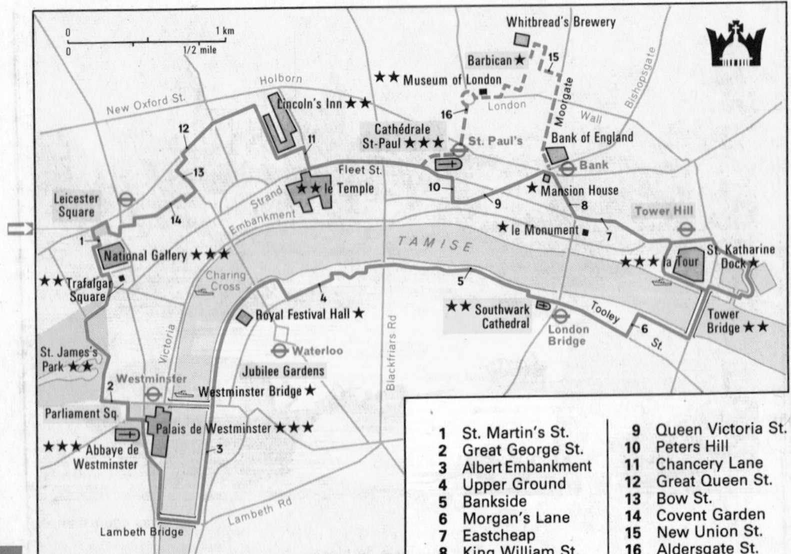

RENSEIGNEMENTS PRATIQUES

ALLER A LONDRES

L'époque. – Au point de vue climatique, le début de l'**automne** constitue la meilleure période pour visiter Londres. En septembre et octobre, le ciel est souvent dégagé, hormis quelques jours au moment de l'équinoxe ; les températures restent clémentes et la douceur d'une lumière argentée contribue à la détente typique du style de vie londonien.

La fin de l'automne et l'**hiver** présentent moins d'agréments. Si les mémorables brouillards **(fogs)** et les suffocantes fumées **(smogs)** ont sensiblement diminué depuis l'installation de chauffages au mazout et d'appareils aspirant les poussières en suspension dans l'atmosphère, les pluies ne sont pas rares, redonnant alors à Londres la physionomie des descriptions de Dickens et des gravures de Gustave Doré.

Le **printemps,** parfois mouillé, est, comme l'automne, une époque propice, particulièrement en mai lorsque parcs et jardins au gazon vert acide se parent de fleurs multicolores. C'est alors que se déroulent les fastes de la « season » londonienne marquée d'expositions florales ou artistiques, de manifestations traditionnelles et de grandes rencontres sportives *(p. 18).*

Au cœur de l'**été,** fleuri de roses, Londres, où la chaleur reste supportable, se livre aux groupes de touristes flânant dans des rues moins encombrées par les voitures.

Jours fériés. – Fêtes légales ou religieuses **(Public Holidays)** : Noël (Christmas Day) et Vendredi Saint (Good Friday). Autres jours fériés **(Bank Holidays)** : 1er janvier (New Year's Day), lundi de Pâques (Easter Monday), 1er mai (May Day), lundi de Pentecôte (Whit Monday-Spring Bank Holiday), dernier lundi d'août (Summer Bank Holiday), 26 décembre (Boxing Day).

L'heure. – Il y a une heure de décalage entre la Grande-Bretagne et le continent (quand il est 8 h à Londres, il est 9 h à Paris), excepté durant le mois d'octobre où l'heure est la même (les Anglais adoptant l'heure d'hiver fin octobre au lieu de fin septembre sur le continent).

En Grande-Bretagne, on désigne les heures de la matinée par **am** (ante meridiem) et celles de l'après-midi par **pm** (post meridiem). Exemple 9 am : 9 h du matin ; 9 pm : 21 h (du soir).

Horloge parlante : tél. 123 – **Prévisions météorologiques :** tél. 246 8091.

Les moyens de transport. – En attendant la réalisation d'un tunnel sous la Manche, maintes combinaisons sont possibles.

Sans voiture :

Par air. – Trois compagnies assurent la plus grande partie du trafic entre Paris et Londres, au départ de l'aéroport de Roissy-Charles-de-Gaulle :

- Air France et British Airways fonctionnent en « pool » avec une quinzaine de vols par jour dans chaque sens, durée : 1 h. L'atterrissage se fait à l'**aéroport de Heathrow** (London Airport – à 25 km à l'Ouest de Londres). Heathrow est relié au centre de Londres : par métro en 45 mn (ligne de Piccadilly), ou par « Airbus », ligne A2 Nord jusqu'à la gare de Paddington, ligne centrale A3 jusqu'à la gare de Euston, ligne A1 Sud jusqu'à la gare de Victoria (arrêts intermédiaires). On peut acheter son billet de métro à l'avance à Paris, Bruxelles et en Suisse auprès des Chemins de fer Britanniques (voir adresses p. 14).
- British Caledonian Airways relient Roissy-Charles-de-Gaulle à l'aéroport de **Gatwick** (40 km au Sud de Londres) en une heure. Des trains circulent toutes les 15 mn entre Gatwick et la gare de Victoria, durée : 30 mn.

Il existe également des liaisons aériennes entre Dinard et Gatwick et entre Le Touquet et Southend on Sea (au N.E. de Londres) toute l'année, ainsi qu'entre Deauville et Gatwick en saison ; se renseigner à l'aérodrome de départ.

Air France : à Paris, 119 Champs-Élysées 8e – ☎ 45 35 61 61
à Londres, 158 New Bond Street W 1 – ☎ 499 9511 et 8611

British Airways : En France, adresse postale : Tour Winterthur, Cedex 18, 92085 La Défense
principale agence : 91 Champs-Élysées, Paris 8e – ☎ 47 78 14 14
à Montréal, 1021 De Maisonneuve Ouest – ☎ 287 9133
à Londres, 75 Regent Street W 1 – ☎ 897 4000

British Caledonian : à Paris, 5 rue de la Paix 2e – ☎ 42 61 50 21
à Londres, Victoria Station – ☎ 668 4222
et 215 Piccadilly W 1 – ☎ 434 1676

Air Canada : à Montréal, Place Air Canada, 500 Dorchester – ☎ 931 4411
à Londres, 140-4 Regent Street W 1 – ☎ 439 7941

Sabena : à Bruxelles, 35 rue du Cardinal Mercier – ☎ 511 90 20
à Londres, 36-7 Piccadilly W 1 – ☎ 437 6950

Swissair : à Genève, Gare de Cornavin – ☎ 99 31 11
à Londres, 3 New Coventry Street W 1 – ☎ 734 6737

Par fer et mer. – Depuis Paris, environ 12 services par jour selon la saison, assurés conjointement par la S.N.C.F. et les Chemins de fer Britanniques (British Railways) :

- Paris (Gare du Nord), Boulogne, ferry pour Folkestone, train pour Londres (Victoria) ; durée totale : 6 h 30 à 7 h.
  Paris (Gare du Nord), Boulogne, aéroglisseur pour Douvres (Dover) train pour Londres (Charing-Cross) ; durée totale : environ 5 h.
  Paris (Gare du Nord), Calais, ferry pour Douvres (Dover), train pour Londres (Victoria) ; durée totale : 7 h.
  Paris (Gare du Nord), Dunkerque, ferry pour Douvres, puis train pour Londres (Victoria) ; durée : environ 10 h, service de nuit uniquement.
  Paris (St-Lazare), Dieppe, ferry pour Newhaven, train pour Londres (Victoria) ; durée totale : environ 8 h 30.
- Bruxelles (M), Ostende, ferry pour Douvres (Dover), train pour Londres (Victoria) ; durée : environ 9 h. 2 ou 3 services par jour environ.
  Bruxelles (M), Ostende, Jetfoil (hydroglisseur) pour Douvres, train pour Londres (Victoria) ; durée : environ 5 h. 5 ou 6 services par jour.
- autres liaisons possibles, fer/mer : par Le Havre ou Cherbourg et Portsmouth en Angleterre ; et par Zeebrugge (Belgique) et Douvres (Dover). Voir rubrique « voiture ».

Par autocar et aéroglisseur. – La compagnie Hoverspeed effectue des liaisons quotidiennes en autocar, appelées « City Sprint », entre Paris, Bruxelles, Mons ou Anvers et Londres.

Avec voiture :

Par ferry. – D'une part, les car-ferries « Sealink » de la S.N.C.F., des Chemins de fer Britanniques, et de la R.T.M. (Belgique), d'autre part les car-ferries de la compagnie Townsend Thoresen (T.T.), assurent les traversées vers l'Angleterre. 11 liaisons sont actuellement en exploitation :
- Cherbourg-Portsmouth (durée : 4 h 45, Sealink et T.T.)
- Cherbourg-Weymouth (en saison, durée : 4 h 15, Sealink)
- Le Havre-Portsmouth (durée : 5 h 30 – 9 à 10 h la nuit - T.T.)
- Dieppe-Newhaven (durée : 4 à 5 h, Sealink)
- Boulogne-Folkestone (durée : 1 h 45, Sealink)
- Boulogne-Douvres (durée : 1 h 45, Sealink, T.T.)
- Calais-Douvres (durée : 1 h 15 à 1 h 30, Sealink, T.T.)
- Dunkerque-Douvres (durée : 2 h 20, Sealink)
- Ostende-Douvres (durée : 3 h 45, Sealink)
- Zeebrugge-Douvres (durée : 4 h 15, T.T.)
- Zeebrugge-Felixstowe, au Nord de Londres (durée : 5 h–9 h, T.T.)

Par aéroglisseur (Hovercraft). – La compagnie Hoverspeed assure les liaisons de Boulogne à Douvres (en 40 mn) et de Calais à Douvres (en 35 mn). Ces engins sur coussins d'air emportent 55 voitures et 424 passagers à 120 km/h. Se présenter 30 mn avant le départ.

Par Hydroglisseur. – Les « Jetfoil » de la R.T.M. assurent la liaison Ostende-Douvres (en 1 h 40).

Formalités d'entrée en Grande-Bretagne. – Pour les ressortissants d'un pays de la C.E.E., présenter une carte nationale d'identité ou un passeport valide. Les Suisses devront en outre remplir une carte de visiteur (Visitor's Card). Les Canadiens doivent avoir un passeport valide. Pour tous, les séjours de longue durée sont soumis à des réglementations spéciales.

Une carte verte d'assurance internationale est exigée pour la **voiture.** Les **mineurs** doivent être munis d'une autorisation parentale de sortie du territoire.

Il est fortement déconseillé d'amener ses **animaux domestiques** : ceux-ci devraient être mis en quarantaine dès leur arrivée en Grande-Bretagne, afin de préserver le pays des risques de rage. Il est prévu de lourdes peines pour l'introduction illicite d'animaux.

Change. – La Livre Sterling (£) vaut (en juillet 1985) 11,75 FF ; 81 FB ; 3,31 FS ; 1,91 $ canadien. Des bureaux de change sont ouverts tous les jours (de 6 h 30 à 22 h) à Victoria Station et dans les aéroports de Heathrow et de Gatwick (de 6 h à 22 h).

Le système monétaire en vigueur depuis le 15 février 1971 est décimal. Il existe des billets de banque de £ 1, £ 5, £ 10 et £ 20 ; la Livre Sterling (pound en anglais) est divisée en 100 pence (on prononce maintenant « piise »). Les pièces de monnaie sont de 1 p (penny), 2 p, 5 p, 10 p, 20 p, 50 p, et £ 1.

Quelques adresses utiles :

à Paris :
- Office Britannique de Tourisme, 6 place Vendôme, 1er, ☎ 42 96 47 60
- Ambassade de Grande-Bretagne, 109 rue du Faubourg St-Honoré, 8e, ☎ 42 66 91 42
- Chemins de fer Britanniques-Sealink, 55/57 rue St-Roch, 1er, ☎ 42 61 85 40
- Hoverspeed, 4 rue de la Paix, 2e, ☎ 42 60 36 48
- Townsend Thoresen Car Ferries, 41 Bd des Capucines, 2e, ☎ 42 61 51 75

à Bruxelles :
- Office Britannique du Tourisme et Chemins de fer Britanniques, 52 rue de la Montagne, 1, ☎ 511 69 65
- Townsend Thoresen Car Ferries, 18-24 rue des Colonies, 1, ☎ 513 29 80

en Suisse :
- Office Britannique du Tourisme (British Travel Centre) et Chemins de fer Britanniques :
  à Bâle, Zentralbahnplatz 9, 4002, ☎ 23 14 04
  à Zurich, Limmatquai 78, 8001, ☎ 47 99 38 ou 47 42 77

à Toronto :
- British Tourist Authority, 151 Bloor St West, ☎ 961 81 24

à Londres :
- Ambassade de France, 58 Knightsbridge, SW 1, ☎ 235 8080
- Consulat de France, 24 Rutland Gate, SW 7, ☎ 581 5292
- Centre Charles-Péguy : voir p. 114
- Maison du Canada, Trafalgar Sq SW 1, ☎ 629 9492
- Ambassade de Belgique, 103 Eaton Sq SW 1, ☎ 235 5422
- Ambassade de Suisse, Montagu Place W 1, ☎ 723 07 01

Centres d'informations touristiques à Londres :

London Visitor and Convention Bureau (LVCB), adresse postale uniquement : 26 Grosvenor Gardens, SW 1. – Renseignements par téléphone, de 9 h à 17 h 30 du lundi au vendredi, informations générales : 730 3488 ; informations sur les promenades en bateau : 730 4812 ; informations sur les spectacles et les manifestations : 246 8043 (en français).
- Agence de la gare Victoria (National Tourist Information Centre) : ouverte tous les jours de 9 h à 20 h 30 (8 h 30 à 22 h en juillet et août).
- Agence de l'aéroport de Heathrow (Central Station) : ouverte tous les jours de 9 h à 18 h.
- Agences des grands magasins Selfridges *(p. 94)*, et Harrods *(p. 84)*.

Ces 4 agences du LVCB proposent des informations touristiques, des réservations pour des circuits organisés, et la vente de brochures et livres touristiques ; les agences de Victoria et Heathrow s'occupent, en outre, des réservations d'hôtels.

City of London Information Centre (informations concernant le quartier de la City uniquement) : St Paul's Churchyard, EC 4, ☎ 606 3030 *(voir plan p. 10)*.

LES TRANSPORTS

La circulation. – Dense et assez lente, la circulation ne s'englue que rarement en embarras inextricables (traffic-jam), même à Piccadilly Circus et Trafalgar Square. Les automobilistes font souvent preuve d'une courtoisie et d'une discipline facilitant l'écoulement des voitures.

Il ne faut jamais oublier que la circulation se fait à gauche et qu'il est indispensable pour le piéton de regarder d'abord à droite (Look Right) avant de traverser une rue. Dans certains cas cependant le piéton jouit du privilège de la priorité spécialement sur les passages marqués de raies blanches (zebra crossings). En ce qui regarde les automobilistes, il faut aussi noter que le véhicule engagé autour d'un rond-point a priorité sur celui qui débouche des voies adjacentes.

Le stationnement. – Pratiquement impossible en semaine dans le centre de 9 h à 18 h sauf aux emplacements payants (compteurs) ainsi que dans les parkings *(voir le guide Rouge Michelin Great Britain « Hôtels et Restaurants »),* le stationnement est plus facile... et gratuit le samedi après-midi, le dimanche, et après 18 h.

Taxis. – Également nommés Cabs, les taxis noirs et hauts sur roue font sensation par leur apparence quelque peu désuète. Pourvus de deux strapontins pliants, face à la banquette arrière, et d'une vitre isolant les passagers, ils possèdent des commodités inconnues sur le continent comme cette plate-forme à bagages aménagée près du conducteur ou ce dispositif nommé « steering-lock » qui permet au véhicule de tourner sur lui-même.

Travaillant habituellement « en maraude », les taxis sont munis d'un voyant indiquant s'ils sont libres (For Hire), mais on peut aussi les appeler par téléphone *(Taxicab : 286 1046).* La prise en charge dans la journée est de 80 p et le pourboire de l'ordre de 15 % ; il faut compter £ 15.80 pour une course Piccadilly-Heathrow (pas de supplément pour les bagages gardés près de soi). Il existe aussi des petits taxis (mini-cabs), moins onéreux.

Autobus (Bus). – Reconnaissables à leur couleur rouge et leur démarche pataude, les bus londoniens, la plupart à impériale, desservent un réseau urbain de plus de 300 lignes.

Aux arrêts (Bus Stop) il est d'usage de faire la queue (to queue) quand il y a affluence et la resquille est mal vue. Aux « Bus Stop-Request », sur fond rouge, il convient de faire signe au conducteur de s'arrêter. Dans certains autobus, on va s'asseoir directement à sa place et un receveur vient vous délivrer un ticket, mais de plus en plus souvent on paye au conducteur, en montant, ou au distributeur automatique. En se plaçant à l'avant de l'impériale on peut, si l'on n'a pas le « mal de bus » engendré par de larges oscillations, jouir du spectacle londonien (l'arrière de l'impériale est réservé aux fumeurs).

Métro (Underground). – Remontant à 1863, le métro de Londres dont les trains étaient à l'origine tractés par des locomotives à vapeur, est le plus ancien du monde. En effet New York n'a eu son métro aérien (Elevated) qu'en 1868, puis ont suivi les métros de Paris en 1900, de Berlin (1902), Madrid (1919), Moscou (1935), Rome (1955), etc.

Le métro londonien est composé de dix lignes principales (et quelques ramifications) dont une ligne circulaire (Circle Line). Certaines de ces lignes sont à ciel ouvert ou en souterrain peu profond. D'autres, comme la Piccadilly Line, empruntent, à grande profondeur, des tunnels de diamètre étroit, d'où leur nom de **« tube »** (prononcer « tioube »). C'est dans le tube que les Londoniens se réfugiaient durant les bombardements nocturnes du « blitz », en 1940 et les années suivantes. Des stations de correspondance mettent librement en communication les diverses lignes, dont les stations sont plus éloignées les unes des autres qu'à Paris (compter environ 2 mn entre chaque station et 5 mn pour les changements).

Des distributeurs automatiques ou des employés délivrent des billets dont le prix varie suivant la zone *(voir plus bas)* ; ce billet est réclamé à la sortie (Way Out). Attention, les trains s'arrêtant à un même quai peuvent avoir des destinations différentes, examiner le signal lumineux qui indique la destination.

Le service fonctionne entre 5 h 30 et minuit (de 7 h à un peu avant minuit le dimanche).

Tarification (bus et métro). – La compagnie **London General Transport,** qui regroupe les activités du bus et du métro pour le Grand Londres, fournit des informations et délivre des cartes de transports spéciales et touristiques citées ci-dessous, aux stations de métro suivantes : Victoria, St James's Park, King's Cross, Oxford Circus, Piccadilly Circus, Euston, Heathrow (Central et Terminal 1 et 2).

La région londonienne est divisée en trois zones tarifaires : zone 1 « Central », zone 2 « Inner » (petite couronne), zone 3 « Outer » (grande couronne – cette dernière zone est subdivisée, pour le métro, en a, b et c). Le tarif minimum pour une zone est de 30 p (40 p dans la zone centrale). Il est généralement plus avantageux d'acheter des billets spéciaux ou des cartes de transports, qui permettent un nombre de trajets illimité :

- Le billet appelé **One Day Red Bus Rover,** valable une journée, permet d'emprunter tous les bus rouges (sauf les Airbus), dans toutes les zones. Prix : £ 2. Validation par grattage.
- La carte **Off-peak Travelcard,** valable une journée, est utilisable sur tout le réseau bus et métro, mais seulement à partir de 10 h du matin (après les heures de pointe ou « Off-peak »). Prix : £ 2.
- La carte **Travelcard** est valable pour 7 jours (ou 1 mois) à partir du jour de l'achat, sans limite horaire, sur le réseau bus et métro. Le tarif varie selon les zones utilisées (pour 7 jours) : zone centrale £ 4 ; 2 zones £ 5.50 ; 3 zones £ 8.20 à £ 13.20. Pour obtenir la Travelcard, on doit fournir une photo d'identité.
- La carte appelée **London Explorer Pass** est spécialement destinée aux touristes ; elle est valable pour une journée : £ 3, trois jours : £ 8.50, quatre jours : £ 11, sept jours : £ 14, sur tout le réseau bus et métro. Avec cette carte sont remis également des bons de réductions pour certaines des plus grandes curiosités de Londres, ainsi qu'un petit guide les localisant. L'Explorer Pass peut être acheté à l'étranger (auprès des Chemins de fer Britanniques, voir p. 14).

Pour toutes ces cartes, le **tarif enfant** représente moins de la moitié du tarif adulte.

Vedettes et bateaux-mouches. – Un service quotidien de vedettes sillonne la Tamise, toute l'année en aval depuis les embarcadères (Piers) de Westminstrer, Charing Cross, la Tour (Tower) et Greenwich ; en saison seulement vers l'amont, depuis Westminster, Putney Bridge, Kew, Richmond et Hampton Court, ainsi que vers le Barrage de la Tamise (Thames Barrier – sans débarquement). *Informations auprès du LVCB (p. 14), River Information Service ☎ 730 4812 ; voir aussi p. 123 et aux curiosités citées.*

LA VIE COURANTE

Les habitudes londoniennes peuvent sembler parfois déroutantes au touriste continental, aussi donnons-nous ci-dessous quelques indications pratiques.

Dormir. – Les agences du LVCB *(adresses p. 14)* peuvent s'occuper de la recherche et des réservations de chambres dans les hôtels. Comme dans toutes les grandes capitales, les hôtels à Londres sont dispendieux. Parmi les grands établissements, on distingue deux catégories bien différenciées :

- les hôtels traditionnels dont les noms s'inscrivent en lettres d'or dans l'histoire de l'hôtellerie européenne, tels le Savoy et le Ritz où officia le fameux cuisinier français Escoffier (1847-1935), le Carlton Tower, le Conaught ou le Claridge's, tous illustres par leur cadre raffiné et leur clientèle aristocratique ;
- les nouveaux hôtels de conception américaine, immenses, confortables et pratiques comme les Hilton, le Sheraton Park Tower, le Holiday Inn, l'Inter-Continental et le Sheraton Skyline situé près de l'aéroport de Heathrow.

Comme dans toutes les grandes capitales, il n'est pas aisé de trouver un hôtel de confort moyen. Cependant le touriste peut faire appel à deux institutions londoniennes, les **« boarding-houses »** et les **« private hotels »,** particulièrement nombreux dans les quartiers universitaires de Bloomsbury et de South Kensington ainsi qu'à Chelsea et à Bayswater : ce sont de confortables « pensions de famille » équipées de vastes salons mais dépourvues de bars et ne servant habituellement que le petit déjeuner (breakfast). Une liste d'hôtels bon marché « Good Value Hotels in London » est fournie à Paris, par l'Office britannique de Tourisme *(p. 14).*

Plus économique encore, le **« bed and breakfast »,** logement chez l'habitant, est pratiquement inconnu à Londres, mais on peut le trouver occasionnellement dans les localités suburbaines.

Les célibataires peuvent s'adresser à l'**Y.M.C.A.** (Young Men's Christian Association) et à l'**Y.W.C.A.** (Young Women's Christian Association), 112 et 16 Great Russell Street *(voir plan p. 7 et 36).*

Pour choisir un hôtel ou un restaurant à Londres
utilisez la ***plaquette Michelin Greater London,***
extrait du ***guide Rouge Michelin Great Britain and Ireland*** *de l'année.*

Manger. – Sans être un haut lieu de la gastronomie, Londres réserve d'agréables moments aux amateurs de spécialités anglaises ; parmi les grandes maisons, remontant à la Belle Époque, on peut citer Wheeler's pour les fruits de mer et Simpson's-in-the-Strand près de Covent Garden, pour la viande : on pourra y goûter, sous l'œil impassible des maîtres d'hôtel blanchis sous le harnois, les préparations classiques de la Vieille Angleterre que sont la soupe à la tortue (turtle soup), le cocktail de crevettes (Shrimp Cocktail), la sole, immuablement de Douvres (Dover Sole), le frai de hareng (White bait), le turbot de l'estuaire (de la Tamise), la truite ou le saumon fumé (smoked trout, smoked salmon), le steak et les rognons en croûte (steak et kidney pies), le roast beef, enfin et surtout le fameux **« joint »,** viande de bœuf à l'os tranchée devant le client.

Ces mets sont traditionnellement accompagnés de vin de Bordeaux que les Anglais nomment **« claret ».**

Cependant le Londonien de naissance ou d'adoption se contente souvent d'une cuisine plus modeste, absorbée dans les « snacks » et autres « Fast Food ». Moins coûteux encore sont les **« fish and chips shops »,** échoppes, parfois en plein air, vendant de la friture de poissons et de pommes de terre. Pour les touristes, les « cafeterias » libre-service des musées ou de certains monuments constituent aussi une solution pratique.

Les amateurs de fruits de mer satisferont leur goût dans les bars spécialisés, assez nombreux dans le West End et le quartier des affaires ; ceux qui préfèrent la viande essaieront les **« grill-houses ».** Quant aux restaurants exotiques, ils sont innombrables, notamment les restaurants chinois, indiens et pakistanais. Enfin les « pubs » *(ci-dessous)* servent sandwichs, mets froids et repas légers.

Boire. – Boisson nationale, la **bière** (beer) se déguste traditionnellement à Londres dans les « pubs » où elle est débitée soit à la pression (from the keg) en pintes et demi-pintes (half pint) soit en bouteilles. Naguère elle était servie tiède pour que le buveur puisse en apprécier le fruit, mais le goût continental de la bière fraîche gagne du terrain.

On distingue différentes sortes :

- Pale ale, bière pâle, blonde, à fermentation rapide, légère et peu amère ;
- Bitter, bière blonde, plus amère que la précédente ;
- Stout, bière brune, forte et nourrissante, que l'on donne aux malades dans les hôpitaux et dont la Guinness est le type le plus connu ;
- Porter, variété de stout, mais d'une saveur plus légère que celui-ci : réconfortante la « porter » était jadis la boisson des portefaix (porters) ;
- Lager, bière blonde et légère de type continental, servie fraîche ;
- Ginger ale, soda au gingembre.

Réservé à l'origine aux hommes, le **pub** (abréviation de public house) est interdit aux enfants de moins de 14 ans et ouvert seulement de 11 h (ou 11 h 30) à 14 h 30 (ou 15 h) et de 17 h (ou 17 h 30) à 22 h 30 (ou 23 h). Il est généralement divisé en « public bar », de fréquentation populaire et en « saloon » (ou private bar), qui reçoit une clientèle plus choisie car les consommations sont plus coûteuses. L'habitude est de se faire servir au comptoir et de payer immédiatement sa consommation sans y ajouter de pourboire. L'atmosphère intime rappelle celle d'un club, le pub ayant peu d'ouverture vers l'extérieur ; des jeux de fléchettes (darts) sont à la disposition de la clientèle. Une sélection de **pubs typiques** figurent en tête de nombreux quartiers décrits dans ce guide.

On savoure aussi dans les pubs mais surtout dans les **« wine-bars »** d'autres boissons appréciées depuis des siècles par les Anglais et souvent de bonne qualité : ce sont des portos expédiés du Portugal par « pipes » de 534 litres et débités directement du tonneau (from the wood), les madères, les sherrys (Xérès) venus d'Espagne, et ces cognacs (brandys) dont les fournisseurs portent fréquemment des noms à consonance britannique (Martell, Hine...) ; on y déguste également des vins français, servis au verre.

SHOPPING

Acheter quoi ? – Les amateurs de « shopping » se régaleront à Londres où les boutiques sont nombreuses, variées et présentent des vitrines alléchantes : aussi bien quelques continentaux ont-ils pris l'habitude de venir passer un week-end de temps à autre dans la capitale anglaise pour y faire des emplettes. La qualité et le prix de certains articles retiennent en effet l'attention, entre autres les tissus de laine (tweeds), la confection et l'habillement pour hommes, les cardigans et pull-overs de femmes (cashmeres), les antiquités (surtout meubles, bijoux et argenterie, faïence de Wedgwood...), certains produits alimentaires (thé, saumon fumé, fromage « Stilton », pickles, marmelades d'oranges, puddings en boîte...), enfin, bien entendu, gin et whisky.

Acheter où ? – A Londres comme dans toutes les grandes capitales l'activité commerçante, naguère fixée sur Fleet Street et le Strand puis axée sur Piccadilly, tend à se déplacer vers l'Ouest jusqu'aux confins de Kensington et de Chelsea. Actuellement les artères les plus achalandées sont :

- Regent Street qui est sans doute, à cet égard, la plus connue de Londres grâce à ses magasins cossus vendant des articles classiques de bonne qualité (Carnaby Street, qui lui est parallèle, contraste par son modernisme) ;
- Oxford Street aux grands magasins très fréquentés, comme Selfridges ou Marks and Spencer ;
- Piccadilly et ses annexes de Jermyn Street (pour hommes), de Bond Street et de Burlington Arcade, royaume des objets de luxe et d'élégance raffinée à des prix élevés ;
- Knightsbridge, Sloane Street, Beauchamp Place, Brompton Road, domaine des articles de qualité dans la ligne de ceux que propose le grand magasin Harrods ;
- à Chelsea enfin, Fulham Road et King's Road dispensent la mode d'avant-garde, souvent exotique, qui séduit un bon nombre d'intellectuels, d'artistes... et de snobs.

Acheter quand ? – La plupart des boutiques et magasins ferment le samedi en début d'après-midi, sauf sur Oxford Street et Carnaby Street, à Chelsea (King's Road) et à Kensington (Kensington High Street).

En revanche le lundi tout est ouvert. Le reste de la semaine les magasins sont ouverts de 9 h à 17 h 30 sans interruption. Certains ferment à 19 h le mercredi dans l'East End, le jeudi dans le West End. Des libres-services sont ouverts également le dimanche tard le soir (South Kensington).

Antiquités et occasions. – Les magasins d'antiquité sont particulièrement nombreux dans le quartier de Piccadilly, sur Knightsbridge, Beauchamp Place (prononcer « Bitchame ») et Brompton Road, dans Fulham Road et Kensington Church Street.

On trouve aussi d'importants marchés d' « antiques » dans New Bond Street, King's Road et Kensington High Street.

En outre un marché spécialisé dans l'argenterie occupe les **London Silver Vaults** *(fermeture le dimanche)*, 53 Chancery Lane, entre le Strand et Holborn.

Plusieurs marchés aux puces attirent l'amateur de trouvailles : ce sont le Caledonian Market *(p. 33)* à Bermondsey, le marché de Portobello Road *(p. 80)*, ceux de Petticoat Lane *(p. 152)* et de Camden Passage à Islington *(p. 175)*.

Les bibliophiles trouveront des éditions anciennes de part et d'autre de Charing Cross Road où s'élève, au 119-125, Foyle's, « le plus grand libraire du monde » (tous les genres en neuf et occasion).

Une brochure « Shopping in London » est disponible au London Visitor and Convention Bureau (LVCB – p. 14). Les Offices du Tourisme britannique à l'étranger fournissent gratuitement un petit guide pratique de Londres (en français).

Quelques prix courants. – Donnés à titre indicatif en raison du mouvement des prix.

Autobus (Bus) suivant zone	£ 0.30 à 1.80
Métro (Underground) suivant zone	£ 0.30 à 1.40
Place de cinéma (centre ville)	£ 3.50 à 4.50
Place de théâtre	£ 5 à 12
Place d'opéra	£ 6 à 30
Café, Thé	£ 0.35 à 0.60
Bière, un demi (halft pint)	£ 0.45
Whisky, une mesure (single)	£ 0.70
Sherry, un ballon (schooner), dry, medium, sweet	£ 0.80
Vin, un verre	£ 0.70 à 0.80
Paquet de cigarettes (de luxe)	£ 1.30
Paquet de cigarettes (ordinaires)	£ 1.10
Paquet de cigarettes (Disque Bleu)	£ 1.30
Journal anglais (quotidien)	£ 0.18 à 0.25
Journal anglais (du dimanche)	£ 0.35 à 0.60
Journal français	£ 0.35
Affranchissement d'une lettre à destination de la Grande Bretagne	£ 0.13 et 0.17
Affranchissement d'une lettre pour le continent	£ 0.22
Pull-over de cachemire	£ 50 à 70
Imperméable	£ 70 à 150
Tailleur femme (2 pièces)	£ 60 à 110
Costume homme (2 pièces)	£ 90 à 200

Concordance des Poids et Mesures

Longueurs				Poids		Volumes	
1 mile 1,609 km	1 yard 0,914 m	1 foot (pied) 0,3048 m	1 inch (pouce) 2,54 cm	1 ounce (once) 28,349 g	1 pound (livre) 0,453 kg	1 pint 0,473 l	1 gallon 4,054.l

Correspondance postale. – On peut se faire adresser son courrier en poste restante (General Delivery) à la poste centrale **(Post Office)**, King Edward Street, EC 1A 1AA. Les bureaux de poste sont ouverts de 9 à 17 h 30 (ou 18 h) du lundi au vendredi ; de 9 h à 12 h 30 le samedi ; celui de Trafalgar Square, situé 24-28 William IV Street, WC 2N 4DL est ouvert de 8 h à 20 h en semaine, de 10 h à 17 h le samedi.

SPECTACLES ET DISTRACTIONS

Les principales salles de spectacle londoniennes se groupent dans les parages de Piccadilly Circus, Soho, Leicester Square, Covent Garden *(en bleu sur les plans des p. 64 et 113)* et, de l'autre côté de la Tamise, dans l'ensemble culturel du South Bank.

Pour faire un choix, consulter l'hebdomadaire « What's On », répertoire de tous les spectacles et distractions avec les renseignements pratiques qui les concernent, le magazine bi-mensuel « Illustrated London News » qui propose sa propre sélection. A l'étranger, les Offices britanniques de Tourisme fournit gracieusement une copie du « London Planner », brochure mensuelle traitant des expositions, théâtres, concerts, et donnant des renseignements d'ordre touristique.

PRINCIPALES MANIFESTATIONS TOURISTIQUES

Pour connaître les dates précises, s'adresser à l'étranger aux Offices britanniques du Tourisme ou au London Visitor and Convention Bureau à Londres (p. 14).

JANVIER	Salon nautique international (International Boat Show).	**Earls Court** *(1)*
	Dépôt de fleurs au pied de la statue de Charles Ier *(fin du mois, à 11 h) (p. 135).*	**Charing Cross**
FÉVRIER	Exposition canine de Cruft (Cruft's Dog Show).	**Earls Court** *(1)*
MARS	Rugby : Tournoi des cinq nations (Rugby Union), France-Angleterre *(les années impaires).*	**Twickenham**
	Foire aux Antiquités, à Chelsea (Chelsea Antiques Fair).	**Old Town Hall, King's Road**
	Compétition d'aviron sur la Tamise entre Oxford et Cambridge (Boat Race).	**De Putney à Mortlake**
AVRIL	Grande Parade de Pâques (Easter Parade) *(dimanche).*	**Battersea Park**
	Cortège de chevaux caparaçonnés (Harness Horse Parade) *(lundi).*	**Regent's Park**
	Floralies du printemps de la Sté Royale d'Horticulture (Spring Flower Show).	**R.H.S. Westminster** *(2)*
MAI	Ouverture de la saison théâtrale en plein air (Open Air Theatre Season).	**Regent's Park**
	London Marathon.	**De Blackheath au Mall**
	Retraite des régiments de la Maison de la Reine (Beating Retreat).	**Horse Guards Parade**
	Floralies de Chelsea (Chelsea Flower Show) *(p. 48).*	**Royal Hospital**
	Finale de la coupe de foot-ball (F. A. Cup Final).	**Wembley**
JUIN	Salon d'été (Summer Exhibition) de la « Royal Academy of Arts ».	**Burlington House (Piccadilly)**
	Deux répétitions du « Trooping the Colour » (Rehearsal Parade) *(voir ci-dessous).*	**Horse Guards Parade**
	Course de chevaux : The Derby.	**Epsom**
	Anniversaire officiel de la Reine, « Trooping the Colour » *(2e ou 3e samedi) (p. 154).*	**Horse Guards Parade**
	Greenwich Festival	**Greenwich**
	Championnats de tennis sur gazon (Lawn Tennis Championships) *(juin-juillet).*	**Wimbledon**
	Théâtre en plein air	**Regent's Park**
JUILLET	Régates royales (Royal Regatta).	**Henley-on-Thames**
	Festival de la Cité de Londres.	**City**
	Carrousel militaire (Royal Tournament)	**Earls Court** *(1)*
	« Swan upping » *(p. 122).*	**Sur la Tamise**
	Concours hippique international (Royal International Horse Show).	**Wembley**
	1er concert des Proms *(p. 82).*	**Royal Albert Hall**
AOÛT	Floralie d'été (Summer Flower Show).	**R.H.S. Westminster** *(2)*
	Concours hippique du Grand Londres (Greater London Horse Show).	**Clapham Common**
SEPTEMBRE	Course de lévriers « St Leger » (Greyhound Racing).	**Wembley**
	Thames Day : spectacles sur la Tamise.	**Jubilee Gardens**
	Foire aux Antiquités à Chelsea (Chelsea Antiques Fair).	**Old Town Hall, King's Road**
	Dernier concert des Proms *(p. 82).*	**Royal Albert Hall**
OCTOBRE	Concours du cheval de l'année (Horse of the Year Show).	**Wembley**
	Ouverture de la session judiciaire (Juges en grande tenue).	**Westminster Abbey**
NOVEMBRE	Course de voitures anciennes (Veteran Car Run).	**London-Brighton**
	Cortège de la rentrée parlementaire (State Opening of Parliament).	**De Buckingham à Westminster Palace**
	Cortège et présentation du Lord-Maire (Lord Mayor's Show) *(p. 54).*	**City**
	Dimanche du Souvenir (Remembrance Sunday).	**Cénotaphe, Whitehall**
DÉCEMBRE	Salon de l'Agriculture (Royal Smithfield Show).	**Earls Court** *(1)*
	Érection du sapin de Noël *(p. 134)*, offert par la Norvège.	**Trafalgar Square**
	Chants de Noël (Carols).	

(1) Earls Court (p. 5 – AZ)
(2) Royal Horticultural Hall (R.H.S.) (p. 7 – EY)

ACTIVITÉS ÉCONOMIQUES

Couvrant environ 1 600 km^2, l'agglomération de Londres « Greater London » *(p. 156)* est composée de la City of London *(p. 50)* et de 32 circonscriptions administratives **(boroughs)**, elles-mêmes divisées en villages ou quartiers (aeras ou districts) ayant conservé leur caractère propre.

Le guide Rouge Michelin Great Britain donne la liste des boroughs et leur code postal.

On distingue en outre, au centre, deux vastes surfaces aux limites imprécises, le **West End** qui comprend les quartiers commerçants et résidentiels situés à l'Ouest de la City, et l'**East End** groupant les quartiers industriels et populaires de l'Est, près du port (Tower Hamlets).

La population s'élève à 7 167 000 habitants dont 1 113 000 sont nés hors du Royaume Uni : Irlandais du Sud, Chinois, Hindous, Pakistanais, Jamaïcains, Ougandais, Polonais... qui, avec les Juifs, donnent à Londres son aspect cosmopolite.

L'industrie. – Bien que les sources de matières premières et d'énergie ne soient pas à proximité, Londres joue un rôle industriel, en relation avec l'importante source de main-d'œuvre disponible. Néanmoins cette activité industrielle reste secondaire par rapport à la puissance financière de la City *(p. 51)*.

L'industrie traditionnelle, héritée du 19e s. et issue de l'artisanat, reste présente dans le centre de Londres. Certes ont disparu les ateliers de sellerie et de carrosserie dont les maîtres, inventant sans cesse de nouvelles formes de harnachement et de voitures à cheval, faisaient de Londres le premier centre mondial dans cette branche.

Mais subsistent les bijouteries et les joailleries de Holborn, les imprimeries et les maisons d'édition de Fleet Street et de Bloomsbury, l'horlogerie de Clerkenwell, l'ébénisterie de Bethnal Green et Shoreditch. Créées par les réfugiés protestants français les fabriques de soieries de l'East End (Spitafields, Bethnal Green) ont laissé place aux innombrables ateliers de confection de Whitechapel.

De nouvelles installations industrielles s'ajoutant au fonds ancien ont donc fait de Londres le plus important centre industriel du Royaume Uni, encore que la grosse industrie, sidérurgie, textile (filature et tissage), chimie des minéraux, y soit assez réduite.

Les grandes zones industrielles sont au nombre de trois :

- l'**East End,** siège des industries traditionnelles dispersées en multiples ateliers et relevant presque de l'artisanat ; son importance tend à diminuer ;
- **Great West Road** (A4) et **Western Avenue** (A40) à l'Ouest, avec notamment l'usine Gillette le long de Great West Road, Renault à Acton et la brasserie Guinness en bordure de Western Avenue, Kodak à Harrow... ;
- **la zone portuaire** avec les grandes centrales électriques de Barking et de Woolwich, des industries lourdes (chantiers navals, raffineries de pétrole, câblerie de Woolwich, papeterie Bowater de Northfleet près de Gravesend), des industries alimentaires traitant des produits d'importation (sucrerie Tate and Lyle, minoterie Rank, margarine Unilever), des industries travaillant pour l'exportation comme les chaussures Bata près de Tilbury et surtout la gigantesque usine d'automobiles Ford de Dagenham.

Le port. – En activité depuis plus de deux millénaires, le port de Londres s'étire sur 150 km de Teddington jusqu'à l'estuaire de la Tamise, au Nord de Margate (Kent). On distingue en amont du pont de Londres (London Bridge) le port fluvial avec ses quais, en aval le port maritime accessible aux navires.

La marée ayant une amplitude de 2 à 3 m et les fonds n'excédant pas 8 m, il a été nécessaire de créer des bassins, des **« docks »** *(p. 65)* reliés au fleuve par des écluses. L'ensemble est administré depuis 1909 par le **Port of London Authority** (PLA) dont les postes de pilotage de la Thames Navigation Service (TNS) sont répartis à Woolwich (Barrier Control), Gravesend (face aux Tilbury Docks) et Warden Point (Ile de Sheppey).

Les docks de la région métropolitaine, dits Upper Docks, étant en grande partie désaffectés, le trafic est désormais assuré plus en aval et surtout près de l'estuaire de la Tamise.

- **India and Millwall Docks,** situés à moins de 5 km de London Bridge, dans une boucle de la Tamise, inaugurés en 1810 et agrandis en 1870, d'une superficie de 100 ha. Bien que partiellement reconvertis (installation du nouveau marché au poisson, autrefois à Billingsgate), ils reçoivent surtout du vin entreposé dans 288 cuves en fibre de verre, d'une capacité de 9 millions de litres ou directement livré par camions-citernes.
- **Royal Docks** comprenant le **Victoria** (1855), l'**Albert** (1880) et le **King George V** (1880), à 14 km de London Bridge. Ils occupent 412 ha mais depuis 1981 la majorité des cargos s'arrêtent aux Tilbury Docks. Ils reçoivent encore de nombreuses compagnies de navigation et de fret : grain (quatre moulins), ferraille...
- **Tilbury Docks,** à plus de 40 km en aval de Londres. S'étendant sur 425 ha et 8 km de quais, ils sont en pleine extension. Ils reçoivent les navires de gros tonnage et les grands paquebots, assurant la liaison avec la Nouvelle-Zélande, l'Australie, l'Amérique du Nord, l'Extrême-Orient et l'Europe. Le trafic du bois et celui des céréales (silo à grains d'une capacité de 105 000 tonnes) y est particulièrement important. Installations spéciales pour la manutention et le stockage des conteneurs (containers).
- **Shell Haven, Coryton** (Thames Haven, Essex) avec le port pétrolier de la Shell et la raffinerie Mobil Oil.
- **Canvey** (Canvey Island, Essex) avec son port méthanier où est stocké le gaz liquéfié venant du Sahara.

Le trafic maritime étant de près de 47 millions de tonnes, le port de Londres prend la 6e place en Europe, loin derrière Rotterdam (233 millions de tonnes), Marseille arrivant en 2e position avec 86 millions de tonnes, puis viennent Anvers et Le Havre.

Ce trafic est principalement axé sur les importations : thé, sucre, viande, pétrole, bois, céréales, laines.

Les exportations concernent surtout les produits finis, le pétrole raffiné, les véhicules automobiles, le ciment.

LONDRES HIER

GRANDES DATES

43 Fondation de la Londinium romaine
61 Révolte de la reine Boadicea contre les Romains : saccage de Londinium
2e s. Construction du mur romain
5e s. Londinium est évacué par les Romains
8e-10e s. Raids des Vikings et invasions barbares
1065 Fondation dé l'abbaye de Westminster
1066 Invasion normande.
1066 Couronnement à Westminster de Guillaume le Conquérant qui accorde une charte aux habitants de la Cité
1067-1097 Construction de la Tour de Londres
1097 Édification de la grande Salle de Westminster
1192 Élection du premier Maire
1209 Achèvement du premier pont de pierre (London Bridge) remplaçant le pont romain
1215 La **Grande Charte** (Magna Carta) prévoit une clause de franchises pour la Cité de Londres
1245 Reconstruction de l'abbaye de Westminster
1349 La Peste Noire dévaste Londres
1381 Une bande de paysans, conduits par Wat Tyler, envahit Londres
1453 **Guerre des Deux Roses** entre Lancastre et York : Henri VI est prisonnier dans la Tour
1476 William Caxton établit à Westminster les premières presses d'imprimerie anglaises
1483 Les enfants d'Édouard IV sont assassinés dans la Tour
1530 Construction du palais St James
1536 Anne Boleyn, seconde femme de Henri VIII, décapitée dans la Tour
1536-39 **« Réformation »** rupture de l'Église anglaise avec la Papauté ; dissolution des monastères
1555 Réaction catholique : 300 protestants périssent sur le bûcher à Smithfields
1567 Création de la première Bourse
1599 Inauguration du Globe Theatre à Southwark
1615 Inigo Jones Intendant des Bâtiments Royaux
1635 Achèvement du quartier de Covent Garden
1642 Charles Ier et le Parlement s'opposent : début de la **Guerre Civile**
1649 Charles Ier est exécuté devant Whitehall
1653 Cromwell, « Protecteur » de la République
1665 De nouveau la Grande Peste sème la terreur
1666 Publication du premier journal londonien
1666 Le « Grand Feu » ravage la Cité
1666-1723 Reconstruction de la cathédrale St-Paul et des églises de la Cité par Wren
1682 Un hôpital royal destiné aux invalides et vétérans de l'armée est créé à Chelsea
1685 Arrivée de nombreux Huguenots français après la révocation de l'édit de Nantes
1688 Guerre civile (Glorious Revolution)
1694 Fondation de la Banque d'Angleterre
1750 Construction du pont de Westminster
1753 Le premier British Museum est constitué
1756-1763 Guerre de Sept ans
1780 **Gordon Riots** : émeutes anticatholiques
1812 John Nash conçoit le nouveau plan d'aménagement du West End
1824 La National Gallery est ouverte au public
1827 Fondation de l'Université de Londres
1835-1860 Construction du palais de Westminster
1851 Première Exposition Universelle à Hyde Park
1852 Fondation du Victoria and Albert Museum
1860 Des tramways tirés par des chevaux sont mis en service
1863 Ouverture du premier métro
1894 Inauguration du pont de la Tour (Tower Bridge)
1897 Les premiers « bus » sont mis en service
1914-1918 Raids de Zeppelins sur Londres
1940-1941 Bataille de Grande-Bretagne : bombardements aériens sur Londres (**« Blitz »**)

SOUVERAINS

Dynastie SAXONNE
Édouard le Confesseur (1042-1066)

Dynastie NORMANDE
Guillaume Ier (1066-1087)
Guillaume II le Roux (1087-1100)
Henri Ier (1100-1135)
Étienne (1135-1154)

Dynastie des PLANTAGENÊTS
Henri II (1154-1189)
Richard Ier Cœur de Lion (1189-1199)
Jean sans Terre (1199-1216)
Henri III (1216-1272)
Édouard Ier (1272-1307)
Édouard II (1307-1327)
Édouard III (1327-1377)
Richard II (1377-1399)

Dynastie de LANCASTRE
Henri IV (1399-1413)
Henri V (1413-1422)
Henri VI (1422-1461)

Dynastie d'YORK
Édouard IV (1461-1483)
Édouard V (1483)
Richard III (1483-1485)

Dynastie des TUDORS
Henri VII (1485-1509)
Henri VIII (1509-1547)
Édouard VI (1547-1553)
Marie Ire (1553-1558)
Élisabeth Ire (1558-1603)

Dynastie des STUARTS
Jacques Ier (1603-1625)
Charles Ier (1625-1649)
Commonwealth (1649-1660)
Charles II (1660-1685)
Jacques II (1685-1688)

Dynastie d'ORANGE
Guillaume III et Marie II (1689-1694)
Guillaume III (1694-1702)
Anne (1702-1714)

Dynastie de HANOVRE
George Ier (1714-1727)
George II (1727-1760)
George III (1760-1820)
Le prince régent futur George IV (1810-1820)
George IV (1820-1830)
Guillaume IV (1830-1837)
Victoria (1837-1901)

Dynastie de SAXE-COBOURG (WINDSOR, depuis 1917)
Édouard VII (1901-1910)
George V (1910-1936)
Édouard VIII (1936)
George VI (1936-1952)
Élisabeth II (1952)

LES ARTS ET LES LETTRES

URBANISME ET ARCHITECTURE

Les quartiers de Londres doivent à leur ancienneté et à leur fonction sociale le caractère qui leur est propre, faisant de la capitale britannique une des cités les plus riches en diversités et en contrastes.

Londinium. – Londres est née d'un pont en bois bâti sur la Tamise, en aval de l'actuel London Bridge, à l'endroit où la vallée s'élargit pour former l'estuaire du fleuve. La ville romaine, **Londinium,** s'est donc développée à partir de 43, sur les alluvions fluviales et la terrasse argileuse, épaisse d'une centaine de mètres et couverte d'une herbe rase, que renflent au premier plan les buttes jumelles de Tower Hill et de St-Paul.

Plus au Nord l'argile se relève en collines offrant des vues sur la vallée aux lieux-dits High Holborn, Primrose Hill, Kenwood (alt. 132 m), Hampstead et Harrow (alt. 123 m), alors qu'au Sud de la Tamise le terrain marécageux ne montre quelque relief qu'à Wimbledon Common, Dulwich et Crystal Palace Park.

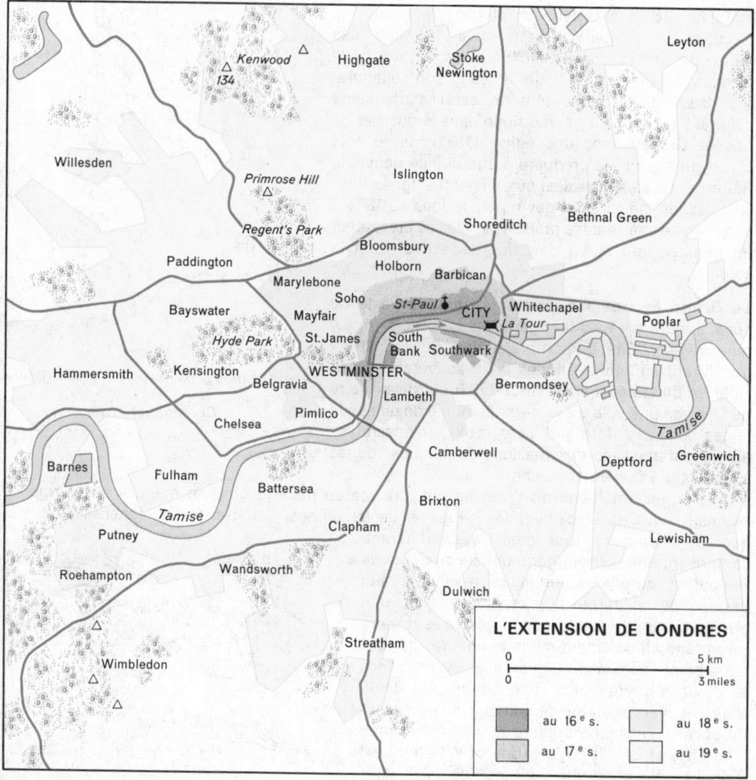

Au 2e s., Londinium affirme son importance par une basilique et un forum sur le site de Leadenhall Market, un temple de Mithra *(p. 59)* exhumé en 1954, à Queen Victoria Street et surélevé à son emplacement, un palais du gouverneur et des thermes près de la Tamise, un fort au Sud de l'actuel Barbican.

Au 4e s., la ville est protégée par un mur long de 4,8 km et haut de plus de 6 m qui longe également la Tamise depuis la colline, où sera érigée la Tour de Londres jusqu'à l'Ouest de l'embouchure de la rivière Fleet. Un pont en bois traverse le fleuve, en aval du London Bridge actuel.

Au temps des Saxons et des Normands. – Au 7e s. la petite ville de Londres grandit. De cette époque date une arche saxonne, découverte en 1940, près du baptistère de l'église All Hallows-by-the-Tower.

Après les invasions normandes, Londres abrite 20 000 âmes. L'**art anglo-normand** s'affirme avec des arcs en plein cintre sur des piliers robustes. Comme en témoignent la chapelle St-Jean (1080) dans la Tour Blanche construite par Guillaume le Conquérant, et l'église St Bartholomew-the-Great (1123).

Le mur. – *Voir plan de la City, p. 9 à 12.* Reconstruit au Moyen Age, en partie sur les bases de l'enceinte romaine, le **London Wall** était jalonné de portes fortifiées (gates) dont on retrouve les noms dans la topographie actuelle : Aldgate, Bishopsgate, Moorgate, Cripplegate, Aldersgate, Newgate, Ludgate. La voie rapide dite « London Wall » et le quartier Barbican (ancienne barbacane), évoquent aussi les célèbres murailles. A l'abri de ces murs vivaient 40 000 Londoniens.

Le **pont de Londres** (1176-1209), construit en pierre, traversait la Tamise sur 20 arches inégales. Un pont-levis en bois permettait le passage des grands bateaux. Il deviendra plus tard une véritable rue avec ses maisons, ses échoppes, sa chapelle puis ses moulins à eau et à grains.

Au temps de Chaucer (1343-1400). – La cité est grouillante de marchands, de moines ; des enseignes grincent aux façades des maisons de bois à pignons en encorbellement. Les habitants de la cité, commencent à s'évader au-delà des fortifications vers le Sud (Southwark), le Nord et l'Ouest (Westminster).

L'**art gothique** qui s'est développé de 1150 à 1350 présente des arcs aigus sur chapiteaux à simples moulures, des tours carrées cantonnées de pinacles, des voûtes aux réseaux de plus en plus complexes. Les **halls** (grandes salles) s'ornent de belles charpentes (Westminster Hall, 1314). Les **screens** (clôtures) de bois ajouré font leur apparition. Contemporain du poète Chaucer *(p. 129)*, Henry Yevele est le grand maître du **style perpendiculaire** anglais, aux lignes architecturales verticales, s'épanouissant en éventails sur les voûtes, qui trouvera son apothéose dans la chapelle Henri VII, à l'abbaye de Westminster (1512).

L'époque des Tudors et des premiers Stuarts. – La population de Londres va croître rapidement : 200 000 habitants en 1600, 500 000 en 1660. Les maisons à pans de bois ont souvent quatre étages. Des palais royaux surgissent : Hampton Court (1514), St James (1532). Sous le règne de Jacques Ier, s'élèvent des demeures de style « Jacobean », Holland House (1605) et surtout Charlton House (1607-1612). **Inigo Jones** (1573-1652), émule de Palladio (architecte italien de la Renaissance, célèbre par ses façades à colonnes ou pilastres surmontées d'une corniche à galerie supportant des statues), commence le pavillon de la Reine (1617) à Greenwich et projette la reconstruction de Whitehall dont seule la salle des Fêtes, Banqueting House (1619), verra le jour. Sous le règne de Charles Ier, Inigo Jones et son collaborateur Isaac de Caux, tentent un essai d'urbanisme cohérent sur un plan géométrique dans le quartier de Covent Garden avec une église (1631) sur le côté Ouest du square, la première à être édifiée depuis la Réforme. Le **style palladien** aux élégantes lignes horizontales, est né : il aura des répercussions au 18e s. ; combien de charmantes maisons anglaises présentent un péristyle qui survit dans les demeures de style colonial.

(D'après photo National Portrait Gallery)

Christopher Wren.

Le Grand Feu et ses suites. – Après la Peste de 1665, survint en 1666 le gigantesque incendie *(p. 50)* qui ravagea la Cité. De nombreux plans de reconstruction furent soumis à Charles II. Le souverain choisit celui de **Christopher Wren** (1632-1723) qui devait faire de Londres une ville d'avant-garde munie de quais, de larges percées formant perspective, d'ensembles architecturaux avec des maisons de briques rouges s'opposant à la pierre blanche.

Le projet ambitieux de Wren ne put être réalisé mais l'architecte mena à son terme la reconstruction de la cathédrale St-Paul et de 51 églises. Celles-ci furent conçues de sorte que leurs clochers, tous d'un dessin différent, composent une couronne triomphale au dôme de St-Paul et que leurs intérieurs répondent aux besoins de la liturgie anglicane qui donne une grande place à la parole : de larges baies dispensèrent une abondante lumière répercutée par des murs peints de couleurs tendres, alors que bancs et tribunes permettaient une bonne vue de la chaire souvent sculptée de guirlandes fleuries par Gibbons. A la même époque la ville marchande (The City) et la ville royale (City of Westminster) étaient reliées par le Strand, bordé de palais dont les jardins descendaient en terrasses vers la Tamise.

Sculpture de Grinling Gibbons.

Londres géorgienne. – Au début du 18e s., s'instaure le **style Queen Anne** avec des porches élégants à pilastres classiques et frontons plus ou moins ouvragés se détachant sur les murs de briques brunies. **James Gibbs** (1682-1754), continuateur de Wren, édifie maintes églises dont les façades marquent un rythme vertical (St Mary-le-Strand, 1717, St. Martin-in-the-Fields, 1726). Sous les règnes des premiers George, Lord Burlington (Chiswick House) et **William Kent** (1684-1748) qui édifie la caserne des Horse Guards, prolongent le mouvement palladien. Le développement urbain s'organise autour de grands domaines aristocratiques du Nord-Ouest de Londres que leurs propriétaires concédaient en location de longue durée (leasehold) à des architectes-promoteurs qui conservaient le manoir et ses parterres, **« squares »** autour desquels ils bâtissaient un nouveau quartier. Les rues rectilignes, étaient bordées de maisons individuelles de conception identique, à sobre façade de briques, percée d'une porte et de baies soulignées par de simples moulures. Ces maisons séparées du trottoir par un fossé et des grilles étaient complétées sur leur face postérieure donnant sur une ruelle par des écuries et remises formant les **« mews »**. Ainsi furent alors édifiés les quartiers de St James, Bloomsbury, Marylebone, Mayfair...

Un peu différent de conception, le quartier des Adelphi *(p. 120)*, conçu par **Robert Adam** (1728-1792), comprenait maisons individuelles et immeubles collectifs alors que le « square » était remplacé par une terrasse ; on y admirait le décor Adam typique, inspiré de l'antique, avec ses frontons triangulaires, ses colonnes, ses pilastres et ses balcons enrichis de palmettes.

Maison Adam.
7 Adam Street.

Les grandioses conceptions de Nash et le style Regency. – Possédant la confiance du prince régent, futur George IV, dont il était l'architecte particulier, **John Nash** (1752-1835) imagina, en 1812, un plan de rénovation du West End pour dégager les perspectives dont Londres était presque dépourvu. L'idée maîtresse de Nash fut de relier Carlton House, demeure du prince régent, à Regent's Park où l'architecte devait construire une vaste cité-jardin satellite du palais du prince, dans l'esprit de ce qui avait été conçu par Louis XIV à Marly. Cette percée subsiste, malheureusement dénaturée par la destruction des façades qui la bordaient : elle est jalonnée par Regent Street, Piccadilly Circus, Oxford Circus, Langham Place, All Souls Church et Portland Place.

John Nash régla aussi l'ordonnance de Trafalgar Square et dirigea la construction de ces remarquables ensembles de grand standing que sont les fameuses **« Terraces »** de Regent's Park. Leurs monumentales façades furent revêtues de stuc d'une éclatante blancheur suivant une formule qui devait faire école, notamment chez les frères **Cubbitt** *(p. 32)*, promoteurs-architectes, entrepreneurs du district de Bloomsbury et de l'élégant quartier de Belgravia.

Maison Regency, Wilton Crescent.

Le siècle de Victoria. – Durant le long règne de Victoria, de 1837 à 1901, Londres vécut une période d'intense urbanisation, alors même que l'extension vers l'Ouest se poursuivait. Les grandes propriétés (« estates ») encore libres sur les territoires de Chelsea, Kensington, Bayswater, Paddington furent loties et bâties sur plans en **« squares »**, **« crescents »** (croissants) ou **« gardens »** (jardins), sortes de villas à accès unique et allées sinueuses où il est parfois difficile de se retrouver.

Dans les « squares » et les « crescents » les maisons sont généralement disposées en **« terraces »**, c'est-à-dire accolées, et comprennent par derrière des **« mews »**.

Suivant l'époque de leur construction elles se groupent en ensembles de style néo-classique avec portique encadré de colonnes et murs souvent peints de couleurs claires, ou de style néo-gothique **(Gothic Revival)** à briques apparentes avec porches, et loggias en encorbellement dites « bow-windows ». Ces demeures, construites en hauteur, comportent habituellement cuisine et office en demi sous-sol, salon et salle à manger au rez-de-chaussée, chambre et petit salon des parents au premier étage, nursery et chambre des enfants aux étages supérieurs.

Banc sur le quai Victoria.

Les rues au 19e s. – Les fameuses boîtes aux lettres **(pillar-boxes)** font leur apparition sur les trottoirs en 1855. Elles seront peintes en rouge en 1874. De formes variables (rectangulaires, rondes), cannelées ou lisses, elles devinrent hexagonales de 1866 à 1879, portant le chiffre royal et l'indication de Post Office (Bureau de Poste), certaines, sans mention, datent de 1880. En 1900, une boîte double, légèrement bombée mais encore victorienne, annonce les boîtes à lettres jumelées de 1968, plus rectilignes.

Des lampadaires en fonte ornés à la base de dauphins entrelacés (1870) et des bancs flanqués de sphinx ou de chameaux embellissent Victoria Embankment. Des fûts de canon ouvragés sont exposés (place du Horse Guards Parade) et de nombreuses statues de bronze sont érigées.

Urbanisme contemporain. – Les destructions causées par les bombardiers allemands durant le « blitz » (hiver 1940-1941) sont à l'origine des buildings modernes de la City et du curieux quartier de Barbican *(p. 30)* reconstruit sur plusieurs niveaux. La disparition de nombreux entrepôts au Sud de la Tamise a aussi laissé place à des grands ensembles de béton, tel le centre culturel du South Bank *(p. 114)*. Enfin des tours d'acier et de verre se dressent çà et là comme la bizarre British Telecom Tower et le gratte-ciel de la National Westminster Tower (1981).

Des sculptures abstraites s'intègrent au passé (Bronze de Henry Moore près de Westminster).

Lampadaire.

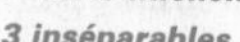

MOBILIER

Des visites au Victoria and Albert Museum pour le mobilier d'apparat et au Geffrye Museum pour le mobilier domestique seront d'un grand intérêt.

Voici les styles de meubles les plus connus :

Élisabéthain. – *Seconde moitié du 16e s.* Mobilier en **chêne** dont les éléments les plus importants sont le coffre, la desserte à deux étages (sideboard) et la cathèdre, fauteuil à dossier finement sculpté.

Stuart. – *17e s.* La chaise à très haut dossier, la commode, le cabinet (meuble surélevé à tiroirs ou à portes) en **marqueterie,** font leur apparition.

Queen Anne. – *Début 18e s.* Le **noyer** a remplacé le chêne ; dessin et décor sculpté d'inspiration hollandaise, chaises à dossier séparé par une sorte de balustre plat.

Chippendale. – *Milieu 18e s.* Ce style à la mode entre 1740 et 1760, tire son nom de l'ébéniste Thomas Chippendale : mobilier en **acajou** avec des éléments décoratifs empruntés au rococo continental, ou à l'art chinois, ou même à l'architecture gothique ; sièges à dossier ajouré reposant sur des pieds à griffe enserrant souvent une boule (claw and ball).

Adam. – *1760-1780.* L'architecte Robert Adam a conçu ce mobilier néo-classique fin et léger, en bois de **hêtre,** doré ou peint de couleurs tendres et décoré de motifs inspirés de l'antiquité grecque (palmettes, rinceaux...). Correspond à notre Louis XVI.

Hepplewhite. – *1780-1792.* Inspiré par l'ébéniste de ce nom, le style Hepplewhite est caractérisé par des bois satinés, surtout des **bois de rose** (mobilier de salon) ; les dossiers des sièges sont souvent composés de courbes entrelacées, les pieds étant cannelés.

Sheraton. – *1790-1806.* Thomas Sheraton, auteur d'un Dictionnaire d'ébénisterie, préconise l'acajou ou le **citronnier** incrusté de filets de buis et d'une marqueterie précieuse, ou peint de riches médaillons. Ce style, très raffiné, est intermédiaire entre l'Adam et le Regency.

Regency. – *1810-1830.* Le plus connu des styles anglais, adopté par l'architecte Henry Holland pour l'ameublement des résidences du prince régent : bois d'acajou, formes viriles s'opposant à celles du style Adam, sièges à dossier incurvé, tables sur piètement à volutes.

Victorien. – *A partir de 1830.* **Ébène** ou bois peint en noir. Dossiers arrondis en ballon.

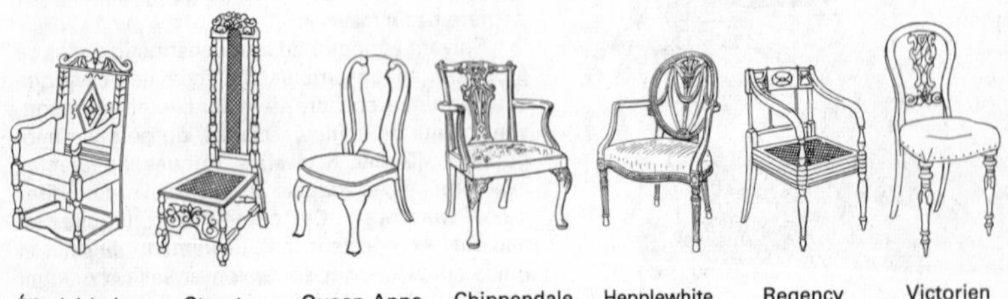

Élisabéthain **Stuart** **Queen Anne** **Chippendale** **Hepplewhite** **Regency** **Victorien**

CÉRAMIQUE

La Faïence. – Au début du 17e s., les **poteries de Southwark** se spécialisent dans une faïence en bleu et blanc imitant les motifs de la porcelaine chinoise Ming ; certains sujets bibliques sont traités en polychromie.

Les **poteries de Lambeth** installées à Londres en 1665, fabriquent un grès bleu foncé à reliefs blancs, connu sous l'appellation « Lambeth delft » ; au 18e s., une faïence à décor chinois lui succède.

La **Manufacture de Chelsea** produit, en dehors des porcelaines *(voir ci-dessous),* des poteries naïves. Il faut attendre la fin de l'époque géorgienne pour voir apparaître, en 1760, une faïence à matière si fine et si dure qu'elle est comparable à la porcelaine. Cette création est due à **Josiah Wedgwood** (1730-1795), fils d'un potier de Burslem (Staffordshire). Devenu Potier de sa Majesté, la reine Charlotte, il donne le nom de « Queen's Ware » (pâte de la Reine) à sa couleur crème. Un service de table orné de paysages anglais teintés en bistre est commandé par l'impératrice Catherine II de Russie. Il industrialise sa production. Sa faïence blanche aux lignes pures est exportée en Europe et concurrence, en 1785, la faïence française plus artisanale. Faisant des recherches de couleurs à partir d'oxydes métalliques, il obtient des tons jaune, noir, vert, enfin bleu. Artiste influencé par le style Adam et l'engouement pour l'art antique, il compose des décors en relief d'une finesse de camée, copiant par exemple le célèbre Vase de Portland *(British Museum).* Il exécute également des statuettes, des médailles, des urnes et des plaques pour orner les meubles. La série plus commune des « bleu » varie du plus clair au plus foncé (le moins coté). Une légende entoure les objets « basalte » entièrement noirs, simulant le bronze : Wedgwood aurait pris ainsi le deuil de sa femme.

La fabrique de Wedgwood *(dépôts 158 Regent Street et 173 Piccadilly Street)* produit encore les mêmes modèles.

La Porcelaine. – Installée dans un faubourg populeux de l'Est londonien, la **Manufacture de Bow** est dirigée par le peintre irlandais Thomas Frye et un marchand de verrerie. En 1744, la production est à base d'argile blanche importée d'Amérique (équivalent du kaolin de Chine). En 1748, la fabrique fait un essai de porcelaine tendre mais la meilleure période se situe, entre 1750 et 1759 : statuettes blanches, bols bleus, encriers, poteries à reliefs de coquillages ou de fleurs, à scènes pastorales où à figures mythologiques peintes.

Une grande variété de marques authentifient cette porcelaine de Bow, gravées ou peintes en bleu et rouge ou d'une seule couleur (croix, ancre, arc, etc.). En 1775, la manufacture achetée par William Duesbury est transférée à Derby où viendra la rejoindre, en 1784, la manufacture de Chelsea.

La **Manufacture de Porcelaines de Chelsea** fut fondée en 1745 par Charles Gouyon, bijoutier huguenot d'origine française. Les produits des ateliers de Chelsea ont d'abord subi l'influence de St-Cloud et de Chantilly puis, en 1750, celle de Meissen et de Sèvres, lorsque l'affaire passa aux mains d'un autre Français, l'orfèvre **Nicolas Sprimont.**

La période 1750-1770 est caractérisée par une prospérité commerciale, entretenue par la qualité de la technique et par l'adoption de coloris nouveaux, tel ce ton de rouge baptisé « claret » d'après la dénomination anglaise des vins de Bordeaux. Certains modèles rappellent par leur forme des pièces d'argenterie.

A travers le choix des sujets inspirés de Boucher (la leçon de Musique) ou de Bouchardon (les Cris de Paris), le goût français reste latent. De 1770 à 1784, le nouveau propriétaire **William Duesbury** fait prévaloir le style rococo de Meissen aux couleurs vives rehaussées d'or mais teinté d'un naturalisme plus britannique.

A l'origine marquée d'un triangle incisé, la porcelaine de Chelsea se reconnaît à son **ancre** en relief de 1750 à 1752, rouge de 1752 à 1756, dorée en 1758. De 1770 à 1784, l'ancre est mêlée à la majuscule D ; c'est la période Chelsea-Derby.

Les objets sortis des fours de Chelsea sont très divers, allant de l'imposant surtout de table au dé à coudre, en passant par la gamme des pièces en forme de légumes ou fruits (melons, citrons...), vases, chandeliers, figurines, bustes, flacons, etc. On en verra un échantillonnage complet au Victoria and Albert Museum.

Coade Stone. – Pierre artificielle, c'est un genre de terre cuite imperméable fabriquée au début du 18e s. et commercialisée de 1769 à 1837 par la manufacture de Mrs Eleanor Code, à Lambeth.

Elle servit de décoration à de nombreuses façades et monuments.

TRAVAIL DU MÉTAL

Orfèvrerie. – Bien que concurrencée au 18e s. par la porcelaine et la faïence fine, elle connut une grande diffusion.

Célèbres déjà au Moyen Age, les orfèvres britanniques ont une corporation à Londres, dès 1180. Des pièces aux lignes pures deviennent d'une élégance audacieuse à l'époque élisabéthaine pour tendre vers plus d'austérité sous le règne de Jacques Ier. Les étains reflètent les mêmes caractères que l'argenterie.

Le 17e s. reste la période faste de l'orfèvrerie londonienne qui subit surtout l'influence baroque hollandaise. Mais le goût français s'affirme sous Charles II avec l'arrivée des Huguenots chassés de France par la révocation de l'édit de Nantes.

A l'époque Queen Anne, au début du 18e s., les formes s'épanouissent avec une ornementation de rinceaux, godrons, blasons très variés. Puis la tendance Rocaille où se distingue le Français Paul de Lamerie (1688-1741) précède une ère de sobriété avec William Kent (1884-1748). Le style Adam s'impose : objets aux contours élancés à motifs délicats dont on retrouvera la facture dans l'argenterie nouvelle en métal plaqué.

Les London Silver Vaults *(p. 17 et 71)* présentent un vaste choix d'orfèvrerie et d'argenterie de toutes les époques, comprenant des objets typiquement insulaires comme chopes à bière, bols à punch accompagnés de leur louche, écuelles à porridge, théières, boîtes à thé, etc.

« Brass » et « Sword-Rest ». – Les **plaques tombales en cuivre** ou **« brasses »** furent très populaires en Europe au Moyen Age et jusqu'au 17e s. Elles sont connues aussi sous le nom de « Flemish brasses » (cuivres flamands). Certaines subsistent en Belgique et en Angleterre. A Londres plusieurs églises en possèdent de fort belles qui ont échappé au vandalisme de la Réforme et aux bombardements.

Gravé avec un burin en forme de triangle, le tracé était à l'origine accentué par une touche d'émail ou des incrustations de cire noire ou colorée. Les personnages dessinés en costume d'époque permettent de suivre l'évolution de la mode à travers les siècles. Les plus anciens sont des chevaliers revêtus de la cotte de mailles de la tête aux pieds qu'ils ont très pointus, portant au côté bouclier et lourde rapière, puis viennent les seigneurs en armure, la tête protégée par un casque. A partir de 1463, les solerets (couvrant les pieds) s'arrondissent par suite d'un acte du Parlement imposant des chaussures dont le bout ne dépasse pas 5 cm. Les dames de ces nobles guerriers ont des atours variés : d'une extrême simplicité au 14e s. avec voile sur les cheveux, riches toilettes au 15e s. et coiffes compliquées, tenue plus sage sous les Tudor avec un regain de raffinement, broderies et rubans, sous le règne d'Élisabeth. Les hommes d'église très souvent représentés autrefois, ont vu leurs plaques disparaître avec la destruction des monastères au 16e s. Les civils, la plupart marchands opulents, portant au 15e s. cheveux courts et joues rasées, puis cheveux longs ; à l'époque élisabéthaine la barbe est à la mode. Certaines plaques sont plus macabres : squelette drapé dans un linceul ; d'autres plus petites, glorifiant la Sainte Trinité, complètent la plaque mortuaire.

Il y a, depuis l'époque victorienne, une possibilité de reproduire sur place le dessin de ces plaques en les calquant par frottement sur un papier avec une craie spéciale ; il s'agit du **Brass Rubbing**, passe-temps artistique très apprécié outre-Manche. Il existe aussi à Londres des centres où sont rassemblés des répliques de plaques, parmi eux le London Brass Rubbing Centre de l'église St James *(p. 105)* et celui de l'abbaye de Westminster.

Les **porte-épée** ou **« Sword-Rest »**, appelée aussi Sword Stands ou Trophy of Arms (trophée d'armes) se retrouvent fréquemment dans les églises de la City. Leur origine remonterait au règne d'Élisabeth Ire (16e s.). La coutume était alors de prévoir au banc du paroissien élu Lord-maire une armature en fer forgé, merveilleusement ouvragée, pour suspendre l'épée d'état (State Sword) pendant l'office. L'usage disparut lorsque les officiers de la Corporation ne résidèrent plus dans la City. Toutefois la cérémonie garde une survivance à St Lawrence-Jewry, église de la corporation de Londres.

Porte-épée, St Magnus.

PEINTRES ET SCULPTEURS

Les artistes d'origine étrangère montrent l'importance de Londres comme foyer artistique.

16e s.

HOLBEIN (1497-1543). Allemand. Travaille en Angleterre de 1526 à 1528 et de 1531 à 1543. Peintre de Henri VIII.

EWORTH (actif entre 1540 et 1573). Maniériste flamand. Portraitiste et auteur d'allégories.

HILLIARD (mort en 1619). Miniaturiste. Célèbre portrait d'Élisabeth Ire.

Pietro TORRIGIANI (1472-1528). Italien. En Angleterre de 1511 à 1520. Exécute le tombeau de Henri VII (abbaye de Westminster).

Giovanni da MAIANO. Italien. En Angleterre à partir de 1521. Œuvres à Hampton Court.

Benedetto da ROVEZZANO. Italien. En Angleterre de 1524 à 1535. Tombeau du cardinal Wolsey.

17e s.

GENTILESCHI (1562-1647). Caravagesque italien qui séjourne à Londres à partir de 1626 : plafond du pavillon de la Reine à Greenwich.

RUBENS (1577-1640). Flamand. Anobli par Charles Ier lors de son séjour en Angleterre en 1629-1630. Plafond de Banqueting House.

HONTHORST (1590-1656). Hollandais. En Angleterre en 1628 : fait le portrait de Charles Ier.

Van DYCK (1599-1641). Flamand. En Angleterre à partir de 1631 jusqu'à sa mort. Portraitiste favori de Charles Ier et de sa cour.

Peter LELY (1618-1680). D'origine hollandaise. Peintre de Charles II et des « Beautés de la Cour ».

VERRIO (1639-1707). Italien spécialiste des vastes compositions et des peintures décoratives. Travaille à Hampton Court.

LAGUERRE (1663-1721). Français. Grandes compositions décoratives de Montagu House et Marlborough House.

Godfrey KNELLER (1646-1723). Né en Allemagne mais installé en Angleterre dès 1674. Portraitiste de Guillaume III et de la société londonienne.

COLT (mort en 1645). Originaire d'Arras, Poulain (Colt) vint en Angleterre en 1595 : tombeau d'Élisabeth Ire à Westminster.

STONE (1587-1647). Importants monuments funéraires à l'abbaye de Westminster ; statues royales du premier « Royal Exchange ».

Hubert LE SUEUR (1596 ?-1650 ?). Français. Principal sculpteur de la Cour de 1626 à 1643. Statue équestre de Charles Ier à Charing Cross.

PIERCE (mort en 1695). Collabora à la cathédrale St-Paul avec Wren dont il a fait un célèbre buste.

Arnold QUELLIN (1653-1686). Anversois établi à Londres de 1680 à sa mort. Style baroque (statues de Charles II et John Cutler).

Grinling GIBBONS (1648-1721). Né en Hollande. Le plus grand sculpteur décoratif du temps ; renommé pour ses guirlandes de fruits et de fleurs. Statue de Charles II à l'hôpital de Chelsea.

18e s.

THORNHILL (1676-1734). Sir James fut le peintre officiel de George Ier.

HOGARTH (1697-1764). Féroce observateur des mœurs londoniennes. Voir la « Carrière du roué » au Soane's Museum.

CANALETTO (1697-1768). Vénitien. Peintre de vues ayant opéré à Londres de 1746 à 1756 : nombreux paysages de la ville et de ses environs.

REYNOLDS (1723-1792). Célèbre portraitiste et premier président de la Royal Academy.

ZUCCHI (1726-1795). Vénitien. Peintre décorateur qui travailla avec les frères Adam (Bibliothèque de Kenwood).

GAINSBOROUGH (1727-1788). A la fois grand portraitiste et grand paysagiste, chef de file de l'école de peinture anglaise du 18e et du 19e s.

ROMNEY (1734-1802). Portraitiste fameux.

ROWLANDSON (1756-1827). Illustrateur satirique de la vie londonienne, caricaturiste.

BLAKE (1757-1827). Artiste visionnaire et original, très bien représenté à la Tate Gallery.

LAWRENCE (1769-1830). Portraitiste de la Régence spécialisé dans les effigies en pied, royales ou princières.

SCHEEMAKERS (1691-1781). Anversois. A Londres de 1720 à 1771. Surtout connu pour sa statue de Shakespeare (1740) à Westminster.

RYSBRACK (1694-1770). Flamand venu à Londres en 1720. L'Isaac Newton de l'abbaye de Westminster est considéré comme son chef-d'œuvre.

ROUBILLIAC (1702-1762). Français. A Londres à partir de 1755. Art fertile et brillant tant dans les monuments funéraires que dans les bustes ou statues (Hændel, Shakespeare).

John BACON (1740-1799). Facture classique. Auteur de la fontaine de Somerset House et de maint monument funéraire.

FLAXMAN (1755-1826). Chef de l'école de sculpture néo-classique, dont on peut étudier la manière et les théories à la Flaxman Gallery *(p. 36)*.

NOLLEKENS (1787-1823). Plusieurs monuments, dont celui du Dr Johnson (Westminster) et des bustes parmi lesquels celui de Wellington (Apsley House).

19e s.

CONSTABLE (1776-1837). Avec Turner, le plus grand paysagiste anglais dont presque toute l'œuvre est rassemblée à Londres. Influença Delacroix et les paysagistes français.

TURNER (1775-1851). Génial paysagiste, dont l'œuvre, comme celle de Constable, est groupée à Londres. Son art allusif et poétique fait de lui un précurseur des impressionnistes.

Eugène LAMI (1800-1890). Français. Peintre de mœurs ayant longtemps vécu à Londres dont il a évoqué la vie mondaine.

William Holman HUNT (1827-1910) né à Londres. Un des premiers préraphaélites *(p. 46)*.

ROSSETTI (1828-1882). Peintre et poète, chef de l'école préraphaélite.

MILLAIS (1829-1896). Un des fondateurs de l'école préraphaélite.

BURNE-JONES (1833-1898). Préraphaélite. A fait des cartons de vitraux et de la décoration.

WHISTLER (1834-1903). Américain. Important ensemble de paysages de la Tamise.

MONET (1840-1926), **PISSARRO** (1831-1903) et **SISLEY** (1839-1899), au moment de la guerre de 1870-71, ces Français ont séjourné à Londres dont ils ont représenté les sites : à Londres germa l'Impressionnisme.

WESTMACOTT (1775-1856). Disciple et successeur de Flaxman à la Royal Academy, auteur de l'Achille de Hyde Park.

CHANTREY (1781-1841). Plus réaliste que les précédents dans ses statues des places et des squares londoniens, équestres (Wellington, George IV) ou en pied (Pitt le Jeune).

DALOU (1838-1902). Français. Réfugié à Londres en 1871, y reste jusqu'en 1880. Groupe de la Maternité, derrière le Royal Exchange.

Jacob EPSTEIN (1880-1959). Né à New York, vécut à Paris en 1902, en Angleterre en 1905. Ses statues d'une facture énergique ornent squares, jardins et musées.

Henry MOORE (1898). Né dans le Yorkshire, célèbre pour ses œuvres où les creux et les vides définissent des formes surréalistes et sujettes à métamorphoses.

Barbara HEPWORTH (1903-1975). Inspirée par la Cornouailles où elle vivait à St Yves, elle fut l'auteur de formes abstraites et poétiques, souvent évidées.

MUSICIENS

(D'après photo National Portrait Gallery)

Haendel.

A l'ère des motets avec John Dunstable (mort en 1453), Thomas Tallis (1505-1585) et des madrigaux avec les Virginalistes William Byrd (1543-1623), John Bull (1563-1628) et Orlando Gibbons (1583-1625), organiste à la chapelle royale, succèdent, au 17ᵉ s. de grands noms.

Henry **Purcell** né à Londres (1659-1695), est célèbre par ses odes religieuses (Te Deum), ses études pour clavecin (Lessons) et ses œuvres profanes où éclatent la symphonie des cuivres (opéra : Didon et Énée, La Tempête).

Hændel (Georg Friedrich Händel), né en Saxe (1685-1759) précède l'arrivée de la cour de Hanovre à Londres, en 1710 et se fait naturaliser anglais en 1726. Il compose des opéras, des œuvres de circonstance pour les Fêtes de la Tamise, Water Music et les Feux d'Artifice, des oratorios aux chœurs dominants tels que Esther, le Messie (1742) Judas Macchabée. La majestueuse Marche Lente des Grenadiers est tirée de son opéra Scipion.

Après le passage de Mozart enfant (1764), de Haydn au sommet de sa gloire (1790), de Mendelssohn, le 19ᵉ s. apprécie les opérettes et les Concerts-promenades ou **« Proms »**. L'origine de ces derniers serait une initiative du chef d'orchestre français **Jullien** (1812-1860) qui, dirigeant à Londres, avait fait enlever les sièges de la salle où se donnaient les concerts pour accueillir plus d'auditeurs. Cependant, sous leur forme actuelle, les Proms ne datent que de 1895 ; ils ont à leur programme d'été une cinquantaine de concerts à prix modérés *(voir p. 18)*.

Parmi les compositeurs du 20ᵉ s., Sir Edward Elgar, directeur de la musique du roi, est l'auteur de variations et symphonies (Rêves de Géronte, en 1900) ; Michael Tippett né dans la capitale en 1905, est créateur de ballets et d'ouvrages dramatiques (Un enfant de notre temps, en 1941, et le Mariage estival, en 1955). Benjamin Britten produit de nombreux opéras (Peter Grimes, 1945) et l'opérette Paul Bunyan. John Taverner, né en 1944, a créé en 1974 un oratorio à effet théâtral.

LONDRES VU PAR LES ÉCRIVAINS

Le chroniqueur, **Samuel Pepys** (1633-1703 – prononcez « piips »), haut fonctionnaire au département de la Marine, était un travailleur acharné mais toujours prêt à courir mauvais lieux et tavernes (il se vante d'en avoir fréquenté 128 en une seule journée). Dans son Journal (Diary), Pepys décrit avec une précision cinématographique la vie à Londres de 1660 à 1669, les événements comme la Grande Peste de 1665 ou le Grand Feu de 1666, et les hommes qu'il a rencontrés à la cour de Charles II Stuart. L'Écossais **James Boswell** (1740-1793), commensal et biographe de Samuel Johnson *(p. 69)*, peint dans son journal, avec une naïve franchise, sa vie quotidienne au sein du Londres de George III.

Le romancier **Charles Dickens** (1812-1870) a longuement vécu à Londres. Réaliste et tendre, il évoque avec émotion la vie populaire du Londres victorien dans ses romans Oliver Twist, David Copperfield, les Aventures de Mr Pickwick.

Les écrivains français que Londres a inspirés sont peu nombreux. Au siècle passé, on peut citer une féministe, Flora Tristan (Promenades dans Londres, 1840), les littérateurs réfugiés à Londres après la Commune, comme Jules Vallès (la Rue à Londres), les poètes Apollinaire (« Un soir de demi-brume à Londres... ») et Rimbaud. Il ne faut pas oublier non plus les ouvrages illustrés par Gavarni et surtout par le visionnaire Gustave Doré.

Au début du 20ᵉ s., Paul Féval dans les Mystères de Londres, Louis Hémon dans Mr Ripois ont su rendre avec bonheur l'atmosphère londonienne, tandis que Valery Larbaud, dans son Journal, en analysait l'ambiance intellectuelle.

QUELQUES LIVRES *(librairies de langue anglaise à Paris, voir p. 185)*

Ouvrages généraux, tourisme

BANKS : **Penguin Guide to London** *(en anglais, Penguin Books, Londres)*, livre de poche.

Londres, 100 ans de retard, 10 ans d'avance *(Autrement, dossier nº 6, mars 1984, Paris)*.

CHATTARD (J.-O.) : **Voir Londres** *(Hachette, Réalités, Paris)*, album photographique.

R. BERNHEIM et F. MAYER : **Londres** *(Atlantis, Lucerne)* texte et photos.

Histoire, art, architecture

HENDY (Ph.) : **The National Gallery, London** *(Thames-Hudson, Londres)*.

HIBBERT (Ch.) : **London, the biography of a City** *(en anglais, Penguin Books, Londres)*.

MAUROIS (A.) : **Histoire de l'Angleterre** *(Fayard, Paris)*, ouvrage de synthèse.

PEVSNER : **London** *(en anglais, Penguin Books, coll. Buildings of England)* ; 2 tomes avec glossaire d'archéologie et photographies.

Les châteaux de Robert et James Adam, L'Abbaye de Westminster *(Atlas, collection : les passeports de l'art)*.

Monographies illustrées sur les monuments et les musées de Londres *(en anglais, Pitkin Pictorials, Londres)*.

Littérature

Charles DICKENS : **Œuvre complète** *(NRF, Bibliothèque de la Pléiade)*, en 7 tomes.

Louis ENAULT : **Londres,** 2 volumes illustrés par Gustave DORÉ *(Michel de l'Ormeraie, Paris)*, réédition de l'œuvre originale.

Samuel PEPYS : **Journal** *(Mercure de France, Paris)*, Londres au 17ᵉ s.

LÉGENDE

★★★ **Très vivement recommandé**

★★ **Recommandé**

★ **Intéressant**

■ **Monument décrit (Musée, église, statue...)**

Symbole	Signification	Signification	Symbole
	Église	Métro	
■	Statue	Fontaine	
	Jardin, parc, bois	Autoroute, échangeur	
	Cimetière	Hippodrome	
●	Pub	Golf	
	Point de vue	Tennis	

Termes anglais figurant sur les plans

Arch	arc
Bandstand	kiosque à musique
Barrack	caserne
Bookshop	librairie
Bridge	pont
Cemetery	cimetière
Church	église
Circus	place circulaire
Court	cour (esplanade)
Crescent	rue en forme de croissant
Drive	rue (avenue)
Embankment	quai
Embassy	ambassade
Exchange	bourse
Fields	champs
Flower	fleur
Garden	jardin
Gate	entrée, porte, grille
Green	pelouse
Ground	terrain
Hall	salle
Hill	colline
House	maison, demeure
Lake	lac
Lane	ruelle
Market	marché
Mews	écuries, communs
Museum	musée
Office	bureau, administration
Palace	palais
Park	parc
Place	résidence, place, boulevard
Playground	terrain de jeu
Pond	étang, pièce d'eau
Pool	piscine, bassin
Road	route (chaussée)
Row	allée
Running track	piste d'entraînement
Shop	boutique
Square	place carrée parfois avec jardin
Station	station, gare
Store	magasin
Street	rue
Terrace	ensemble de bâtiments identiques
Town Hall	hôtel de ville
Walk	promenade
Yard	cour, arrière-cour

Belgrave Square.

LE CENTRE DE LONDRES

Curiosités classées par ordre alphabétique

Les lettres accompagnant les titres des promenades et curiosités correspondent au carroyage des plans des pages 5 à 12.

APSLEY HOUSE ★

DY – *Voir plan p. 75* – Métro : Hyde Park Corner (Piccadilly Line).

Quelque peu noyée dans l'intense circulation de Hyde Park Corner *(p. 76)*, Apsley House, résidence du duc de Wellington de 1817 à sa mort, fut offerte à l'État en 1947 par le septième duc. Elle est connue sous l'appellation « Number One London », sans doute parce qu'elle était à l'époque, la première maison importante à l'entrée de la ville. Les souvenirs et œuvres d'art rassemblées par le vainqueur de Waterloo et ses descendants constituent maintenant un musée, le Wellington Museum.

Le Duc de Fer et les Français. – Au cours de sa longue existence, **Arthur Wellesley,** premier duc de Wellington (1769-1852), malgré les aléas de la politique, tissa maints liens avec nos compatriotes. Né à Dublin, la même année que Napoléon Bonaparte (qu'il ne rencontra jamais), il séjourne un an à Angers en 1786 comme élève de l'Académie d'Équitation dirigée par le sieur de Pignerolle; reçu chez les ducs de Praslin et de Brissac, il mène joyeuse vie tout en perfectionnant son français. En 1794, Arthur devient le beau-frère d'Hyacinthe-Gabrielle Roland, Parisienne très lancée que l'aîné des frères Wellesley, Richard, épouse après avoir vécu avec elle durant neuf ans et en avoir eu cinq enfants. A son retour des Indes en 1806, après un séjour de 9 ans, il épouse en avril 1806, Catherine Pakenham, fille du baron Longford. Il rencontre aux eaux de Cheltenham une aimable émigrée, la vicomtesse de Gonfaut-Biron, et il engage avec le **général Dumouriez** une correspondance qui se prolongera jusqu'à la mort du vainqueur de Valmy, survenue en 1823 à Henley où il est enterré.

Wellington combat en Espagne pendant la guerre d'indépendance (1798-1813), et en France jusqu'à l'abdication de Napoléon en 1814. Il reçoit le titre de duc de Wellington et part à Paris comme ambassadeur d'Angleterre. Sous la première Restauration, il est en très bons termes avec Louis XVIII qui songe à le nommer maréchal de France avec le titre de duc de Brunoy, et lui décerne l'Ordre du St-Esprit. De son côté il offre au roi podagre, qui n'en peut mais, une meute de chiens pour la chasse au renard et achète à la princesse Pauline Borghèse l'hôtel du faubourg St-Honoré, encore aujourd'hui siège de l'ambassade anglaise. Enfin Wellington fait sa cour à la Reine Hortense, va chez Talleyrand, noue des intrigues avec une chanteuse, la Grassini, et une artiste, Marie-Victoire Jaquotot; Gérard et Isabey font son portrait.

Après Waterloo, le Duc de Fer, comme on va le surnommer, revint à Paris en tant que commandant en chef des troupes d'occupation. Son quartier général est à Mont-St-Martin, près de Cambrai, mais il habite souvent place de la Concorde, l'hôtel de la Reynière, à l'emplacement actuel de l'ambassade des États-Unis. Sa Grâce fréquente les salons de Madame Récamier et de la duchesse de Duras, courtise Mlle Mars, sympathise avec le duc de Richelieu qui le définira comme « un homme dont j'admire autant le noble caractère que les grandes actions ». En 1830, à Londres, le noble duc, alors premier ministre, entretiendra des rapports chaleureux, presque affectueux, avec **Talleyrand** que Louis-Philippe envoie comme ambassadeur en Angleterre. De même c'est avec une cordiale sympathie qu'il accueille, en 1837, à l'occasion du couronnement de Victoria, son vieil adversaire d'Espagne, de Toulouse et de Waterloo, le **maréchal Soult.** Toutefois, quand on lui demande de lever son verre à l'armée française, il grogne entre ses dents : « l'armée française, by God, ma besogne est de la battre, pas de boire à sa santé », puis il boit quand même...

A sa mort, survenue à 83 ans, des funérailles grandioses eurent lieu *(voir p. 109).* Son corps repose dans la crypte de St-Paul où l'on pouvait naguère voir le somptueux char funèbre qui mena sa dépouille des Horse Guards à St-Paul en passant devant Apsley House.

Les bâtiments. – Apsley House fut construite entre 1771 et 1778, sous la direction de Robert Adam *(p. 22)* pour le lord-chancelier Bathurst, baron Apsley, à l'emplacement d'une auberge très fréquentée à l'enseigne des Colonnes d'Hercule. Devenue en 1805 propriété de Lord Richard Wellesley, elle fut cédée par celui-ci à son frère cadet, le duc de Wellington, en 1817.

Deux ans plus tard Wellington faisait modifier l'aspect de sa nouvelle demeure par Benjamin Wyatt : les murs de brique sont alors revêtus de pierre et un portique corinthien plaqué sur la façade principale. Au sommet, Wellington avait fait placer un fauteuil d'où il regardait défiler ses troupes, sans être vu. Il n'y avait qu'un jardin exigu mais dans Hyde Park tous les matins le duc galopait son pur-sang.

Wellington Museum★. – *Visite de 10 h à 18 h, le dimanche de 14 h 30 à 18 h. Fermé les lundis et vendredis, les 24, 25, 26 décembre, les 1er janvier et 1er mai. Entrée : 60 p ; enfants : 30 p.*

Plate and China Room. – A gauche du hall d'entrée cette salle abrite les souvenirs personnels du duc : dix de ses bâtons de maréchal, décorations, précieuses tabatières, bouclier doré retraçant ses victoires, épée de cérémonie de Napoléon prise à Waterloo dans les bagages de l'Empereur. Service en porcelaine de Berlin (1819) décoré de scènes de la vie du duc, offert par le roi de Prusse; pièces du service en porcelaine de Vienne ornées de médaillons de personnages de l'Antiquité et service égyptien en porcelaine de Sèvres ayant appartenu à Joséphine et offert par Louis XVIII en 1818. Remarquer le bouclier en vermeil de Wellington et le vase dit « de Waterloo ».

Hall (Inner Hall). – Portraits de personnalités anglaises et alliées en relations avec Wellington : Nelson, Pitt le Jeune, Blücher. Bataille de Waterloo par F. Philipoteaux (1874). Exposition (renouvelée) de costumes et uniformes de Wellington.

Escalier. – Statue de Napoléon (1810), sculptée dans un marbre de Carrare. Canova en représentant l'Empereur à l'antique provoqua l'ire impériale; cette exceptionnelle réalisation fut vendue par Louis XVIII, en 1816, au prince régent *(p. 106)* qui en fit présent à Wellington.

Tourner à gauche en haut de l'escalier.

APSLEY HOUSE★

Palier. – Peintures par Gérard (portrait de Charles X) et Le Fèvre (Napoléon).

Salon Piccadilly (Piccadilly Drawing Room). – Ce salon a conservé son décor Adam d'origine. Il abrite notamment une série de peintures du 17e s., surtout flamandes et hollandaises : scènes villageoises par David Téniers le Jeune (1610-1690) ; Nicolas Maes. On voit également les Pensionnaires de Chelsea lisant la nouvelle de Waterloo, par Wilkie.

Salle du Portique (Portico Room). – Décor Adam dont les projets sont au Soane Museum. Le motif central du plafond évoque le mythe de Psyché et Cupidon. Les glaces ont été ajoutées par Wyatt. Sur les consoles, grands vases de Sèvres (1814). La salle contient quatre copies de Raphaël par Bonnemaison, des portraits de Napoléon par Le Fèvre et Dabos, des portraits de l'Impératrice Joséphine et de Pauline Bonaparte par Le Fèvre.

Waterloo Gallery. – Ajoutée en 1829, cette vaste galerie décorée par Wyatt fut, jusqu'en 1852, le théâtre des banquets donnés par le duc chaque année, le 18 juin, date anniversaire de la bataille de Waterloo. Une grande toile évoque le banquet de 1836. Portraits de Charles Ier d'après Van Dyck.

La plupart des peintures couvrant les murs proviennent des quelques cent tableaux de la collection royale d'Espagne, saisis par Wellington dans les fourgons du roi Joseph, frère de Napoléon, après la bataille de Vitoria (1813) ; Ferdinand VII en fit don au duc après la chute de l'Empire. Ce sont notamment : le grand portrait équestre de Wellington peint par Goya à Madrid ; ce dernier avait tout d'abord représenté Joseph Bonaparte, il le remplaça au dernier moment par Wellington, le vainqueur final. Toiles de Rubens, Murillo, Vélasquez (le Gentilhomme espagnol ; le Vendeur d'eau de Séville).

(D'après photo Victoria and Albert Museum)

Botte Wellington.

Salon Jaune (Yellow Drawing Room). – Dans cette salle au plafond dessiné par Wyatt, les portes et la cheminée restent de style Adam. Portrait de Guillaume IV par Wilkie, entouré des portraits de Joseph Bonaparte et de l'Impératrice Joséphine par Le Fèvre. Wellington contemplant un buste de Napoléon.

Salon Rayé (Striped Drawing Room). – Dans un précieux décor de Wyatt aux portes dessinées par Adam, on peut voir un portrait d'Arthur Wellesley, 1er duc de Wellington, par Lawrence et la Bataille de Waterloo, tableau très apprécié par le héros du combat.

Salle à manger (Dining Room). – Redécorée par Wyatt, elle contient la table dressée, comme jadis, avec l'illustre **service portugais,** en argent et vermeil, offert au duc en 1816 par le prince régent du Portugal, et les chaises d'origine.

Aux murs sont alignés les portraits de souverains régnant au temps de Wellington : parmi ces solennelles effigies on peut distinguer Alexandre 1er empereur de Russie, par Gérard, Louis XVIII, par le même artiste et George IV, en kilt (1830).

Corridor. – Service en porcelaine de Sèvres, offert par Louis XVIII en 1823 et suite des services en porcelaine de Meissen et de Vienne, présentés dans la Plate and China Room. Un certain nombre de pièces faisant partie de l'argenterie utilisée par Wellington lors de son ambassade à Paris, un service à petit déjeuner en porcelaine trouvé dans les bagages de Joseph Bonaparte et un autre, réalisé à Sèvres en 1814, qui fut offert au duc par Louis XVIII.

Sous-sol. – Le couloir et la salle basse abritent une collection de gravures : panorama des funérailles de Wellington, programme de la cérémonie imprimée sur soie, **caricatures** du duc. L'une d'elle, datée de 1827, concerne le commandant en chef de l'armée : « Une botte Wellington ou la Tête de l'armée ». L'homme de guerre était connu pour la variété de ses bottes. Le nom de « Wellington » est resté attaché à un modèle de bottes en caoutchouc.

BARBICAN★

MV – Métro : Barbican ou Moorgate (Circle et Metropolitan Lines).

Barbican, un des quartiers de la City qui a le plus souffert des bombardements aériens durant la dernière guerre, s'étend au long de la grande artère dite « London Wall » parce qu'elle suit le tracé de l'enceinte dont l'origine remonte à l'époque romaine *(p. 21)*. La reconstruction du quartier a été menée suivant une formule destinée à faire école : circulation automobile au niveau inférieur, piétons et commerces au niveau supérieur *(représenté en grisé sur le plan)*, les deux niveaux étant reliés par des escaliers.

Dans cette cité futuriste s'intègrent harmonieusement les témoins du passé : ruines romaines et médiévales, église gothique (restaurée), maisons de corporation de 1924 et 1966, grâce à la présence de pièces d'eau, d'arbres, de jardins et de terrasses fleuries.

Un secteur culturel s'étend du Sud-Est au Nord-Ouest : musée de Londres (Museum of London), proche de la **maison des Chirurgiens** (Barber Surgeons' Hall) et enserrant la **maison des Ferronniers** (Ironmongers' Hall), collège de jeunes filles (City of London School for Girls), école de musique et d'art dramatique du Guildhall (Guildhall School of Music and Drama). Le **Barbican Arts and Conferences Centre** ouvert en 1982, comprend : galerie d'art (Art Gallery), bibliothèque (Library), théâtre (siège de la Royal Shakespeare Company), salles de conférences et de concert (Concert Hall, destiné au London Symphony Orchestra), cinémas et restaurants.

Un secteur d'affaires à l'Est, multiplie des buildings de verre et d'acier, tel la Britannic House, édifiée en 1966 par la B.P. (British Petroleum Company) et qui domine de ses 35 étages une esplanade agrémentée d'un bassin.

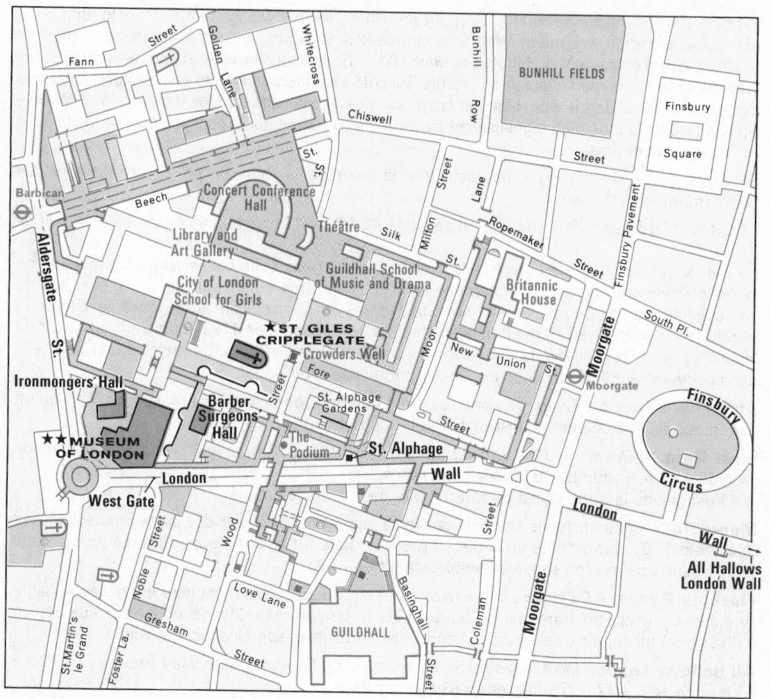

Un secteur d'habitation est réparti au Nord-Ouest, trois tours de béton de 44 étages d'une silhouette originale, et au Sud, agréables appartements à terrasses, aux lignes plus horizontales.

Pubs typiques. – Crowders Well et **The Podium** : décor moderne.

CURIOSITÉS

Museum of London★★ **(Musée de Londres).** – *Visite de 10 h (14 h le dimanche) à 18 h. Fermé les lundis, le Vendredi Saint, le lundi de Pâques, les 24, 25, 26 et 31 décembre et 1er janvier. Cafétéria.*

Accès au niveau inférieur par London Wall. **Entrée principale** par la passerelle de la Rotonde qui mène au niveau supérieur où commence, par ordre chronologique, l'histoire de Londres et de ses habitants.

La **Tamise préhistorique** : silex de l'âge de pierre, poterie (2300 av. J.-C.) trouvée à Heathrow, épées de bronze (1000 av. J.-C.). Le fleuve est une frontière entre les tribus.

Londres romaine : bouclier en bronze du 1er s., sculpture d'un légionnaire (100), marbres du temple de Mithra (tête de Sérapis, groupe de Bacchus et Silène). Au 3e s., Londinium s'entoure d'un rempart qu'elle prolonge, au 4e s., en bordure de la Tamise. Par la baie vitrée on aperçoit des vestiges du « mur de Londres ».

Londres médiévale : broche saxonne en argent, du 6e s., haches normandes du 11e s. Le christianisme apparaît en 597, naissance de la cathédrale St-Paul (604). Édouard le Confesseur fait construire un palais et une abbaye à Westminster. Le premier pont en pierre traverse la Tamise (1176-1209). La Peste Noire ravage la Cité (1348).

Londres des Tudors et des Stuarts : maquette de l'extension de la ville de 1550 à 1660 et du Pont de Londres, en 1600 ; costumes, bijoux, reconstitutions d'intérieurs, théâtre de Shakespeare, masque mortuaire de Cromwell (1653), clochette de pestiféré (Peste de 1665). Étonnant diorama du « Grand Feu » qui détruisit la Cité, en 1666, avec commentaire du chroniqueur Pepys, témoin du drame.

Londres des derniers Stuarts *(accès par rampe descendante)* : coupe de la nouvelle cathédrale St-Paul, par Wren, reconstruction de la Cité ; costumes du Londonien de 1680, soieries de Chine et cotonnades des Indes (East India C°) ; salon de musique (air d'ambiance) avec boiseries (1638) et plafond peint (1676).

Londres géorgienne : prison du 18e s., pilori, cage de fer pour suspendre le condamné au gibet, en répression à la criminalité, sous la dynastie des Hanovre qui connaîtra par ailleurs l'âge d'or dans le domaine des arts et des lettres (Hogarth, Reynolds, Goldsmith).

Londres au début du 19e s. et Londres impériale : modèle de péniche (1807), grand tableau de la Tamise avec ses barges ; lampe de sûreté pour mineur par Sir Humphry Davy ; gravure du Crystal Palace, à l'exposition de 1851 ; voiture de pompier très décorée de la Grande Exposition de 1862 (1res compagnies d'assurance, en 1865) ; chapeau et tambourin de l'Armée du Salut, créé en 1878 ; téléphone de 1895 ; reconstitution d'une rue au 19e s.

Londres du 20e s. : tout un passé d'avant-guerre, 1re Guerre mondiale (Zeppelin), insignes de suffragettes ; voiture de 1930 ; ascenseurs du grand magasin Selfridges (années 30) ; tramways électrifiés (1930-1952) ; premier livre de la Collection Penguin, « Ariel » par A. Maurois (1935) ; le Blitz (bombardement aérien) de 1940 (photographies), les Jeux Olympiques de 1948, emblème du Festival Britannique de 1951.

Cérémonies : carrosse rutilant et doré, orné de peintures du 18e s. pour la parade annuelle du Lord-maire ; porte-épée (1872) ; copies des couronnes royales et instruments du sacre, robe de couronnement de la reine Élisabeth II (1953).

Mur de Londres (London Wall). – On peut en distinguer des vestiges importants le long de la grande voie rapide « London Wall » notamment à St Alphage Gardens, ainsi que près de St Giles Cripplegate et All Hallows London Wall. Remarquer la base d'époque romaine, en briques, et le corps médiéval fait de pierres. Du côté extérieur, l'enceinte était renforcée par une barbacane, qui a donné son nom au quartier. Une **Promenade du Mur** (London Wall Walk – *2 800 m, environ 2 h)*, bien signalisée et pourvue de 21 panneaux explicatifs, conduit de la Tour au Musée de Londres.

St Alphage. – De l'église il ne reste que la base de la tour du 14e s., révélée lors des bombardements de 1940.

St Giles Cripplegate★. – *Ouverte en semaine de 10 h à 17 h, le dimanche de 8 h à 12 h et de 14 h à 17 h.*

Située près de l'emplacement de la porte du même nom, cette église est gothique dans son ensemble, encore que le couronnement de la tour soit une adjonction du 17e s. et la toiture crénelée du 19e s. Complètement restaurée après la guerre, elle abrite dans le chœur la sépulture du poète **John Milton** (buste sculpté par John Bacon, en 1793 - mur Sud) qui vécut de 1662 à sa mort (1674) dans Bunhill Row où il écrivit le Paradis Perdu. Cromwell épousa en 1620 dans cette église Élisabeth Boucher. Beaux porte-épée *(voir p. 25)*.

Aldersgate Street. – Cette rue porte le nom d'une des portes fortifiées du London Wall qu'un Saxon appelé Aldred aurait construite. Elle fut détruite en 1761.

West Gate. – *Ouvert le 1er mardi du mois de 10 h 30 à 12 h et le 3e vendredi du mois de 14 h 30 à 16 h. Entrée par le Musée de Londres.*

Vestiges de la porte Ouest du fort romain, avec tourelle de guet.

Moorgate. – Cette ancienne porte de la City, s'ouvrait en 1415, sur des landes marécageuses **(Moorfields)**. Elle fut détruite en 1760. La rue Moorgate fut construite en 1831. Le poète Keats naquit dans une maison située à l'emplacement du n° 83.

Finsbury Circus. – Ce square ovale date du début du 19e s. L'atmosphère est restée « Vieille Angleterre » avec son « green », pelouse où les employés de la City viennent jouer aux boules à l'heure du lunch, avec ses massifs fleuris, ses arbustes et son kiosque à musique.

All Hallows London Wall. – *Voir plan de la City (PX). Ouverte du lundi au vendredi de 10 h à 13 h et de 14 h à 17 h. S'adresser au 83 London Wall.*

S'appuyant sur la face intérieure du vieux mur d'enceinte visible dans le jardin attenant, l'actuelle église (1765) est due à George Dance le Jeune : élégant intérieur, blanc, bleu ciel et or, qu'éclairent des baies à pénétration ; retable d'autel peint par Nathaniel Dance, frère de George. La chaire communique avec la sacristie par un escalier percé dans le mur qui est, en fait, le mur médiéval.

BATTERSEA

DZ – Chemin de fer : Battersea Park (au départ de Victoria Station).

Jadis estimée pour ses asperges et son célèbre pont de bois sur la Tamise, que peignirent à l'envi Turner et Whistler, Battersea n'est plus qu'un faubourg industriel dont cependant aucun Londonien n'ignore le nom en raison de la présence, sur son territoire, d'une ancienne centrale thermique aux gigantesques cheminées et d'un important hospice pour chiens et chats **(Battersea Dogs Home)** établi 4 Battersea Park Road, en 1871.

La manufacture d'émaux de Battersea eut elle aussi son heure de gloire au 18e s. bien qu'elle ait fonctionné seulement durant trois ans, de 1753 à 1756. Sous la direction du graveur parisien **Ravenet** (1701-1774) cet établissement a produit en effet une bonne quantité de portraits en médaillon, d'étiquettes de bouteilles, de tabatières aux nuances délicates.

Depuis 1975, le New Covent Garden Market (EZ), marché de fruits, légumes et fleurs, occupent un vaste ensemble entre Nine Elms Lane et Wandsworth Road.

Un précurseur de l'Entente cordiale. – Né et mort à Battersea, Henry St John, vicomte **Bolingbroke** (1678-1751), un des chefs du parti tory, négocia en 1713 le traité d'Utrecht, à Paris, où Rigaud fit son portrait. Il avait alors ménagé les intérêts de Louis XIV, au scandale de ses adversaires Whigs, si bien que lorsque ceux-ci reprirent le pouvoir, à l'avènement de George 1er de Hanovre, le noble vicomte dut s'exiler à deux reprises en France, résidant notamment au château de la Source à Olivet, près d'Orléans, et au château de Chanteloup proche d'Amboise. En France, il rencontra **Claire Deschamps de Marcilly,** issue d'une famille fameuse de tout temps pour le charme de ses éléments féminins : veuve d'un cousin de Mme de Maintenon, le marquis de Villette, Claire Deschamps fit la conquête de Bolingbroke qui l'épousa et l'emmena en Angleterre.

Rentré à Battersea, Henry St John put enfin se livrer sans contraintes à la boisson et à son œuvre littéraire, recevant au manoir de Bolingbroke, proche de l'église St Mary, de nombreux écrivains comme Pope qui y écrivit son Essai sur l'Homme, Swift et **Voltaire** dont Bolingbroke avait fait la connaissance au château de la Source.

■ CURIOSITÉS

Battersea Park. – *Grande parade (p. 18). Restaurants et guinguettes. Jardin pour handicapés (Disabled Persons Garden) près du stade.*

Parc à l'anglaise de 80 ha aménagé au milieu du 19e s. par **Thomas Cubitt,** sur l'emplacement de vastes terrains où se déroula, en 1829, un duel célèbre entre Wellington et le comte de Winchelsea. Orné de statues modernes par Henry Moore et Barbara Hepworth, il comprend des pelouses, des allées sinueuses, un enclos à daims (Deer Enclosure), une pièce d'eau entourée de rhododendrons, où l'on peut faire du bateau, et un zoo pour enfants. Le long de Queenstown Rd une pagode sert de Centre Bouddhique

St Mary's. – *Battersea Church Road.* Du 17e s. mais refaite en 1775 par Joseph Dixon. Monument funéraire du vicomte Bolingbroke et de Claire Deschamps, avec leurs portraits en médaillon sculptés par Roubilliac. C'est dans cette église, au bord du fleuve, que William Blake *(p. 26)* épousa Catherine Boucher, fille d'un maraîcher local et dont on dit qu'elle ne savait alors ni lire, ni écrire, ni compter.

Vicarage Crescent, High Street. – Dans ces rues, demeures des 17e et 18e s. en briques **(Old Battersea House)** ou à façades de stuc orangé **(Devonshire House, The Raven Inn)** ; **Sir Walter St John's School,** école construite au 19e s. dans le style Tudor.

Battersea Power Station. – Cette ancienne centrale thermique, construite en 1934 et désaffectée depuis 1983, doit devenir un centre de loisirs. Son architecture intérieure de style Art Déco, les salles des turbines et de contrôle seront conservées. Outre diverses attractions, l'ensemble comprendra des restaurants et des jardins au bord de la Tamise.

BERMONDSEY

HY – Métro : Borough (Northern Line).

Bermondsey, dont le nom fut associé à la tannerie, s'est développé dès le Moyen Age autour de l'abbaye bénédictine St-Sauveur établie en 1082 par des moines de Cluny ; dans l'enceinte du monastère mourut, en 1437, **Catherine de Valois,** fille de Charles VI de France et épouse de Henri V, qui fut ensevelie à Westminster. Des fouilles actuellement effectuées à la hauteur de Tower Bridge Road et de Grange Road permettent de dégager quelques vestiges de l'abbaye. **John Harvard** (1607-1638), fondateur de l'Université de Harvard, près de Boston (USA), était originaire de Bermondsey.

Pub typique. – The Angel Inn, 21 Rotherhite Street : pub du 18e s. avec vue sur la Tamise.

St Mary Magdalen's (15e-17e s.). – Église paroissiale, sur Tower Bridge Road. A l'intérieur boiseries du 17e s. comprenant le buffet d'orgues, les galeries, la chaire et le retable d'autel. Chapiteaux du 12e s. provenant de l'ancienne abbatiale.

Caledonian Market. – Face à la paroisse, dans Bermondsey Square se tient le plus important marché aux puces de Londres *(le vendredi de 7 h à 12 h).*

BILLINGSGATE

Voir plan de la City p. 9 à 12 – Métro : Monument (Circle et District Lines).

De London Bridge *(p. 123 et 124),* belle **vue★** sur les rives de la Tamise et notamment, au premier plan en aval, sur l'ancien marché au poisson et la Douane à façade majestueuse.

Ancien marché au poisson (Billingsgate Market) (PZ). – Un roi des Bretons, Belin (400 avant J.-C.), aurait donné son nom à Billingsgate où, depuis les temps les plus reculés, fut débarqué le poisson de Londres – on a retrouvé des traces d'un quai romain et d'un port saxon. Cependant le marché au poisson proprement dit ne fut établi qu'au début du 18e s. ; en effet, jusqu'alors la jetée (wharf) recevait aussi du charbon, du blé et le sel de Saintonge utilisé pour la conservation du poisson. La halle date de 1875 ; une effigie figurant Britannia (la Grande Bretagne) décore son pignon. Le marché au poisson est transféré à India and Millwall Docks *(p. 19),* depuis 1982, mais la halle actuelle, restaurée, doit abriter des bureaux, des magasins, des restaurants et des bars.

Douane (Custom House) (PRZ). – Construite au début du 19e s., elle représente la cinquième Douane existant en ce lieu, les quatre précédentes, dont l'une édifiée par Wren, ayant péri dans les flammes. Leur fréquentation n'a pas toujours laissé des souvenirs radieux aux voyageurs qui débarquaient ici des « packet-boats » (paquebots), les formalités étant tatillonnes.

BISHOPSGATE

Voir plan de la City p. 9 à 12. – Métro : Liverpool Street (Circle et Metropolitan Lines).

Ancienne voie romaine, cette longue artère relie la City à **Liverpool Street Station** (RV) (1875) et à Shoreditch. Elle tient son nom d'une porte de l'enceinte médiévale qui se trouvait à hauteur de Camomile Street (vestiges : 105 et 108 Bishopsgate – RX).

Pub typique. – Dirty Dick's, 202 Bishopsgate, près de la gare : décor populaire.

■ CURIOSITÉS

St Helen★ (RX). – Cette église gothique pourvue d'une **tour** carrée à lanterne surmontée d'une girouette, fut bâtie au 13e s. pour un couvent de Bénédictines, aujourd'hui disparu ; on y accède par une voûte et par la cour de l'ancien monastère. Elle comprend deux nefs dont l'une, au Nord, était réservée aux religieuses, l'autre étant laissée à la paroisse.

Mobilier : dans l'aile Nord, le **Night Staircase** (escalier de nuit menant au dortoir) date de 1500, la **Processional Entrance** est une entrée du 13e s. et le **Nun's Squint** (guichet des nonnes) a été aménagé en mémorial depuis 1525. Dans l'aile Sud, belles portes de bois du 17e s. Dans le chœur, noter un rare porte-épée *(p. 25)* en bois, de 1665.

Monuments★★ : St Helen abrite de riches tombeaux de notables qui l'ont fait surnommer « l'abbaye de Westminster de la City ». Les plus intéressants sont ceux de John Crosby (1475) et de William Pickering (1574) qui fut ambassadeur à la Cour d'Espagne (dans le chœur paroissial), de Thomas Gresham (1579), fondateur du Royal Exchange, et de Sir Julius Caesar (1636), chancelier de l'Échiquier (chœur des religieuses). Dans le transept et l'aile Nord, les **plaques funéraires** en cuivre (brasses), proviennent de l'église St Martin Outwich (1796), détruite en 1874 *(elles sont protégées par un tapis).* Parmi les **vitraux,** certains datent du 17e s.

P. and O. Deck (RY). – Cet immeuble (1928) s'ouvre à l'arrière sur St Helen's Place ; plus au Sud, Crosby Square marque le site de Crosby Hall *(p. 50).*

St Ethelburga (RX). – Cette charmante église-miniature du 15e s., avec un clocher du 18e s., à tourelle surmontée d'une girouette, est dédiée à la sœur de saint Erconwald, évêque de Londres au 7e s. Petit cimetière sur le côté Est. La paroisse couvre seulement 1 ha.

Bishopsgate Institute (RV). – *230 Bishopsgate. Entrée libre du lundi au vendredi de 9 h 30 à 17 h 30. Fermé les jours fériés.*

L'Institut ouvert en 1894 comprend une bibliothèque contenant 30 000 volumes dont 6 000 concernant l'histoire de Londres. Dans le hall, exposition d'aquarelles et de gravures évoquant des aspects de Bishopsgate et du Vieux Londres.

BLACKFRIARS - CHEAPSIDE

Voir plan de la City p. 9 à 12. – Métro : Blackfriars (District et Circle Lines) et St-Paul (Central Line).

Blackfriars s'étend à l'emplacement d'un couvent de Dominicains qui devaient leur nom (Frères Noirs) à l'ample manteau noir qui les enveloppait, et au débouché du pont du même nom *(p. 124)*. Dans ce monastère fondé en 1276 entre le mur médiéval et un ruisseau (Fleet Ditch), le cardinal Wolsey et le cardinal Campeggio, légat du pape, négocièrent en 1529 le divorce de **Catherine d'Aragon,** première femme de Henri VIII : l'échec des pourparlers amorça la rupture de l'Angleterre avec Rome... et inspira à Shakespeare une célèbre scène de « Henri VIII ».

Ce quartier, où **Van Dyck** et les artistes flamands protégés par Charles Ier eurent leur résidence, n'offre plus guère d'originalité ; il recèle cependant quelques « replis secrets » non sans charme, à proximité de la Maison des Apothicaires, dans le dédale de ruelles et de passages où se cachent encore quelques imprimeurs.

Au Moyen Age, le marché principal de Londres se tenait à **Cheapside** (à l'origine West Cheap) (MY) et dans les rues adjacentes comme en témoignent Poultry (marché à la volaille), Milk Street, Bread Street, Wood Street (marché au bois) etc. On y voyait aussi le « Great Conduit », grande citerne de plomb qui débitait du vin les jours de liesse. De nos jours c'est une artère commerçante et animée reliant St-Paul à la Banque d'Angleterre.

Pubs typiques. – **Williamson's Tavern** (MY), Bow Lane : taverne du 17e s.
Ye Olde Watling (MY), 29 Watling Street : pub du 17e s. à poutres de chêne.
Master Gunner (MX), Panyer Alhey : fréquenté par des associations de la Royal Artillery.
Samuel Pepys (MZ), Brooks Wharf : au bord de la Tamise (ancien entrepôt).

■ CURIOSITÉS

Maison des Apothicaires (Apothecaries' Hall) (LY). – *12 Blackfriars Lane.* Pittoresque maison du 17e s., rhabillée au siècle suivant, à l'intérieur de laquelle on peut voir de remarquables panneaux de chêne, des pots à pharmacie, des chandeliers, un buste de **Gédéon Delaune,** protestant français émigré et apothicaire de la reine Anne de Danemark, ainsi que des portraits peints de Jacques Ier, Charles Ier...

Old Times Building. – Cet immeuble, reconstruit en 1965, a abrité jusqu'en 1974 les services du quotidien The Times, désormais installé à Gray's Inn Road *(p. 72)*. Il occupait, **Printing House Square** (LY), le site de l'ancienne Imprimerie Royale établie ici sous les Stuarts et dans laquelle était tiré le plus ancien journal de Londres, la London Gazette. L'hebdomadaire The Observer est installé dans un bâtiment adjacent.

Telecom Technology Showcase (LY). – *Baynard House, 135 Queen Victoria Street. Ouvert du lundi au jeudi de 10 h à 16 h 30 ; fermé les jours fériés.*

Des télégraphes, des appareils téléphoniques, des standards, etc., retracent le développement des télécommunications depuis les inventions de Bell, Edison et Marconi jusqu'aux applications de la technologie moderne : transmission par fibres optiques, impulsions à micro-ondes, satellites, systèmes électronique et numérique.

Dans l'avant-cours de la Baynard House, un grand pilier sculpté par R. Kindersley (1980) illustre les Sept âges de l'homme.

Mermaid Theatre (LY). – *Puddle Dock.* Installé, en 1959, dans un ancien entrepôt de Puddle Dock, le « théâtre de la Sirène » présente également des spectacles pour enfants. Depuis trois siècles, la City était sans théâtre. Le Site est historique : de 1100 à 1666 se tenait en ces lieux le **Baynard Castle,** reconstruit par Henri VII et dont il reste des vestiges de l'époque Tudor, sur Upper Thames Street.

St Andrew-by-the-Wardrobe (LY). – Cette église de Wren (1685-1695), restaurée après la guerre, avec un charmant intérieur orné de boiseries, possède une tour carrée en briques rouges, couronnée d'une balustrade.

Wardrobe Place (LY). – *Accès habituel par Carter Lane.* Cette tranquille cour ombragée est bordée de maisons géorgiennes du 18e s., à l'endroit où se trouvait la Garde-Robe royale détruite par le Grand Feu.

Faraday Building (LY). – Construit en 1932, il abrite le siège social du Telephone International.

College of Arms (LMY). – *Visite de la salle d'audience (Court Room) de 10 h à 16 h du lundi au vendredi, fermée les jours fériés.*

Ce collège héraldique remonte à 1484. Sa mission est d'étudier les problèmes de filiation ou de blason des familles anglaises et de régler les questions de préséances dans le protocole des cérémonies officielles ; il peut aussi, à titre onéreux, effectuer des recherches généalogiques. La direction en est héréditairement assurée, depuis 1672, par les ducs de Norfolk, qui comptent toujours parmi les rois d'armes assistés des hérauts (heralds) et des « poursuivants » composant le Conseil du Collège.

Le College of Arms appelé aussi Heralds' Office est installé dans un bel édifice en briques terminé en 1688. Les bâtiments abritent d'importantes archives et une bibliothèque riche en documents curieux, comme le « rouleau de Warwick » comportant les portraits de tous les comtes de Warwick, de Richard III à la fin du 15e s., et, dressé au temps de Henri VIII, l'arbre généalogique des rois saxons. La salle d'audience décorée en 1707, possède une clôture sculptée de guirlandes, située derrière le trône du « Earl Marshal », dignitaire du lieu.

Salvation Army Headquarters (MY). – Important immeuble (1963) abritant l'Armée du Salut.

St Nicholas Cole Abbey (MY). – Église de Wren (1671-1681) avec **tour et clocher**★ surmonté d'une girouette dorée figurant un trois-mâts.

Financial Times (MY). – Building de briques rouges (1959), par A. Richardson.

Queenhithe Dock (MZ). – Autrefois dock important en amont de London Bridge et premier marché au poisson.

St Mary le Bow (MY). – *Page 59.*

Maison des Orfèvres (Goldsmiths' Hall) (MX). – *Foster Lane (côté Nord de Cheapside). S'adresser a City Information Centre, St Paul's Churchyard pour ticket d'entrée : £ 0,50 (seulement six jours par an). Expositions gratuites, en juillet du lundi au vendredi de 10 h 30 à 17 h. Fermée en août et septembre.*

La guilde des orfèvres était responsable depuis le 14e s. de l'essai et de la marque des objets en or et en argent. Ses collections, installées dans un bâtiment (1835) de style Renaissance, comptent quelques portraits et surtout une remarquable collection d'orfèvrerie anglaise.

BLOOMSBURY - LONDON UNIVERSITY ★

EV – Métro : Russell Square (Piccadilly Line) ; Holborn (Central et Piccadilly Lines).

A l'Est de **Tottenham Court Road,** connue pour ses magasins de décoration et d'ameublement (Maple's, n° 149 ; Habitat, n° 156 ; Heal's, n° 196) et ses boutiques d'équipement de radio, **Bloomsbury** s'est développé à la fin du 17e s. sur des terrains appartenant aux grandes familles patriciennes des Southampton, Montagu, Russell et Bedford. Mais c'est au 19e s. qu'il prit toute son extension lors des lotissements concédés à des promoteurs immobiliers (builders) comme le fameux Thomas Cubbitt *(p. 32).*

Le palais Montagu (Montagu House) devenu trop étroit pour les collections fabuleuses du **British Museum,** fut démoli au profit de bâtiments plus vastes. L'**Université de Londres** s'installa à Bloomsbury, après 1918.

Le quartier a perdu son caractère résidentiel et cossu, gardant toutefois une dignité froide que réchauffe une certaine animation estudiantine.

Bohemian Quarter. – A l'Ouest de Tottenham Court Road, auprès de la gigantesque tour de verre et d'acier de la **British Telecom Tower** (1966), il est difficile d'évoquer la bohême des artistes et intellectuels du 19e s. qui hantaient les rues étroites de ce quartier. L'axe principal est **Charlotte Street** où vécurent les peintres Constable (n° 75) et Rosetti (n° 50). Dans la **Howland Street,** au n° 35, Verlaine et Rimbaud « en cavale » à Londres, tinrent leurs pénates. Au n° 1 de la Scala Street, le royaume des jouets et des marionnettes du 19e au 20e s. (magasin de vente de leurs copies) s'appelle le **Pollock's Toy Museum** *(ouvert de 10 h à 17 h, fermé le dimanche, le Vendredi saint, les lundis fériés et les 25 et 26 décembre ; entrée 50 p, enfants 20 p).*

Fitzroy Square★, édifié dans le style Adam, de 1790 à 1793, en pierre de Portland à l'Est et au Sud, fut complété 40 ans plus tard en stuc ; trois côtés sont réservés aux piétons. Au n° 29, Bernard Shaw vécut de 1887 à 1893. A la même adresse, de 1900 à 1914 se tenaient les réunions d'un cénacle littéraire, le **Bloomsbury Group,** autour de deux égéries, les sœurs Vanessa et Virginia Stephen ; cette dernière, romancière plus connue sous son nom de femme, **Virginia Woolf** (1882-1941).

Pub typique. – **Museum Tavern,** 49 Great Russell Street : décontracté et vivant.

VISITE *1 h 1/2 environ, visite du British Museum non comprise*

Bloomsbury Square. – Le plus ancien des squares de Londres, entrepris en 1661 à l'entrée du domaine du 4e comte de Southampton, dont le manoir se trouvait à l'emplacement actuel de Bedford Place. A l'époque, c'était une vaste pelouse coupée d'allées.

On verra au Nord la statue du célèbre homme d'état Fox, œuvre de Westmacott (début du 19e s.) et une rangée de maisons de la même époque, se prolongeant le long de Bedford Place. Au Sud, sur Southampton Place, autre ensemble de maisons du 19e s., à portail classique de dessins différents.

Prendre Bloomsbury Way.

St George's, Bloomsbury. – Achevée en 1731 sur les plans de Hawksmoor, cette église présente une spectaculaire façade d'ordre corinthien que domine un clocher pyramidal à gradins, inspiré du tombeau du roi Mausole à Halicarnasse ; une statue du roi George Ier couronne, fâcheusement, le tout.

Museum Street croise Little Russell Street.

Little Russell Street. – Cette petite rue calme était au 18e s. mal fréquentée et connue pour ses tavernes louches où se déroulèrent les premières séances de « catch as catch can » féminin. Les « maisons de bains » voisines, hantées par des « nymphes », ne valaient guère mieux.

British Museum★★★. – *Page 38.*

Suivre à gauche Great Russell Street.

Congress House. – Siège des syndicats (Trade-Union Congress : T.U.C.), cet immeuble présente un mur de verre laissant apercevoir un monument aux morts sculpté sur place par **Epstein,** en 1958.

Dans la même rue, centres d'hébergement pour jeunes Y.W.C.A. et Y.M.C.A. *(p. 16).*

Rejoindre Bloomsbury Street qui longe le British Museum.

Bedford Square★★. – Le plus beau et le mieux conservé des squares de Bloomsbury, aménagé à partir de 1775 sur la propriété du duc de Bedford. Autour d'un jardin planté de majestueux platanes, cadre homogène de demeures du 18e s. ; remarquer les entourages de portes à bossages vermiculés et à clef figurant une tête humaine.

Gagner ensuite Malet Street, jalonnée de pensions et d'hôtels d'étudiants ; à l'extrémité de cette rue, grande librairie universitaire Dillon.

London University. – Fondée en 1836, l'Université de Londres *(bâtiments en bleu, sur le plan p. 36)* compte aujourd'hui plus de 72 000 inscrits, répartis en collèges pluridisciplinaires et instituts spécialisés. Concentrée surtout à Bloomsbury, elle dispose d'importantes antennes tant à South Kensington (Sciences et Beaux-Arts) qu'à Aldwych (King's College et London School of Economics) et en plusieurs autres endroits.

BLOOMSBURY – LONDON UNIVERSITY★

Principal foyer de l'Université, **Senate House** a sa grande entrée sur Malet Street : le building, édifié en 1932, abrite notamment les services administratifs, la bibliothèque (plus de 800 000 volumes) et la vaste salle où sont décernés les diplômes supérieurs.

Se diriger à gauche vers Gower Street.

University College. – Remontant à 1826, il a été incorporé à la London University. Le bâtiment le plus ancien est dû à William Wilkins. Il comporte un portique corinthien et un dôme majestueux abritant la **Flaxman Sculpture Gallery :** modèles et dessins du grand sculpteur et illustrateur néo-classique **John Flaxman** *(p. 26)*, qui a beaucoup influencé les artistes français parmi lesquels Ingres, Géricault, David d'Angers, Seurat...

Laisser à gauche Grafton Way.

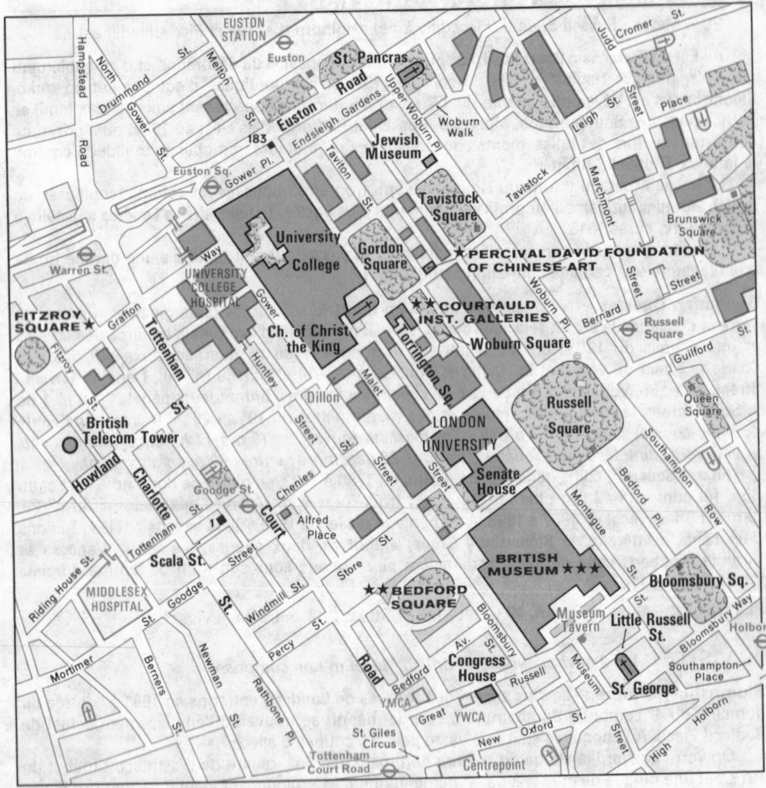

Par Gower Place et Endsleigh Gardens, se diriger vers Upper Woburn Place.

St Pancras. – Curieuse église néo-classique, de style « Greek Revival », construite en 1822 et comprenant un faux-transept à caryatides, inspiré du temple de l'Erechthéion à Athènes. Les caryatides extérieures ayant été prévues trop grandes, ont dû être amputées par le milieu.

Boutiques anciennes dans Woburn Walk.

Jewish Museum. – *Visite du mardi au jeudi de 10 h à 16 h ; les vendredis et dimanches de 10 h à 12 h 45. Fermé les samedis, les jours fériés (dont le dimanche de Pâques) et pendant les fêtes juives.*

Objets rituels d'orfèvrerie, objets d'art, objets domestiques illustrant la vie des Juifs en Angleterre au cours des âges.

Longer Tavistock Square.

Tavistock Square. – Commencé à l'Est par Burton en 1806, il fut terminé à l'Ouest par Cubitt, en 1826.

Gordon Square. – Bâti par Thomas Cubitt, en 1850, mais reconstruit, à l'exception du bloc côté Est. Au n° 53, **Percival David Foundation of Chinese Art★**, dépendant de l'Université, présente une exceptionnelle collection de céramiques chinoises. *Ouvert le lundi de 14 h à 17 h, le reste de la semaine de 10 h 30 à 17 h (13 h le samedi) ; fermé les dimanches et jours fériés.*

L'église de l'Université, de vastes proportions, fut élevée en 1853 ; elle porte le nom de **Church of Christ the King** (église du Christ-Roi).

Woburn Square. – Dessiné en 1829. A l'angle Nord-Ouest, building moderne édifié pour le Warburg Institute (recherches sur l'histoire de la civilisation classique) et les Courtauld Institute Galleries, deux organismes rattachés à la London University.

Courtauld Institute Galleries★★. – *Page 62.*

Après avoir longé **Torrington Square** (1825), on atteint Russell Square.

Russell Square. – Cette immense place fut, en 1900, la résidence de riches négociants. Statue du 5e duc de Bedford par Westmacott (début 19e s.).

Par Bedford Place, on rejoint Bloomsbury Square.

BOND STREET ★

DX – Métro : Bond Street (Central Line) ; Green Park (Piccadilly et Victoria Lines).

Située aux confins de Mayfair *(p. 86)*, Bond Street relie Piccadilly à Oxford Street ; elle se divise en **Old Bond Street** que Sir Thomas Bond fit tracer (1680-1700) et **New Bond Street**, entreprise en 1720. Les écrivains Sterne et Boswell, le peintre Thomas Lawrence, Nelson et Lady Hamilton *(p. 120)* y vécurent ainsi que Byron et le dandy Brummel.

Bond Street a joué un rôle dans l'histoire de la peinture française au 19ᵉ s. Réfugié à Londres en 1871, le grand marchand **Paul Durand-Ruel** avait acheté, 159 New Bond Street, la German Gallery où il accueillit Sisley, Monet et Pissarro qui devaient marquer de leur génie l'école impressionniste. A la même époque le 35 New Bond Street abrita la Doré Gallery : les immenses tableaux, surtout bibliques, de **Gustave Doré** *(voir aussi p. 27)* y attirèrent la foule.

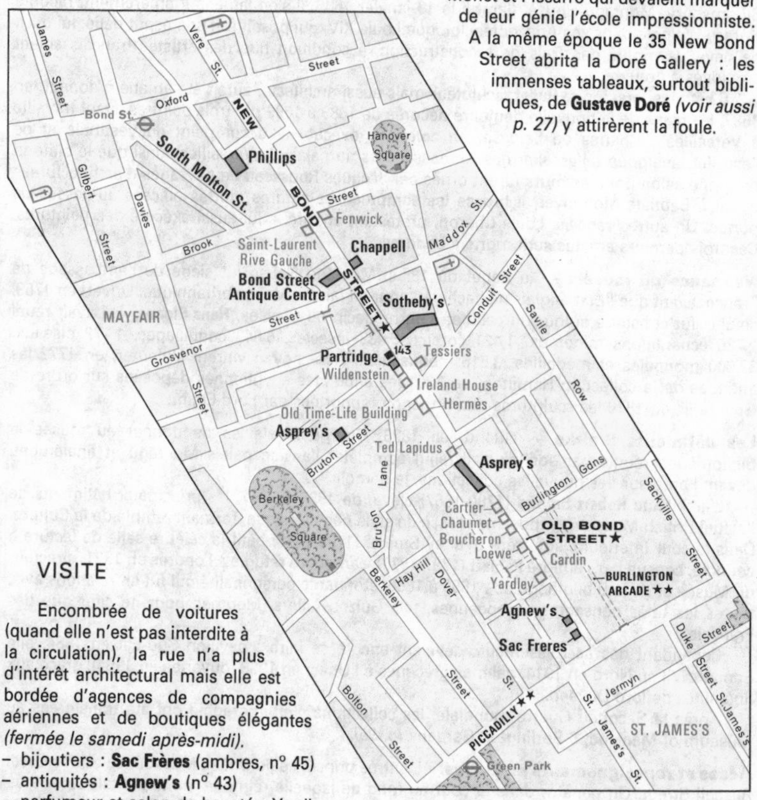

VISITE

Encombrée de voitures (quand elle n'est pas interdite à la circulation), la rue n'a plus d'intérêt architectural mais elle est bordée d'agences de compagnies aériennes et de boutiques élégantes *(fermée le samedi après-midi)*.

- bijoutiers : **Sac Frères** (ambres, n° 45)
- antiquités : **Agnew's** (n° 43)
- parfumeur et salon de beauté : Yardley
- couturier : Cardin (n° 20)
- maroquinier : Loewe
- joailliers : Boucheron, Chaumet, Cartier, **Asprey's** (également 27 Bruton Street)
- maroquinier : Hermès
- Old Time-Life Building *(angle de Bruton Street)* : la façade de l'ancien bâtiment du Time-Life est ornée de sculptures de Henry Moore
- magasin irlandais : Ireland House (mode, cadeaux)
- bijoutier : Tessiers, boutique d'orfèvre à façade du 18ᵉ s.
- galeries d'art : Wildenstein, **Partridge** (n° 144)
- façade de l'ancienne pharmacie : **Savory and Moore** (n° 143) dont la clientèle a compté le duc de Wellington, lord Nelson, lady Hamilton...
- **Sotheby's** (n° 35) : salle de vente fondée en 1744, elle est avec Christie's *(p. 105)* et **Phillips** *(7 Blenheim Street)*, spécialisée dans les livres, tableaux, œuvres d'art, et traite les plus grandes affaires du monde
- **Bond Street Antique Centre** (n° 124) : réunion de 40 boutiques d'antiquaires
- disques et équipement radio : **Chappell** (n° 50)
- magasins de mode : Saint-Laurent Rive Gauche, Fenwick.

Au Nord-Ouest de New Bond Street, une rue piétonne, **South Molton Street**, est bordée de restaurants et de boutiques.

Participez à notre effort permanent de mise à jour.

Adressez-nous vos remarques et vos suggestions.

Cartes et Guides Michelin
46 avenue de Breteuil
75341 Paris Cedex 07

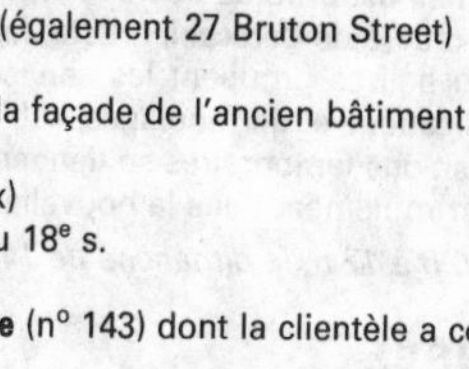

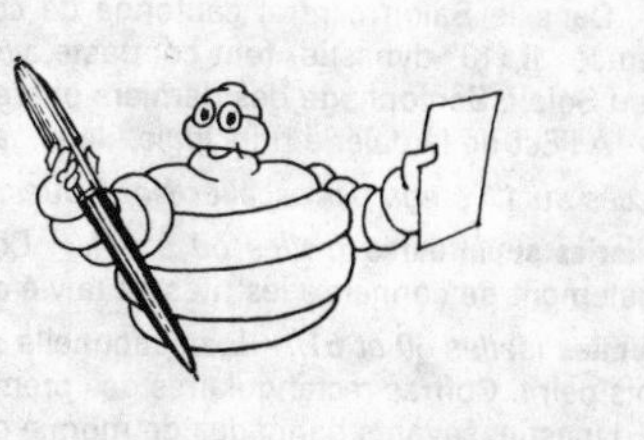

BRITISH MUSEUM ★★★

EV – *Voir plan p. 36* – Métro : Holborn et Russell Square (Piccadilly Line) ; Tottenham Court Road (Northern et Central Lines) ; Goodge Street (Northern Line).

Le **British Museum** s'avère une institution typiquement britannique, à plusieurs fins, respectée comme une source incomparable de savoir et de culture. Distincte du musée bien que dans le même bâtiment, la **British Library** présente, en dehors de ses salles de lecture, des galeries aux riches collections.

Un petit Versailles. – Ambassadeur en France à partir de 1669, le maître de la Garde-robe de Charles II, **Ralph, Duke of Montagu** (1638-1709), se trouvait à Paris quand son manoir de Bloomsbury, Montagu House, flamba le 19 janvier 1686. Il s'en lamentait amèrement, raconte Horace Walpole dans ses Anecdotes, lorsque Louis XIV, qui prisait fort son esprit délié, lui offrit de payer la moitié des frais de reconstruction, à condition que des artistes français soient employés à l'œuvre.

C'est ainsi que **Pierre Puget**, sculpteur mais aussi architecte, aurait été amené à donner, en 1687, les plans de la nouvelle demeure décorée de 1689 à 1692 par trois peintres ayant travaillé à Versailles : Charles de Lafosse, un coloriste, exécuta le décor peint du vestibule et de l'escalier, analogue à l'escalier des Ambassadeurs du palais de Versailles, ainsi que le plafond du grand salon dont les murs furent ornés par Jacques Rousseau de paysages d'architectures ; quant à Baptiste Monnoyer, il brossa les somptueuses natures mortes placées au-dessus de portes. Un autre Français, Louis Chéron, protestant émigré, a lui aussi exécuté des peintures. Ces trois derniers artistes sont morts à Londres.

Naissance du musée. – Au début du 18e s. Montagu House fut siège de l'ambassade de France, avant que l'État anglais ne l'achetât, pour en faire le Musée britannique. Ouvert en 1759, celui-ci fut constitué autour du cabinet d'un médecin de Chelsea, **Hans Sloane,** qui avait réuni 2 725 échantillons minéraux, 1 421 coraux, 5 439 insectes, 5 843 coquillages, 1 172 oiseaux, 32 000 monnaies et médailles, 3 516 manuscrits... A ce noyau vinrent s'ajouter, en 1772 les antiques de la collection Hamilton, en 1801 les antiquités égyptiennes déposées sur ordre de George III, en 1816 les sculptures du Parthénon rapportées par Lord Elgin.

Les bâtiments Smirke. – Quand, en 1823, George IV s'avisa de donner au musée la bibliothèque réunie par son père, il fallut compléter l'ancien palais Montagu et finalement, devant l'ampleur des nouvelles collections, le démolir.

L'architecte **Robert Smirke** (1780-1867) éleva, de 1823 à 1847, les principaux bâtiments de l'actuel British Museum, imposante masse de style néo-classique, formant temple de la Culture. Dans la cour intérieure, son frère Sydney Smirke (1799-1877) bâtit la célèbre salle de lecture à coupole, conçue par l'émigré **Panizzi** (1797-1879), carbonaro réfugié à Londres en 1821, directeur du Musée et de la Bibliothèque de 1856 à 1866, étonnante personnalité qui fut en relations avec toutes les têtes pensantes européennes, tels Guizot, Thiers, Mérimée pour ne citer que des Français.

Cependant des accroissements devaient encore se faire : pavillon Sud-Est en 1884, aile Édouard VII au Nord en 1914, galeries grecques à l'Ouest en 1938 (ouvertes en 1964), grâce aux libéralités de lord Duveen.

Après la Seconde Guerre mondiale, les collections d'ethnographie ont été transférées au Museum of Mankind, 6 Burlington Gardens *(p. 96)*.

Accès et renseignements pratiques. – L'entrée principale du British Museum se trouve Great Russell Street. On pénètre dans la cour au fond de laquelle règne la monumentale façade du musée, longue de 112 m, riche de 44 colonnes ioniques et surmontée d'un fronton sculpté par Westmacott qui y a figuré le Progrès de la Civilisation.

Le grand hall est orné de bustes parmi lesquels on distingue celui d'une femme-sculpteur, Mme Damer, œuvre de **Ceracchi,** artiste italien qui séjourna à Londres de 1773 à 1778.

Autour du hall se groupent les services : vestiaire, bureau d'informations, comptoirs de vente de publications et de moulages, cabines téléphoniques, etc.

Des expositions temporaires se tiennent dans une salle du rez-de-chaussée. L'Art du Japon est exposé par roulement dans la nouvelle Salle Orientale, près de l'entrée Nord.

Visite. – *De 10 h à 17 h, le dimanche de 14 h 30 à 18 h. Fermé les jours fériés. Cafétéria.*

■ LE MUSÉE

Antiquités égyptiennes★★ (Egyptian Antiquities). – Le noyau initial en fut constitué par la collection rassemblée par l'armée française lors de l'expédition d'Égypte et remise à l'Angleterre à la suite du traité d'Alexandrie (1801).

Galerie de Sculptures. – *Rez-de-chaussée (salle 25).* Présentée dans un ordre chronologique, l'exposition commence par l'histoire de l'Égypte et l'écriture avec la fameuse **Pierre de Rosette** (196 av. J.-C.), découverte en 1799, à Rosette sur le bras Ouest du delta du Nil, par les troupes françaises. Ce fragment de stèle en basalte noir porte une inscription en deux langues : l'égyptien (hiéroglyphes et cursives démotiques) et le grec ; l'étude de ces textes identiques écrits en trois caractères différents permet au savant **Champollion** de déchiffrer, dès 1822, les hiéroglyphes, base de la connaissance de la civilisation égyptienne.

Deux lions nubiens annoncent la 18e dynastie : statue funéraire d'un couple de nobles, gigantesque buste d'Aménophis III, en calcaire blanc ; statue-bloc de Sennefer.

Dans le Salon central cantonné de colonnes puissantes, les statues en granit rouge de Ramsès II (19e dynastie) font contraste avec un énorme scarabée de granit vert, emblème du dieu Soleil. Sarcophage des derniers pharaons (343 av. J.-C.).

A l'Est de la galerie principale, deux galeries latérales présentent de petites sculptures.

Accès au 1er étage par escalier Nord-Ouest.

Galeries supérieures *(salles 60 à 65).* – Consacrées au culte funéraire, ces salles permettent également de connaître les rites de la vie quotidienne de l'Égypte ancienne.

Momies *(salles 60 et 61).* – Exceptionnelle série de **momies** accompagnées de leurs cercueils en bois peint. Coffres rectangulaires des premières dynasties, sarcophages à forme humaine de la 7e dynastie, savants bandages de momie de la 22e dynastie ; à l'époque romaine apparition du portrait (1er s.). A noter les momies d'animaux sacrés ou familiers.

Peintures tombales et papyrus *(salle 62).* – Magnifiques peintures murales de la 18e dynastie provenant de la nécropole de Thèbes; remarquer la rare figuration de face des deux musiciennes du « banquet » (1400 av. J.-C.). Papyrus du « Livre des morts ». Amusants dessins satiriques d'animaux.

Vie quotidienne *(salle 63).* – Objets usuels : récipients en pierre, palettes de scribe, boîte à onguent tenue par une naïade.

Petites sculptures *(salle 65).* – Statuettes de divinités et de pharaons.

Poteries et ustensiles *(salle 64). – Revenir dans la salle 63 et tourner à gauche.* Période antérieure à la première dynastie : couteau de silex à manche d'ivoire finement ouvragé, poteries jaunes à décoration violette. Vaisselle à fleurs et bouteille en forme de poisson de El Amarna. Objets rituels en cuivre et bronze de la 26e dynastie aux Ptolémée.

Art Copte *(salle 66). – Retraverser la salle 63, en droite ligne.* Dans ce couloir menant à l'escalier du roi Édouard, sont groupés des souvenirs de l'Égypte gréco-romaine et chrétienne. Le mot « copte » désignant autrefois les Égyptiens d'origine par rapport aux habitants étrangers, va s'appliquer aux chrétiens. Momies du 1er au 4e s. avec le portrait du défunt représenté jeune, ressemblant mais idéalisé.

Antiquités du Proche-Orient★★ (Western Asiatic Antiquities). – Vestiges des civilisations de ces guerriers et de ces bâtisseurs que furent les Assyriens et les Sumériens.

Rez-de-chaussée et sous-sol.

Transept assyrien *(salle 26).* – Statue-menhir d'Assournazirpal II, roi d'Assyrie (883-859 av. J.-C.) qui fit de **Kalah** (actuelle Nimroud) sa capitale. Gigantesques gardiens du trône, deux lions ailés à tête humaine sont pourvus de cinq pattes.

Galerie Nimroud *(salles 19 et 20).* – Panneaux de gypse sculptés de scènes de chasse et de guerre qui ornaient les murs du palais d'Assournazirpal. Remarquer également le génie ailé à tête d'aigle accompagnant le roi. **Obélisque noir de Salmanasar III** (858-824 av. J.-C.), sculpté de scènes en méplat : peuplades rendant tribut à leur souverain, les offrandes varient, or, chameaux, éléphants...

Galerie de Ninive *(salle 21).* – Bas-reliefs des campagnes militaires avec une foule de détails sur la vie quotidienne.

Palestine ancienne *(salle 24).* – Reconstitution d'une tombe de Jéricho (2200 à 2000 av. J.-C.). Pendentif en or, déesse de la fertilité, très fruste. Ossuaire sculpté du 1er s.

Entrée de Khorsabad *(salle 16).* – Ces deux colossales statues de taureau ailé à tête humaine gardaient l'entrée de la citadelle à **Khorsabad**, capitale sous le règne de Sargon (721-705 av. J.-C.). Seuil de la porte du palais à décor floral évoquant un tapis assyrien.

Salle de Lachish et salon assyrien *(salle 17).* – Sargon tué en combat, son fils Sennacherib lui succède (704-681 av. J.-C.) et choisit **Ninive** comme résidence. De son palais subsiste des scènes guerrières : capture de Lachish, en Juda, vers 701 av. J.-C. Son petit-fils Assourbanipal (668-627 av. J.-C.) fait décorer sa demeure de scènes de chasses remarquablement traitées : ânes sauvages, lions.

Prendre l'escalier 18 descendant vers les salles assyriennes.

Salles assyriennes *(salles 88 à 90).* – Fins reliefs retraçant les combats d'Assourbanipal contre le roi d'Élam. Remarquer la déroute des Élamites sur la rivière Ulai, la poursuite des Arabes montés sur des chameaux, la capture d'une forteresse nubienne.Têtes de déesses assyriennes.

Un 2e escalier relie le sous-sol à l'entrée de Khorsabad.

1er étage. Possibilité, par l'escalier Nord-Ouest d'accéder à cet étage et de visiter les salles suivantes dans l'ordre numérique inversé, ou à partir de la salle égyptienne (64).

Collections de 6000 av. J.-C. au 7e s. de notre ère concernant un territoire allant de l'Égypte au Turkestan.

Ancien Iran *(salle 51).* – Témoin des splendeurs de l'empire perse, le trésor d'Oxus (200 av. J.-C.) offre des bijoux d'or finement ciselés : bracelet à têtes de griffons affrontés, ornements de coiffure. Masque mortuaire de Ninive. Plat d'argent. Monnaies. Poteries parthes.

Anatolie *(salles 52 et 53).* – Poteries brunies (3000 à 2000 av. J.-C.) des environs de Troie. Taureau d'argent (vers 2300 av. J.-C.). Statuettes de dieux hittites (2000 à 1200 av. J.-C.). Animaux, plaque en bronze ajouré du royaume d'Ourartou (850 à 600 av. J.-C.) qui occupait la Turquie, l'Arménie et une partie de l'Iran. Tombeau doré.

Sumer et Babylone *(salle 54).* – Résultats des fouilles dans le Sud mésopotamien (Irak), berceau de civilisation remontant à 3000 av. J.-C. A Ur, lyre d'argent, vaisselle d'or, chèvre couverte de feuilles métalliques, parois de coffre incrusté de mosaïque (noter les chars de guerre tirés par des ânes) ; à Lagash, statue de souverain (2100 av. J.-C.) ; à Babylone, démons.

Préhistoire *(salle 55).* – De 6000 à 3500 av. J.-C., poteries de Mésopotamie (incisées ou peintes), de Syrie (avec dessins de figurines) ; crâne en plâtre de Palestine (6000 av. J.-C.) ; sceaux en pierre (3500 à 2800 av. J.-C.).

Écriture *(salle 56).* – Depuis les premières images et pointillés tracés dans des blocs d'argile humide (3500 av. J.-C.), en Iran et en Syrie, jusqu'à l'apparition de l'alphabet en 1500, au Sinaï, il y a eu l'époque de l'**écriture cunéiforme** utilisée jusqu'au 1er s. ; chaque signe représente une syllabe ou un mot quelquefois à plusieurs sens. Tablettes de Ninive, de Babylone avec figures géométriques et textes pour calcul des surfaces, sceaux gravés. Légende du déluge.

Traverser la salle égyptienne, n° 64.

Syrie ancienne *(salle 57).* – Stèles funéraires de Syrie : bas-relief d'une noble dame de Palmyre.

Ivoires *(salle 58).* – L'ivoire peut se sculpter très finement, s'inscruster de pierres colorées et se recouvrir d'or. Un bel exemple phénicien du 9e ou 7e s. av. J.-C. représente une lionne égorgeant un homme au pagne et boucles dorées ; ce panneau provient du palais de Nimroud (Assyrie).

Arabie du Sud *(salle 59).* – Au pays de la reine de Saba (Yémen), sculpture d'un art primitif, tête d'albâtre ; bronzes.

Cabinet des monnaies et des médailles★ (Coins and Medals Gallery) *(salle 50).* – 2000 ans de numismatique en Grande-Bretagne. Tableaux explicatifs, accompagnés d'un agrandissement recto-verso d'une médaille. A remarquer les monnaies celtiques (70 av. J.-C. à 43 apr. J.-C.), les premières pièces anglaises (580-800) et les beaux médaillons de souverains.

Antiquités grecques et romaines★★★ (Greek and Roman Antiquities). – Ces collections de grande qualité ont une renommée universelle. *Elles sont présentées sur trois niveaux : rez-de-chaussée (salles 1 à 15) – sous-sol (22-23) – 1er étage (68 à 73).*

Age du bronze *(salles 1 et 2).* – Marbres primitifs de l'archipel des Cyclades (3000 av. J.-C.) : **Idoles cycladiques,** les plus stylisées en forme de violon. **Civilisation crétoise :** taureaux de bronze à l'acrobate (1600 av. J.-C.), bijoux minoens en or. Tombes mycéniennes du « Trésor d'Atrée » aux marbres contrastés, sculptés de spirales.

Grèce archaïque *(salle 3).* – Poteries géométriques (740 av. J.-C.), amphores à figures noires peintes par Exekias (540 av. J.-C.).

Les « Couroi » *(salle 4).* – Ces deux statues d'adolescents nus dont la facture est d'inspiration égyptienne, datent du 6e s. av. J.-C. Le « couros » est la représentation archaïque d'un homme jeune pouvant servir de statue votive ou funéraire (athlète à l'image d'Apollon).

La tombe aux Harpies *(salle 5).* – Vestiges des tombeaux mis au jour à Xanthos (Asie Mineure), ces bas-reliefs de 480 av. J.-C. représentent entre autres des porteuses d'offrandes et deux créatures ailées, genre harpies, assimilées à des sirènes emportant l'esprit des défunts ; frise de volatiles sculptés avec réalisme. Belles coupes aux dessins précis. Sculptures d'Apollon : Strangford Appolo, **Chatsworth Head.**

Galerie Duveen *(salle 8). – Traverser les salles 6 et 7 puis tourner à gauche pour respecter l'ordre chronologique.* Dans l'antichambre documents explicatifs sur l'emplacement des sculptures du Parthénon : fronton, métrope, frise *(possibilité de location de guidophones en français : 30 p-40 p pour deux personnes ; durée : 1/2 h).*

A la lumière froide de cette vaste salle sont exposés les **Marbres d'Elgin★★★,** enlevés du Parthénon d'Athènes. Ce temple dorique dédié à Athéna, construit par Phidias (448-432 av. J.-C.), endommagé au 7e s., fut détruit partiellement en 1687 par une bombe vénitienne qui fit exploser la poudrière installée par les Turcs. Au 19e s., **Lord Elgin,** ambassadeur d'Angleterre à Constantinople, fit transporter à Londres des fragments importants.

Au fronton Est, la « Naissance d'Athéna » (Minerve) dont il reste quelques personnages de l'Olympe. La belle **tête de cheval** faisait partie du quadrige de Séléné qui était opposé à celui du Soleil aux extrémités du fronton. Plus démantelé, le fronton Ouest présente peu de témoins de la « Dispute de Poséidon et d'Athéna pour la possession de l'Attique ».

Les métopes qui surmontaient l'entablement au-dessus de la colonnade, sont sculptées en haut-relief. Celles du Sud ont pour thème vigoureux le combat des Lapithes et des Centaures, symbole de la Civilisation luttant contre la Barbarie.

La frise du sanctuaire montre la procession des Panathénées en l'honneur d'Athéna ; ce serait pour certains une présentation des héros de la victoire de Marathon aux dieux de l'Olympe avec cortège de cavaliers caracolant et défilé de vierges portant des offrandes.

Salle de Bassae *(salle 6).* – Frise intérieure du temple d'Apollon (vers 450 av. J.-C.) à Bassae (Péloponnèse), sculptée de scènes de combats : Héraclès (Hercule) contre les Amazones, les Lapithes contre les Centaures. Les draperies accentuent le mouvement.

Monument des Néréides *(salle 7).* – Reconstitution d'une façade de ce temple funéraire de Xanthos (Asie Mineure). Entre les colonnes ioniennes se dressaient des Néréides, nymphes marines accompagnant les âmes dans l'au-delà ; admirer leurs « draperies mouillées » qui par transparence dessinent la perfection de leur corps. Ces statues d'une grâce aérienne évoquent les « Brises », déesses des Vents. Frises guerrières.

Salle de la Caryatide *(salle 9).* – Elle abrite l'une des six caryatides qui soutenaient le toit du portique de l'Erechthéion (421-406 av. J.-C.) sur l'Acropole d'Athènes. La tête couronnée d'un coussin servant de chapiteau, cette puissante coré (jeune fille) de marbre est revêtue d'un péplos à plis parallèles. Poterie peinte (410 av. J.-C.) et sceaux du 5e av. J.-C.

Tombe de Payava *(salle 10).* – Cette tombe de 350 av. J.-C. retrace la vie de Payava, noble Lycien de Xanthos. Vases et cratères de la même époque.

Monter l'escalier 23 vers la mezzanine étrusque.

Art étrusque *(salle 11).* – Une galerie avec cartes des centres étrusques en Italie et dessins de leurs sites, encadre la tombe de Payava que l'on aperçoit en contre-bas et dont le beau toit sculpté dépasse l'étage présent. La tombe de Mershi, voisine, offre la même frise de chevaux attelés à un char. Bijoux d'or, délicate fibule ornée d'un cortège de lions (7e s. av. J.-C.). Sarcophage peint surmonté d'une dame étendue sur le coude (150-130 av. J.-C.). Bronzes.

Salle du Mausolée *(salle 12).* – Présentation de sculptures d'Asie Mineure provenant de deux des Sept Merveilles du monde, le mausolée d'Halicarnasse et le temple d'Éphèse, les cinq autres étant les Pyramides d'Égypte, les Jardins de Babylone, la Statue de Zeus à Olympie, le Colosse de Rhodes et le Phare d'Alexandrie.

Le **Mausolée d'Halicarnasse,** tombeau du roi Mausole mort en 353 av. J.-C., fut terminé par sa veuve Artémise. Au centre d'Halicarnasse se dressait ce grandiose monument à colonnade surmontée d'une pyramide à degrés couronnée d'un quadrige dont il reste un fragment de cheval avec son harnais de bronze. Statues présumées d'Artémise et de Mausole arborant une moustache de facture orientale. Frises guerrières.

Le **Temple d'Artémis (Diane) à Éphèse** (560-540 av. J.-C.) fut détruit par un certain Hérostrate en 356 av. J.-C. Gigantesque, comme en témoignent ces énormes chapiteaux ioniques et ce fût de colonne sculpté de personnages grandeur nature.

Par l'escalier 22, descendre au sous-sol.

Art grec et romain *(salles 77 à 85).* – Divers fragments de temples ; épitaphes, statues, portraits, sarcophages, inscription à Alexandre le Grand.

Art hellénistique *(salle 13).* – **Statue de Déméter** (330 av. J.-C.), trouvée à Cnide, cité dorienne d'Asie Mineure. **Tête de Sophocle** vieillissant, bronze du 3e s.av. J.-C. Monument chorégique de Thrasyllos (320 av. J.-C.).

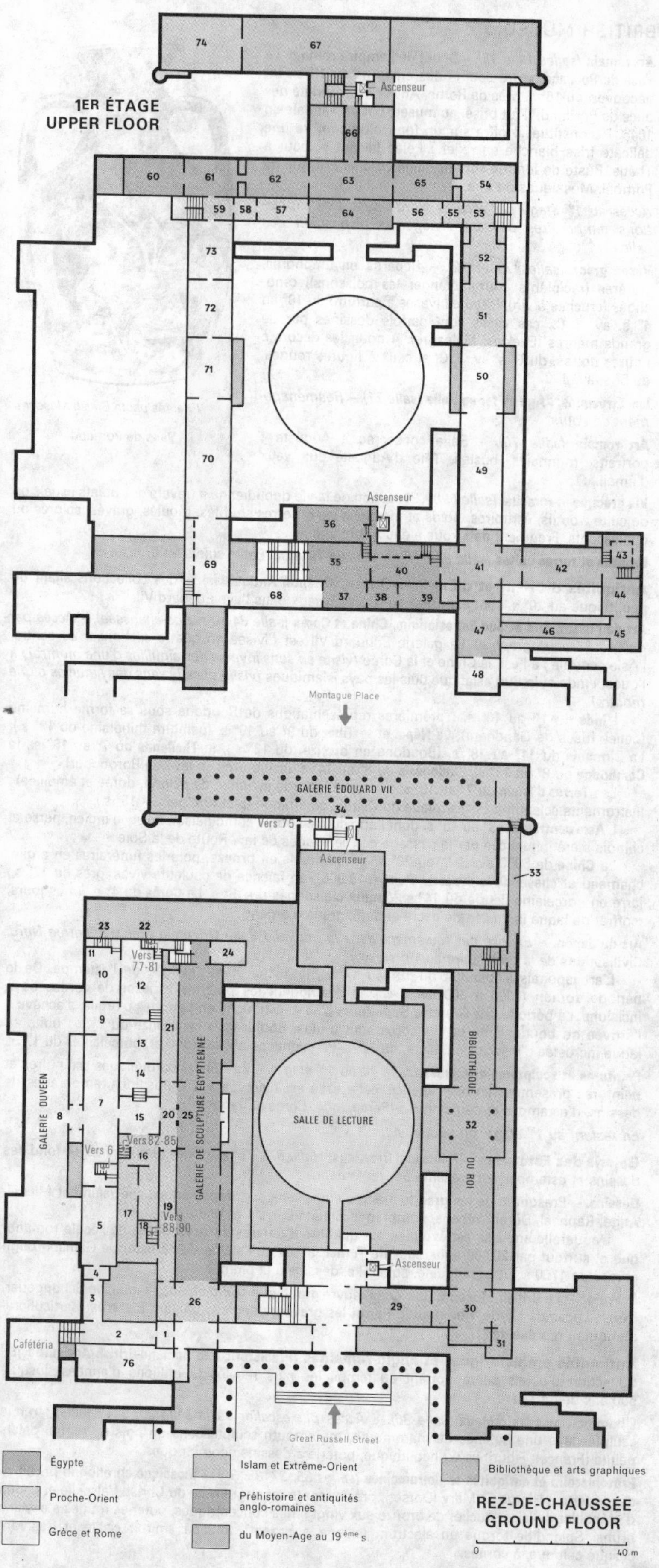
1ER ÉTAGE
UPPER FLOOR
Ascenseur
Montague Place
GALERIE ÉDOUARD VII
Vers 75
Ascenseur
Vers 77-81
GALERIE DUVEEN
Vers 6
Vers 82-85
GALERIE DE SCULPTURE ÉGYPTIENNE
Vers 88-90
SALLE DE LECTURE
BIBLIOTHÈQUE DU ROI
Ascenseur
Cafétéria
Great Russell Street
Égypte
Proche-Orient
Grèce et Rome
Islam et Extrême-Orient
Préhistoire et antiquités anglo-romaines
du Moyen-Age au 19ème s
Bibliothèque et arts graphiques
REZ-DE-CHAUSSÉE
GROUND FLOOR
0
40 m

Art romain *(salles 14 et 15).* – Début de l'empire romain. Le **Vase de Portland,** verre soufflé des environs du 1er s., fut découvert au 16e s. près de Rome. Ancienne propriété des ducs de Portland, il fut brisé, au musée, par un vandale en 1845. Reconstitué, il offre sur un fond bleu sombre une délicate frise blanche en relief : Pelée faisant sa cour à Thétis. Buste de femme sortant d'une corolle. Fresque de Pompéi. Mosaïques du 2e s.

(D'après photo British Museum)

Vase de Portland.

Accès au 1er étage par escalier Nord-Ouest. Des expositions temporaires peuvent changer la disposition des salles.

Vases grecs *(salles 73 et 72).* – Répartis en amphores, cratères (récipients pour mélanger les boissons), œnochoés (cruches à vin), lécythes (vases à parfum) du 10e au 4e s. av. J.-C., ces vases sont parfois dessinés par de grands maîtres (Exékias, Méléagre). A noter les décors à figures noires, du 6e s. av. J.-C. et ceux à figures rouges, du 5e s. av. J.-C.

Les Étrusques, l'Age du fer en Italie *(salle 71). – Réaménagement en cours.*

Art romain *(salle 70).* – Salle consacrée à Auguste : portraits, monnaies, bustes. Tête d'Auguste aux yeux d'émail.

Vie grecque et romaine *(salle 69).* – Évocation de la vie quotidienne à travers des objets usuels ou de culte : outils, écritoires, poids et mesures, jeux. Verres soufflés, moulés, gravés, colorés ou opalescents. Fragment de « roue à eau » romaine.

Bronzes et terres cuites *(salle 68).* – Figurines de **Tanagra.** Petits sujets en bronze.

Antiquités d'Orient et d'Extrême-Orient (Oriental Antiquities). – Ces collections allant du néolithique au 20e s. sont exposées sur trois niveaux dans l'aile Édouard VII.

Art de l'Islam, Sud et Sud-Est asiatique, Chine et Corée *(salle 34 au rez-de-chaussée). – Accès par galerie 33 (cartographie).* La galerie Édouard VII est divisée en quatre sections : au centre, l'Asie centrale ; à l'est, la Chine et la Corée *(visite en sens inverse des aiguilles d'une montre)* ; à l'ouest l'Inde et le Sud asiatique puis les pays islamiques *(visite dans le sens des aiguilles d'une montre).*

L'**Inde** du 1er au 16e s. : premières représentations de Bouddha sous sa forme humaine (belles frises de Gandhara). Le **Népal** et le **Tibet** du 9e au 19e s. (peinture thibétaine du 13e s.). La **Birmanie** du 11e au 19e s. (Bouddha en bronze, du 12e s.), la **Thaïlande** du 7e au 16e s., le **Cambodge** du 8e au 13e s., l'**Indonésie** du 8e au 14e s. (sculptures en lave de Borobudur).

Les **Terres d'Islam** du 7e au 18e s. : verrerie (gourde syrienne de pèlerin, dorée et émaillée) ; instruments scientifiques (astrolabe du Caire) ; céramique (plat turc peint – 16e s.).

L'**Asie centrale** du 3e au 10e s. dont l'art est une subtile combinaison de style indien, perse et chinois a été influencée par le passage des caravanes de la « Route de la Soie ».

La **Chine** de 5000 av. J.-C. au 20e s. Vases rituels en bronze, poteries funéraires en argile, chameau et **cheval de la dynastie T'ang** (618-906), en faïence de couleurs vives, grès du 12e s., jarre en porcelaine fleurie du 14e s., émaux cloisonnés du 15e s. La **Corée** du 4e s. à nos jours, (coffret de laque incrustée de nacre et de filigrane d'argent).

Art du Japon. – *Exposé par roulement dans la nouvelle Salle Orientale près de l'entrée Nord.* Civilisations de la préhistoire au 19e s.

L'art japonais s'épanouit du 10e au 17e s., le 18e s. étant l'apogée de l'estampe. De la période Jomon (7000 à 300 av. J.-C.) se distinguent les poteries à décor de cordes ou à incisions. La période des Grandes Sépultures (250 à 552), riche en figurines d'argile, s'achève à l'arrivée du bouddhisme où les corps sont brûlés. Bodhisattva en bronze du 7e s. ; boîte en laque incrustée d'insectes en nacre, du 12e s. Paravents peints sur fond or, porcelaines du 17e s.

Peintures et sculptures asiatiques *(salle 74 au 1er étage).* – En dehors de quelques sculptures et peintures présentées en permanence, cette salle est réservée aux expositions temporaires de dessins, d'estampes et de peintures (Perse, Inde, Chine et Japon).

En restant au 1er étage, on peut voir :

Galerie des Estampes* (Prints and Drawings) *(salle 67). – Expositions temporaires.* Le fond des dessins et estampes est présenté par roulement.

Dessins. – Presque tous les grands maîtres européens sont représentés, spécialement Michel-Ange, Raphaël, Dürer, Rubens, Rembrandt, Claude Lorrain et Watteau.

L'aquarelle anglaise est évoquée par quantité d'œuvres de paysagistes de l'école romantique et surtout par 20 000 aquarelles de **Turner,** tirées de l'atelier de l'artiste. De Gainsborough études de 1760 à 1790 (sanguine, aquarelle, dessins à la plume).

Gravures. – Le British Museum possède l'œuvre graphique complet, ou presque, de Schongauer, Dürer, Lucas de Leyde, Rembrandt. Parmi les graveurs anglais, William Blake est particulièrement bien représenté.

Antiquités préhistoriques et anglo-romaines (Prehistoric and Romano-British Antiquities). – Collection d'objets se rapportant au temps les plus reculés (3 millions d'années) jusqu'à 500 ans de notre ère.

L'homme avant les métaux *(salle 36). – Accès par escalier de la salle 35.* Silex taillés ; renne sculpté dans une défense de mammouth, mammouth sculpté dans un bois de renne, galets peints (France). Figurines du néolithique, poterie à dessins géométriques.

Protohistoire et antiquités anglo-romaines *(salles 35, 37, 38, 39).* – **Mosaïque** chrétienne primitive découverte à Hinton St Mary (Dorset), présentant le monogramme du Christ. Vaisselle et bijoux d'or, collier de jais, bouclier de bronze aux vingt stries concentriques, poteries rouges à dessins bruns. Splendide torque en électrum (alliage or-argent), torsadé ; miroir ciselé et très rare casque celtique, à cornes.

Salle romaine *(salle 40).* – **Trésor de Mildenhall,** du 4e s. (grand plat d'argent orné d'une ronde de nymphes et satyres). Casque de parade, en bronze du 1er s. avec un masque-visière. Peintures murales de Lullingstone.

Objets d'art du Moyen Age au début du 20e s. (Medieval and Later Antiquities)

Art médiéval *(salles 41 et 42).* – Coupe de Lycurgue, verre du 4e s. à reflets changeants. **Trésor de Sutton Hoo** (Suffolk), du 7e s., exhumé d'une tombe royale anglo-saxonne. **Lewis Chessmen,** pièces d'échecs en défense de morse, du 12e s., trouvées en Écosse dans l'île de Lewis. **Royal Gold Cup,** coupe des rois de France et d'Angleterre, en or émaillé (vie de sainte Agnès), du 14e s.

(D'après photo British Museum)

Pièces d'échecs Lewis.

Poteries et mosaïques médiévales *(salle 43).* – Cruches et pavements d'Angleterre et du continent du 7e au 16e s.

Horlogerie *(salle 44).* – Évolution des pendules avant et après l'apparition du balancier en 1657 : horloge-bateau, canonnière dorée du 16e s. ; montre française en or émaillé de fleurs (1650). Chronomètre du 19e s.

Donation Waddesdon *(salle 45).* – Objets d'art donnés par le baron F. Rothschild et provenant du manoir Waddesdon. **Reliquaire de la Sainte Épine** (vers 1400). Médaillon d'or serti de diamants **(Lyte Jewel)** présenté par Jacques Ier à Thomas Lyte, en 1610, en remerciements de ses travaux de généalogie. Émaux de Limoges.

De la Renaissance au 18e s. *(salles 46 et 47).* – Artisanat britannique et continental. Astrolabe sous le règne de Henri VIII, triptyque limousin en émaux peints (1510), **argenterie huguenote** du 17e s. Porcelaines « rococo » européennes ; faïences de Wedgwood (1786).

Art décoratif des 19e et 20e s. *(salle 48).* – Vases de Tiffany, tuiles de W. de Morgan, orfèvrerie de H. van de Velde.

■ LA BIBLIOTHÈQUE (Library) – *Rez-de-chaussée*

La **British Library** formée en 1973 regroupe trois bibliothèques nationales et celle du Bristish Museum ; elle dépend d'un conseil d'organisation distinct du musée. En dehors de la section de prêt et de bibliographie, la division la plus importante est celle des ouvrages de référence. Cette **Reference Division** est riche de près de 10 millions de livres, 81 000 volumes étrangers et 37 000 manuscrits orientaux.

Salle de lecture★ (Reading Room). – *Son accès est réservé aux porteurs de carte (Reader's Ticket). Pour le public, visites accompagnées toutes les heures de 11 h à 16 h.*

Lors de son achèvement en 1857, elle fit l'admiration des utilisateurs par l'intelligence de sa conception due à Panizzi et par son confort : on appréciait notamment le chauffage dispensé par un conduit d'eau chaude qui passait sous les pupitres. Labrouste s'en inspira pour édifier la salle de lecture de la Bibliothèque Nationale à Paris et les réfugiés politiques, tel Jules Vallès, y passèrent de longues heures délectables. Modernisée de nos jours cette cathédrale de la culture forme une immense rotonde armée de poutrelles de fer et couverte par un dôme vitré culminant à 32 m de hauteur, soit des dimensions analogues à celles du Panthéon de Rome. Y peuvent prendre place plus de 400 lecteurs disposant d'un catalogue de 2 110 volumes de grand format à 500 pages chacun et de 25 000. « usuels ».

Bibliothèque Grenville★ (Grenville Library). – *Salle 29.* Magnifiques manuscrits enluminés, du 9e au 16e s. : bénédictaire de saint Ethelword (10e s.), psautier d'Oscott (13e s.), deux livres d'Heures (15e s.) exécutés pour le duc de Bedford, frère de Henri V, l'un en Angleterre et l'autre à Paris, bréviaire d'Isabelle d'Espagne (Bruges, fin du 15e s.).

Salle des manuscrits★ (Manuscript Saloon). – *Salle 30.* Cette salle inclut les célèbres « Codex Sinaiticus », manuscrit grec du 4e s. acheté en 1933 aux Soviétiques, et « Codex Alexandrinus », du 5e s., ainsi que les Évangiles de Lindisfarne, manuscrit du 7e s. orné de ravissantes miniatures, et les Chroniques de Froissart, manuscrit enluminé du 15e s.

Mais on peut voir aussi des chartes, parmi lesquelles la célèbre **« Magna Carta »** (1215) réglant les rapports de Jean sans Terre avec ses barons et considérée comme le premier document établissant les libertés anglaises, comme « l'Habeas Corpus ».

Enfin les amateurs d'autographes pourront se pencher sur un acte portant la signature de Shakespeare, une lettre de Henri VIII au cardinal Wolsey, le livre de bord de Nelson à Trafalgar, le texte d'Alice au pays des Merveilles, de rarissimes autographes de Corneille et Molière.

Bibliothèque du Roi★★ (King's Library). – *Salle 32.* Longue d'une centaine de mètres, cette galerie de bonnes proportions fut édifiée à partir de 1823 pour recevoir la bibliothèque de George III d'où son nom. La partie centrale est ornée de globes d'Aimeri-Molyneux (1592), les premiers de ce genre faits en Grande-Bretagne, et d'une statue de Shakespeare par Roubilliac, don du grand acteur Garrick.

Lorsqu'elle n'est pas utilisée pour des expositions temporaires, la King's Library présente une série de manuscrits orientaux de grande valeur, une traduction chinoise du Sutra, le « Diamond Soutra », le plus ancien rouleau imprimé du monde (868), de rares incunables d'entre lesquels se détachent une bible de Gutenberg (1453), un choix d'éditions anglaises comprenant la première édition du Théâtre de Shakespeare (1623), des partitions autographes de Haendel, des livres de musique des 15 et 17e s.

D'intéressantes collections de reliures du 15e au 20e s., comprenant des commandes royales et une petite exposition de timbres sont également visibles.

Salle de Cartes géographiques (Map Room). – *Salle 33.* Cartes et atlas du 15e s. ; plans et cartes marines provenant des collections (50 000 spécimens) de George III.

BUCKINGHAM PALACE★★

DY – Métro : Victoria (Circle, District et Victoria Lines).

Fermant la perspective du Mall (p. 107), qui lui sert d'allée triomphale, le palais de Buckingham est, depuis le temps de la reine Victoria, résidence officielle des souverains britanniques : lorsque Sa Gracieuse Majesté est présente, son étendard flotte au-dessus du palais.

De Buckingham House à Buckingham Palace. – La première construction d'importance édifiée en ce lieu remplaça une maison de campagne que lord Goring, courtisan de Charles Ier, possédait en lisière du jardin de mûriers plantés par Jacques II pour encourager l'industrie de la soie.

(D'après une estampe, photo Pitkin Pictorials)

Buckingham House en 1710.

Le nouveau propriétaire, John Sheffield, duc de Buckingham, dont la hautaine épouse était fille naturelle de Jacques II, fit construire Buckingham House en 1702, dans l'axe du Mall. C'était à l'époque un manoir de briques dont les murs portaient des inscriptions latines propitiatoires en lettres dorées ; il était couronné par une terrasse à l'italienne.

En 1762, **George III** acquit Buckingham House pour sa jeune épouse, Charlotte, alors âgée de 18 ans. Le roi aménagea, sur le côté Sud, des pièces destinées à loger sa bibliothèque, léguée au British Museum (King's Library) par son fils aîné, George IV. A l'exception de ce dernier, les quinze enfants de Charlotte devaient naître à Buckingham House.

Charlotte et George III morts respectivement en 1818 et 1820, **George IV** aurait voulu conserver à Buckingham Palace son caractère de grand manoir et l'utiliser comme pied à terre. Mais il se laissa circonvenir par son architecte favori **John Nash** *(p. 23)* qui, à partir de 1825, édifia un vaste palais, d'un élégant style néo-classique, incorporant le manoir original.

En 1837, **Victoria,** jeune reine de 18 ans, décida d'y transporter sa maison. Son architecte, Blore, suréleva les constructions de Nash, exila Marble Arch et ferma la cour d'honneur par une aile formant façade, longue de 110 m, pastiche de la Renaissance italienne.

C'est à ce dernier bâtiment que Sir Aston Webb substitua, en 1912, l'austère façade que l'on voit aujourd'hui, peu après qu'eût été érigé, face aux grilles, le Mémorial de Victoria.

Appartements et jardins. – Les **appartements d'honneur** (State Apartments) occupent les côtés Sud et Ouest du palais ; conçus et décorés par Nash, ils renferment le splendide Escalier d'honneur, le Salon Vert (20 m de haut) qui a remplacé le salon de la reine Charlotte, la Salle de Bal, longue de 34 m et large de 18, la Salle du Trône, la Galerie de peinture longue de 55 m (reconstruite en 1914) qui abrite le Vermeer et les Rembrandt de la Couronne, le Salon Blanc orné d'un exceptionnel mobilier Regency et 18e s. français, enfin le Salon de Musique en rotonde.

Mais la vedette revient au Salon Bleu qui recèle la « Table des Grands Capitaines » dont le plateau de porcelaine vert et or est enrichi de médaillons figurant les grands hommes de l'Antiquité. Commandé en 1806 pour Napoléon et terminé six ans plus tard, ce magnifique guéridon fut offert en 1817 à George IV, alors Prince Régent, par Louis XVIII.

Les appartements de la famille royale se trouvent au Nord. Les jardins à l'anglaise (16 ha) comprennent une roseraie et une vaste pièce d'eau peuplée de flamants roses.

Réceptions et festivités. – Dans la Salle de Bal ont lieu les cérémonies d'investiture et les grands banquets pour lesquels est utilisé le fameux service de table, en or, de George IV.

Les réceptions moins solennelles se tiennent dans le « Salon 1844 », ainsi nommé à cause d'un séjour du tzar Nicolas Ier cette année-là : la reine y accueille les ambassadeurs venus apporter leurs lettres de créance, préside le Conseil Privé et y donne ses audiences.

Parmi les autres festivités on peut citer, en juillet, les très recherchées « Garden Parties » de Sa Majesté, à chacune desquelles 8 000 personnes sont conviées.

H. G. Wells racontait un jour à Paul Morand que le leader socialiste **Ramsay Macdonald** passant avec lui devant le palais où la Garde rendait les honneurs, s'était écrié : « il faudra balayer tout cela ». Quelques années plus tard, passant au même endroit, Wells vit « la Garde présenter les armes à un Monsieur en habit de cour... Ramsay Macdonald ! ».

■ CURIOSITÉS

La relève de la Garde★★ (Changing of the Guard). – *A l'entrée principale du palais chaque matin à 11 h 30 d'avril à septembre (tous les deux jours en hiver) ; arriver tôt pour avoir une bonne place derrière les grilles ou sur les marches du mémorial de la reine Victoria. La relève n'a pas lieu par temps de pluie ou pour raison d'État. Renseignements : ☎ 01-730 0791.*

Parti à 11 h de St James's Palace, le détachement de l'**ancienne garde** passe par le Mall, tambours en tête, contourne le mémorial de la reine Victoria **(Queen Victoria Memorial),** surmonté d'une Victoire dorée, pour pénétrer par la porte centrale Sud du Palais de Buckingham.

A 11 h 30, la **nouvelle garde** arrive au son de la fanfare et pénètre dans l'avant-cour par la porte centrale Nord. Les deux détachements se mettent face à face.

A 11 h 33 a lieu le changement des deux gardes en faction. Les officiers saluent le capitaine de la parade avec leur épée. L'orchestre joue pendant 1/2 heure.

A 12 h 05 l'ancienne garde s'apprête à regagner la caserne. La nouvelle garde, arme à la bretelle se tient sous les ordres du capitaine et se rend à la salle de garde.

A 12 h 07 l'ancienne garde traverse la grille Nord et contourne le mémorial pour regagner St James. Les bonnets à poils défilent gaillardement au son des cuivres et des tambours.

Les fantassins de la Brigade des « Guards » appartiennent à la Maison de la Reine et sont sous le commandement de la souveraine elle-même, ainsi que les cavaliers des Horse Guards *(voir à Whitehall)*. Les cinq régiments à pied portent la tunique rouge à collet bleu foncé et le bonnet en poil d'ours ; ils se distinguent par la disposition des boutons, la couleur du plumet et les badges de l'encolure ; grenade avec flamme, étoile de l'ordre de la jarretière, chardon d'Écosse, trèfle d'Irlande, poireau des Galles. Ce sont classés par régiment, avec leur date de formation :

- les Grenadiers (1656), plumet blanc à gauche, boutons espacés régulièrement
- les Coldstream (1650), plumet rouge à droite, boutons groupés par deux
- les Scots (Écossais, 1642), pas de plumet, boutons par trois
- les Irish (Irlandais, 1900), plumet bleu à droite, boutons par quatre
- les Welsh (Gallois, 1915), plumet vert et blanc à gauche, boutons par cinq.

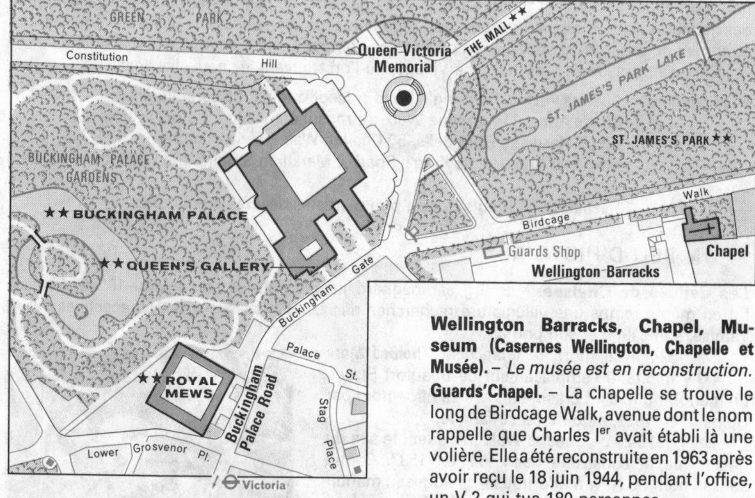

Wellington Barracks, Chapel, Museum (Casernes Wellington, Chapelle et Musée). – *Le musée est en reconstruction.*

Guards'Chapel. – La chapelle se trouve le long de Birdcage Walk, avenue dont le nom rappelle que Charles Ier avait établi là une volière. Elle a été reconstruite en 1963 après avoir reçu le 18 juin 1944, pendant l'office, un V 2 qui tua 180 personnes.

Casernes Wellington. – Construites en 1833 et en partie détruites en 1974, elles ont été restaurées pour abriter le 2e bataillon des Coldstream.

Guards Shop. – *Ouverte de 10 h à 17 h.* Ancien piquet de garde (1833) de la caserne, ce bâtiment rénové abrite une boutique de documents concernant les compagnies de la Maison de la Reine.

Queen's Gallery★★ (Galerie de la Reine). – *Visite de 11 h (14 h le dimanche) à 17 h. Fermé les lundis non fériés et du 1er octobre au 30 novembre. Entrée : £ 0,80. Pour les expositions se renseigner sur place.*

La galerie de la Reine a été édifiée en 1962 à la place de la chapelle privée de la famille royale, effondrée lors des bombardements.

A l'intérieur est présenté par roulement un choix de peintures, sculptures, dessins, mobilier, tiré des collections royales, celles-ci comptant parmi les plus riches du monde.

Royal Mews★★ (Écuries royales). – *Visite le mercredi et le jeudi de 14 h à 16 h, sauf semaine de la course du Royal Ascot en juin et jours fériés. Entrée : 30 p ; enfants : 15 p.*

Jusqu'au règne de George IV, les écuries royales se tenaient à Charing Cross à l'endroit occupé maintenant par la National Gallery. C'est Nash qui aménagea les actuels bâtiments où sont royalement installés les équipages de la Reine dirigés par un Grand Écuyer et groupant chevaux de trait dits « gris de Windsor », voitures hippomobiles ou automobiles.

(D'après photo Pitkin Pictorials)

Un carrosse de la Reine.

Signalons au premier chef le **Carrosse du Couronnement** (Gold State Coach) à huit chevaux et pesant près de 4 tonnes ; il fut exécuté en 1762 d'après les dessins du grand architecte William Chambers et décoré de scènes allégoriques par un peintre florentin établi à Londres, G.B. Cipriani (1727-1785). Mais il faut noter aussi quantité de carrosses utilisés pour les cérémonies, dont le plus connu est le Glass Coach, pour les mariages princiers, à parois latérales de glaces transparentes, de landaus, broughams (du nom de son inventeur), phaétons, traîneaux et même un char à bancs à courtine offert par Louis-Philippe à Victoria. Intéressante sellerie.

Les automobiles peintes aux couleurs royales, marron pourpré et noir, vont de la Daimler 1903 jusqu'à la Rolls Phantom de 1961 à toit transparent.

Au n° 25 **Buckingham Palace Road,** est situé le G.Q.G. des Guides, organisation de jeunesse fondée en 1910 par R. Baden-Powell et sa sœur Agnès.

Au n° 39, se tient l'hôtel Rubens avec ses hautes fenêtres à guillotine et ses couloirs étroits ; le **général de Gaulle** s'y installe le 17 juin 1940. Dès le 18 juin, il lance à la BBC son 1er appel aux Français se trouvant en Angleterre *(voir Carlton Gardens, p.106)*.

CZ – Métro : Sloane Square (Circle et District Lines).

Faubourg Ouest de Londres, Chelsea, limité au Nord par Fulham Road *(p. 80)*, s'étend parallèlement à la Tamise, de Victoria Station à Fulham ; King's Road constitue son axe principal. Épargnée par les tours de bureaux ou d'appartements, Chelsea conserve un aspect de grand village résidentiel et cossu, que rajeunit cependant une bohème dorée composée d'artistes à la mode et de jeunes habillés et coiffés selon les dernières tendances.

C'est l'après-midi, spécialement du samedi, qu'il faut voir King's Road, bruyante d'une foule disparate, avec des badauds léchant les vitrines des magasins de vêtements les plus variés, d'antiquités et d'épicerie fine. Le soir s'emplissent pubs, bistrots et restaurants exotiques à cadre insolite.

Néanmoins si l'on s'écarte un peu de cette rue-bazar l'atmosphère change du tout au tout : au bruit succède la tranquillité des ruelles (lanes), des « crescents » *(p. 23)* et des squares bordés de blanches maisons 18ᵉ-19ᵉ s., dites géorgiennes, à portique dorique, que précède un petit jardin ornemental, souvent fleuri. Çà et là quelques îlots de peuplement modeste rassemblent des jeunes vivant à plusieurs dans des logements de fortune, parmi lesquels figurent des étrangers de passage : la population de Chelsea compte en effet environ 8 % d'allogènes.

Chelsea possède son journal, The Village, où l'on trouvera les nouvelles locales.

Pubs typiques. – **Chelsea Potter,** 119 King's Road : décor original de céramiques.
King's Arms, 114 Cheyne Walk : atmosphère villageoise d'autrefois.
King's Head and Eight Bells, 50 Cheyne Walk : style géorgien.
Markham Arms, angle King's Road et Markham Street : pub victorien, ambiance jeune.
Roebuck, 354 King's Road : pub d'artistes décoré de peintures.

UN PEU D'HISTOIRE

Les délices de Chelsea. – Bourg campagnard jusque dans le courant du 19ᵉ s., Chelsea fut en même temps une villégiature recherchée des Londoniens pour ses perspectives sur la Tamise, son calme et son bon air.

De 1524 à sa mort, le chancelier **Thomas More** *(p. 47)* y habita, à l'emplacement de Beaufort Street, un manoir où il reçut Érasme et où il se fit peindre par Holbein, en 1527, entouré de sa famille.

(D'après photo Pitkin Pictorials)

Thomas More.

Les nᵒˢ 19-26 de Cheyne Walk marquent le site du palais que fit construire **Henri VIII,** en 1537. Connu sous le nom de New Manorhouse, ce nouveau manoir de style Tudor fut la résidence du jeune prince Édouard, de la princesse Élisabeth et de leur cousine Jane Grey puis, après la mort du roi, de Catherine Parr sa veuve et d'Anne de Clèves. Au 17ᵉ s., les Cheynes devinrent propriétaires du manoir ; en 1712, le célèbre médecin **Hans Sloane** *(p. 38 et 48)* l'acheta et y entreposa ses collections. A sa mort la demeure fut détruite.

En 1699 trépassa dans sa maison de Paradise Row (Royal Hospital Road) très haute et puissante Dame **Hortense Mancini,** nièce du cardinal Mazarin, et un temps maîtresse du roi Charles II. Elle tenait à Chelsea, entourée d'une ménagerie, un salon littéraire et musical avec l'aide du philosophe **Saint-Évremond** *(p. 144)* qui lui rendit cet hommage : « Mme Mazarin n'est pas plus tôt arrivée en quelque lieu qu'elle y établit une maison qui fait abandonner toutes les autres ; on y trouve la plus grande liberté, on y vit avec une égale discrétion, chacun y est plus agréablement que chez soi et plus commodément qu'à la Cour. »

Les citoyens d'extraction plus modeste vinrent, surtout à partir du 18ᵉ s., goûter aux plaisirs frivoles dispensés dans les jardins de **Lord Ranelagh** *(p. 49)* puis, à l'Ouest de Chelsea, dans ceux de **Cremorne** dont la piste de danse pouvait accueillir 2 000 couples. Pour se restaurer il y avait les fameux « buns » (sorte de brioches) : en 1839, le Vendredi Saint, 240 000 « buns » furent vendus à la Chelsea Bun House située non loin de la Tamise.

Sous le signe de l'ancre. – Au 18ᵉ s., l'illustre Manufacture de Chelsea *(voir p. 24)* était sise Lawrence Street avant de se trouver transférée à Derby. Les porcelaines étaient marquées d'une ancre.

Un Parnasse anglais. – Nombre de peintres et écrivains se sont épris des sites pittoresques de Chelsea et particulièrement de Cheyne Walk *(p. 47)*. C'est ainsi que **J.M.W. Turner** *(voir p. 26)*, sur la fin de sa vie, se retira, sous un nom d'emprunt, dans une maison qui porte actuellement le nº 119 Cheyne Walk. Ignoré de tous il passait son temps à rêver à son passé devant le cours de la Tamise, à courir les cabarets et rédiger son testament par lequel il laissa à la nation son œuvre et ses collections.

Trois ans avant la mort de Turner, en 1848, avait été instituée à Londres la Confrérie des **Préraphaélites** (Preraphaelite Brotherhood) dont le chef, Dante-Gabriel **Rossetti** (1828-1882), peintre et poète né à Londres, fils d'un carbonaro italien réfugié en Angleterre, a longtemps vécu à Cheyne Walk où il recevait ses disciples, Holman **Hunt** et J.E. **Millais** auxquels s'adjoignit **Burne-Jones** (1833-1898) qui avait failli devenir clergyman et affirmait : « Je ne suis pas Anglais, je suis un Italien du 15ᵉ s. ».

Barbus et chevelus, vêtus d'une cape de velours noir, les Préraphaélites exaltaient la beauté, la bonté et croyaient à la fonction sociale et religieuse de l'art. Trouvant leurs sources d'inspiration dans les poèmes de Keats et les théories de Ruskin, ils estimaient, comme en France certains élèves de David, que seuls les prédécesseurs de Raphaël avaient atteint l'idéal de l'artiste qui est d'élever les âmes. Leur technique alliait le symbolisme à un naturalisme qui les poussait à représenter chaque détail avec minutie.

S'opposant à la peinture littéraire des Préraphaélites, **Whistler** (1834-1903), d'origine américaine, insista au contraire sur le rôle de l'artiste comme témoin de la vie contemporaine. Après Turner, il a peint le vieux pont en bois de Battersea, qu'il pouvait contempler de sa fenêtre du 96 Cheyne Walk (Lindsey House), et fait le portrait de l'écrivain Carlyle.

Car Chelsea fut aussi chère aux hommes de lettres ou de sciences. Outre **Thomas Carlyle** (1795-1881), le « sage de Chelsea » qui y écrivit son Cromwell et sa Révolution française, y vécurent les romanciers George Éliot (Mary Ann Evans) 4 Cheyne Walk, Meredith (1828-1909), Oscar Wilde (1854-1900) 34 Tite Street, les Américains **Henry James,** naturalisé anglais, mort en 1916 au n° 21 Cheyne Row, et Mark Twain (1835-1910), D.-H. Lawrence, l'humoriste G-K Chesterton (1874-1936), le philosophe Bertrand Russell, le savant **Alexander Fleming** (1881-1955), inventeur de la pénicilline...

VISITE *4 h à pied environ*

Sloane Square. – Carrefour animé avec le **Royal Court Theatre** (répertoire d'avant-garde), les magasins modernes Peter Jones, la grande librairie (journaux et magazines étrangers) Smith's. Plaque commémorative de l'inventeur de l'heure d'été (adoptée en 1916), William Willett.

En remontant Sloane Street, remarquer à droite l'église de la Trinité **(Holy Trinity)** avec un grand vitrail de **Burne-Jones** dans le chœur (décoration typique de 1890).

King's Road. – A l'origine simple sentier, King's Road doit son nom à Charles II qui l'élargit pour pouvoir se rendre rapidement à Fulham où sa belle amie Nell Gwynn avait une maison : la nouvelle route resta d'ailleurs voie privée jusqu'en 1830.

C'est maintenant une grande artère commerçante connue pour ses boutiques de mode, ses antiquaires, ses restaurants et ses pubs.

- **Royal Avenue** : avenue double plantée d'arbres en 1694, qui devait se prolonger au Nord jusqu'à Kensington Palace ; elle ouvre une perspective sur le pavillon central de Royal Hospital par une allée coupant le terrain verdoyant de **Burton's Court,** traversé au Sud par Royal Hospital Road et limité au Nord par **St Leonard's Terrace** (belles façades géorgiennes aux n° 14-31).

En reprenant King's Road, on trouve :

- n° 135 : Antiquarius Centre, passage aux nombreux antiquaires
- n° 152 : The Pheasantry, ancienne faisanderie du 18e s. au portique surmonté d'un quadrige
- « Habitat » : magasin spécialisé en mobilier et décoration moderne
- Old Town Hall : Hôtel de ville (1885-1907) de style classique, il abrite une foire d'antiquités très courue *(p. 18).*
- n° 185 : passage avec antiquaires.
- n° 211 : Argyll House a été bâtie en 1723 par le vénitien Giacomo Leoni.
- n° 245-253 : Chelsea Antique Market, marché d'antiquités.

Carlyle Square. – Square typique des années 1830-1840 près de **Chelsea Square** où se mêlent des constructions des 18e, 19e et 20e s.

Old Church Street. – Charmante rue villageoise bordée de cottages qui était la Grand'Rue de Chelsea avant l'ouverture de King's Road au public. Le **Paultons Square** voisin présente un ensemble de style géorgien avec terrace de 1840.

Roper's Garden. – Ce jardin clos occupe une partie de l'ancien verger de Thomas More et porte le nom de William **Roper,** gendre de ce dernier. Un relief sculpté par **Jacob Epstein** qui vécut à Chelsea de 1904 à 1914, représente une femme marchant contre le vent.

Chelsea Old Church (All Saints). – *Ouverte en semaine de 11 h à 13 h et de 14 h à 17 h, le dimanche de 8 h à 19 h, les jours fériés de 11 h à 16 h. Fermée le lundi.* Église campagnarde de briques roses du 12e s. mais modifiée aux 16e-17e s. et remise à neuf après les bombardements de 1941.

Épargnée par l'explosion, la chapelle Sud avait été remodelée en 1528 à l'initiative de **Thomas More** et sa belle arcade Renaissance ouvrant sur le chœur aurait été dessinée par Holbein. Thomas More avait fait ériger en 1532 pour sa femme un monument funéraire où il désirait être lui-même enseveli : mais la dépouille de Thomas ne s'y trouve pas car son corps décapité fut inhumé à St Peter ad Vincula, alors que sa tête était, suivant la coutume médiévale, fichée sur l'entrée du pont de Londres. Gisants de Lord et Lady Dacre (1595) dans un enfeu le long du mur droit de la nef, de Lady Cheyne, d'après un projet du Bernin, le long du mur gauche, et surtout de Sarah Colville, morte en 1631, dans la chapelle Lawrence *(à gauche du chœur)* où, selon la tradition, se serait déroulé, en 1536, le mariage secret de Henri VIII et Jane Seymour. Henry James est également enterré dans l'église.

Dans le cimetière attenant l'angle Sud-Est, une urne marque le tombeau de Hans Sloane *(p. 48).* En sortant de l'église, remarquer la statue de Thomas More.

Contourner l'église par Lawrence Street dont le nom évoque un riche orfèvre londonien et où se trouvait la Manufacture de Porcelaines ; aux nos 23 et 24, maisons géorgiennes. Suivre ensuite Upper Cheyne Row et Cheyne Row, bordées de maisonnettes villageoises.

Carlyle's House. – *24 Cheyne Row. Visite de 11 h à 17 h. Fermée les lundis et mardis (sauf les lundis de fêtes), le Vendredi Saint et du 1er novembre au 31 mars. Entrée : £ 1.20.*

L'historien Thomas Carlyle habita cette maison de style « Queen Anne », de 1834 à sa mort. A l'intérieur a été aménagé un petit musée rassemblant les souvenirs de l'écrivain et de ses amis.

Dans le jardin de Cheyne Walk, statue du philosophe. Et au coin de Oakley Street, bronze par David Wynne. L'explorateur de l'Antarctique, le capitaine Scott, vécut au n° 56.

Albert Bridge. – Pont suspendu d'époque victorienne *(p. 123).*

Cheyne Walk★. – Avant la construction du quai (Chelsea Embankment) en 1874, Cheyne Walk formait une délicieuse promenade ombragée en bordure de la Tamise et à proximité du débarcadère des bateaux de Londres.

Désormais en retrait par rapport au fleuve, elle n'en est pas moins évocatrice de l'ambiance géorgienne grâce à son alignement de maisons de briques roses dont quelques-unes, du 18e s., sont agrémentées de grilles et de balcons de fer forgé.

Au no 16, il faut distinguer **Queen's House** où vécut, de 1862 à 1882, **Rossetti** qui entretenait une ménagerie dans son jardin ; le buste du peintre orne la fontaine du square voisin.

Au no 6, remarquable grille Chippendale d'inspiration chinoise (1750).

Poursuivre le quai (Chelsea Embankment).

Au no 17, Old Swan House, la gracieuse maison du Vieux Cygne, fut construite en 1876 par Norman Shaw, avec des fenêtres de style Queen Anne.

Jardin botanique (Chelsea Physic Garden). – *Ouvert du 14 avril au 20 octobre les mercredis et dimanches ainsi qu'aux Bank holidays de 14 h à 17 h. Entrée : £ 1.50.*

Jardin que son propriétaire, **Hans Sloane,** offrit en 1722 à la Société des Apothicaires de Londres qui y cultivait des simples depuis 1683 ; la première graine de coton envoyée d'Amérique en 1732 germa ici. Le jardin poursuit un important programme de recherches botaniques et possède environ 5 000 espèces de plantes. Au centre, statue de Hans Sloane par Rysbrack (1737).

Continuer Chelsea Embankment jusqu'à l'esplanade précédant le Royal Hospital.

■ THE ROYAL HOSPITAL**

Il s'agit là d'un des plus beaux ensembles d'architecture classique subsistant à Londres (restauré après bombardements).

C'est à **Charles II Stuart,** et non à sa favorite Nell Gwynn comme le veut une tradition populaire, que revint la décision de créer, à partir de 1682, le Royal Hospital de Chelsea, institution calquée sur le modèle de l'Hôtel Royal des Invalides que Louis XIV avait fondé douze ans auparavant et dont les plans furent prêtés par Louvois en 1678. Stephen Fox, trésorier général de l'Armée, collecta les fonds, le chroniqueur John Evelyn traça le plan général et Wren *(p. 22)* choisit, à proximité de la Tamise, le site du monument dont il devait diriger la construction.

Achevé en 1692 sous le règne de Guillaume III, le Royal Hospital, dirigé par un gouverneur, accueillit cette année-là environ 500 pensionnaires. Des bâtiments annexes furent ajoutés à l'Est en 1819 sur les plans de John Soane *(p. 70).*

Les pensionnaires. – Ces soldats au nombre de 400, âgés d'au moins 65 ans, logés, chauffés, vêtus, blanchis reçoivent une allocation de bière et de tabac et un peu d'argent de poche. Leurs obligations militaires sont limitées à l'assistance aux offices religieux et aux parades,

Leur uniforme date du temps (début 18e s.) où le duc de Marlborough était gouverneur. Bleu foncé, il comporte une tunique de sortie rouge au col marqué des initiales R.H. Le képi noir est remplacé par un tricorne dans les occasions solennelles, telle, en mai, la Fête du Gland **(Oak Apple Day)** rappelant qu'après la bataille de Worcester (1651), Charles II échappa aux Parlementaires en se réfugiant dans un vieux chêne.

Les jardins. – Ils sont composés de prairies descendant en pente douce vers la Tamise.

Là se tient, en mai, un des grands événements de la vie londonienne, le **Chelsea Flower Show** *(p. 18)* qu'inaugure la reine en personne. La Royal Horticultural Society expose, sur les parterres ou à l'intérieur de vastes tentes, les envois de ses membres qui peuvent se les acheter mutuellement ; le dernier jour, vente à bas prix à la foule des visiteurs.

Des jardins se découvre une vue d'ensemble sur l'hôpital dont les bâtiments de briques à chaînages de pierre s'ordonnent, avec une majestueuse simplicité, de part et d'autre de la chapelle dont l'austère portique dorique est surmonté d'une lanterne un peu grêle. La longue inscription évoque les buts de l'institution et cite ses souverains fondateurs et bienfaiteurs. Face à la chapelle, statue de bronze, Charles II, vêtu à la romaine, œuvre de Grinling Gibbons.

Chapelle et Grand Hall (Chapel and Great Hall). – *Visite en semaine de 10 h à 12 h et de 14 h à 16 h. Accès à la chapelle par Light Horse Court et un passage de l'aile Est débouchant dans la Cour de la Statue (Figure Court).*

La chapelle et le grand hall sont situés de part et d'autre du dôme central.

Achevée en 1687, la chapelle présente une voûte en berceau et une abside que surmonte une coupole décorée, entre 1709 et 1716, par Sebastiano Ricci et son neveu Marco, peintres vénitiens : la scène, qui représente la Résurrection, s'inspire d'une composition analogue traitée par La Fosse à la chapelle du palais de Versailles.

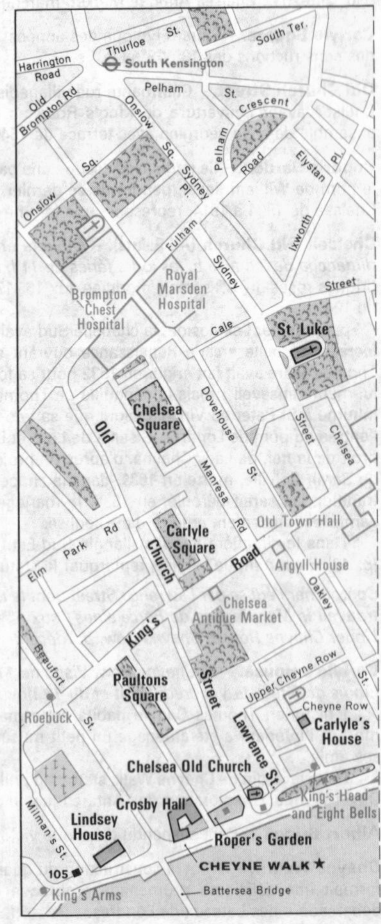

Le grand hall, ou réfectoire des soldats, possède encore ses brocs de cuir bouilli vieux de trois siècles. Aux murs sont pendus les répliques de drapeaux pris notamment aux Français durant les guerres de la Révolution et de l'Empire. Une peinture allégorique (début 18e s.) de Verrio, consacrée à Charles II, orne la salle.

Chambre du Conseil (Council Chamber). – *Visite en semaine de 10 h à 12 h.*

Située dans l'hôtel du Gouverneur, à l'extrémité Sud de l'aile orientale, cette salle a été décorée partie par Wren, partie par Robert Adam ; beau portrait de Charles Ier et sa famille par Van Dyck.

Bâtiments annexes. – L'ensemble situé à l'Est, près du cimetière du Royal Hospital, est pour l'essentiel dû à John Soane. Un petit **musée,** consacré à l'histoire de l'institution, comprend aussi une collection rare de 1 600 médailles et décorations. *Ouvert du lundi au samedi de 10 h à 12 h et de 14 h à 16 h ; ouvert également le dimanche après-midi d'avril à septembre ; fermé les week-ends des Bank holidays.*

■ JARDINS DU RANELAGH

Tracés en 1860, les **Ranelagh Gardens** occupent une partie de l'ancien domaine du richissime **Lord Ranelagh,** mort en 1712, qui fut trésorier du Royal Hospital.

De 1742 à 1804 il y eut là un lieu de plaisir à la mode dont l'entrée était coûteuse mais donnait droit à une consommation de café et de punch. Certains jours, on put y voir une affluence de plus de 400 carrosses. Au centre se trouvait une grande rotonde aménagée pour la danse et les concerts, que Canaletto a figurée dans un tableau célèbre, aujourd'hui à la National Gallery. Sur un lac, un peu plus loin, se déroulaient des joutes nautiques, qui étaient l'enjeu de paris effrénés. De-ci de-là, s'égrenaient kiosques, loges et attractions diverses. Enfin, à la nuit, les jardins étaient le théâtre d'illuminations et de feux d'artifice très appréciés.

Le Ranelagh londonien inspira un établissement similaire, installé à Passy, faubourg de Paris, qui prit le nom de Petit Ranelagh.

Par Lower Sloane Street, on regagne Sloane Square.

■ AUTRES CURIOSITÉS

Musée de l'Armée★ (National Army Museum). – *Visite de 10 h (14 h le dimanche) à 17 h 30. Fermé les 24, 25, 26 décembre, 1er janvier, Vendredi Saint et le 1er mai.*

Aménagé en 1971 dans un bâtiment moderne de Royal Hospital Road, ce musée évoque de façon agréable et rationnelle l'histoire de l'armée du Royaume-Uni de 1485 à nos jours. Des galeries sont consacrées aux uniformes, aux armes et aux peintures. Dans le hall d'entrée, squelette de Marengo, cheval favori de Napoléon, et trophées capturés par les Anglais à Waterloo (vitrine 44 A).

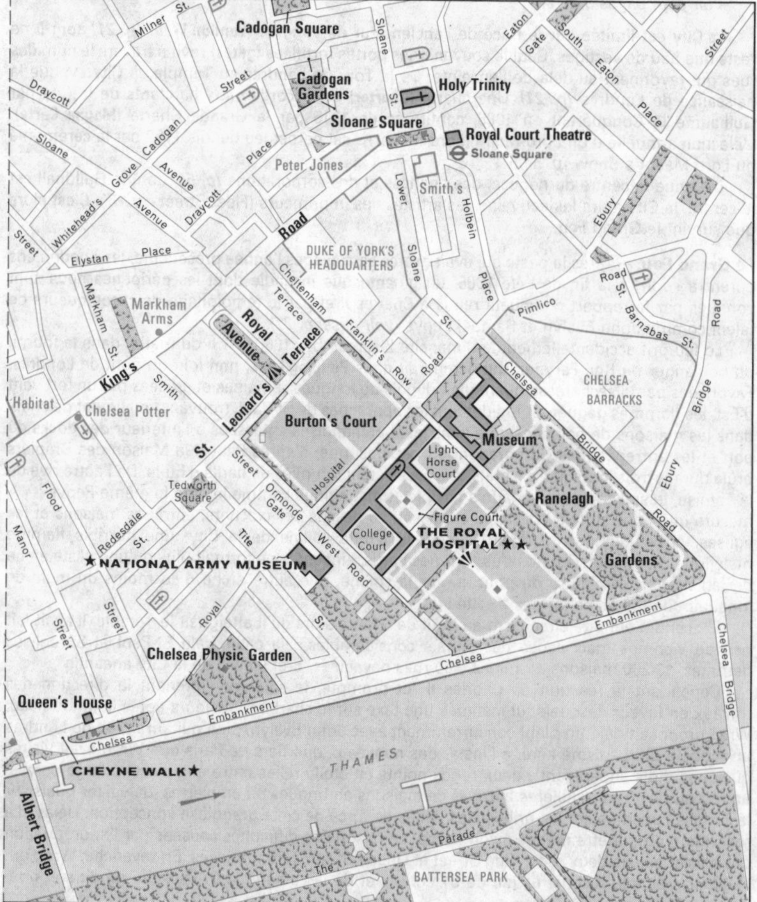

Crosby Hall. – *Visite de 10 h à 12 h et de 14 h 15 à 17 h. Fermé le dimanche matin et du 24 au 29 décembre.*

Incorporé dans des bâtiments néo-Tudor de 1926 (résidence et club universitaire féminin), Crosby Hall faisait partie d'un hôtel de Bishopsgate *(p. 33)*, construit au 15e s. pour un riche marchand de laine, **John Crosby.** Démoli en 1910, il fut réédifié à Chelsea, sur les anciens jardins du manoir de Thomas More.

A l'intérieur, sous le beau plafond de chêne d'origine, est disposée une table du début 17e s. près de laquelle est suspendue une peinture représentant **Thomas More** et sa famille, copie ancienne de l'original, dû à Holbein et aujourd'hui disparu.

St Luke's. – Dans un cadre de verdure s'élève l'église paroissiale de Chelsea bâtie de 1820 à 1824 par James Savage dans le style « Gothic Revival » *(p. 23)* ; Dickens y épousa, en 1836, Catherine Howard.

Lindsey House. – *96-100 Cheyne Walk.* Remontant à 1674 la noble demeure des comtes de Lindsey, construite à l'emplacement de la ferme de Thomas More, fut divisée en appartements au siècle suivant alors qu'elle était le siège de la secte protestante des Frères Moraves.

Le grand ingénieur **Marc Brunel** *(p. 66)* eut son domicile ici, de 1811 à 1826. Au n° 105 de la même rue, une maison de style géorgien s'appelle **Brunel House,** en souvenir du père et du fils (Isambard Kingdom Brunel, 1806-1859), célèbres tous deux pour leurs réalisations (voie ferrée, tunnel et steamer).

Entre Lindsey House et Beaufort Street, se succèdent des demeures du 18e s.

Cadogan Gardens. – Élégant quartier résidentiel rebâti aux environs de 1875. Pendant la Révolution et l'Empire de nombreux émigrés français habitaient ce secteur où se trouvait l'église catholique, St Mary's, où la célèbre Madame Tussaud *(voir p. 85)* fut inhumée.

Cadogan Square présente le même style de maisons de briques rouges d'aspect cossu, certaines sont dues à Shaw (1882).

Vous vous intéressez...
aux porcelaines chinoises, aux avions de la Seconde Guerre mondiale,
aux instruments de musique, à la médecine...

Vous aimez...
les beaux uniformes, la peinture, le whisky,
les bateaux d'autrefois, les demeures princières...

consultez le Répertoire des musées de Londres,
classés par thème à la page 191 de ce guide.

La CITY★★★

Voir plan pages 9 à 12.

La City est limitée par le tracé de l'ancien mur de Londres **(London Wall)** *(p. 21)* dont il ne reste que peu de vestiges. Seul le souvenir des portes fortifiées **(gates)** revit à travers le nom des rues qui rayonnent au-delà de l'enceinte. De la Tour de Londres au Temple, la City évoque la naissance de Londres *(p. 21)*. Une charte **(Charter)** est accordée aux habitants de la City par Guillaume le Conquérant en 1066, confirmée en 1215 par la Grande Charte **(Magna Carta).** L'élection annuelle d'un Lord-Maire (Lord Mayor) s'est perpétuée depuis 1192 par la cérémonie du Lord Mayor's Show *(p. 54)*.

Devenue le centre du négoce, des finances et des corporations *(p. 56)* dont le Guildhall est le centre, la City attire les écrivains, les artistes, les imprimeurs (Fleet Street - *p. 67*). C'est alors que survint le Grand Feu.

Le Grand Feu. – Après la peste qui avait exercé ses ravages l'année précédente, les Londoniens eurent à subir, à la fin de l'été 1666, un gigantesque incendie dont les péripéties nous sont connues par le rapport d'enquête remis à Charles II et par le témoignage de chroniqueurs de talent comme John Evelyn et Samuel Pepys *(voir aussi p. 27)*.

Le feu prit accidentellement le dimanche 2 septembre 1666, à 1 h du matin, dans le fournil du boulanger du Roi, Faryner, qui demeurait dans **Pudding Lane,** non loin du pont de Londres. Favorisées par la sécheresse qui régnait depuis de longues semaines et attisées par un fort vent d'Est, les flammes gagnèrent rapidement les approches de St-Paul, trouvant un aliment de choix dans les maisons de bois ainsi que dans les marchandises entassées à l'intérieur des docks du port et les entrepôts des Corporations : c'est ainsi que, d'après Pepys, la Maison des Drapiers brûla durant trois jours et trois nuits, ses caves étant remplies de barils d'huile. De l'autre rive de la Tamise, le spectacle était à la fois terrible et magnifique comme le nota le même Pepys : « A mesure que l'obscurité se faisait, il surgissait au-dessus des clochers, entre les maisons et les églises, aussi loin que le regard s'étendait sur la colline de la City, une horrible flamme maléfique, sanglante. Quand nous sommes partis, l'incendie ne formait plus qu'une vaste arche de feu de part et d'autre du pont et, sur la colline, une autre arche d'au moins un mille de longueur. Je fondis en larmes à cette vue. »

L'incendie put être circonscrit au bout de 4 jours alors qu'il atteignait le Temple. Il avait fait peu de victimes mais causé des dégâts considérables : la cathédrale St-Paul et 89 églises détruites, 13 200 maisons en ruines, 400 rues dévastées, bref les 4/5 de la City anéantie.

Cependant la réaction de Charles II fut prompte, le souverain prenant la direction des travaux en faveur desquels fut instituée une taxe sur le charbon. Six jours après la fin du fléau, Wren proposait déjà un plan, concurremment avec John Evelyn, plan qui aurait fait de Londres un modèle d'urbanisme aéré, à l'instar des nouveaux quartiers de Paris que Wren avait visités quelques mois auparavant : deux ronds-points en étoile reliés entre eux par une large percée, un réseau de voies régulières bordées de maisons en briques ou en pierres, de vastes quais sur la Tamise constituaient les principales lignes de force de cette grandiose conception. Hélas ! La réalisation ne put être menée à son terme, en raison des difficultés causées par l'appropriation des sols et seules deux rues, King Street et Queen Street, furent tracées. En revanche, Wren put se consacrer à la reconstruction de 51 églises et de la cathédrale St-Paul qui rendit son nom immortel...

Percée de grandes artères au 19e s., reconstruite après les bombardements de 1941, modernisée au 20e s. (Barbican - *p. 30*), la City accueille de nos jours plus de 4 millions d'employés pour seulement 5 000 résidents mais les traditions demeurent.

Pubs typiques. – **Simpson's Tavern** (PY), 38 Cornhill : pub du 18e s.
George and Vulture Castle Court (PY), Cornhill : pub 17e s. *(p. 53)* du vieux quartier, derrière l'église St-Michel.
The Lamb (PY), Leadenhall Market : décor 1900.
Ye Olde Wine Shades (NPZ), 6 Martin Lane : pub de 1663 ayant survécu au Grand Feu.

■ LA CITY FINANCIÈRE

NY – Métro : Bank (Central et Northern Lines).

Au cœur la City of London (Cité de Londres), la City financière, ce mile carré de banques s'étend au Nord de la Tamise entre St-Paul et la Tour, symbolisant la puissance britannique.

Un coup de maître de Nathan Rothschild. – Nathan envoie un jour à la Banque d'Angleterre en paiement un chèque de son frère Amschel. La Banque le refuse, arguant qu'elle ne réglait que ses propres chèques et non ceux des particuliers. Vexé, Nathan se présente le lendemain et demande la contrepartie en or d'un billet de dix livres ; le caissier s'exécute comme c'était de règle à l'époque. Mais Nathan et neuf de ses commis, occupant tous les guichets, font rembourser en or durant toute la journée des billets de 10 livres, réduisant de 100 000 livres les réserves de la Banque.

Comme il allait réitérer le jour suivant, un directeur lui demanda combien de temps allait durer ce petit jeu. Et Nathan répondit : « Rothschild continuera à douter des billets de la Banque d'Angleterre tant que la Banque doutera des chèques de Rothschild. » Et la Banque accepta de payer tous les chèques des cinq frères.

Le rôle de la City financière. – Il est assumé au premier chef par les trois grandes institutions nationales que sont la Banque d'Angleterre ou **Bank of England** *(p. 52)*, la Bourse des valeurs ou **Stock Exchange** *(p. 52)* et la **Lloyd's** *(p. 52)* « qui assure tout sauf la vie ». Mais à côté de cette trinité gravitent une infinité d'organismes complémentaires.

C'est ainsi que 200 banques environ peuvent être décomptées, tant en banques de dépôts (Barclay's ou National Westminster par exemple) qu'en banques d'affaires dites « Merchant Banks » (Rothschild and Sons entre autres). Ces dernières sont spécialisées dans les opérations d'achat ou de vente de sociétés, d'échanges et de fusions ; en outre elles contrôlent un peu plus de la moitié des mouvements mondiaux sur l'eurodollar. En bref, les banques de la City manipuleraient deux fois plus de capitaux que l'ensemble des banques françaises.

Parmi les autres moteurs de l'activité financière figurent les sociétés d'assurances et d'investissement. Les premières, disposant de l'argent frais procuré en abondance par les Assurances-Vie, largement répandues dans le public, peuvent investir 30 % de leurs disponibilités en actions (sociétés d'assurances françaises : 13 %), 20 % dans l'immobilier, et le reste dans diverses valeurs à revenu fixe. Les secondes, constituant une association de 270 membres rassemblés au sein d'« Investment Trust Companies », totalisent un actif de l'ordre de 5 milliards de livres, ce qui leur permettrait, théoriquement, de prendre le contrôle de toutes les sociétés françaises cotées à la Bourse de Paris.

Les Bourses de commerce revêtent aussi une grande importance car elles établissent les cours d'un certain nombre des principales matières premières produites dans le monde. A cet égard, Londres reste le premier marché mondial de l'or dont le cours est fixé au London Bullion Market. Le quotidien Financial Times et l'hebdomadaire The Economist participent à la force d'impact du marché financier londonien.

Visite. – Un circuit de 3 h à pied permettra de connaître la City financière ; il se fera de préférence les jours ouvrables alors que règne dans les rues étroites une extraordinaire animation. A cette occasion on pourra voir de dignes « gentlemen of the city » (city gents) en haut de forme ou melon, dont la veste noire et le pantalon rayé contrastent avec la tenue fantaisie de leurs secrétaires. La sortie des bureaux est aussi un spectacle à ne pas manquer.

Partir du carrefour délimité au Nord par la Banque d'Angleterre **(Bank of England)**, à l'Est par l'Ancienne Bourse **(Royal Exchange)**, au Sud par la résidence du Lord-Maire, **Mansion House.** Une **statue équestre de Wellington** *(en cours de restauration)* orne l'esplanade du Royal Exchange : elle a été érigée en 1844, du vivant du duc, qui assista à l'inauguration.

Royal Exchange★ (PY). – La première Bourse de Londres a été construite ici même de 1566 à 1567 par des ouvriers flamands, sur le modèle de la Bourse d'Anvers. Le promoteur en fut un riche marchand mercier de Bishopsgate, **Thomas Gresham** (1519-1579), qui, après avoir voyagé en Flandre, était devenu conseiller financier de la Couronne, contribuant à faire de Londres un centre de la draperie en même temps qu'un pôle d'attraction pour les capitaux détournés d'Anvers au moment des troubles causés par la « Furie espagnole ». Le bâtiment, qui brûla en 1666 lors du Grand Feu, comportait une galerie ouverte au rez-de-chaussée et des boutiques de marchands au premier étage ; les statues des rois d'Angleterre garnissaient les niches.

De style néo-classique, l'actuel Royal Exchange a été inauguré en 1844 par la reine Victoria, mais aucune transaction ne s'y opère plus depuis 1939. La cour reproduit celle de la Bourse primitive dont subsiste le pavement ; sur les murs de la galerie, des peintures murales retracent l'histoire politique et commerciale de l'Angleterre.

Donnant sur une sorte de patio, la façade postérieure est dominée par une haute lanterne que couronne, comme au temps de la Grande Élisabeth, l'emblème héraldique de Thomas Gresham, une sauterelle dorée formant girouette : on raconte que Gresham, étant enfant, s'égara dans la campagne et fut retrouvé grâce à une sauterelle qui, par ses crissements répétés, conduisit ses parents auprès de lui.

La **Visitors' Gallery** *(ouverte du lundi au vendredi de 11 h 30 à 13 h 45)* permet d'assister aux transactions.

Le carillon du Royal Exchange fait entendre *en semaine à 9 h, 13 h et 17 h* des airs britanniques.

Bank of England (NY). – Massive et austère comme une forteresse, la Banque d'Angleterre, ou mieux la Banque tout court, occupe depuis 1734 une surface d'un hectare et demi environ au Nord de Threadneedle Street rue de l'Aiguille à Tricoter, où se trouve son entrée principale.

Complètement dénaturée dans ses proportions, par la construction, entre 1924 et 1939, de sept étages de bureaux, elle a cependant conservé l'enceinte que lui avait donnée, à la fin du 18e s., le célèbre architecte **John Soane** *(p. 70)* : baies aveugles, colonnes corinthiennes et, à l'angle Nord-Ouest, le curieux « Tivoli Corner », pavillon circulaire inspiré du temple de la Sibylle à Tivoli et surmonté d'une statue d'Ariel.

« La vieille dame de Threadneedle Street ». – Tel est le nom affectueux que le peuple anglais donne à sa Banque. Celle-ci, en effet, a été fondée dès 1694 par un marchand écossais, William Patterson. C'est la plus ancienne entreprise par actions d'Angleterre, par privilège royal elle est d'ailleurs restée la seule banque par actions de Londres jusqu'en 1834, époque de la fondation de la Westminster, maintenant National Westminster. Son premier directeur fut un nommé Houblon, fils d'un réfugié protestant français. De 1780 à 1973, elle fut gardée chaque nuit par un détachement de la brigade des Guards.

Nationalisée en 1946, la Banque est administrée par un Gouverneur, un Sous-Gouverneur (Deputy Governor) et seize directeurs. Elle abrite une partie des réserves de la zone sterling et est l'autorité centrale pour l'émission des billets de banque.

En contournant les bâtiments de la Banque par la gauche on atteint Lothbury.

St Margaret Lothbury★ (NX). – *Ouverte du lundi au vendredi de 8 h à 17 h.* Paroisse de la Banque, St Margaret's a été bâtie sur les plans de Wren (1686-1690) avec une **tour** et un **clocher★** en forme d'obélisque. Sa nef est enrichie d'un **mobilier** du 17e s. comprenant : des **fonts baptismaux★** en marbre, une élégante **clôture★** de chœur en bois due à un artiste flamand (Arnold Quellin) et provenant d'une église démolie, All Hallows The Great ; un buste attribué à Hubert Le Sueur, représentant Pierre Le Maire, chevalier, mort en 1631 (bas de la nef à gauche).

Lothbury se prolonge par Throgmorton Street où s'ouvre, à droite, la principale entrée du Stock Exchange, presque en face de la **Maison des Drapiers** (Drapers' Hall) (PX) dont la porte est encadrée de deux caryatides monumentales et qui abrite une belle collection de vaisselle d'or et d'argent *(visible lors des visites spéciales, voir p. 56 et 14).*

Stock Exchange★ (PX). – Tirant son origine des discussions entre négociants dans les cafés de Change Alley *(p. 53),* la Bourse des valeurs (Stock Exchange) s'est installée à son emplacement actuel en 1802. Une salle de transactions, le Floor ou Parquet, est muni de moyens de transmission perfectionnés et surmonté d'une tour moderne de 24 étages.

Une grande vedette. – Tant par le poids que par le fonctionnement, la Bourse de Londres est un exemple pour les principaux marchés mondiaux.

Sa capitalisation, c'est-à-dire la valeur totale des effets faisant l'objet de transactions, est largement supérieure à celle de la Bourse de Paris, qui est pourtant la première Bourse d'Europe continentale.

Il n'y a pas, comme à Paris, de « corbeille » autour de laquelle les agents de change font les cours des principales valeurs en menant grand tapage. Ici tout est calme, bien que les opérations s'effectuent sans aucun document écrit, les accords se faisant sur un signe de tête. En effet, les agents de change ou « brokers » ne sont que des intermédiaires entre leurs clients et les marchands d'actions, ou « jobbers », qui déterminent les cotations chacun dans sa spécialité. Les banques n'ont pas de « box » sur place, comme en France : tout passe par les brokers et les jobbers.

Visite. – *Les visiteurs sont admis à la Public Gallery (entrée Old Broad Street) du lundi au vendredi de 9 h 45 à 15 h 15; visites guidées à 10 h, 10 h 30, 11 h 30, 12 h 30, 13 h 30 et 14 h. En outre un hall de documentation et une salle de projection de films documentaires sont librement accessibles. Fermé les jours fériés.*

En passant derrière le Royal Exchange par la **Freeman's Place** (remarquer une Maternité, groupe en bronze réalisé en 1879 par le sculpteur français Dalou et la statue du philanthrope américain G. Peabody), on arrive sur **Cornhill,** très ancienne voie commerçante, une des premières à Londres où les piétons furent protégés des voitures par une rangée de bornes.

Prendre à gauche.

St Michael Cornhill (PY). – Église de Wren (1670-77), très modifiée à l'époque victorienne, que surmonte une **tour** à quatre étages de style gothique, couronnée de pinacles, œuvre de Hawksmoor (1718-1724).

Contiguë, St Michael's Alley vit en 1652 s'établir le premier café de Londres, la **Jamaïca Wine House** : dédale de cours et de passages pittoresques.

St Peter upon Cornhill (PY). – *Accès par St Peter's Alley.* Église de Wren (1667-87), celle-ci avec une tour de brique se terminant par une **flèche** dont le faîte porte les clés symboliques de saint Pierre.

A l'intérieur *(fermé en août),* élégante **clôture★** de chœur, en bois finement sculpté d'après un dessin de Wren, et orgue du 17e s. que, par deux fois, Mendelssohn fit résonner.

La jonction de Leadenhall Street et de Cornhill était autrefois le centre de Londres.

Leadenhall Market (PY). – De Leadenhall Street une ruelle pittoresque, Whittington Avenue, toute bordée d'échoppes, conduit à Leadenhall Market, halle remontant au 14e s., dont les actuels bâtiments ont été reconstruits au temps de Victoria : c'est depuis toujours le domaine de la volaille et du gibier qu'accompagnent désormais viandes, fromages, légumes...

A l'époque romaine le site était occupé par une basilique, grande salle longue de plus de 300 m, où se réunissaient les citoyens pour discuter des affaires locales.

Revenir à Leadenhall Street et poursuivre jusqu'à Lime Street.

Lloyd's (RY). – Cette célèbre association d'assureurs (Lloyd's Insurance), qui est, en fait, plutôt une Bourse d'assurances, occupe deux buildings se faisant face aux angles de Lime Street et reliés par un passage supérieur.

Le bâtiment Ouest inauguré en 1928 à l'emplacement qu'occupa de 1726 à 1858 la célèbre East India House, siège de la Compagnie des Indes que fonda Élisabeth Ire en 1600 est le plus ancien. Le bâtiment Est plus imposant que son symétrique, a été ouvert en 1957.

La Lloyd's est née à la fin du 17e s. d'une initiative d'un cabaretier gallois, **Edward Lloyd,** dont la taverne, sise à Lombard Street, était fréquentée par une clientèle de navigateurs, d'armateurs, de marchands intéressés dans le trafic maritime. Pour eux Lloyd monta une sorte de club où il affichait toute une série de renseignements et d'informations sur les navires marchands et leur cargaison. Il édita même, en 1696, un journal, le Lloyd's News. Tant et si bien que son officine finit par devenir le rendez-vous des assureurs maritimes, les « underwriters » (littéralement « ceux qui écrivent dessous »), lesquels, à partir de 1734, publièrent la fameuse « Lloyd's List » donnant la nomenclature de la plupart des navires faisant mouvement dans le monde.

En 1774, Lloyd's s'installait dans les locaux du Royal Exchange qu'elle allait occuper jusqu'en 1928, date à laquelle elle déménageait pour s'installer à son emplacement actuel.

Depuis la fin du siècle dernier Lloyd's est habilitée à établir presque toutes les formes de contrat, assurance et réassurance, à l'exception de l'assurance-vie à long terme. Cependant les assurances maritimes constituent le poste principal du bilan avec environ la moitié du montant des primes annuelles, soit un peu plus de 1 milliard de dollars. La Lloyd's est aussi un centre mondial de renseignements sur les mouvements de navires : le comité de la Lloyd's dispose à cet effet d'environ 500 correspondants maritimes.

Le capital de la société est assuré par l'apport des « underwriters », c'est-à-dire les 8 000 assureurs membres de l'association qui doivent faire la preuve de ressources importantes.

St Andrew Undershaft (RY). – A côté du building de verre d'une compagnie d'assurances, cette église désaffectée de style gothique tardif, rebâtie de 1520 à 1532, paraît minuscule. De fait elle tient son surnom « undershaft » (sous l'arbre) du « Mai » qu'on plantait au printemps et dont la hauteur devait dépasser le faîte de sa tour; cette **tour** crénelée au 19e s. date probablement du 14e s.

St Andrew's abrite d'intéressants **monuments★** funéraires des 16e-17e s., parmi lesquels, au fond de la nef gauche, celui de **John Stow,** premier historien de Londres, mort en 1605 : la plume qu'il tient est renouvelée deux fois par an par le Lord-Maire. Une plaque rappelle que **Holbein,** victime de la peste de 1543, habitait sur la paroisse et est peut-être enterré ici. Le mobilier n'est pas sans intérêt avec les fonts baptismaux (1631) dus à Stone, les orgues du 17e s. et la table de communion forgée par le Français Tijou (17e s.).

Dans la même rue St Mary se trouve la **Baltic Exchange** (bourse d'oléagineux).

Reprendre Leadenhall Street, dépasser **St Katharine Cree,** église refaite (1628-31) par Inigo Jones *(p. 22)*. Atteindre Aldgate : tourner alors dans Fenchurch Street où mainte compagnie de navigation a ses bureaux.

Lloyd's Shipping Register. – Construit par Collcutt (1901), ce bâtiment offre sur Lloyd's Avenue une façade à colonnes, tourelles et décoration « Art Nouveau ». De même origine que la Lloyd's Insurance, il a pour objet d'enregistrer tout ce qui flotte à partir d'une jauge de 100 tonneaux et d'en établir une classification qualitative. La liste est mise à jour annuellement : chaque bateau possède son dossier relatant ses caractéristiques.

Après avoir franchi Mark Lane où se trouve le Marché au Blé (Corn Exchange), Fenchurch Street longe la **Maison des Fabricants de drap** (Clothworkers' Hall), reconstruite, qui possède une coupe d'argent offerte en 1677 par son président, Samuel Pepys *(p. 27)*. Sur Mincing Lane, **Plantation House,** domaine des négociants en denrées coloniales, en coton et caoutchouc abrite également la **London Metal Exchange,** bourse des métaux non ferreux *(visite guidée sur demande préalable)*.

Lombard Street (PY). – Tenant son nom des prêteurs lombards installés là au 12e s., cette rue, très animée dans la journée, est bordée de banques renommées dont certaines ont conservé leur vieille enseigne de fer forgé.

Avant **St Edmund the King and Martyr** *(p. 58)*, se détache à droite George Yard, conduisant à une auberge, **George and Vulture** *(p. 50)* fréquentée jadis par Mr Pickwick, le héros de Dickens.

Sur le même côté de Lombard Street débouche **Change Alley :** là se tenaient les boutiques des changeurs et deux cafés historiques, Jonathan's, où se rencontraient les financiers, et Garraway's qui vendit du thé pour la première fois en Angleterre.

St Mary Woolnoth (NY). – *Ouverte du lundi au vendredi de 8 h à 16 h 45.* Terminée en 1727, elle est l'œuvre de Hawksmoor, élève de Wren, qui y a exprimé son sens des volumes. **Tour** de pierre à bossages avec portique surélevé, couronné de deux tourelles à balustrades. Admirer l'habileté avec laquelle est combiné l'éclairage intérieur que dispensent quatre grande baies semi-circulaires. Sur le mur droit, plaque à la mémoire d'Edward Lloyd, mort en 1713.

Banker's Clearing House. – *10 Lombard Street.* C'est une institution du 18e s. qui réunissait les commis de banque appelés « clearers ».

Nathan Mayer Rothschild and Sons Ltd (NY). – *New Court.* Dans cette ruelle étroite encombrée de Rolls, Bentleys et Jaguars, se tient le siège social des Rothschild *(p. 51)*, immeuble de granit noir et marbre blanc (1965).

■ LE GUILDHALL★

NX – Métro : Bank (Central et Northern Lines).

Hôtel de ville de la City, le Guildhall est l'émanation des Guildes ou Corporations dont il est la demeure. Symbole des libertés et des privilèges londoniens, il constitue à la fois un centre administratif très moderne et le théâtre de ces fastueuses cérémonies dans lesquelles les Britanniques aiment à revivre leur passé.

Un organigramme plutôt complexe. – Le premier maire de Londres Henry Fitz Aylwin apparaît en 1192, en même temps que le statut communal accordé par le roi Plantagenêt Jean sans Terre, mais c'est en 1319 qu'une charte signée Édouard II consacre l'autonomie de la Cité par l'affirmation du rôle électif et administratif des guildes, corporations de marchands qui eurent dès lors leurs édifices particuliers, les **halls.** Dès cette époque, le Maire incarne les libertés acquises par les bourgeois. Le terme de Lord-Maire apparaît en 1414 et devient usuel après 1545.

L'organisation municipale gravite autour du Conseil Communal (Common Council) comprenant le Lord-Maire (Lord Mayor), 25 échevins (aldermen) élus à vie à raison d'un par quartier (wards), et, représentant les 84 guildes, 150 conseillers, renouvelés annuellement. Coiffant le Common Council, le Bureau de la Cité, que préside le Lord-Maire, se compose d'officiers, soit deux « sheriffs » et un chambellan, et d'échevins investis de charges particulières. Ce bureau a la responsabilité de la police, des écoles, des marchés et de la voirie de la Cité, des services d'hygiène du Port et des ponts (London, Tower, Southwark et Blackfriars Bridges).

Le Lord-Maire est désigné le 29 septembre, jour de la Saint-Michel (Michaelmasday) par les « aldermen » et les sheriffs élus par les corporations le 24 juin précédent (Midsummer's Day). Après son élection il doit se rendre à Westminster pour recevoir l'agrément de Sa Majesté, par le truchement du Lord Chancelier. Le Lord-Maire doit avoir auparavant rempli la fonction de shériff : en effet, en dehors de son rôle représentatif, il exerce une fonction judiciaire puisque tous les délits commis dans la Cité sont relevables de sa juridiction. Siégeant au Guildhall, il habite Mansion House ; la durée de son mandat est d'un an.

La procession du Lord-Maire★★. – Le second samedi de novembre se déroule le célèbre **Lord Mayor's Show.** Au cours d'un périple à travers la Cité *(voir itinéraire ci-dessous)*, qui part du Guildhall devant l'église St Lawrence Jewry, le nouveau Lord-Maire passe les troupes en revue à Mansion House, reçoit des mains du doyen une bible à St Paul's Churchyard puis est présenté solennellement à ses administrés et aux juges de Courts's Royal of Justice, chez lesquels il déjeune.

Les attelages véhiculant les effigies de bois peint des fondateurs mythiques de Londres, Gog et Magog, annoncent le long défilé des corporations en costumes, accompagnées de leurs « bands » de musique et de leurs chars de carnaval. Puis viennent, dans leurs landaus, les « aldermen » en perruque, robe et toque de velours noir. Fermant la marche le Lord-Maire trône dans son somptueux carrosse du 18e s. à six chevaux, tout ruisselant de dorures, derrière lequel se tiennent les laquais à perruques poudrées. Le brillant équipage est encadré par les hérauts, les hallebardiers, les massiers portant droit leur masse de cristal et les timbaliers précédant le « Maréchal de la Cité ».

1 Gresham Street
2 Bartholomew Lane
3 Threadneedle Street
4 Poultry
5 New Change
6 St. Paul's Churchyard
7 Ludgate Hill
8 Arundel Street
9 Surrey Street
10 Temple Place

Plus tard un feu d'artifice a lieu sur la Tamise, à l'Ouest du Blackfriars Bridge.

Le lundi suivant, la grande salle du Guildhall abrite le grand banquet donné par le Lord-Maire et les « shériffs » à 700 invités en tenue de gala : les discours qu'y prononcent le Premier Ministre et les autorités ont souvent une portée politique ou économique.

Un homme, un chat. – Parmi les Maires il faut citer **Richard Whittington** (mort en 1423), dit familièrement Dick, qui fut le banquier de Henri IV et Henri V. Lorsqu'il reçut ce dernier dans sa maison de la Cité, le repas fut servi dans de la vaisselle d'or ; au creux de la cheminée brûlait un feu de bois odoriférant dans lequel Dick jeta, théâtralement, une liasse de traites pour une valeur de 60 000 livres, montant de la dette du roi à son égard.

On racontait que Whittington devait sa fortune à son chat. La légende faisait de Dick Whittington, en réalité fils d'un châtelain de Gloucestershire, un jeune orphelin, riche de ses seuls yeux tranquilles, qui avait été employé comme gâte-sauce dans les cuisines d'un opulent marchand de la Cité. Or il advint que celui-ci, ayant armé un vaisseau, autorisa ses employés à mettre dans la cargaison ce dont ils voulaient se défaire, avec l'espoir d'en tirer profit.

(D'après photo National Portrait Gallery)

Richard Whittington.

Whittington n'avait que son chat, qu'il joignit, malgré les protestations du greffier, à la pacotille. Après une longue navigation, le navire aborda une côte barbare dont le souverain habitait un palais envahi de souris. Ce que sachant le capitaine du vaisseau confia au roi le chat de Dick, qui débarrassa la résidence royale de tous les rongeurs qui l'infestaient. Et le roi, reconnaissant, acheta la cargaison 10 fois sa valeur marchande. Quant à Dick qui se trouvait, en 1370, sur la colline de Highgate *(p. 168)*, il entendit les cloches de St Mary-le-Bow carillonner : « Reviens, Whittington, quatre fois Maire du grand Londres ». La prophétie se réalisa. Généreusement récompensé, Dick commença son ascension sociale et fut Maire en 1397, 1398, 1406 et 1420. Un portrait du 17e s. exposé à la Mercers' Hall *(p. 56)* montre Whittington en compagnie de son chat.

VISITE

Ouvert du lundi au samedi de 10 h à 17 h ; de mai à septembre ouvert également les dimanches et jours fériés. Fermé le 1er janvier, le Vendredi Saint, le lundi de Pâques et les 25 et 26 décembre.

Situé au fond d'une cour, l'actuel hôtel de ville, ou **Guildhall,** de la City of London, remonte au début du 15e s. mais a subi de profonds remaniements après le Grand Feu de 1666 et la Seconde Guerre mondiale. Des travaux de dégagement ont mis en valeur le grand hall dont le pignon Ouest et la toiture de tuiles roses ont été restaurés cependant que des bâtiments joignaient en 1974, à l'Ouest de la cour, le Grand Hall à St Lawrence Jewry.

Grand Hall (Great Hall). – Sa façade a été refaite en 1789 par l'architecte de la ville, **George Dance le Jeune,** dans un style alliant gothique et classique, tout en conservant le **porche** d'origine du 15e s. très profond, qui constitue l'entrée principale.

Intérieur. – Son armature de pierre garde, malgré les restaurations successives, un certain nombre d'éléments du 15e s. ; le plafond a été reconstruit après la dernière guerre.

Ses proportions (46 m de long sur 15 m de large) lui confèrent un aspect majestueux qui sied aux grands événements dont il fut et reste le cadre : grands procès du 16e s., élections, réceptions de souverains ou de chefs d'État, banquets...

Cette atmosphère historique est renforcée par la présence des bannières des 12 principales corporations ou Great Companies, des effigies de **Gog et Magog,** et de monuments commémoratifs, d'ailleurs de facture médiocre, à l'exception de celui de Lord Chatham par J. Bacon l'Aîné et d'une statue de Churchill.

(D'après photo Pitkin Pictorials)

Gog et Magog.

Crypte. – S'étendant au-dessous du Grand Hall, c'est, avec le porche, le seul vestige authentique de l'édifice du 15e s. Divisée en deux parties elle présente de belles colonnes fasciculées en marbre de Purbeck dans sa section Est. Jolies voûtes dans la moitié Ouest restaurée en 1973.

Bibliothèque (Guildhall Library). – *Ouverte de 9 h 30 à 17 h. Fermée les dimanches et jours fériés.*

La bibliothèque est installée dans les bâtiments de 1974 à l'Ouest de la cour. Comptant plus de 140 000 volumes, elle est particulièrement fournie en ouvrages et documents sur Londres ; collection d'estampes (vues londoniennes exposées par roulement), cartes et manuscrits.

Il existe deux autres bibliothèques nationales *(ouvertes du lundi au vendredi de 9 h 30 à 17 h 30)* : la **City Business Library** (NX) et la **St Bride Printing Library** (KY).

Musée de l'Horlogerie★ (Clock Museum). – *Visite de 9 h 30 à 17 h. Fermé les samedis, dimanches et jours fériés.*

Cinq siècles d'horlogerie sont agréablement présentés à travers 700 modèles allant des grandes horloges comtoises (grand father clock) en bois ouvragé jusqu'aux montres-bijoux et aux chronomètres du 20e s.

St Lawrence Jewry (NX). – *Ouvert du lundi au vendredi de 8 h à 17 h.*

Église officielle de la Corporation de Londres, elle doit le qualificatif de Jewry à la proximité de l'ancien ghetto juif. Détruite en 1940, elle fut reconstruite en 1957 dans l'esprit de Wren (1677) ; le premier édifice datait du 12e s. Son clocher carré et blanc, cantonné d'obélisques, se termine par une flèche noire. L'**intérieur** lumineux offre un contraste : murs et plafonds blanc et or, boiseries sombres. Une clôture portant les armoiries royales, sépare la nef en « double-cube » à fenêtres hautes de la chapelle du Commonwealth. Tous les **vitraux** peints sont de **Christopher Webb** (1866-1946), créant une belle harmonie de tons. Remarquer dans le vestibule la verrière qui glorifie Christopher Wren, et la silhouette estompée des clochers de la City.

Récitals de piano le lundi et d'orgue le mercredi de 13 h à 13 h 45.

A l'Est de l'église, sur Gresham Street, s'élève le **Gresham College** (1912).

King Street (NXY). – Au Sud du Guildhall, cette rue croise Cheapside prolongé par **Poultry** où se trouve la **« Midland Bank »** (1939).

Mansion House★ (NY). – Résidence officielle des Lords-Maires qui s'y succèdent chaque année, Mansion House a été construite de 1739 à 1752 par l'architecte de la Ville, **George Dance l'Aîné.** Celui-ci s'est inspiré des villas vénitiennes de Palladio, comme on peut l'observer dans l'imposante façade à colonnade d'ordre colossal que surmonte un fronton triangulaire sculpté par Robert Taylor d'une allégorie symbolisant la Grandeur de Londres.

Intérieur. – *Visite possible pour les groupes munis d'une autorisation écrite.*

En plus des appartements du Lord-Maire, Mansion House inclut un tribunal de police et des salons de réception richement ornés et meublés (portraits par Lely et Kneller).

L'**orfèvrerie** et les **insignes★★** du Lord-Maire sont remarquables. La **vaisselle d'argent** des Corporations datant du 17e s. est d'une grande richesse. Les **insignes** comprennent des pièces plus anciennes, la **chaîne** du Lord-Maire (1535) avec le collier d'or aux maillons en forme de double S, avec un pendentif en onyx gravé en 1802 aux armes de la City et serti de diamants, connu sous le nom de Diamond Jewel (Joyau en diamant) ; l'épée de perles **(Pearl Sword)** du 16e s. ; le sceptre de cristal (Crystal Sceptre), l'épée d'État **(Sword of State)** du 17e s. et la grande masse d'arme **(Great Mace)** en vermeil.

Le « hall égyptien » n'a d'égyptien que le nom : il serait imité d'une construction ainsi qualifiée que décrit Vitruve, architecte romain du siècle d'Auguste, dans son livre sur l'architecture. En fait, par ses dimensions impressionnantes (27 m sur 18), ses majestueuses colonnes cannelées, sa voûte à caissons refaite en 1795 par Dance le Jeune, il apparaît plus italien qu'égyptien. Utilisé pour les banquets et les bals, il peut recevoir 400 personnes.

A gauche de Mansion House, dans St Swithins Lane, Nathan **Rothschild** *(p. 51)* avait installé ses bureaux à l'emplacement où se trouve aujourd'hui encore la célèbre Maison.

Corporations des corps de métier et anciens hôtels de ville de la City. – *Visites spéciales organisées en été par le City Information Centre, sur demande préalable (voir p. 14).*

Il existe 92 corporations ou « Livery Companies » dont les 12 principales sont appelées « Greater Companies ». La plupart remontent aux confréries religieuses et aux **guildes** (associations d'artisans ou de commerçants) du Moyen Age. Les maisons de corporations (Guild Halls) de la City, épargnées par le Grand Feu, les vivissitudes et la guerre sont au nombre de 23. Certaines ont conservé ou racheté leur trésor malgré l'ordonnance de 1523 stipulant de remettre à Sa Majesté Henry VIII tout argent et orfèvrerie appartenant aux corps de métiers.

MERCERS

GROCERS

DRAPERS

FISHMONGERS

GOLDSMITHS

SKINNERS

Mercers (Marchands de soierie) (NY). – Hall reconstruit en 1958. Orfèvrerie du 15ᵉ s.

Grocers (Épiciers) (NY). – Hall Élisabéthain ; vaisselle du 16ᵉ au 20ᵉ s.

Drapers (Drapiers) (PX). – Hall orné de grands portraits ; argenterie *(p. 52).*

Fishmongers (Poissonniers) (NPZ). – Bâtiment de style néo-grec avec fenêtres sur la Tamise. Vaisselle du 17ᵉ au 20ᵉ s. Portrait de la **Reine** par **Annigoni.**

Goldsmiths (Orfèvres) (MX). – Le hall abrite des expositions d'orfèvrerie *(p. 35).*

Skinners (Pelletiers) (NY). – Construction de la fin du 18ᵉ s. avec escalier et boiseries en santal (1670) ; hall (1850) décoré en 1910 par F. Brangwyn.

Merchant Taylors (Tailleurs) (PY). – *Threadneedle Street.* Aune de drapier marquée du monogramme de Henri VIII.

Haberdashers (Merciers) (MX). – Hall reconstruit en 1956. Orfèvrerie du 17ᵉ s.

Salters (Sauniers). – *36 a Portland Place.* Cette compagnie a possédé une maison dans la cité de 1454 à 1941.

Ironmongers (Ferronniers) (MX). – Dans le quartier de Barbican *(p. 30),* ce petit édifice abrite des pièces d'orfèvrerie du 15ᵉ au 18ᵉ s. et du 20ᵉ s.

Vintners (Marchands de vin) (MY). – Restauré en 1948, l'édifice abrite des boiseries du 17ᵉ s. et une tapisserie du 15ᵉ s. Le monarque, les Marchands de vin et les Teinturiers sont propriétaires des cygnes de la Tamise *(p. 122).*

Clothworkers (Fabricants de drap) (RY). – Construction de 1958. Orfèvrerie des 17ᵉ et 18ᵉ s. *(p. 53).*

MERCHANT TAYLORS

HABERDASHERS

SALTERS

IRONMONGERS

VINTNERS

CLOTHWORKERS

Apothecaries (Apothicaires) (LY). – Demeure du 17ᵉ s. *(p. 34).*

Armourers and Brasiers (Armuriers et Chaudronniers) (NX). – Hôtel de 1840. Orfèvrerie des 17ᵉ et 18ᵉ s.

Barber-Surgeons (Barbiers Chirurgiens) (MX). – Le hall élevé par Inigo Jones a été détruit pendant la guerre, mettant à découvert un bastion romain. Reconstruit à proximité, il abrite une superbe orfèvrerie des 16ᵉ et 17ᵉ s. *(p. 25).*

Cutlers (Couteliers) (LX). – Construction de 1887. Tronc pour les pauvres en forme d'éléphant ; série de cuillères des 17ᵉ et 18ᵉ s.

Founders (Fondeurs) (NY). – Maison de 1878. Orfèvrerie du 16ᵉ au 18ᵉ s.

Innholders (Aubergistes) (NYZ). – Maison de 1886. A noter parmi les pièces d'orfèvrerie, les salières et les cuillères.

Stationers (Papetiers) (LY). – Demeure de 1800 et 1887 ; boiseries de 1670 ; plafond de 1800, restauré.

Tallow Chandlers (Fabricants de chandelles) (NY). – Reconstruit en 1672, italianisé en 1880 ; sièges du 17ᵉ s. dans la salle d'audience ; orfèvrerie du 16ᵉ au 20ᵉ s.

Watermen and Lightermen (Bateliers et Gabariers) (PZ). – Cette corporation date des Tudors. Construction de 1780, à pilastres. Chaque année, le 20 juin, cette guilde paie une amende, imposée en 1381 par Lady Knollys pour avoir construit un pont sur Seething Lane sans autorisation : il s'agit d'une rose rouge remise au Lord-Maire.

■ ÉGLISES DE LA CITY

Métro : Tower Hill (Circle et District Lines).

Les églises de la City pour lesquelles nous ne donnons pas de conditions de visite, ne sont ouvertes qu'occasionnellement.

Seules les limites Est et Nord-Est de la City furent respectées par le Grand Feu de 1666 et une vingtaine d'églises épargnées sur les 107 existantes ; 35 ne furent jamais relevées ; **Wren** en construisit 51 dont 21 furent démolies aux siècles suivants. Les bombardements de 1940 et 1941 ont atteint plusieurs édifices dont certains ont été restaurés. Actuellement la City compte 39 églises autour de la cathédrale St-Paul. Parmi les églises détruites, 9 tours subsistent, parfois dans le site d'un square, **St Dunstan-in-the East** *(ci-dessous)* ou d'un jardin, **Christ Church★**, à Newgate Street (LX) ; ce fin **clocher** de pierre à tourelles étagées s'amenuisant vers le sommet fut conçu par Wren en 1704 et restauré en 1960. Sur le site de **St Mary Aldermanbury** à Love Lane (NX) une pelouse occupe la nef ; les pierres ont été envoyées aux États-Unis à Fulton où l'église de Wren a été reconstituée.

Autour du Monument élevé par Wren *(p. 22)* se trouvent rassemblées, entre la Tour de Londres et la cathédrale St-Paul, des églises aux clochers variés, restaurées depuis la dernière guerre, la plupart dans le style de Wren, et quelques vestiges romains.

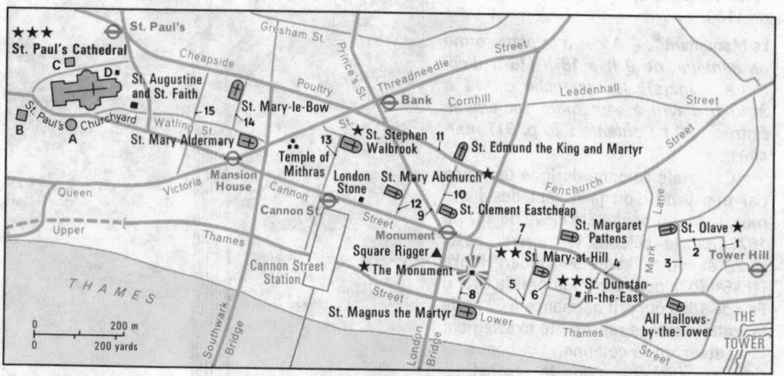

1 Savage Gardens
2 Pepys Street
3 Seething Lane
4 Great Tower Street
5 Lovat Street
6 St. Mary-at-Hill
7 Eastcheap
8 Fish Street Hill
9 King William Street
10 Clement's Lane
11 Lombard Street
12 Abchurch Lane
13 Walbrook
14 Bow Lane
15 Bread Street

St Olave★. – *Ouverte de 8 h à 19 h (18 h en hiver).*

Édifiée au 15ᵉ s. sur une **crypte** du 13ᵉ s., rescapée du Grand Feu, elle a subi les bombardements de 1941 ; restaurée, elle garde le charme d'une église rurale avec sa girouette et son cimetière. Côté Hart Street, un **porche** (1658) hérissé de piques de fer et orné d'un motif macabre, avait impressionné Dickens (1860) : « C'est un tout petit cimetière avec une féroce porte grillagée d'acier piquant, comme une prison. Elle est ornée de crânes et d'ossements plus grands que nature, sculptés dans la pierre. »

L'église est placée sous le vocable d'un saint norvégien Olaf (995-1030), roi martyr ayant combattu les Danois à la bataille du Pont de Londres. Les murs blanchis à la chaux mettent en valeur les arches gothiques en pierre et les monuments funéraires du 16ᵉ au 18ᵉ s. dont certains sont polychromes. A remarquer dans le sanctuaire le buste de la jeune Elizabeth Pepys, mariée à 15 ans à Samuel en 1655, morte en 1669 ; dans l'aile Sud **mémorial S. Pepys** *(voir p. 27)*, érigé en 1884. Porte-épée du 18ᵉ s. *(voir p. 25).*

All Hallows-by-the-Tower. – *Ouverte de 9 h (11 h les samedis et dimanches) à 17 h 30.*

Appelée aussi **All Hallow Barking,** cette église de « Tous les Saints », dépendant de l'abbaye de Barking (Sussex), fut fondée par un roi saxon (680) sur l'emplacement d'une maison romaine (2ᵉ s.). Elle vit maint enterrements de prisonniers de la Tour voisine. Du clocher érigé en 1651, rare exemple d'architecture à la Cromwell, Pepys fut témoin du Grand Feu (1666) ; il a été surmonté, en 1958, d'une flèche de bronze qui est la seule de la City à ne pas être de Wren.

Reconstruite en 1957, l'église présente à l'intérieur des voûtes bétonnées en arc surbaissé. Le baptistère, près d'une arche saxonne reconstituée, abrite une œuvre attribuée à Grinling Gibbons, un **couvercle de fonts baptismaux★★** (offert en 1681) en citronnier sculpté délicatement : deux chérubins entourent une pyramide de fleurs et de fruits que survole une colombe. Dans la nef porte-épée *(voir p. 25)* du 18ᵉ s. Parmi les **plaques tombales★** *(voir p. 25)*, datant de 1389 à 1651, neuf peuvent être reproduites par frottement *(du lundi au vendredi, matériel fourni).*

Clocher de St Dunstan-in-the-East★★. – De l'église reconstruite en 1821, il ne reste après les bombardements de 1941, que quelques pans de murs convertis en jardin avec pièce d'eau. Mais le blanc clocher érigé par **Wren** de 1670 à 1702, demeure avec sa tour carrée à quatre étages et sa flèche reposant sur des contreforts d'une grâce aérienne.

St Mary-at-Hill★★. – Sur la rue St Mary-at-Hill d'où l'on voit le clocher de St Margaret Pattens, l'austère façade à horloge en potence et baie vénitienne cache une architecture intérieure intéressante. Construite sur les plans de Wren (1670-1676), en croix grecque avec un dôme central, quatre colonnes corinthiennes et une décoration de style Adam bleu pastel et or, Ste-Marie-sur-la-Colline a été restaurée en 1826. Il est difficile de distinguer les **sculptures★★** du 17ᵉ s. de celles du 19ᵉ s. qui sont l'œuvre de **W. Gibbs Rogers.** L'orgue majestueux occupe toute la voûte Ouest au-dessus d'une galerie où s'affrontent lion et licorne. Les beaux porte-épée *(p. 25)* du 18ᵉ s. en fer forgé, ornés d'armoiries colorées, tranchent sur les bancs sombres fermés qui recréent une atmosphère à la Dickens.

Quitter l'église par Lovat Street et rejoindre Eastcheap ; en se retournant on a une bonne **vue** sur la **tour** carrée et crénelée (1780) de St Mary-at-Hill.

St Margaret Pattens. – *Ouverte du lundi au vendredi de 9 h 30 à 16 h 30. Fermée la dernière quinzaine d'août.*

Cette église de **Wren** (1684-1687) restaurée en 1956 après les dommages de la guerre, possède un fin **clocher★** dont la flèche hexagonale en plomb s'élève très haut sur une tour carrée blanche. Ste-Marguerite-aux-Patins doit son nom aux fabricants de socques qui habitaient une rue voisine, au 15e s. (à l'intérieur dans une vitrine à droite, vieux « pattens »). La nef est clôturée par les **bancs d'œuvre ;** selon la tradition l'un d'eux aurait été occupé par l'architecte Christopher Wren lui-même qui aurait gravé son monogramme C.W. 1686 dans le bois. Deux **porte-épée** *(p. 25)* du début du 18e s. se trouvent près du chœur.

St Magnus the Martyr. – Église de **Wren** (1671-1687) avec son élégant **clocher-porche★** (1706), coiffé d'un dôme. De 1760 à 1832, le chemin conduisant au pont de Londres (London Bridge) passait sous la tour. L'intérieur est rythmé de fines colonnes ioniques qui enthousiasmaient Eliott : « Inexplicable splendeur du Ionien blanc et or... ». Magnus, seigneur des îles Orcades au 12e s., martyr par décapitation, est représenté coiffé du casque normand cornu (statue et vitrail, à droite) ; c'est le patron des poissonniers. A gauche du chœur, sur colonne, **porte-épée★** à armoiries, daté de 1708.

Le Monument★. – *Accès à la plate-forme en semaine de 9 h à 18 h (16 h d'octobre à mars) ; le dimanche de 14 h à 18 h d'avril à septembre seulement. Entrée : 50 p ; enfants : 25 p. 311 marches.*

Colossale colonne dorique terminée par une urne d'où jaillissent des flammes, le Monument a été élevé de 1671 à 1677 par le célèbre **Wren** *(voir aussi p. 22)* et son collaborateur Robert Hooke (1635-1703), pour commémorer le Grand Feu de 1666 qui prit naissance à 62 m de là (cette distance représente exactement la hauteur de la colonne). Un bas-relief de C. G. Cibber évoque la reconstruction de la City sous le patronage de Charles II, cependant que des inscriptions relatent les épisodes et le bilan du sinistre : l'une d'entre elles qui attribuait l'incendie aux catholiques a été effacée en 1831.

(D'après une estampe)

Le Monument au 17e s.

Un escalier de marbre noir aménagé à l'intérieur du fût de la colonne conduit à la plate-forme supérieure, ceinte d'une grille, d'où se découvre une **vue★** sur Londres et la Tamise.

Les nouveaux buildings dont la gigantesque National Westminster Tower, masquent la multitude des clochers qui faisaient le charme de la City. Quant à la Tour de Londres une « tour » d'habitation la cache complètement. Le Monument reste cependant un point de repère caractéristique lorsque l'on descend la Tamise.

Sur King William Street, le pub **Square Rigger** arbore comme enseigne, des navires des 17e et 18e s., gréés en carré. Un grand immeuble du bureau lui fait face.

St Clement Eastcheap. – *Ouverte de 9 h à 17 h.*

Elle fut la première à brûler, en 1666, dans ce quartier d' « East Cheap » célèbre au Moyen Age pour ses marchés et en particulier pour ses vendeurs d'oranges. Reconstruite par **Wren** (1683-1687), cette église de modeste apparence avec sa tour carrée à balustrade, s'ouvre sur des murs crème n'offrant pas d'angles droits. Le plafond rectangulaire repeint d'après le dessin original, est orné d'une couronne de fruits d'or entourant un fond bleu. L'intérieur est orné de belles **boiseries ★★** : porte finement sculptée (17e s.) ; la chaire possède un bel abat-voix sculpté de guirlandes fleuries et d'angelots dressés. L'orgue baroque a été utilisé par Henry Purcell. Le porte-épée *(p. 25)*, près du maître-autel, et les fonts baptismaux sont contemporains.

St Edmund the King and Martyr. – *Ouverte de 8 h 30 à 16 h.*

Saint Edmond né en 840, fut un roi saxon martyrisé par des pirates danois en 870. L'église édifiée par **Wren** (1670-1679) sur un terrain inégal n'est pas orientée. Au sud, la façade étroite à **clocher-porche★** (visible de Clement's Lane), se distingue par la courbe adoucie des consoles latérales et la flèche hexagonale couverte de plomb, entourée à la base par des pots à feu (1706-1707).

Le chœur se raccorde étrangement à la nef rectangulaire par un mouvement arrondi de style victorien. Un grand vitrail, prévu initialement pour la cathédrale St-Paul, éclaire le retable doré (17e s.) du maître-autel : deux peintures (1833) représentant Moïse et Aaron, séparent les Tables de la Loi, des Prières du Nouveau Testament. Les **fonts baptismaux** aux 4 évangélistes sont entourés d'une belle balustrade semi-circulaire, du 17e s.

St Mary Abchurch★. – *Ouverte du lundi au vendredi de 10 h à 16 h.*

Fondée au 12e s., par un certain Abba d'où le nom de Abchurch est sans doute dérivé, devenue Upchurch (église sur la colline) au 15e s., cette église fut reconstruite par **Wren** (1681-1686) sur un espace restreint. L'édifice est flanqué au Nord-Ouest d'un **clocher★** dont la tour de briques roses est surmontée d'une flèche sombre en plomb à coupole et lanternon. On en a une bonne vue de Sherborne Lane.

L'**intérieur** surprend : un **dôme★** percé de lucarnes ovales repose sur une base carrée avec de gracieuses retombées en arcade sur chapiteaux dorés corinthiens. Peint de 1708 à 1714 par William Snow, il a été restauré après 1940 ainsi que le superbe **retable★★**, œuvre de Grinling Gibbons, en 1686, qui occupe, austère et majestueux, le mur Est ; il est rehaussé de sculptures délicates d'un bois plus clair formant de gracieuses arabesques fleuries. Au centre un pélican d'or déploit ses ailes, depuis 1764 ; l'original, l'ancienne girouette due à Robert Bird, se trouve au-dessus de la porte Ouest. Sur trois murs s'alignent les boiseries des bancs primitifs mais il manque, côté Sud, les anciennes « niches » prévues pour les chiens des fidèles ! porte-épée *(p. 25)* de 1812 et 1814.

London Stone (NY). – *111 Cannon Street.*

Cette « pierre de Londres » considérée par certains comme borne milliaire d'où rayonnaient les voies romaines, était située de l'autre côté de la rue. Elle fut en 1798 insérée dans le mur de St Swithin, ancienne église saxonne, reconstruite par Wren mais détruite à la dernière guerre. Actuellement, un peu réduite, elle se trouve, derrière une grille, dans la façade de la Banque de Chine, près de la **gare de Cannon Street.**

St Stephen Walbrook★. – *Fermée pour travaux.* Dédiée à saint Étienne, cette église porte aussi le nom du ruisseau qui coulait autrefois en ces lieux. Elle abrite depuis 1953 la confrérie de Samaritains ayant pour vocation l'aide aux désespérés. St Stephen, œuvre audacieuse de **Wren** (1672-1677), présente une **coupole★** vert-de-gris qui servit peut-être d'ébauche pour la coupole de St-Paul, dominée à l'Ouest par le **clocher★** (1717) à tour carrée et lanterne blanche très effilée.

Temple of Mithras (Temple de Mithra). – *11 Queen Victoria Street.* Découvert en 1954 lors de la construction de l'immense Bucklersbury House (1958) abritant des compagnies d'assurances, les fondations de ce temple romain furent surélevées et reconstituées sur la terrasse de Temple Court. Quelques altérations de niveaux et la présence de matériaux neufs nuisent à ces ruines du 3ᵉ s. Toutefois on distingue le plan basilical et l'emplacement des colonnes séparant les trois nefs. Les sculptures païennes trouvées pendant les fouilles sont exposées au Museum of London *(p. 31).* Certaines rappellent le culte mystérieux de Mithra, dieu perse adoré par les Grecs et les Romains, représenté avec un bonnet phrygien et sacrifiant un jeune taureau. Les initiés choisis parmi les soldats, les fonctionnaires et les commerçants devaient faire preuve d'honnêteté, de courage et de pureté.

St Mary Aldermary. – *Ouverte du mardi au vendredi de 10 h 30 à 15 h 30.*

C'est la plus ancienne des églises Sainte-Marie mais elle fut remaniée par **Wren** (1681-1682) dans le style gothique perpendiculaire *(p. 22).* La **tour** (1701-1704) élevée sur ses fondations normandes comporte quatre étages dont deux épargnés par le feu datent de 1511 et 1629 ; elle est épaulée de quatre contreforts-colonnes cloisonnés, à pinacles terminés par des fleurons dorés en fibre de verre (1962).

L'intérieur offre de jolies voûtes (en plâtre blanc dans la nef et les bas-côtés, doré dans le chœur) de style perpendiculaire tardif, personnalisé par Wren : motifs centraux circulaires à rosaces et faisceaux de nervures s'épanouissant en éventails avec, dans les intervalles une floraison de « quatre-feuilles ». Parmi le mobilier du 17ᵉ s. un rare **porte-épée** *(p. 25)* en chêne sculpté de fleurs et de fruits, est l'œuvre de Gibbons (1682).

Par l'étroite Bow Lane, on atteint St Mary-le-Bow.

St Mary-le-Bow. – *Ouverte du lundi au vendredi de 9 h à 16 h. Accès à la crypte de 10 h à 15 h. Visite guidée les lundis, jeudis et vendredis de 10 h à 13 h sur demande préalable une semaine à l'avance.*

Appelée aussi **Bow Church** en raison des arcades de pierre (bow ou arches) qui ornaient pour la première fois à Londres l'édifice primitif. Le majestueux **clocher-porche★★** en saillie sur Cheapside, fut construit par **Wren,** sur une chaussée romaine, au Nord-Ouest de la nef. Haut de 71 m, il comprend une tour carrée à balustrade cantonnée d'ornements à volutes. Un dragon de cuivre (1679), long de 3 m, sert de **girouette** au-dessus de l'obélisque terminal.

A l'intérieur du porche, le plafond est percé d'une trappe circulaire sculptée de feuilles d'acanthe, pour livrer passage aux cloches **(Bow Bells).** La tradition veut qu'un vrai Londonien, un « cockney » doit être né à portée de son de ces cloches !

Dans le large corridor, un escalier donne accès à la crypte normande restaurée (voûte en béton), dont la porte d'entrée en verre gravé est l'œuvre de **John Hayward,** auteur des vitraux de l'église et de la croix suspendue à la limite du chœur. L'église de Wren (1670-1673), remaniée au 19ᵉ s., fut détruite en 1941 à part les murs et la tour qui fut consolidée, la flèche étant reconstituée pierre à pierre. Refaite en 1956 par Laurence King sur un plan plus vaste, elle présente un ensemble très dépouillé avec un dallage, noir et blanc, faisant ressortir la beauté des **vitraux,** de style haché (à la Bernard Buffet) ; remarquer à gauche du maître-autel la Vierge portant St-Mary-le-Bow parmi tous les clochers de la City. Deux chaires rappellent les fameux lunch-hour dialogues, discussions à l'heure du repas. La porte Ouest, encadrée par un orgue gigantesque, donne sur l'ancien cimetière transformé en jardin avec bancs et statues du capitaine John Smith, fondateur de l'état de Virginie.

St Augustine and St Faith. – Seul le **clocher** de l'église détruite en 1941 a été réédifié d'après le dessin de Wren (1695). Cette tour de pierre à balustrade cantonnée d'obélisques supporte une tourelle baroque à flèche de plomb renflée à la base ; elle est accolée à un bâtiment de 1967 qui abrite la maîtrise de la cathédrale St-Paul.

St Paul's Churchyard. – Cette voie qui entourait la cathédrale est maintenant coupée de jardins et de passages piétons.

City Information Centre. (A) – Dans un jardin orné de sculptures modernes (Icare, par M. Ayrton et Les jeunes amoureux de G. Ehrlich), se dresse ce pavillon circulaire abritant un centre de renseignements touristiques.

Deanery (B). – *Dean's Court.* Entre des immeubles du 19ᵉ s., se tient cette construction de Wren (1670), résidence du doyen.

Devant l'entrée principale de la cathédrale, la statue de la reine Anne, rappelle que c'est sous son règne que St-Paul a été terminée.

Chapter House (C). – Édifice conçu par Wren de 1710 à 1714, en brique rouge et parement de pierre, restauré en 1957.

St Paul's Cross (D). – Sur ce lieu de prédication célèbre depuis le 13e s. où, jusqu'au 17e s., se dressait une croix, s'élève depuis 1910 une colonne surmontée par la statue de saint Paul.

St Paul's Cathedral★★★. – *Page 109.*

■ AUTRES ÉGLISES ET TOURS DE LA CITY

Référence au plan des pages 9 à 12.

- **St Andrew Holborn** (KX) par Wren (1687-1704), abrite la tombe de Thomas Coram (1751).
- **St Anne and St Agnes** (MX) par Wren (1676-1687), en briques roses, reconstruite en 1965. Sa **tour** carrée est surmontée d'une girouette en forme de A.
- **St Benet** (LY) par Wren (1677-1685) avec **tour** coiffée d'un dôme à lanternon.
- **St Botolph Aldersgate** (MX) par N. Wright (1788-1791).
- **St Botolph without Bishopsgate** (RX) par G. Dance (1725-1729) avec **tour-clocher.**
- **City Temple** (KX) par Lockwood (1874), reconstruit en 1955 avec **tour** à lanterne.
- **Dutch Church** (PX) réédifiée en 1955 par A. Bailey avec **clocher** à girouette due à J. Skeeping.
- **St James Garlickhythe** (MY) par Wren (1676-1683) avec **clocher★** de 1713. A l'intérieur, **porte-épée★** du 17e s.
- **St Michael Paternoster Royal** (NY) par Wren (1686-1694) avec **clocher★** de 1717.
- **St Vedast** (MX) par Wren (1670-1673) avec **clocher★** de 1697 ; beau **plafond★**, restauré.

Tours :

- **St Alban** (MX) par Wren (1698).
- **All Hallows Staining** (RY) du 15e s.
- **St Martin Orgar** (PY) du 19e s.
- **St Mary Somerset** (MY) par Wren (1695) dans un jardin.
- **St Olave Jewry** (NX) par Wren (1670-1676).

*Sachez tirer parti de votre **guide Michelin.** Consultez la légende p. 28.*

CLERKENWELL

FGV – Métro : Barbican (Circle et Metropolitan Lines).

Clerkenwell doit son nom aux clercs (clerks) qui chaque année au Moyen Age donnaient des spectacles en dehors de la Cité, près d'une source (wellhead).

■ LES MONASTÈRES

Cet ensemble de bâtiments du Moyen Age et de la Renaissance constitue, quoique restauré, un précieux et rare souvenir de Londres avant le schisme.

Charterhouse★ (Chartreuse). – Fondée en 1371 par Walter de Manny dont on a retrouvé la sépulture en 1947, la chartreuse de Londres s'établit hors les murs sur un terrain appartenant à l'hôpital St-Barthélemy, non loin du cimetière où reposaient les milliers de morts atteints par la Grande Peste de 1348.

Fidèles à la Papauté, les Pères Chartreux refusèrent de reconnaître l'autorité de Henri VIII sur l'église anglaise et leur prieur John Houghton, démembré, eut le bras cloué à la porte du monastère, suivant la coutume féodale.

Après la dissolution des ordres religieux par Henri VIII *(p. 20)*, la chartreuse fut propriété de Lord North puis du duc de Norfolk (décapité en 1571) qui fit démolir l'église conventuelle ; elle passa en 1611 à **Thomas Sutton,** riche marchand de charbon qui la transforma en institution charitable, à la fois hospice pour 80 gentilshommes indigents et école pour 40 garçons pauvres. L'école devint très réputée, comptant parmi ses membres John Wesley, fondateur de la secte des Méthodistes, l'écrivain Thackeray et l'inventeur du scoutisme Baden-Powell ; en 1872, elle fut transférée à Godalming dans le Surrey.

Endommagée par les bombes en 1941, l'ancienne chartreuse reste le siège de Sutton's Hospital, maison de retraite administrée par des Frères ayant à leur tête un Maître.

Entrée par un porche du 15e s. donnant accès à la Cour du Maître (Master Court). *Visite guidée à 14 h 45 les mercredis d'avril à juillet. Entrée : £ 1.*

Grande Salle (Great Hall). – Face à l'entrée, c'est une belle construction du 16e s., due au duc de Norfolk, avec des boiseries Tudor et une cheminée en pierre sculptée. La salle est utilisée comme réfectoire.

Grande Chambre (Great Chamber). – Construite sous le règne de la Grande Élisabeth (fin 16e s.), elle a été restaurée après guerre : cheminée monumentale peinte, plafonds dorés, mur orné de **tapisseries** des Flandres d'où son autre appellation de Tapestry Room.

Cheminée de la Grande Chambre.

Chapelle (Chapel). – Elle occupe l'ancienne salle capitulaire remontant au 14e s. ; la nef latérale gauche et les galeries des cloîtres adjacentes ont été ajoutées au 17e s. Monuments funéraires de Sutton (17e s.) et du Dr Raine (début 19e s.), ce dernier étant l'œuvre de Flaxman. L'emplacement du grand cloître est aujourd'hui en grande partie occupé par les bâtiments d'un hôpital universitaire (St Bartholomew's Medical College).

St John's Gate. – *Clerkenwell Road. Visite guidée les mardis, vendredis et samedis à 11 h et 14 h 30. Les deux salles du musée sont ouvertes ces mêmes jours de 10 h à 18 h (16 h le samedi). Fermé les jours fériés et la semaine de Noël.*

Grand Priory. – L'ordre hospitalier de St-Jean de Jérusalem, religieux à l'origine pendant la 1re croisade, devint militaire au 12e s. Prieurés et commanderies installés à Chypre, Rhodes (1310) et Malte (1530), se multiplient. Le **Grand Prieuré** d'Angleterre, installé en 1144 à Clerkenwell, s'enrichit des biens des Templiers à leur dissolution, avant d'être eux-mêmes supprimés par Henri VIII, en 1540. Le prieuré de St-Jean devint un ordre indépendant protestant par la Charte Royale de 1888.

Gatehouse et Museum of the Order of St John. – Ce bâtiment du 16e s., flanqué de tours à quatre étages, est l'entrée Sud du prieuré. Spacieux, voûté, marqué de l'emblème de l'ordre des chevaliers hospitaliers, il abrite des bannières, des pots à pharmacie, de l'orfèvrerie et des émaux. Dans la bibliothèque et le musée : missels enluminés de Rhodes et de Malte. Un nouveau musée retrace l'histoire des Ambulanciers de St-Jean depuis 1887.

St John's Church, Crypt. – L'**église** du Grand Prieuré de St-Jean, à l'origine plus vaste et de forme arrondie, est actuellement carrée avec des murs en briques des 16e et 18e s., ornés des bannières médiévales des prieurés du Commonwealth. Sur l'autel on remarque deux panneaux d'un triptyque de 1480.

La **crypte** du 12e s. est le seul témoin de l'ancien prieuré. Sous les voûtes basses à arêtes, repose le gisant du dernier prieur, avant la dissolution au 16e s.

■ AUTRES CURIOSITÉS

Clerkenwell Green. – Seul le nom évoque le village où se réunissaient en plein air, aux 18e et 19e s., les travailleurs revendiquant contre les injustices sociales. Aux nos 37-38, une maison du 18e s. abrite le **Karl Marx Memorial Library.**

Mount Pleasant. – Sur cette ancienne décharge publique appelée ironiquement le Mont Charmant, se tient un des principaux bureaux de tri de la Poste avec liaison ferroviaire souterraine reliant Paddington Street à Whitechapel.

New River Head. – *Rosebery Avenue.* La Thames Water Authority (Service des eaux de la Tamise) occupe cet immeuble néo-géorgien. A l'intérieur cheminée attribuée à G. Gibbons et plafond de 1693. L'entreprise de la New River prit naissance en 1609, sous l'instigation de **Sir Hugh Myddelton** (statue sur Islington Green – *p. 175*) qui fit creuser un canal pour alimenter en eau la City, et se ruina dans ce projet.

La New River Head fut inaugurée en 1613 (les conduites d'eau étaient alors en bois).

Sadler's Wells Theatre. – *Rosebery Avenue.* Ce théâtre porte le nom de son constructeur, M. Sadler qui, en 1683, avait redécouvert des sources (wells) d'eau minérale. Centre musical au 17e s., théâtre shakespearien et classique en 1840, avec **Samuel Phelp,** puis music-hall. Relevé de ses ruines par **Lilian Baylis** en 1931, il présente actuellement opéras et ballets.

Compagnies Houses. – *55-71 City Road. Ouvert du lundi au vendredi de 9 h 30 à 16 h.*

Le registre des sociétés datant des 130 dernières années a été transféré à Cardiff depuis 1976. Sur place on peut consulter sur microfilms les adresses de compagnies des 7 années passées ainsi que les recettes et comptabilité de 650 000 firmes depuis 3 ans.

Wesley's Chapel and House. – *47 City Road. Visite de 10 h à 16 h (13 h à 15 h le dimanche). Entrée : 50 p ; musée : 50 p.*

Le théologien John Wesley (1703-1791) posa la première pierre de cette **chapelle,** en 1777. Il est enterré dans le cimetière voisin. A l'intérieur de la chapelle, plafond blanc et or de style Adam, tribune supportée par sept colonnes de marbre. Musée du Méthodisme dans la crypte.

La **maison** du prédicateur est riche en souvenirs : pupitre, meubles, vêtements, bibliothèques, prie-Dieu de John Wesley.

Bunhill Fields. – *City Road. Ouvert de 7 h 30 à 19 h (16 h d'octobre à mars).*

Charnier du cimetière de St-Paul, en 1549, Bunhill tire son nom de Bone Hill, Colline des ossements. En ces lieux, furent ensevelis de 1665 à 1852, 120 000 personnes, la plupart non-conformistes. Parmi les tombes, noter celles des écrivains J. Bunyan (1688) et Daniel Defoe (1731), Suzanne Wesley (1742), mère du théologien, le peintre William Blake (1827). George Fox (1624-1691), fondateur de la secte des Quakers, est enterré dans le jardin voisin.

Headquarters of the Honourable Artillery Company. – *City et Bunhill Roads.* Quartier général de la compagnie d'Artillerie, ces baraquements datent de 1735 et de 1857.

COURTAULD INSTITUTE GALLERIES★★

EV – *Voir plan p. 36* – Métro : Goodge Street (Northern Line), Russell Square (Piccadilly Line).

Entrée Woburn Square. Visite de 10 h (14 h le dimanche) à 17 h. Fermé les jours fériés. Ascenseur. Les collections doivent être transférées à Somerset House (p. 121) en 1986.

Les galeries de l'Institut Courtauld présentent une sélection d'œuvres provenant de donations privées : collections Lord Lee et Gambier-Parry (écoles italiennes), Courtauld (impressionnistes), **Roger Fry,** peintre et critique d'art anglais (1866-1934), amateur de peinture contemporaine, la collection Princes Gate, don du comte Seilern.

Un mécène. – **Samuel Courtauld** descendait de protestants français originaires d'Oléron, établis en Angleterre après la révocation de l'édit de Nantes *(p. 20).* Ces Courtauld fondèrent une manufacture d'étoffes de soie, dans l'Essex, qui devait devenir une puissante entreprise de fibres synthétiques. Collectionneur traditionnel, Samuel Courtauld fut converti à la peinture française de la fin du 19e s., en opposition au préraphaélisme *(p. 46)* plus réaliste. Dès 1932 l'Institut Courtauld dépendant de l'Université de Londres, fut créé bien avant le décès de son fondateur, en 1947.

Collection Lee, Gambier-Parry et Princes Gate

Salles 1 A-B-C. – Triptyque exécuté par le Maître de Flémalle ; Adoration des Mages, Ester devant Abraham, du Tintoret ; Incrédulité de saint Thomas du Corrège, Mise au tombeau de L. Lotto ; Sainte Famille du Parmesan ; œuvres de Bruegel, Q. Massys, Palma le Vieux.

Salle 2. – Polyptyque de la Crucifixion par Bernardo Daddi (Florence, 1348). Paysage de Claude Lorrain, Adoration des Bergers, Homme assis, de Van Dyck ; Moïse et le Serpent d'airain, l'empereur Charles Quint, de Rubens. Tableaux de genre de Téniers le Jeune.

Salle 3. – Coffres de mariage florentins (15e s.). Nombreux tableaux de Rubens : Mise au Tombeau, Descente de Croix, le Courroux d'Achille, Baldassare Castiglione (d'après Raphaël), Bruegel le Vieux et sa famille.

Salle 4. – 12 esquisses de Tiepolo : Allégorie de l'Éloquence ; Ricci, Adoration des Mages ; Paysage de Guardi. Guéridons français (début du 18e s.) ; clavecin (Anvers, fin 17e s.).

Collection Courtauld

Salle 5. – **Pissaro :** La Gare de Lordship Lane (1871) alors que l'artiste était réfugié à Londres. Sisley : Neige à Louveciennes. **Renoir :** La Loge (1874). **Manet :** Un bar aux Folies-Bergères (1882). **Monet :** La Seine à Argenteuil où il vécut de 1872 à 1876. **Daumier :** Don Quichotte et Sancho Pança.

Salle 6. – **Cézanne :** La Montagne Ste-Victoire. **Renoir :** Environs de Pont-Aven. **Seurat :** Le Pont de Courbevoie, Plage de Gravelines, facture pointilliste ; esquisse pour le Chahut ; Femme se poudrant, portrait de la maîtresse de l'artiste. **Toulouse-Lautrec :** Jane Avril, à l'entrée du Moulin Rouge (danseuse née en 1868). **Van Gogh :** L'artiste à l'oreille coupée, portrait de Vincent par lui-même, peint à Arles en janvier 1889 après son altercation avec Gauguin ; Pêchers en fleurs, au printemps 1889 avant son hospitalisation à St-Rémi. **Gauguin :** Nevermore (Jamais plus) et Te Rerioa (le Rêve), peints à Tahiti, en 1897, La Fenaison ; **Monet :** Nature Morte, Antibes 1888 ; **Signac :** St-Tropez.

Collection Fry *(provisoirement fermée)*

Salle 7. – Toiles de Bonnard, Derain, Roger Fry ; gouaches de Rouault ; bronze de Renoir ; sculptures africaines. Meubles et poteries du Groupe Omega, créé par R. Fry, en 1913.

COVENT GARDEN

EX – Métro : Covent Garden (Piccadilly Line). *Plan p. 64.*

Du Strand à Long Acre, le quartier de Covent Garden rénové tire aussi son intérêt des souvenirs qu'il évoque et de la présence de théâtres *(bâtiments en bleu sur le plan p. 64),* établis ici depuis trois siècles. L'animation de la Piazza et la création de musées attirent un nombreux public.

Pubs typiques. – **The Salisbury,** 90 Martin's Lane : rendez-vous des gens de théâtre et de cinéma ; décor Art Nouveau.

The Nag's Head, angle Floral Street et St James's Street : monde du spectacle, peintures sur le thème du théâtre.

Lamb and Flag, 33 Rose Street : taverne de 1623.

UN PEU D'HISTOIRE

Un « beau quartier ». – A l'origine jardin conventuel (Covent Garden) dépendant de l'abbaye de Westminster, le terrain devint domaine des Russell, comtes de Bedford, à la suite de la suppression des ordres monastiques sous le règne de Henri VIII.

En 1631 cependant, Francis, 4e comte de Bedford et homme d'affaires avisé, décida de bâtir sur ses terres et confia l'entreprise à l'architecte de la Couronne, **Inigo Jones** *(p. 22).*

Jones, dans son projet, s'inspira à la fois de la place Royale (place des Vosges), qu'il avait pu voir lors de son séjour à Paris en 1609, et de la Piazza Grande de Livourne, en Italie, visitée par lui six ans plus tard. Il dessina un vaste rectangle dont le côté Ouest fut occupé par une église qu'entourait son cimetière, les côtés Nord et Est étant bordés de maisons d'habitation et le côté Sud n'étant pas construit, mais borné par les jardins de Bedford House qui offraient, par intervalles, des échappées en direction de la Tamise.

Prolongeant la « Piazza », comme on la nomma dès lors, des rues rectilignes déterminèrent un plan géométrique formant le premier ensemble urbain tenté à Londres par un propriétaire privé, mais sous l'égide d'une Commission des Bâtiments, instituée quelques années auparavant, dont Inigo Jones faisait d'ailleurs partie.

Dans un esprit analogue, les maisons présentèrent une élévation uniforme. Celles de la Piazza furent édifiées par **Isaac de Caux,** collaborateur de Jones ; elles comportaient, comme à la Place Royale de Paris, des arcades de pierres en bossage et des murs de briques mais ne formaient pas pavillons et avaient des toitures moins élevées.

Construit rapidement, de 1631 à 1635, ce district résidentiel fut habité par des personnalités de la Cour, de la ville et des arts parmi lesquelles le sculpteur de la Couronne Hubert Le Sueur et le miniaturiste Samuel Cooper. Puis l'ambiance changea progressivement avec la création, en 1661, par la famille Russell, d'un marché de fruits et légumes ; quelques années plus tard, en 1668, une colonne surmontée d'un cadran solaire était substituée à l'arbre qui ornait primitivement le centre de la place.

Au royaume du théâtre. – Avec la fondation, en 1663, du **Theatre Royal, Drury Lane.** Covent Garden devient le pôle d'attraction des amateurs de spectacles, de tavernes et de clubs.

Au temps de Charles II, en effet, le théâtre, dont le puritanisme de Cromwell avait privé les Londoniens, redevint la « Folie du jour ». Les Comédiens du Roi s'installent à l'Est de Covent Garden, dans le Théâtre Royal de Drury Lane où le roi vient voir jouer la dame de ses pensées, la blonde et ravissante **Nell Gwynn** (1650-1687) : Pepys raconte dans son Journal qu'il la vit, par une belle journée de 1er Mai « sur le seuil de sa porte à Drury Lane, regardant passer les gens, en chemisette et en corset, c'est une bien jolie créature » ; après quoi il va boire un pot dans les tavernes de la Piazza.

Au 18e s. la vocation de Covent Garden comme quartier de plaisir s'accentue avec l'ouverture, en 1731, du Royal Opera House, plus connu sous le nom de **Covent Garden Theatre.** Hogarth et Rowlandson ont évoqué dans leurs estampes satiriques ce monde interlope d'acteurs, de peintres, de financiers et d'aristocrates qui grouillent dans les parages de la Piazza, courant les ateliers, les salles de ventes, les théâtres de marionnettes, les cafés et les clubs. Sous les arcades rôdent pick-pockets et péripatéticiennes : celles-ci sont même répertoriées dans la Henry's List of Ladies, que tout libertin digne de ce nom a dans sa poche.

Parmi les cafés les plus connus sont le Tom King's Coffee House, sous les arcades, et la Taverne de la Rose, Russell Street, que Hogarth a décrites, la première dans une estampe appelée Le Matin, l'autre dans la série intitulée Rake's Progress (la carrière d'un roué). Mais il y avait aussi le **Button's,** Russell Street, le **Bedford,** Bedford Street, la Tête de Shakespeare et la **Piazza,** sur la Piazza, où fréquentèrent Pope, Swift, Smollett, Samuel Johnson et le grand acteur **Garrick** qui habitait 27 Southampton Street et emmenait Boswell *(p. 27)* sous les arcades pour lui montrer les scènes de théâtre peintes par Zoffany ; ces cafés des 17e et 18e s. ont disparu.

Au 20e s., un nouveau théâtre, le **London Coliseum** (1904) est le rival du Drury Lane ; il est devenu depuis 1968, l'Opéra national **(English National Opera).**

Le club du beefsteak. – Club de bons vivants, mais assez fermé, le **Beefsteak Club** siégeait dans les combles de Covent Garden Theatre ; on y accédait par une porte de service et un escalier en colimaçon. Fondée en 1735 par John Rich, auquel le Covent Garden Theatre devait sa naissance, la « Sublime Society » comprenait seulement 24 membres qui se réunissaient à dîner dans une sorte de salle à manger gothique, sombre et solennelle, conçue par les décorateurs du théâtre. On y portait maint toast d'excellent Porto en contant force anecdotes avant de couronner le repas par l'absorption d'une énorme pièce de bœuf, le beefsteak. Avant de servir celui-ci, le « serjeant » (cuisinier) baisait le Livre d'or en disant : « Que le bœuf et la liberté soient ma récompense ».

Le Beefsteak Club comptait parmi ses membres des personnalités telles que Garrick, Hogarth, le prince de Galles, futur George IV. Covent Garden Theatre ayant brûlé en 1808, il se transporta au Bedford's Coffee House puis au Lyceum Theatre. Son emblème était un gril et son président trônait sous un dais portant la fière devise : « Beef and Liberty ».

Installé depuis 1876, 9 Irving Street, le Beefsteack Club est toujours fréquenté par l'élite du monde de la politique, du théâtre et des lettres.

Le maître écailler. – Benjamin Rule ouvrit en 1798 un restaurant célèbre pour ses huîtres et sa bière brune. Le **Rule's** *(34-5 Maiden Lane)* est décoré de gravures et caricatures concernant les artistes de théâtre et les juristes.

A l'ombre de Chippendale. – Au 18e s., le quartier Ouest était riche d'artisans ; l'atelier de l'ébéniste **Thomas Chippendale** (1718-1779), se trouvait 61 Martin's Lane. De nombreux boutiquiers (armuriers, chocolatiers, potiers, décorateurs, costumiers) sont encore groupés à Neal Street, Neal's Yard, Nottingham Court. Le **British Crafts Centre,** *(43 Earlham Street – ouvert de 10 h à 17 h 30 – 19 h le mardi – et de 11 h à 17 h le samedi)* est un centre d'Artisanat : exposition, vente, information.

VISITE *1 h 1/2 environ*

La Piazza. – Il ne reste pratiquement rien de la place conçue par Inigo Jones dont seule, sur le côté Nord (42-43 King Street), une maison, reconstituée en 1880 par le 9e duc de Bedford, peut donner une idée.

Propriété personnelle des ducs de Bedford, le célèbre marché aux fleurs et aux légumes (Covent Garden Market) fut vendu par eux à la ville sous la forme de deux lots, l'un en 1913, l'autre en 1918 ; mais il a été transféré en 1974 à Nine Elms Lane, près de Vauxhall, au Sud de la Tamise.

Le **Market,** aux bâtiments élevés en 1829 par Fowler, est devenu un centre commercial et culturel *(ouvert en semaine de 10 h à 20 h)* avec boutiques et restaurants, lieu de promenades par les rues piétonnes. Au **Jubilee Market** voisin, datant de 1904, se tiennent des marchés *(du mardi au vendredi),* un marché aux puces, le Jubilee Antique Flea-Market *(le lundi)* et l'on peut voir des artisans au travail *(les samedis et dimanches).*

Le **Flower Market** (ancien marché aux fleurs), construit en 1891, abrite deux musées : au sous-sol, le **Theatre Museum ;** au rez-de-chaussée, le **musée des Transports de Londres.**

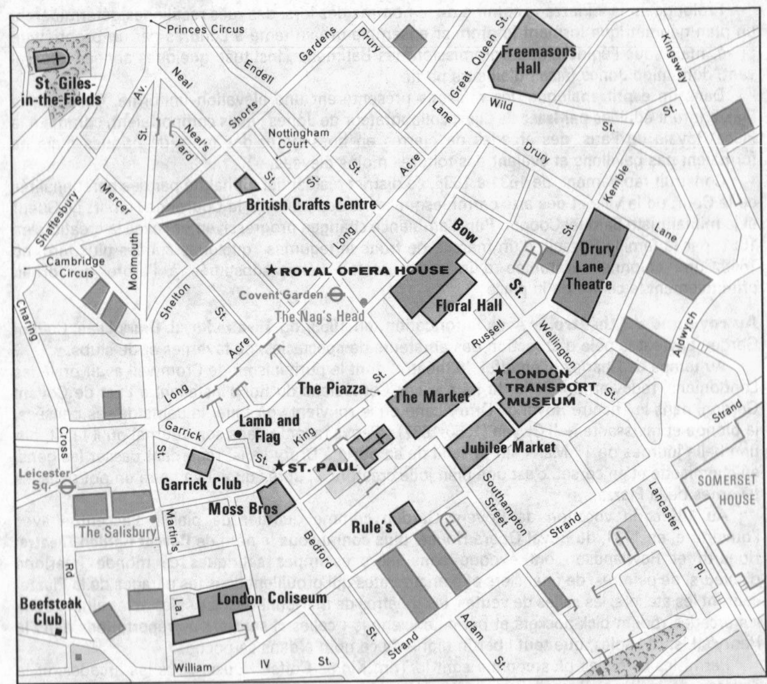

London Transport Museum★. – *38 Wellington Street. Visite de 10 h à 18 h. Fermé les 25 et 26 décembre. Entrée : £ 2 ; enfants : £ 1. Cafétéria.*

On y voit une série de véhicules de transports en commun ayant été utilisés à Londres depuis deux siècles (omnibus, tramways et bus à impériales, wagons et motrices de métro de différents types) ainsi qu'une importante collection de gravures, affiches, souvenirs.

St Paul's★. – Cette église a été construite en 1633 par Inigo Jones. La chronique rapporte que Francis Russell, le bailleur de fonds, dont la piété était aussi tiède que vif le sens des affaires, avait demandé à Jones une église très simple, « comme une grange », et l'architecte de rétorquer : « Eh bien, ce sera la plus belle grange d'Europe ».

De fait Inigo Jones dessina un bâtiment très sobre mais aux proportions harmonieuses, de style toscan, qui, malheureusement, brûla en 1795. L'édifice actuel, rebâti après l'incendie, reproduit fidèlement les dispositions initiales : remarquer surtout la curieuse façade aveugle, sur la place, avec son fronton triangulaire aux côtés très saillants. Ce porche, célèbre lieu de rendez-vous, servit de point de rencontre aux héros du « Pygmalion » de Bernard Shaw, le professeur Higgins et la marchande de fleurs Eliza Doolittle (la fameuse « My Fair Lady », *voir ci-dessous).*

L'église est connue sous le nom d'église des acteurs (Actors' Church). Étant régulièrement orientée, il faut la contourner pour en trouver l'entrée. Beaucoup de célébrités furent ensevelies dans ses caveaux et le cimetière avoisinant : l'écrivain Samuel Butler, le sculpteur Grinling Gibbons, le peintre Peter Lely.

Traverser la Piazza : prendre Russell Street qui longe la colonnade du théâtre.

Theatre Royal, Drury Lane. – Œuvre de Benjamin **Wyatt** (1755-1850), l'édifice actuel, terminé en 1812, est le 4e théâtre construit depuis 1663 sur cet emplacement, le 2e ayant été dessiné par **Wren**, en 1674. Il est connu sous le nom de « Drury Lane ». La colonnade latérale, sur Russell Street, a été ajoutée en 1832.

Aujourd'hui voué aux comédies musicales, il a joué un grand rôle dans la vie londonienne tant par la qualité de son répertoire (Shakespeare, Dryden, Ben Jonson, Sheridan, Byron) que par la notoriété de ses décorateurs, comme Loutherbourg à la fin du 18e s., et de ses acteurs : Nell Gwynn, qui vendait des oranges dans le foyer avant de devenir actrice, le fastueux **Garrick** (1717-1779), petit-fils d'un émigré protestant nommé Garrigue, qui fut directeur du théâtre de 1747 à 1776 et y triompha dans les rôles shakespeariens, Robert Baddeley (1732-1794) qui a laissé son nom au traditionnel gâteau des Rois **(Baddeley Cake)** offert aux anciens acteurs, le fameux Kean (1811-1868), inoubliable Hamlet. L'opérette « My Fair Lady », inspirée de Pygmalion et dont certains personnages évoluent dans ce quartier même, connut un franc succès au théâtre de Drury Lane.

A l'intérieur, le vestibule, la rotonde et les escaliers sont typiques du style géorgien. La salle refaite en 1922, une des plus grandes de Londres, peut accueillir 3 000 spectateurs.

Revenir Russell Street et prendre à droite Bow Street.

Bow Street. – Au 18e s., un magistrat, **Henry Fielding** et son demi-frère aveugle John, surnommé **Blind Jack,** organisèrent le premier commissariat de police londonien avec des patrouilles volantes qui furent bientôt baptisées **Bow Street Runners** (coureurs de Bow Street). Au no 1, se trouvait un café, le **Will's,** fréquenté par tous les beaux esprits de la ville, au dire de Pepys.

Royal Opera House★. – Édifié de 1856 à 1858 par E.M. Barry, frère de Charles *(p. 147),* c'est le 3e théâtre existant en ce lieu. Dans le premier, fondé en 1732 par John Rich, furent donnés les grands oratorios de Hændel. L'inauguration du second, en 1807, fut marqué par les Ol Prices Riots, émeutes dirigées contre l'augmentation du prix des places et qui forcèrent la direction à baisser pavillon.

Le théâtre actuel, spécialement conçu pour l'opéra et le ballet, comprend une salle de 2 000 places réputées pour la qualité de son acoustique que vantait André Messager qui y fut chef d'orchestre ; son portique, de style corinthien, abrite une frise et des panneaux sculptés par Flaxman *(p. 26)* provenant de l'édifice précédent. Il forme un ensemble avec le **Floral Hall** contigu, construit par le même architecte, pour servir de salle de concert avec salons, et transformé pendant un siècle en marché-annexe (fruits et légumes) ; depuis 1974, Floral Hall abrite les décors de l'Opéra en attendant d'être transformé en foyer et bar.

Par Long Acre, ou dans un magasin de verrerie (Glasshouse) on voit des artisans à l'œuvre, on rejoint Garrick Street où se trouve le **Garrick Club,** fondé en 1831 et fréquenté par les gens du spectacle : collection de peintures et dessins ayant trait à la scène.

Au carrefour, sur Bedford Street, le magasin de vêtements **Moss Bros** a été fondé en 1881 par les frères Moses.

Par King Street enfin, on regagne la Piazza.

Au Nord du quartier, sur Great Queen Street, on trouve aux n°s 27-29 des maisons du 18e s. et le **Freemasons Hall** (1933) occupé par l'institution royale de Franc-maçonnerie. Au Nord-Ouest, sur St Giles High Street, l'église **St Giles-in-the-Fields** fut reconstruite par Flitcroft au 18e s. dans le style de Wren et James Gibbs, puis restaurée en 1953 ; le clocher rappelle celui de St Martin-in-the-Fields.

Les DOCKS

HX – *Voir plans de la City p. 9 à 12* **(SZ)** *et du Grand Londres p. 157* **(UY)** – Métro : Tower Hill (Circle et District Lines) ; Wapping, Rotherhite et Surrey Docks (Metropolitan Line).

S'étendant le long de la Tamise jusqu'à l'estuaire, le port de Londres *(p. 19)* comprend des appontements, les « wharves », et des bassins, les « docks », qui eurent leur heure de gloire au siècle dernier, jusqu'à la Seconde Guerre mondiale au cours de laquelle ils furent sérieusement bombardés ; leur animation (5 000 vaisseaux s'y pressaient) et la faune pittoresque qui y circulait leur attiraient alors de nombreux touristes. De nos jours l'activité se manifeste plus en aval, et les docks les plus proches de Londres sont désaffectés. Certains rénovés deviennent port de plaisance ou centres animés.

Un remarquable plan-maquette des Docks de Londres peut être vu à la section maritime du Science Museum de South Kensington *(p. 82)*.

Pubs typiques. – **Dickens Inn,** St Katharine Dock : ancienne brasserie où l'on sert bières et repas.
Prospect of Whitby, 57 Wapping Wall (London Docks), près de la Tamise : vieux pub d'époque Tudor.

On peut avoir un aperçu des anciens docks en utilisant le service de bateaux de Greenwich *(p. 161)* ou, en auto, emprunter la rue qui suit la rive gauche de la Tamise.

St Katharine Dock est accessible à pied.

St Katharine Dock★. – Créé en 1828 par l'architecte Philip Hardwick et l'ingénieur **Thomas Telford** (1757-1834), il est situé immédiatement en aval de la Tour, à l'emplacement de l'**Hospital of St Katharina by the Tower,** établissement religieux fondé en 1148 par la reine Matilda. Terminé en 1828, il ne reçoit plus de navires de haute mer depuis 1968 ; cependant, quelques majestueux entrepôts à colonnes de style néo-classique ont été conservés. L'appontement adjacent servit longtemps de débarcadère aux paquebots venant du Continent, il porte aujourd'hui l'original building de l'hôtel Tower, derrière lequel se tient le **Coronarium,** chapelle en plein air composée d'une couronne de colonnes doriques en fonte provenant d'un entrepôt.

Couvrant environ 10 ha, ce dock fut réalisé après qu'eut été démoli un quartier comptant 1 250 maisons et 11 300 habitants : les déblais provenant de la démolition furent utilisés pour l'aménagement de Belgravia *(p. 83)*.

Actuellement agréable lieu de détente avec des pubs et des restaurants, le secteur comprend des immeubles d'habitation et un port de plaisance, où ont été amenés des navires d'autrefois, formant l'Historic Ship Collection.

Historic Ship Collection. – *Visite de 10 h à 17 h (à la tombée de la nuit en hiver), fermé le 1er janvier et le 25 décembre ; entrée : £ 1.60, enfants 80 p.*

La collection comprend 7 bateaux dont le Challenge, remorqueur à vapeur, le Nore, bateau phare (1931), le Cambra (1906), navire de commerce à voile. **H**er **M**ajesty **S**hip **Discovery★**, vaisseau de la Marine Royale, est un trois-mâts mixte, à voile et à vapeur, construit en 1901 à Dundee sur le modèle du premier Discovery (Découverte) commandé par George Nares qui explora le pôle Nord (1875-1876). Il fut utilisé par le capitaine **Robert Falcon Scott** lors de sa première expédition dans l'Antarctique (1901-1904), relatée dans son ouvrage paru en 1905 : Voyage sur le Discovery. L'illustre explorateur parti sur le Terra Nova en 1910, devait mourir en 1912 dans les glaces de l'Antarctique après avoir atteint le pôle Sud, peu après le Norvégien Amundsen.

Vendu à une compagnie canadienne puis assurant des transports de munitions, le Discovery fit un dernier voyage au pôle Sud avant de se retrouver, en 1931, à l'East India Dock de Londres où il servit de base d'entraînement aux Scouts marins (Sea Scouts) de 1937 à 1955. Une partie du bateau est transformée en musée *(interdiction de fumer)*.

On parcourt le carré des officiers, aménagé de façon confortable et pratique, la cabine du capitaine, un cabinet d'études : nombreux souvenirs, instruments scientifiques, cartes.

L'entrepôt pour l'ivoire (**Ivory House**) construit en 1854, a été restauré et aménagé en appartements. Un Centre de Commerce International **(World Trade Centre)** *(accès direct du métro Tower Hill)* a été créé en 1960. Un building **(International House)** a l'aspect d'un ancien entrepôt mais abrite une salle de conférence moderne pour 400 personnes.

London Docks. – Construits en 1805 et totalisant trois bassins, désaffectés depuis 1968, ils occupaient, à Wapping, une superficie de 40 ha. Dans les immenses caves reposaient jadis les grands Bordeaux « retour des Indes » ; dans les entrepôts proprement dits s'empilaient les ballots de laine et de thé. Au 19e s. les London Docks étaient les plus animés du port : ils pouvaient accueillir jusqu'à 400 vaisseaux de haut bord, déchargés par plus de 3 000 dockers.

Wapping est connu de sinistre mémoire pour ses anciennes potences de justice et son bassin d'exécution (Execution Dock) où les condamnés étaient enchaînés pour être recouverts par trois marées successives. Son **tunnel** sous la Tamise (Thames Tunnel) *(p. 124)* est également célèbre : un émigré français, l'ingénieur **Marc Brunel** (1769-1849), en est l'auteur.

Noter également sur **Wapping High Street,** un alignement de maisons du 18e s., **Wapping Pierhead,** en « terrace » au bord de l'eau et la **Metropolitan Special Constabulary,** Police fluviale fondée en 1798, qui possède 33 vedettes de patrouille. Sur **Wapping Wall** se tient un pub du 16e s., le **Prospect of Whitby** *(p. 65).*

Sur The Highway, **St Paul Shadwell** était connue aux 17e et 18e s. comme l'église des capitaines au long cours, parmi ceux-ci, le capitaine Cook.

Regent's Canal Dock. – Au débouché du canal du Régent ouvert en 1820, reliant la Tamise à Paddington et de là par le Grand Union Canal à Birmingham, ces docks sont désaffectés.

Au Sud de Commercial Road, **St Anne's,** Limehouse, est la première église de l'East End, élevée par Hawksmoor en 1712 ; sa tour carrée était un important point de repère pour la navigation.

Surrey Docks. – Ce sont les seuls situés au Sud du fleuve ; la plupart d'entre eux datent de 1807, celui qui est le plus près de Deptford remontant même au 17e s. Ils couvraient environ 140 ha et étaient spécialisés dans le déchargement des bois du Nord, des pâtes à papier et des grains. Désaffectés en 1970, ils sont depuis 1981 en voie d'aménagement (centre récréatif, boutiques, etc.).

Près de la localité voisine, **Rotherhithe,** était amarré, en 1620, le **Mayflower** qui fit voile pour l'Amérique emmenant les premiers colons anglais, au nombre de 102, parmi lesquels 41 puritains qui fondèrent Plymouth en Nouvelle-Angleterre. Une auberge **Mayflower Inn** (117 Rotherhithe Street) est un témoin de cette époque. L'église **St Mary's** possède un mobilier des 17e s. **(autel de G. Gibbons)** et 18e s. Des églises de missions scandinaves du 20e s. entourent l'entrée du Rotherhithe Tunnel.

Deptford. – Célèbre pour ses chantiers navals fondés en 1485 par Henri VII mais fermés en 1869 (le tsar **Pierre le Grand** y travailla comme charpentier, en 1698).

A l'Est, dans High Street, église **St Paul's** (1730) par Thomas Archer, avec une colonnade en rotonde et un fin clocher. Plus au Nord, au coin de Deptford Green et de Stowage Lane, l'église **St Nicholas** du 17e s., reconstruite après guerre, abrite un retable sculpté par un de ses paroissiens, **Grinling Gibbons** *(p. 26).*

India and Millwall Docks. – *Voir p. 19.*

Au Nord de Poplar High Street, l'église *(fermée)* de **St Matthias,** Poplar (19e s.), abrite une chapelle construite, en 1776, par l'East India Company.

A la pointe du méandre, fut lancé, en 1858, le paquebot **Great Eastern,** à l'époque le plus grand du monde : il avait été conçu par l'ingénieur **Isambard Brunel** (1806-1859), fils de Marc.

East India Docks. – Creusés en 1806, ils abritaient les bateaux venus de Chine, d'Inde, du Japon, apporter le thé, le riz et les épices. Une centrale électrique les remplace.

Les plans de villes sont toujours orientés le Nord en haut.

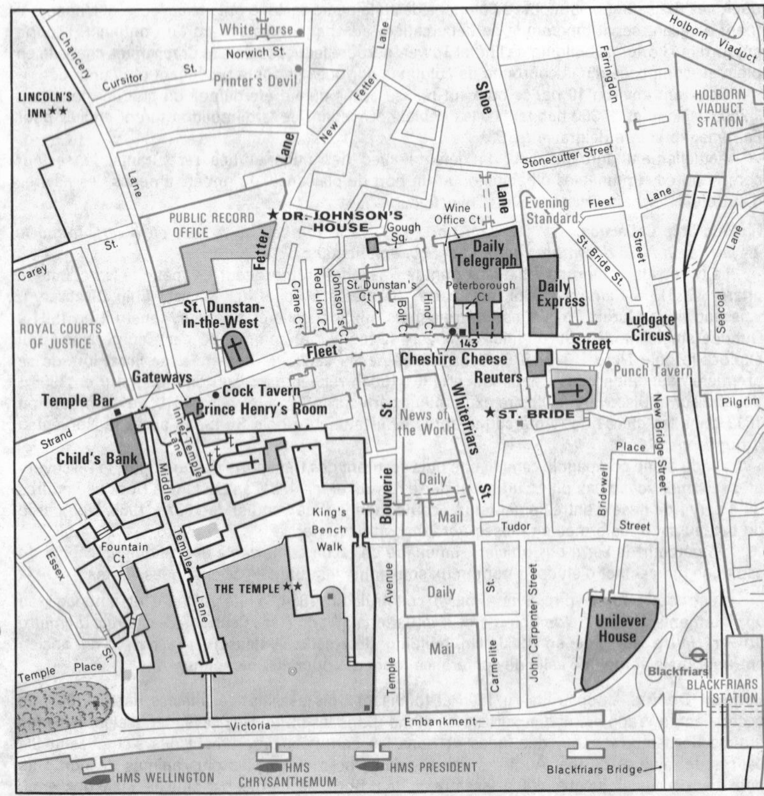

EUSTON - KING'S CROSS - ST PANCRAS

EV – Métro : King's Cross (Piccadilly, Victoria, Northern, Metropolitan et Circle Lines); Euston (Northern et Victoria Lines).

Ce quartier quelque peu déshérité, avec ses gares bruyantes, **Euston, King's Cross, St Pancras** et ses sombres entrepôts, recèle une oasis de calme autour de la vieille église St-Pancrace.

Les déracinés. – A la suite de la Révolution française, Euston fut habité par un fort noyau d'émigrés qui s'installèrent dans le triangle formé par Euston Road, Hampstead Road et Pancras Road, où se trouvaient alors surtout des Irlandais attirés par la proximité de l'église catholique St-Pancrace. Ces émigrés, prêtres ou de petite noblesse, étaient peu fortunés. Ils occupèrent un ensemble d'immeubles modestes sis à Clarendon Square (aujourd'hui Clarendon Grove), près de Polygon Road, sur le territoire de Somers Town, qui avait été loti par Lord Somers et bâti par un descendant de Huguenots français Jacob Leroux. L'âme de la petite colonie était un prêtre rennais, l'abbé **Carron de la Carrière** que Chateaubriand surnomma le « François de Paule » de l'émigration. Arrivé en 1799 à Somers Town, il ouvrit, en 1808, sur Polygon Road, la petite église St-Louis-de-Gonzague, aujourd'hui chapelle **St Aloysius.**

Old St Pancras Church. – Édifiée au 13e s. sur un site très anciennement christianisé, elle a l'aspect d'une église de campagne ; à l'intérieur, pierre d'autel remontant au 7e s.

Transformé en jardin public, le cimetière servit longtemps à l'inhumation des catholiques de Londres parmi lesquels de nombreux Français émigrés dont malheureusement les tombes n'ont pas été respectées : Mgr d'Anterroches (1793), évêque de Condom ; Bigot de Ste-Croix (1803), ministre de Louis XVI en 1792 ; Louise de Polastron (1804), égérie du comte d'Artois *(p. 108)* ; le Chevalier d'Éon (1810), agent politique de Louis XV qui se déguisait en femme ; Violet (1819), peintre et miniaturiste.

Le Corse Paoli (1807) dont les cendres ont été ramenées en 1889 dans son village (Morsaglia), le compositeur Jean-Chrétien Bach (1782), plus connu à l'époque que son père Jean-Sébastien, l'architecte Sir John Soane *(p. 70)* et sa femme, dont le mausolée a été conservé, furent aussi enterrés dans le cimetière.

Parc naturel de Camley Street (Natural Park). – Dominé par les réservoirs à gaz de King's Road, d'époque victorienne, un « îlot » de nature est en cours de création sur les rives du Regent's Canal. Avec des étangs, un marais, des roseaux, on souhaite attirer en ce lieu des insectes, des papillons, des oiseaux et une faune aquatique. Sentier d'observation et centre d'étude.

Wellcome Museum of Medical Science. – *183 Euston Road. Visite de 9 h à 17 h du lundi au vendredi ; fermé les jours fériés et la semaine de Noël.*

Situé dans un immeuble néo-classique de 1931, ce musée est réservé aux spécialistes, mais on peut voir dans le hall d'entrée des reconstitutions de pharmacies du 17e au 19e s., acquises par Sir Henry Wellcome (provenant de Rome, Grenade, Londres...).
Le Wellcome Historical Medical Museum est abrité par le Musée des Sciences *(p. 82)*.

FLEET STREET - LUDGATE HILL

JKLY – Métro : Blackfriars (Circle et District Lines).

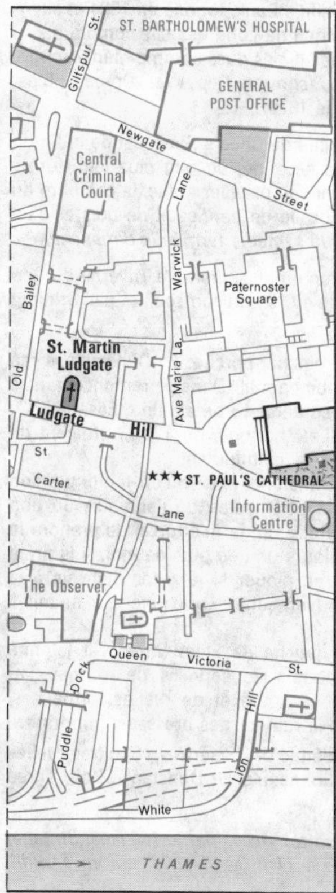

Fleet Street, qui se prolonge vers St-Paul par **Ludgate Hill,** constitue depuis le Moyen Age la grande voie de pénétration dans la City. Voie animée, aux trottoirs étroits, elle a conservé quelques vieilles demeures et ses tavernes que signalent d'amusantes enseignes. Royaume de la presse et des presses d'imprimerie, Fleet Street et les rues avoisinantes revêtent un caractère particulier lors de la sortie des journaux et notamment le soir de 21 h à 24 h.

La plupart des sièges d'organes de presse peuvent être visités sur demande préalable.

Pubs typiques. – **Cock Tavern,** 22 Fleet Street : décor intérieur « vieux Londres », en partie du 17e s. *(voir p.68)*.
Cheshire Cheese, 145 Fleet Street : taverne du 17e s. *(voir p. 69)*.
Punch Tavern, 99 Fleet Street : pub victorien fréquenté par les reporters.
Printer's Devil, 98 Fetter Lane : clientèle de journalistes et d'imprimeurs, collection d'incunables.
White Horse, 90 Fetter Lane : dans une vieille auberge de rouliers.

« La rue de l'encre ». – Ce n'est pas, comme on pourrait le croire, aux flots d'encre déversés par des journalistes expansifs que Fleet Street doit son nom, mais à un modeste cours d'eau (Fleet Ditch) issu des hauteurs de Hampstead, se jetant dans la Tamise à hauteur de Blackfriars Bridge et recouvert en 1765.

Le premier imprimeur à s'installer ici aux alentours de l'an 1500 se nommait Winkyn de Worde et avait été l'associé du fameux William Caxton. Par l'odeur d'encre alléchée et par le goût de la bière ou du vin retenus, maints écrivains fréquentèrent par la suite ces parages. C'est ainsi que l'on vit tour à tour Ben Jonson, Pepys, Pope, Milton, Goldsmith, Samuel Johnson et Boswell s'attabler dans les tavernes et les

« coffee houses » qui s'alignaient le long de la rue : c'étaient Old Devil Tavern où l'Apollo Club présidé par Ben Jonson tenait séance, Turk's Head, Cheshire Cheese, Mitre, bien d'autres encore. Dans les intervalles se glissaient des librairies et ce musée de cire que Madame Salmon avait inauguré dès 1763, avant Madame Tussaud.

Le premier journal quotidien à avoir pris son essor fut, au début du 18e s., le Daily Courant dont une plaque rappelle l'emplacement à Ludgate Circus, mais c'est seulement dans les années 1810, avec l'invention des presses mécaniques et à vapeur, que la presse commença son prodigieux développement. Au milieu du siècle s'illustrèrent les « newsmen », colporteurs qui, dès 5 h du matin, se précipitaient sur les gazettes encore humides qu'ils allaient louer en ville à des clients économes : la location de chaque numéro durait une heure et coûtait un penny. Le délai écoulé, le colporteur venait chercher l'exemplaire lu pour le déposer chez un autre utilisateur ; à la fin de la journée ils rapportaient les feuilles qui leur restaient au siège du journal, celui-ci les réexpédiant immédiatement sur la province.

Un palais transformé en prison. – Au débouché de Fleet Ditch et à proximité du « puits de sainte Brigitte » (Bridewell), Henri VIII avait fait construire une résidence, **Bridewell Palace,** où il vécut le début de son règne, en compagnie de Catherine d'Aragon. En 1522, deux ans après le Camp du Drap d'Or, il y donna l'hospitalité à Charles Quint, venu sceller l'alliance anglaise et fastueusement accueilli entre deux haies de nefs pavoisées.

Un peu plus tard, vers 1525, Bridewell devait devenir, pour une trentaine d'années environ, la demeure des ambassadeurs extraordinaires. Le palais vit notamment passer, en 1533, le train fastueux de **Jean de Dinteville** et de Georges de Selve, évêque de Lavaur, envoyés par François Ier au couronnement, à Westminster, d'Anne Boleyn *(p. 129)* que la Cour de France avait soutenue dans ses espérances matrimoniales ; à cette occasion les deux ambassadeurs furent peints par Holbein en un double portrait (National Gallery).

Cédé à la municipalité, le palais fut converti en orphelinat puis en maison de correction par Édouard VI, en 1553. Les bâtiments reconstruits après le Grand Feu et au début du 19e s., furent jetés bas en 1864 (la prison ayant été désaffectée en 1846). Sur une partie du site qui s'étend de l'église à la Tamise, s'est élevé en 1931 près de Blackfriars, un imposant ensemble pompeusement orné de sculptures et d'une colonnade, l'**Unilever House.** De grandes statues de résine imitant la pierre de Portland, agrémente depuis 1981 sa corniche ; elles sont dues à Nicholas Munro et symbolisent des contrées du globe.

VISITE *2 h 1/2 environ*

Temple Bar. – Surmonté par le dragon de bronze symbolique de la Cité, que les Londoniens nomment improprement « griffon », ce monument indique l'emplacement de Temple Bar, porte monumentale élevée par Wren *(p. 22)* pour marquer la limite du territoire de la « City of London » : au sommet de cette porte furent exposées, jusque dans la seconde moitié du 18e s., les têtes des conspirateurs décapités pour crime de haute trahison.

Le nom de Temple Bar vient de ce que l'entrée de la porte était symboliquement barrée aux souverains anglais se rendant dans la Cité en visite officielle. Aujourd'hui encore la reine doit solliciter, par héraut, l'autorisation de pénétrer plus avant : le Lord-Maire présente alors les clés de la cité et son épée à la souveraine, en signe d'allégeance. Le cortège royal peut ensuite, et seulement, « franchir la barre du Temple ».

Child's Bank. – *1 Fleet Street, à droite du Memorial.* La Child's Bank, fondée en 1584 et sur le site actuel depuis 1673, est présumée la plus ancienne banque de Londres ; elle compta parmi ses clients des têtes couronnées comme Charles II et Jacques II, des ducs comme Marlborough, des actrices comme Nell Gwynn *(p. 63),* des écrivains comme Pepys et Dryden. C'est actuellement la Williams and Glyn's Bank. La façade date de 1879.

Entrées du Temple (Gateways). – La première entrée, proche de Child's Bank, est de la fin du 17e s. et donne accès à Middle Temple Lane *(p. 128).* La seconde, un peu plus loin, forme passage sous une vieille maison de bois (1610) qui renferme, au premier étage, la chambre du fils de Jacques Ier, le Prince Henri **(Prince Henry's Room),** ornée de panneaux de bois et d'un plafond de stuc sculptés *(visite de 13 h 45 à 17 h - 16 h 30 le samedi ; fermée le dimanche).*

Cock Tavern. – Reconstruite en 1887 en face de son ancien emplacement, la Taverne du Coq remonte à 1549 ; dans la salle est exposée son enseigne du 17e s., un coq sculpté par Grinling Gibbons qui a été remplacé, à l'extérieur, par une copie.

St Dunstan-in-the-West. – Précédée sur la rue par un clocher-porche, St Dunstan's a été réédifiée en néo-gothique de 1829 à 1833 ; son plan est octogonal. Dans le renfoncement à droite, l'entrée de la sacristie est surmontée d'une niche contenant une statue d'Élisabeth Ire, jadis placée sur la porte d'enceinte, Ludgate. Faisant saillie, l'horloge, du 17e s., provient de l'église précédente ; elle fut la première de Londres à marquer les minutes.

Samuel Pepys *(p. 27)* fit parfois ses dévotions à St Dunstan's ainsi qu'en témoigne son Journal : « Le 18 août 1667 (jour du Seigneur), j'entrai à St Dunstan où j'entendis un bon sermon. J'étais auprès d'une jolie fille au maintien modeste, à qui je m'efforçai de prendre la main et la taille, mais elle ne voulait pas et s'éloignait toujours un peu plus de moi. A la fin je m'aperçus qu'elle tirait des épingles de sa poche pour me piquer si je recommençais à la toucher. Ce que voyant, je m'abstins, heureux d'avoir découvert son dessein ; alors je me mis à lorgner une autre jolie fille dans un banc tout près de moi... »

Au-delà de St Dunstan's et de **Fetter Lane,** le côté gauche de Fleet Street est jalonné d'immeubles occupés par les agences de presse (Reuters), les services de journaux et magazines en arrière desquels se développe un réseau de cours et de ruelles tortueuses, reflétant le tracé de la voirie médiévale et bourdonnant de la rumeur des presses à imprimer.

Crane Court. – Là se tenait au 18e s. la Société Royale (Académie des Sciences). D'autres ruelles **(courts)** se trouvent au Nord de Fleet Street : Red Lion, Johnson's, St Dunstan's, Bolt, Three Kings, Hind, Wine Office, Cheshire et « Peterborough ».

Dr Johnson's House★. – *17 Gough Square (sonner à la porte). Accès par le 166 Fleet Street et plusieurs passages (ateliers d'imprimerie). Visite de 11 h à 17 h 30 (17 h d'octobre à avril). Fermée les dimanches et jours fériés. Entrée : £ 1.*

Retirée et silencieuse, cette demeure en briques, de la fin du 17e s., est celle qu'occupa, de 1748 à 1759, l'écrivain **Samuel Johnson** (1708-1784) qui exerça par son œuvre critique une profonde influence sur la littérature anglaise, influence que son ami Boswell *(p. 27)* devait mettre en lumière dans une remarquable biographie parue en 1791. La maison recèle de nombreux souvenirs relatifs à l'irascible Docteur, mais le touriste venu du continent sera surtout intéressé par la distribution intérieure des pièces, typique de l'Angleterre traditionnelle, et par le grenier aménagé où Johnson travailla avec six aides à la confection de son célèbre Dictionnaire de la Langue anglaise.

Whitefriars Street. – La rue tient son nom d'un couvent de Carmélites, ou Frères Blancs, supprimé en 1538 lors de la Réforme. Les bureaux de News of the World et du Daily Mail y sont installés.

Cheshire Cheese. – Une lanterne portant l'inscription « Cheshire Cheese » signale l'entrée de Wine office Court où se trouve, à droite, ce fameux cabaret du 17e s. que fréquentèrent Voltaire, Samuel Johnson et ses amis, puis Thackeray et Dickens.

143 Fleet Street. – Dans une niche du 1er étage, statue de **Marie Stuart** et dans l'entrée, à droite, on peut lire le poème de Béranger : « Adieux de Marie Stuart à la France ».

Daily Telegraph Building. – Bâti en 1930, il est de style néo-grec. Le Daily Telegraph fut le premier quotidien londonien à ne coûter qu'un penny (£ 0.01).

Shoe Lane. – Ruelle ancienne et sinueuse.

Daily Express Building. – En verre et métal, il représente déjà l'architecture moderne ; sa réalisation, en 1928, est due à l'illustre Lord Beaverbrook, propriétaire du journal.

Reuters and Press Association. – *85 Fleet Street.* Immeuble dessiné par Lutyens, en 1935.

St Bride's★. – Église de la presse et « cathédrale de Fleet Street », St Bride's est dédiée à Brigitte de Kildare, une des patronnes de l'Irlande qui vécut aux 5e et 6e s. : c'est la 7e église bâtie en ce lieu. Reconstruite (1670-84) après le Grand Feu, elle a été de nouveau incendiée en 1940, mais le beau **clocher★★** en forme de gâteau de mariage (wedding cake) élevé de 1701 à 1703 à 69 m du sol, avait pu être préservé. Le reste de l'édifice a été refait d'après la conception originale de Wren.

A l'intérieur on verra les fonts baptismaux, du 17e s., sur lesquels fut tenu Samuel Pepys *(p. 27)* ; les boiseries et le retable sont un pastiche, très réussi, de la même époque. Il est possible de visiter les fouilles pratiquées sous l'église lors de la restauration : vestiges des sanctuaires précédents remontant au 6e s. et éléments d'époque romaine (pavement, tombes) ; cercueil en plomb du romancier **Richardson** (1689-1761), imprimeur à Salisbury Square et auteur du fameux best-seller « Paméla ».

(D'après photo Pitkin Pictorials)

Clocher St Bride.

Fleet Street se termine à **Ludgate Circus,** important carrefour au-delà duquel commence **Ludgate Hill** que franchit la voie ferrée aboutissant à la gare de Holborn Viaduct.

St Martin-within-Ludgate. – *Ouverte de 10 h à 16 h du lundi au vendredi.*

Elle fut reconstruite par Wren (1681-1687) avec une façade à trois baies, un **clocher-porche★** adouci par des volutes, surmonté d'une élégante **flèche** à bulbe et lanternon qui tranche, sombre et fin, sur le dôme massif de la cathédrale St-Paul. Une plaque rappelle l'existence de Ludgate, une des portes du London Wall *(p. 21),* abattue en 1760. Le mur Ouest de l'église suit le tracé de l'enceinte romaine. L'intérieur est orné de boiseries du 17e s. et d'une remarquable **clôture★** richement sculptée.

HOLBORN ★

FX – Métro : Holborn (Piccadilly et Central Lines) ; Chancery Lane (Central Line).

Sur les hauteurs dominant la Tamise, Holborn s'allonge de part et d'autre de la grande artère reliant St Giles à Newgate par-dessus le vallon de l'ancien « Fleet Ditch » *(p. 67).* Hors les murs au Moyen Age, ce fut longtemps un village semi-campagnard qui, dans le courant du 19e s., se couvrit de taudis avant de devenir le quartier de bureaux et de commerce.

Au 49 High Holborn se trouve la Librairie du Gouvernement (Government Bookshop) : publications officielles telles que cartes et plans géographiques, statistiques, etc.

Pubs typiques. – **Cittie of Yorke,** 22 High Holborn : poêle du 19e s. ; ambiance juridique.
Ye Olde Mitre Tavern, 1 Ely Court : ouvert en 1546 pour les serviteurs de l'évêque d'Ely.
Seven Stars, Carey Street : pub remontant à 1694 ; ambiance juridique.

■ LINCOLN'S INN FIELDS

Inigo Jones *(p. 22)* créa au 17e s. ce square, le plus vaste de Londres, qui devint rapidement un élégant lieu de résidence, marqué par la présence de la populaire maîtresse de Charles II, Nell Gwynn. En 1683 on y donna le spectacle de l'exécution de lord William Russell, décapité pour avoir comploté contre Charles II.

Maisons anciennes. – Il en subsiste quelques-unes des 17e et 18e s., sur le côté Ouest :

- nos 57-58, élevées en 1730 par Henry Joynes, dans le style palladien
- nos 59-60, **Lindsey House** bâtie en 1640 pour le comte de Lindsey et attribué à Inigo Jones ; c'est une demeure aux lignes strictes, dont les pilastres et le toit en terrasse dénotent l'influence de l'architecte italien Palladio
- no 66, **Powis House,** ancienne demeure du 1er duc de Newcastle (1686), bien restaurée.

Sur le côté Nord parmi des constructions récentes, plusieurs demeures des 18e et 19e s. :
- nos 1 et 2, construites au 18e s. et réunies en 1820
- nos 5 et 9, de style géorgien
- nos 12-13-14, construites par John Soane, la 1re pour l'habiter (1792), la 2e pour en faire un musée (1812), la 3e en annexe au musée *(voir ci-dessous)*
- no 15, ornée d'un fronton et de colonnes ioniques (1742).

Le côté Est est bordé par **Lincoln's Inn** *(voir p. 71)*.

Au Sud s'élèvent des bâtiments officiels plus récents dont le Collège Royal des Chirurgiens qui abrite le musée Hunter.

Musée Hunter (Hunterian Museum). – *Visite de 10 h à 17 h sur demande écrite (enfants de moins de 16 ans non admis); le public n'est pas autorisé à pénétrer dans le reste du collège.*

Des objets illustrent les conceptions de **John Hunter** (1728-1793), pionnier de la chirurgie, sur l'anatomie comparée, la physiologie et la pathologie ; peintures d'histoire naturelle.

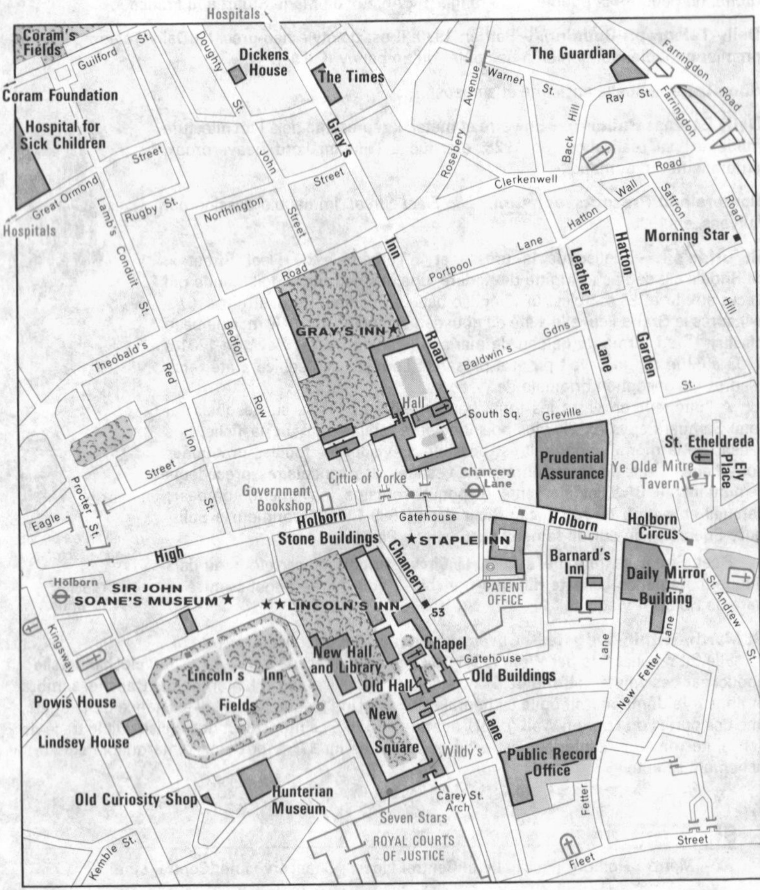

Old Curiosity Shop. – *13-14 Portmouth Street.* Au coin de Lincoln's Inn Fields, cette petite échoppe daterait de 1567 et serait une des plus anciennes de Londres. On y trouve des souvenirs de Dickens.

Sir John Soane's Museum★. – *Ouvert de 10 h à 17 h ; visite guidée le samedi à 14 h 30. Fermé les dimanches, lundis et fêtes légales.*

Le musée est original par la diversité de ses collections et l'atmosphère étrange, presque surréaliste, qui s'en dégage. Et pourtant il a été fondé par un architecte ultra-classique, Sir **John Soane** (1753-1837), dans la demeure qu'il se construisit en 1812 et qu'il légua à l'État, sous réserve qu'aucune modification ne serait apportée à l'arrangement intérieur.

On sera étonné par l'ingéniosité avec laquelle Soane a disposé dans une vingtaine de petites salles, escaliers, jardinets et courettes, la masse des objets en sa possession, utilisant habilement jeux de miroirs et parois mobiles pour accroître volumes, surfaces et perspectives de ces pièces aux noms bizarres : le Parloir du moine, la Chambre sépulcrale, les Catacombes, la Crypte, la Chambre du matin, la Niche de Shakespeare...

Les étapes principales d'un parcours au travers de cette maison de contes de fée sont :
- la salle à manger-bibliothèque décorée dans le style pompéien ; la salle à coupole réservée au petit déjeûner ; portraits de Soane peints par Lawrence en 1828 et cratère de Lecce (5e s. av. J.-C.) ;
- la salle des peintures, ou salle Hogarth ; suites de Hogarth, la Vie du Libertin (Rake's Progress) et l'Élection ; dessins de Piranèse et Clérisseau, ce dernier, architecte français de réputation, ayant été invité à Londres en 1771 par son confrère Robert Adam ;

– la Chambre sépulcrale où se trouve l'énorme sarcophage d'albâtre, monolithe, de Séti Ier, père de Ramsès II le Grand, sarcophage découvert en 1817 dans la vallée des Rois, en Égypte ;
– la seconde salle des tableaux avec des œuvres de Canaletto (Vues de Venise) et de Turner ;
– les deux salons du premier étage où est exposé un tableau de Watteau, les Noces, et du rez-de-chaussée où l'on peut voir des souvenirs napoléoniens : portrait de Bonaparte fait à Vérone en 1797 par Francesco Goma ; médailles frappées par Andrieu, d'après des dessins de Denon à l'intention de l'impératrice Joséphine ; Napoléon à l'île d'Elbe par Isabey.

■ LINCOLN'S INN**

Retirée et tranquille, cette école de droit fait partie des quatre « Inns of Court » de Londres *(p. 127)* et s'étend à l'Ouest de Chancery Lane, près des Royal Courts of Justice *(p. 121)*, formant une succession de bâtiments, de cours, de passages, de galeries que hantent « barristers » (avocats) et « sollicitors » (avoués), parfois dans le costume de leur charge.

Lincoln's Inn porte le nom du comte de Lincoln qui était propriétaire du terrain au 14e s. Parmi ses membres ont figuré Thomas More, Richard Cromwell, Horace Walpole, William Pitt, Lord Brougham, Disraeli, Gladstone...

L'accès à Lincoln's Inn n'est pas toujours possible ; s'adresser au gardien (sauf le samedi) ; sa loge est située à l'entrée Ouest de New Square.

Cour Neuve (New Square). – Elle est encadrée de bâtiments du 17e s., en briques, occupés surtout par des études d'avocats.

Ancien Hall (Old Hall). – C'est le bâtiment le plus ancien de Lincoln's Inn : il date de 1490. A l'intérieur, clôture en chêne sculpté du 17e s. et peinture de Hogarth, Saint Paul devant Félix (1748).

Chapelle. – *Ouverte de 12 h 30 à 14 h 30. Fermée le samedi et le dimanche ainsi que le 1er janvier, Pâques, les lundis de fête et les 24, 25 et 26 décembre.*

Elle est de style gothique bien que construite au début du 17e s. ; vitraux de la même époque dus à un artiste flamand, Bernard Van Linge. Dans la galerie basse, les avocats recevaient jadis leur clientèle.

Old Buildings. – Délimitant l'ancienne cour d'entrée, bâtiments Tudor (16e s.) dans lesquels Disraeli vécut quelque temps. Pavillon d'entrée édifié en 1518 et restauré au 19e s.

Nouveau hall et Bibliothèque (New Hall and Library). – Ils occupent un grand bâtiment de style Tudor, édifié en 1845 et agrandi en 1873. La Bibliothèque, fondée en 1497, est la plus ancienne bibliothèque juridique de Londres, elle totalise 100 000 livres de droit.

Stone Buildings. – Construits en pierre, comme leur nom l'indique, ils ont été édifiés en 1775 dans le style classique.

En sortant de Lincoln's Inn, les amateurs d'orfèvrerie et d'argenterie ancienne pourront aller visiter, au n° 53 Chancery Lane, les **London Silver Vaults** *(p. 17)*, rassemblant de nombreuses boutiques d'orfèvres sous terre, construites comme des caveaux de banque.

■ *PUBLIC RECORD OFFICE

Les **Archives Nationales** sont séparées en deux bâtiments, l'un à Kew, Ruskin Avenue, pour les documents récents, l'autre dans cette construction de style néo-gothique (1851-66) augmentée à la fin du siècle d'une aile en façade sur **Chancery Lane.** A l'origine, un dépôt d'archives, le « Rolls's Yard », était installé en ces lieux, dès le 14e s.

Musée. – *Visite de 13 h à 16 h du lundi au vendredi. Fermé les jours fériés.*

Le musée, qui illustre l'histoire de la Grande-Bretagne par les textes, remplace une chapelle bâtie en 1232 à l'intention des Juifs convertis, transformée en 1377 à l'usage du « Maître des Rôles » (Master of the Rolls) et démolie en 1896. L'actuelle salle conserve quelques vestiges de la chapelle : l'arc triomphal et les vitraux y ont été remontés ainsi que le tombeau d'un « Maître des Rôles », John Young, mort en 1516, tombeau attribué au Florentin Torrigiano.

Dans les vitrines sont exposés : le « Domesday Book » (fin 11e s.), recensement foncier réalisé à partir de 1086 sur ordre de Guillaume le Conquérant ; l'acte d'enregistrement de la Grande Charte ; une série de chartes et de sceaux royaux ; une copie manuscrite enluminée (1526) de l'Ordre de St-Michel, institué en 1476 par le roi Louis XI ; une série de trois traités conclus en 1527 entre François Ier et Henry VIII ; des lettres de condoléances de la main de Louis XVI et de Marie-Antoinette ; les livres de bord du Victory, vaisseau-amiral de Nelson à Trafalgar, et du Bellerophon qui amena Napoléon en Angleterre, le rapport de Wellington à l'issue de la bataille de Waterloo. Autres vitrines consacrées aux arts (documents signés de Rubens, Van Dyck, Inigo Jones, Wren...), aux lettres (rarissime signature de Shakespeare), aux sciences, à la politique (pièce signée Charles de Gaulle).

■ GRAY'S INN*

Fondée en 1391, Gray's Inn est une des quatre « Inns of Court » *(p. 127)* de Londres. Elle a compté parmi ses membres le financier **Thomas Gresham** *(p. 51)* et le philosophe **Francis Bacon** (1561-1626) qui en fit tracer les jardins et dont la statue de bronze orne South Square. A l'âge de 16 ans, Charles Dickens y fut employé comme « petit clerc » dans une étude d'avocat.

Sur High Holborn, à côté du Henekey's pub, un porche **(Gatehouse)** de 1688, donne accès aux bâtiments de briques datant en majeure partie du début du 19e s. ; dans le hall reconstruit dans le style du 16e s. fut joué en 1594 la « Comédie des Erreurs », pièce de Shakespeare.

Les jardins *(ouverts du lundi au vendredi de 12 h à 14 h 30 ; fermés d'octobre à avril)* furent, au 17e et au 18e s., une des promenades favorites des Londoniens ; on y voit un catalpa issu d'une bouture rapportée d'Amérique au 17e s. par Sir Walter Raleigh ; grilles du 18e s. séparant les jardins du collège proprement dit.

Staple Inn*. – A la limite de la City, Staple Inn est une des neuf « Inns of Chancery » *(p. 127)* de Londres, où les étudiants en droit passaient leur première année ; elle dépendait de Gray's Inn. C'est aujourd'hui le siège de la Chambre des Assureurs.

La façade sur Holborn, à pans et balcons en encorbellement, a été bâtie en 1586 et constitue le seul exemple d'architecture urbaine élisabéthaine subsistant à Londres. Un passage voûté donne accès à une charmante cour entourée de bâtiments du 18e s. ; le hall, au fond et à droite, conserve pourtant quelques éléments du 16e s. Au-delà s'étend un jardin.

Prudential Assurance Building. – Sur le site de la Furnival's Inn, cet immeuble rouge, de style gothique, construit de 1879 à 1906, possède une tour centrale au toit pyramidal.

Barnard's Inn. – Autre « Inn of Chancery » reconstruite au 19e s., maintenant vouée au commerce.

■ GRAY'S INN ROAD

Cette rue commerçante longée au Nord par des hôpitaux, a vu s'installer les nouveaux locaux du Times, à New Printing House Square.

The Times. – En 1974, le siège de ce quotidien, a quitté Blackfriars *(p. 34)* pour occuper cet immeuble de pierre brune. A l'intérieur on peut voir une presse ancienne et la sculpture qui décorait le building dans Printing House Square (on retrouve son dessin modifié par l'adjonction d'une horloge, en tête de l'éditorial du journal), ainsi qu'une maquette d'un cadran solaire par Henry Moore.

Les autres journaux imprimés en dehors de la City sont le **Morning Star** (Étoile du matin) qui se tient depuis 1949, 75 Farringdon Road et **The Guardian** (Le gardien), au 119 de la même rue.

Maison de Dickens (Dickens House). – *Visite de 10 h à 17 h. Fermée les dimanches, les jours fériés, à Pâques et une semaine à Noël. Entrée : £ 1 ; enfants : 50 p.*

Au no 48 de Doughty Street qui, au siècle dernier, était encore une large et tranquille voie privée que fermait une grille à chaque extrémité, **Charles Dickens** *(voir p. 27)* vécut, peu après son mariage, dans la modeste maison qui est le seul de ses domiciles londoniens encore existant. Il demeura là, de mars 1837 à la fin de 1839, vivant une période d'intense production avec l'achèvement des Aventures de Mr Pickwick et la réalisation d'Oliver Twist et de Nicolas Nickleby. C'est aussi dans cette maison que sa belle sœur, Mary Hogarth, mourut dans ses bras.

A l'intérieur on peut voir portraits, souvenirs, documents relatifs à Dickens ; dans le sous-sol a été reconstituée la cuisine de Dingley Dell décrite par Dickens dans Mr Pickwick.

Cette maison abrite également l'association des amis de Dickens.

Coram's Fields. – Ce vaste terrain de jeux s'étend à l'endroit où s'élevait l'Hôpital des Enfants Trouvés (Founding Hospital), démoli en 1926. Cet hôpital, institué en 1739 par un capitaine de vaisseau marchand, Thomas Coram, avait été construit de 1742 à 1752 par Jacobsen. Dès sa fondation il fut soutenu par les dons de nombreux artistes, parmi lesquels figuraient le compositeur Hændel, maître de chapelle de l'hôpital, et le peintre Hogarth.

Coram Fields est flanqué par **Brunswick Square,** réalisé à partir de 1790 par Cockerell, et par **Mecklenburgh Square,** édifié par un élève de Cockerell, Joseph Kay.

Thomas Coram Foundation. – *40 Brunswick Square. Visite de 10 h à 16 h. Fermé les samedis, dimanches et fêtes légales ou pendant les conférences (☎ 01-278 2424). Entrée : 30 p.*

Dans les bâtiments modernes du collège de Pharmacie de l'Université de Londres a été remontée la grande salle de l'ancien Hôpital avec ses boiseries et ses stucs d'origine. Cette salle et les voisines recèlent des souvenirs émouvants, tel que le bol à punch de Hogarth, une partition du Messie ayant appartenu à Hændel, un buste du même Hændel par Roubilliac et une collection de peintures : portrait de Thomas Coram par Hogarth, la Marche des Gardes vers Finchley, aussi par Hogarth, des œuvres de Gainsborough, Reynolds, Ramsay, Benjamin West... On peut voir, en outre, une maquette de l'ancien Hôpital.

Hôpital des enfants malades (Hospital for Sick Children). – Sur Great Ormond Street et Queen Square sont groupés des bâtiments hospitaliers offrant plusieurs versions du style victorien en 1876 et 1890 (architectes de la famille des Barry). A côté de l'hôpital des enfants malades, les autres hôpitaux ont été élevés au 19e s. et au 20e s., parmi ces derniers, un bâtiment de 1909 sert de salle d'examen aux futurs chirurgiens (Examination Hall of the Royal College of Surgeons).

■ DE HOLBORN A NEWGATE

Daily Mirror Building. – A l'angle de Fetter Lane, un imposant building, édifié en 1961, abrite les services du Daily Mirror, quotidien qui a l'un des plus forts tirages de la presse britannique et européenne.

Leather Lane (Ruelle du Cuir). – Bordée d'anciennes tanneries, cette ruelle est le cadre, chaque matin, d'un marché populaire très achalandé. Les parages sont habités par une colonie italienne assez dense.

Hatton Garden. – Voie tracée à l'emplacement des célèbres jardins médiévaux des évêques d'Elby, évoqués par Shakespeare dans Richard III et cédés en 1576 à Sir Christopher Hatton (maître à danser de la reine Élisabeth Ire) en échange d'une rente annuelle de 10 livres, une rose rouge et 10 charretées de foin. Mirabeau demeura dans cette rue en 1784 et le patriote italien Mazzini y vécut exilé en 1841-42 (plaque au no 5). C'est aujourd'hui la rue des diamantaires (London Diamond Club, au no 87) ; noter par ailleurs au no 43, la première école fondée en 1696 pour les enfants pauvres (Charity School), dont l'entrée est ornée de peintures du 17e s. Clerkenwell Road à son extrémité Nord reste le domaine traditionnel des horlogers et des opticiens.

Ely Place. – Proche d'Holborn Circus, Ely Place forme une impasse tranquille, bordée de maisons du 18e s. Là se trouvait au Moyen Age le palais des évêques d'Ely où mourut en 1399 John of Gaunt, frère du Prince Noir. Du palais subsiste la chapelle épiscopale de **St Etheldreda's**

qui sert au culte catholique : elle comprend une crypte du 13e s., restaurée, et une nef du 14e s. qu'éclairent, à chaque extrémité, deux verrières de même époque (celle du côté Est a été refaite). Voie privée, Ely Place est hors contrôle de la police.

Après Holborn Circus, on passe devant St Andrew Holborn et City Temple *(p. 60)*.

*Pour la suite voir le plan de la City (p. 9 et 10 - **KLX**).*

Holborn Viaduct. – Inauguré en 1869, ce viaduc mesure 430 m de long sur 25 m de large. Il franchit le vallon de Holborn par un pont de fer de 36 m, reposant sur 12 colonnes de granit d'un diamètre de 1,20 m. A l'intérieur des tours angulaires, des escaliers relient le viaduc à Farringdon Street en contrebas.

St Sepulchre's. – Église à tour médiévale très restaurée. Dans une vitrine à gauche de l'entrée, est exposée la cloche que le sonneur de l'église allait faire tinter à la porte de la cellule des condamnés à mort de Newgate *(voir ci-dessous)* le matin de leur exécution.

Une plaque rappelle la mémoire du **Captain John Smith,** mort en 1636. Cet « Amiral de la Nouvelle Angleterre », capturé par les Indiens et promis au supplice, fut sauvé par la fille du chef de la tribu qui l'avait fait prisonnier. **Chateaubriand,** qui vécut à Holborn en émigration, s'est, semble-t-il, inspiré de cet épisode dans son roman Atala, paru à Paris en 1801 mais conçu à Londres. Sur les orgues de 1670 ont joué Haendel et Mendelssohn.

Central Criminal Court. – Appelé aussi **The Old Bailey** c'est le plus important tribunal criminel de l'Angleterre. Les bâtiments actuels ont remplacé la fameuse **prison de Newgate,** démolie en 1902, devant laquelle se déroulèrent les exécutions, de 1783 à 1863.

Magpie and Stump. – *18 Old Bailey.* Pub très fréquenté au 18e s. quand les exécutions publiques furent transférées de Tyburn à Newgate.

HYDE PARK**

BCX – Métro : Marble Arch ou Queensway (Central Line), High Street Kensington (Circle et District Lines), Hyde Park Corner ou Knightsbridge (Piccadilly Line).

Ce vaste parc paysager, constitue une des promenades des plus appréciées des Londoniens. En effet pour les Anglais, amoureux de la nature, ses pièces d'eau, ses boqueteaux d'arbres vénérables, ses prairies d'herbe épaisse où l'on peut folâtrer, le font ressembler à un morceau de campagne, vallonné et verdoyant, miraculeusement disposé au cœur de Londres. Hyde Park a été imité maintes fois en Angleterre et ailleurs. A Paris notamment, sur les instances de Napoléon III, Alphand s'en inspira lorsqu'il réalisa le remodelage du Bois de Boulogne.

UN PEU D'HISTOIRE

Hyde Park doit son nom à l'ancien manoir de Hyde, possession de l'abbaye de Westminster passée à la Couronne à la suite de la Réforme et devenue réserve de chasse de Henri VIII. Le parc fut ouvert au public en 1637, sous les Stuarts, il devint alors lieu de détente et de plaisir. Séparé en deux au 18e s., sa partie occidentale prit le nom de **Kensington Gardens** (Jardins de Kensington). Cette limite qui longeait Flower Walk, fut déplacée, au 19e s. pour englober l'Albert Memorial. Actuellement c'est le Ring, route unissant la porte Alexandra à la porte Victoria qui sépare les deux parcs.

La guerre des Dames. – Après l'austère intermède cromwellien, durant lequel Hyde Park servit de camp, la société élégante fréquente le « Ring », promenade circulaire où seuls les nobles ont accès : les brillants équipages de la Cour y défilent et les masques l'envahissent certains jours, mystifiant et intriguant avec tant d'impudence qu'on devra les interdire.

La rivalité entre **Lady Castlemaine,** favorite en titres de Charles II, et **Frances Stuart,** dont l'étoile monte au firmament de la faveur, s'y exerce alors avec fureur. Hamilton raconte que le chevalier de Grammont ayant offert au roi un splendide carrosse à la dernière mode de France, l'une et l'autre demandèrent à l'utiliser pour la traditionnelle parade du 1er mai à Hyde Park :

« Le Roi fut fort embrassé car chacune y voulait être la première. La Castlemaine était grosse et menaçait d'accoucher avant terme si sa rivale avait la préférence. Mademoiselle Stuart protesta qu'on ne la mettrait jamais en état d'accoucher si on la refusait. Cette menace l'emporta sur l'autre et les fureurs de la Castlemaine furent telles qu'elle en pensa tenir sa parole ; et l'on tient que ce triomphe coûta quelque peu d'innocence à sa rivale... »

L'Exposition de 1851. – Organisée sous le patronage du prince consort Albert, la première Grande Exposition Universelle déroula, durant six mois, ses fastes à Hyde Park, dont le mur d'enceinte était remplacé depuis peu par des grilles.

La **reine Victoria** l'inaugura le 1er mai 1851 ; « le plus grand jour de notre histoire, le spectacle le plus beau, le plus imposant et le plus touchant qu'on ait jamais vu, et le triomphe de mon Albert bien aimé » écrira-t-elle.

Pour la circonstance avait été élevé, entre Rotten Row et Kensington Road, un extraordinaire bâtiment de fer et de verre, que le vieux duc de Wellington, âgé de 82 ans, venait admirer, en voisin, presque tous les jours, tant cet échafaudage de poutrelles et de vitres lui paraissait vertigineux. L'auteur en était **Joseph Paxton** (1801-1865), jardinier du duc de Devonshire, dont le projet avait été choisi parmi 244 autres, et notamment celui, pourtant audacieux, du Français Hector Horeau, qui avait réuni le plus de suffrages.

L'édifice avait l'aspect d'une immense serre dont le plan, à nefs et transept, rappelait celui d'une cathédrale. Baptisé **Crystal Palace** par l'hebdomadaire Punch, il avait été entièrement construit à partir d'éléments préfabriqués, faisant de lui le prototype du bâtiment moderne. Intérieurement sans décor mais lumineux et peint de couleurs vives, il couvrait une surface d'environ 7 ha ; sa longueur atteignait 550 m, sa largeur 125 m, sa hauteur au transept 53 m ; la portée de la nef était de 22 m et le poids de l'armature de fer de 4 000 t. Trois grands ormes du parc avaient été englobés dans la construction, auxquels se joignirent quelques palmiers ; ces ormes avaient posé un problème en raison des moineaux qui nichaient dans leurs branches et laissaient des traces de leur présence, problème résolu par Wellington qui suggéra d'utiliser des éperviers pour les éliminer.

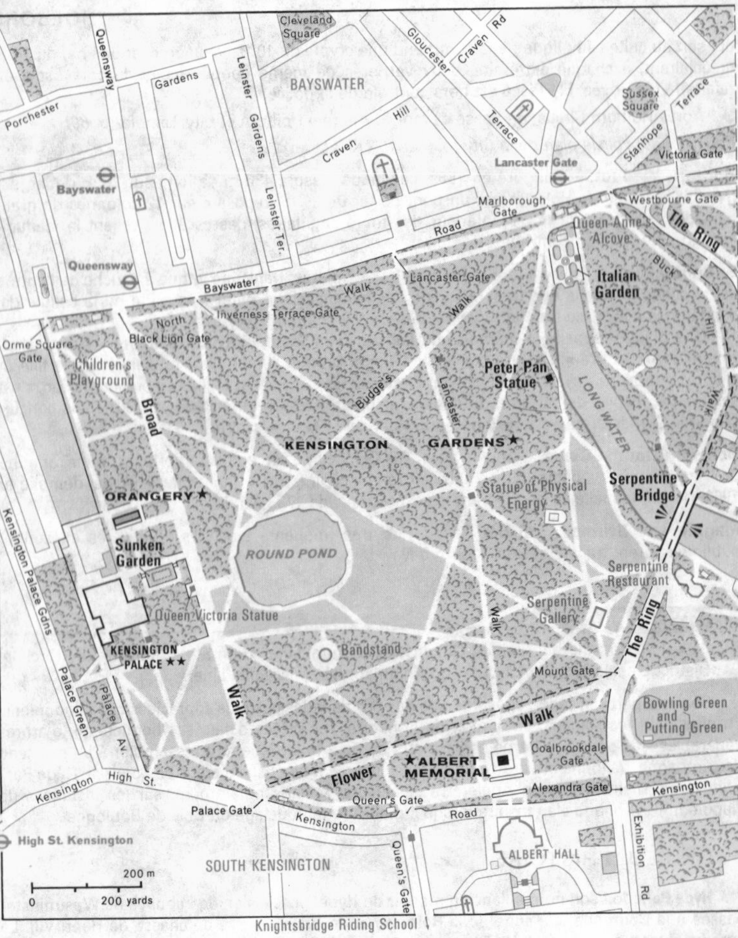

Cleveland Square
Queensway
Gardens
Leinster Gardens
BAYSWATER
Gloucester
Craven Rd
Sussex Square
Terrace
Porchester
Hill
Terrace
Craven
Stanhope
Victoria Gate
Lancaster Gate
Bayswater
Leinster Ter.
Marlborough Gate
Westbourne Gate
Road
Queen Anne's Alcove
The Ring
Queensway
Buck
Italian Garden
Lancaster Gate
Bayswater
Walk
Walk
Inverness Terrace Gate
North
Black Lion Gate
Hill
Orme Square Gate
Children's Playground
Peter Pan Statue
Budge's
Lancaster
LONG WATER
Broad
KENSINGTON GARDENS ★
Walk
ORANGERY ★
Statue of Physical Energy
Serpentine Bridge
Sunken Garden
ROUND POND
Kensington Palace Gdns
Serpentine Restaurant
Serpentine Gallery
Queen Victoria Statue
Walk
KENSINGTON PALACE ★★
Bandstand
The Ring
Mount Gate
Palace Green
Palace
Walk
Walk
Bowling Green and Putting Green
Av
Coalbrookdale Gate
Flower
★ ALBERT MEMORIAL
Kensington
High St.
Alexandra Gate
Kensington
Palace Gate
Queen's Gate
Road
Kensington
High St. Kensington
ALBERT HALL
Exhibition Rd
SOUTH KENSINGTON
Queen's Gate
200 m
0
200 yards
Knightsbridge Riding School

« L'Exposition des Produits Manufacturés de toutes les Nations » attira plus de 6 millions de visiteurs dont beaucoup couchèrent dans le parc à la belle étoile. La reine Victoria la visita trente fois, allant du stand des machines avec ses gigantesques locomotives à huit essieux jusqu'à la fontaine d'opaline fonctionnant à l'eau de Cologne Jean-Marie Farina.

A la fin de l'Exposition, le Crystal Palace fut démonté et transporté à Sydenham (Sud de Londres) où il fut transformé en musée des Sciences et des Arts puis en salle de concerts. Un incendie détruisit le Crystal Palace en 1936.

RENSEIGNEMENTS PRATIQUES

Horaire. – *Grilles fermées de minuit jusqu'à 5 h ou 1/2 h avant le lever du soleil.*

Parc de stationnement souterrain. – *A l'Est de Hyde Park : accès de Park Lane ou du Ring.*

Cafés et restaurants. – *Le Serpentine Restaurant, voisin de Serpentine Bridge, comprend aussi un bar et une cafétéria. A l'extrémité de la Serpentine, le Dell Restaurant sert des repas légers et des sandwiches au snack ainsi que des rafraîchissements.*

Canotage. – *Location de barques ou de voiliers à l'embarcadère (Boat House).*

Pêche. – *Autorisée du bord de la Serpentine au Fisherman's Walk (permis).*

Baignade. – *Au Lido, toute l'année pour les adhérents, de mai à septembre pour tous.*

(D'après une estampe, photo Revue d'Art l'Œil)

Crystal Palace en 1851.

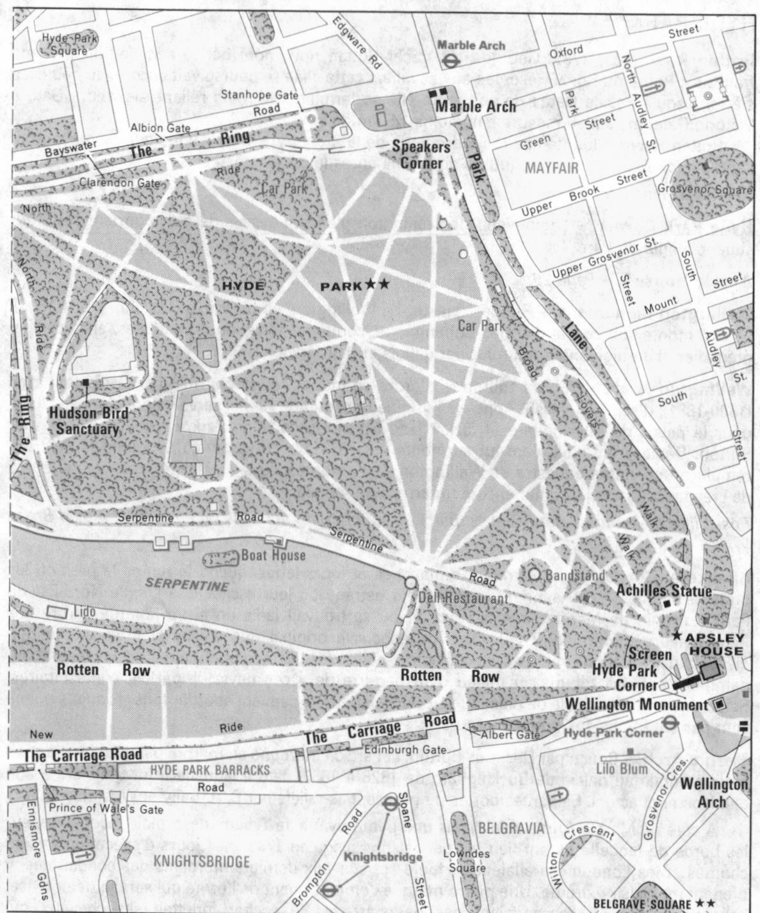

Bowling et Putting. – *Jeu de boules sur gazon et golf miniature, près de Alexandra Gate.*

Équitation. – *Parcours de Rotten Row et New Ride, dans la partie Sud de Hyde Park. Location de chevaux ; Lilo Blum, 32 a Grosvenor Crescent Mews SW 1 ; Knightsbridge Riding School, 11 Elvaston Mews, SW 2.*

Concerts. – *Orchestres militaires dans le kiosque à musique (Bandstand) le dimanche de 15 h à 16 h 30 et de 18 h 30 à 20 h, de mi-mai à début septembre.*

Expositions. – *Accrochage de peinture en plein air, le samedi et le dimanche, aux grilles, côté Bayswater Road.*

VISITE *1 h 1/2 environ*

La visite des sites les plus importants du parc doit se faire à pied, mais on peut aussi en faire le tour en voiture par Carriage Road et le Ring.

Hyde Park Corner Screen. – L'entrée principale de Hyde Park se présente sous la forme d'un portique d'ordre ionique construit en 1825 et décoré de bas-reliefs, copies des « Marbres d'Elgin » conservés au British Museum.

Se diriger vers la droite pour joindre la statue d'Achille.

Achilles Statue. – Colossale statue dédiée à Wellington et fondue avec le bronze de 12 canons pris aux Français par les troupes de « l'Achille Anglais ». Cette œuvre de Westmacott, inspirée du Napoléon de Canova *(p. 29)* et érigée en 1822, parut alors quelque peu choquante en raison de la légèreté du costume porté par Achille, d'autant que les fonds nécessaires à la réalisation de cette impressionnante effigie avaient été fournis par un comité de « Dames anglaises » à la vertu irréprochable.

Suivre ensuite Serpentine Road qui longe la rive Nord de la Serpentine.

Serpentine. – C'est en 1730 que Caroline d'Anspach, femme de George II, fit réunir un chapelet d'étangs formé par un ruisselet affluent de la Tamise pour en faire un lac allongé et incurvé qui prit le nom de Serpentine.

Serpentine Road, jadis nommé « The Ladie's Mile » en raison du grand nombre de promeneuses qu'on y rencontrait, côtoie la « Boat House » et une île qui abrite nombre d'espèces aquatiques parmi lesquelles des oiseaux de passage.

Au Nord de la Serpentine, l'**Hudson Bird Sanctuary** est un mémorial élevé en l'honneur du naturaliste Hudson, mort en 1922, et marqué par une sculpture d'Eptsein (1925) représentant **Rima,** l'Esprit de la Nature.

Du **Serpentine Bridge** (1826) se découvre une jolie **vue,** d'un côté sur Long Water, prolongement de la Serpentine dans Kensington Gardens, de l'autre sur la Serpentine proprement dite et, en fond de perspective, sur les tours de Westminster et de l'hôtel Hilton.

A hauteur du Lido, obliquer à droite en direction de Rotten Row.

HYDE PARK**

Rotten Row. – En 1737, George II fit tracer Rotten Row, nom dérivé semble-t-il du terme français « Route du Roi ». Réservée aux cavaliers cette allée se poursuivait encore, au début du siècle, jusqu'à Palace Gate ; de nos jours elle se termine à la route reliant Alexandra Gate à Victoria Gate, mais n'en mesure pas moins 1,5 km de long.

Rotten Row fut longtemps le rendez-vous de la « gentry » londonienne qui s'y rencontrait l'après-midi en semaine et surtout le dimanche après le culte.

Revenir à Hyde Park Corner.

Hyde Park Corner. – Le souvenir de Wellington plane au-dessus de cet important carrefour situé à l'angle du Parc.

Apsley House*. – *Page 29.*

Wellington Monument. – Statue équestre de Wellington, en bronze, par Boehm (1834-1890). Le duc monte son cheval d'armes Copenhague, comme à Waterloo. Aux angles, effigies d'un grenadier, d'un highlander, d'un fusilier gallois et d'un dragon.

Wellington Arch. – Arc de triomphe d'ordre corinthien, érigé en 1828 par **Decimus Burton** (1800-1881), disciple de Nash. Appelé à l'origine Constitution Arch il servait alors d'entrée Ouest pour le palais de Buckingham et faisait face à l'entrée de Hyde Park, conçue elle aussi par Burton. Déplacé en 1883, l'arc fut surmonté, en 1912, par un quadrige évoquant la Paix qui remplaça une statue équestre de Wellington. Les ambassadeurs venant présenter leurs lettres de créance y font aujourd'hui encore un arrêt symbolique.

Possibilité de longer la partie Est du parc, en voiture par Park Lane ou emprunter à pied Broad Walk.

Speakers' Corner. – Les samedis, dimanches et jours fériés, quand le temps le permet, les orateurs de plein vent viennent installer leur estrade ou leur escabelle à l'angle Nord-Est du Parc, non loin de Marble Arch, à l'endroit où se trouvait jadis un arbre nommé l'arbre des Réformateurs (Reformers Tree). C'est un spectacle original que d'écouter prédications religieuses, déclamations morales, apostrophes politiques ou révolutionnaires dispensées abondamment par des tribuns au milieu d'un parterre de « cockneys »... parfois contestataires. Selon une tradition vieille de plus d'un siècle, les orateurs peuvent aborder tous les sujets qui ne sont pas contraires aux bonnes mœurs.

Marble Arch. – Conçu par Decimus Burton, cet arc de triomphe en marbre blanc servit d'entrée monumentale au palais de Buckingham de 1828 à 1850, date à laquelle il fut transféré à son emplacement actuel. Élégantes portes de bronze, bas-reliefs par E. H. Baily et Westmacott.

A côté de Marble Arch coulait jadis une petite rivière, la **Tyburn,** désormais recouverte, sur les bords de laquelle eurent lieu les pendaisons jusqu'en 1783 : les jours d'exécution étaient chômés et les Londoniens allaient en foule assister aux derniers moments des condamnés, y prenant un plaisir extrême. Une pierre marque l'emplacement de l'orme qui servait de potence. Les condamnés ne descendaient pas de charrette ; le cocher fouettait ses chevaux qui démarraient, laissant le pendu se balancer les pieds à quelques pouces du sol... et les assistants venaient toucher la corde.

■ KENSINGTON GARDENS*

A l'est du palais *(p. 77),* les jardins de Kensington offrent un aspect plus intime que celui de Hyde Park dont ils étaient au 18e s. séparés par un saut-de-loup et des grilles *(indiquées sur le plan par un tireté noir).* Interdits aux voitures, ils accueillent enfants, nurses, chiens et familles qui viennent, aux beaux jours, pique-niquer sur le gazon ou à l'ombre de beaux arbres, chênes, ormes, frênes, souvent centenaires.

Tracés au 17e s. ces jardins comptent parmi les rares, en Angleterre, à avoir subi l'influence de Le Nôtre qu'on décèle dans la grande perspective, se prolongeant, au-delà d'un vaste bassin, à travers la futaie jusqu'à la Serpentine. Avant l'avènement de Victoria, ils étaient clos et, sauf exception, interdits au public, précautions qui ne mirent pas toujours les membres de la famille royale à l'abri des mauvaises rencontres, tel George II auquel un vagabond déroba, un jour, non sans excuses infinies, sa bourse, sa montre et ses boucles de soulier.

Renseignements pratiques. – *Les grilles sont fermées au crépuscule. Aire de jeux pour enfants (Children's Playground) au Nord-Ouest, près de Black Lion Gate. Concerts le dimanche de 15 h à 16 h 30, de fin mai à fin août, au kiosque à musique (Bandstand).*

VISITE *2 h environ*

Du palais on se dirige vers l'Orangerie.

Orangerie*. – Cet élégant bâtiment de briques, bas et allongé, à ornements de pierre blanche, fut construit en 1704 pour la reine Anne. Les plans auraient été dessinés par Wren, mais l'élévation, de tendance baroque et faisant décor de théâtre, semble attribuable à John Vanbrugh, contrôleur des Travaux de la Reine, à la fois architecte et auteur dramatique. C'est un lieu de repos, particulièrement apprécié après une bonne promenade.

Sunken Garden. – Une épaisse enceinte de tilleuls formant allée couverte fait le tour de ce ravissant jardin rectangulaire dont le centre est occupé par un bassin agrémenté de jets d'eau et de nénuphars. Vu à travers les regards pratiqués dans l'allée extérieure, l'ensemble apparaît comme une tache lumineuse, piquetée de fleurs aux couleurs chatoyantes, à la façon d'une toile impressionniste.

Broad Walk. – Cette avenue large de 16 m est bordée de tilleuls qui ont remplacé les ormes deux fois centenaires abattus en 1953. Remarquer la statue de la reine Victoria, à 27 ans, œuvre de sa fille, la princesse Louise (1848-1939), en 1893.

Round Pond. – Cette vaste pièce d'eau connaît une grande affluence, surtout le samedi et les jours de fête alors que les enfants et les collectionneurs de modèles réduits y viennent faire naviguer leurs bateaux.

Prendre ensuite l'allée diagonale (Budge's Walk).

Italian Garden. – A l'extrémité de Long Water sont groupés quatre bassins agrémentés de jets d'eau, dans un cadre fleuri. Un pavillon classique ferme la perspective.

Un peu en arrière, petit édifice dit Queen Anne's Alcove et attribué à William Kent.

Long Water. – La Serpentine prend ici le nom de Long Water. Sur ses bords, la statue de **Peter Pan** (1912), œuvre de Sir G. Frampton, attire toujours les petits Londoniens qui viennent caresser les lapins gambadant sur son socle romantique en compagnie des fées. C'est en effet le héros d'un conte (1902) et d'une féerie (1904) du romancier écossais Sir James Matthew **Barrie** (1860-1937) dont le succès s'est prolongé de nos jours par le film de Walt Disney.

On continue à longer Long Water jusqu'à l'extrémité de la perspective de Kensington Palace. Emprunter alors la grande laie marquant cette perspective jusqu'au carrefour central où est érigée la statue équestre (1903) de l'Énergie Physique. Là, prendre l'allée conduisant à l'Albert Memorial, mais avant d'arriver à celui-ci tourner à droite dans l'Allée des Fleurs (Flower Walk).

Peter Pan.

Flower Walk. – Une des allées les plus fréquentées de Kensington Gardens, entièrement bordée de plates-bandes de fleurs, en saison, et aboutissant à la Grande Promenade (Broad Walk).

Albert Memorial★. – Témoignage de l'affection de **Victoria** pour son Prince Consort, le « cher Albert », mort en 1861, ce monument fait preuve d'une exubérance décorative qui fut contestée. Élaboré par l'architecte G. Scott de 1863 à 1872, il comporte un soubassement orné de 178 effigies de marbre figurant les artistes de tous les temps, une statue assise d'Albert, en bronze doré par J.H. Foley, et un dais néo-gothique enrichi de mosaïque et culminant à la hauteur de 53 m. L'ensemble est typique du style victorien.

Le mémorial surélevé sur son socle de 24 marches est entouré d'une plate-forme cantonnée de groupes de marbre symbolisant les continents : l'Asie, par l'auteur de la statue d'Albert avec un superbe éléphant ; l'Europe sur un taureau, entourée par l'Angleterre les pieds baignés par les vagues, la France, l'Allemagne et l'Italie ; l'Afrique avec un sphinx et une « Cléopâtre » sur un chameau ; l'Amérique avec un bison chargeant et un sauvage emplumé.

Face au mémorial, au-delà du parc sur Kensington Road une impressionnante rotonde à coupole de verre a été construite d'après un dessin du prince Albert, lui-même musicien et appréciant aussi bien les arts que les sciences. C'est l'Albert Hall *(p. 82)*.

Albert Memorial.

KENSINGTON★★

BX – Métro : High Street Kensington (Circle et District Lines) ; Holland Park (Central Line).

Village seigneurial pendant des siècles avec de vastes demeures perdues en plein champ, **Kensington** vit sa population croître lentement après le morcellement du domaine.
Les résidences les plus notoires furent Nottingham House, futur Kensington Palace, Holland Park House et, sur le site de Albert Hall, Gore House qui fut de 1836 à 1848, le domicile de l'éblouissante Lady Blessington, célèbre par son salon littéraire où se pressaient les personnalités les plus diverses (Wellington, Thackeray, Dickens, Louis Napoléon en exil).

■ KENSINGTON PALACE★★

Principale résidence royale du 18ᵉ s., le palais de Kensington **(Kensington Palace)**, bâti en briques, conserve un certain charme campagnard. Il est encore propriété de la Couronne.

De beaux jardins (Kensington Gardens) s'étendent vers l'Est où ils joignent Hyde Park.

De Guillaume III à Victoria. – En 1689, après l'incendie de Whitehall, Guillaume III acquit un manoir élevé ici au début du 17ᵉ s. par le duc de Nottingham. Son site aéré et pas trop proche de la Tamise avait séduit le roi dont l'asthme ne supportait pas les brouillards du fleuve. La reine Marie II et lui chargèrent donc **Wren** *(p. 22)* d'agrandir et d'aménager les bâtiments existants pour en faire un palais, à vrai dire assez modeste, puisqu'on le nomma seulement Kensington House : la tour-campanile à l'Ouest, qui servait alors d'entrée, et la façade principale au Sud sont dues notamment au grand architecte.

Les successeurs de Guillaume, la reine Anne, George Ier et George II se plurent dans ce cadre champêtre et ce dernier nommé demanda à **Kent** de rénover le décor d'une partie des appartements. Puis après la mort de George II (1760) et l'installation de George III à Buckingham, Kensington devint la résidence des princes. C'est ainsi que le 9e enfant de George et de Charlotte, Auguste, duc de Sussex (1773-1843) s'y retira, le cœur brisé, après l'annulation, en 1794, de son mariage avec Augusta Murray. Il s'y cloîtra, élevant ses oiseaux et surveillant ses innombrables pendules qui, toutes, devaient sonner à la même heure et entonner, ensemble, marches militaires ou hymnes nationaux.

Le cinquième enfant de George III, Édouard de Kent (1767-1829), a vécu, lui aussi, à Kensington où naquit, en 1819, sa fille Victoria qui passa ici son austère jeunesse.

Grands Appartements (State Apartments). – *Visite de 9 h (13 h le dimanche) à 17 h. Fermés les 24, 25, 26 décembre, 1er janvier et Vendredi Saint. Entrée : £ 2. (enfant £ 1.).*

L'entrée des Grands Appartements, ouverts au public dès 1899, se fait par l'Escalier de la Reine **(Queen's Staircase),** conçu par Wren.

Appartements de la Reine (Queen's Apartments). – Seules la Galerie **(Queen's Gallery)** et la Salle à manger **(Queen's Dining Room)** ont conservé leurs boiseries d'origine. Dans la première, beaux miroirs encadrés de sculptures dorées par Gibbons, en 1691 ; parmi les portraits, Pierre le Grand peint par Kneller lors de la visite du tsar à Londres en 1698 ; le prince d'Orange à 14 ans, futur Guillaume III, par A. Hanneman. Dans la deuxième, au-dessus de la cheminée, juvénile Diane chasseresse, la princesse Marie à 10 ans, par Lely. Dans le Salon **(Queen's Drawing room)** peintures de Kneller : Henry Wise, jardinier du roi et profil de la reine Anne, telle qu'elle apparaît sur les médailles ; baromètre de 1695 (le roi Guillaume III était sensible aux variations atmosphériques). La Chambre **(Queen's Bedchamber)** abrite un précieux cabinet incrusté de marqueterie et de pierres dures (style Boulle).

Appartements du Roi (King's Apartments). – Ici commencent les salles décorées par Kent à partir de 1722. La Salle du Conseil privé **(Privy Chamber)** au plafond à sujet allégorique (roi et reine en Mars et Minerve), offre une jolie perspective sur la Cour de l'Horloge **(Clock Court)** et sa tour à carillon (Clock Tower). L'Antichambre **(Presence Chamber)** possède un plafond blanc à arabesque rouge et bleu dessiné par Kent en 1724 d'après des peintures italiennes du 16e s. d'inspiration pompéienne. Le Grand Escalier du Roi **(King's Grand Staircase),** semblable à celui de la Reine lors de sa construction par Wren en 1689, fut élargi en 1693, orné d'une rampe forgée par **Tijou** *(p. 173),* puis peint (sur toiles) par Kent ; sur les murs apparaissent trophées (médaillon de « Britannia »), grisailles (déités romaines dans fausses-niches), trompe-l'œil à la Vénitienne (galerie de courtisans contemporains avec jeune page en dehors de la balustrade ; plafond où apparaît le peintre lui-même).

La Galerie du roi **(King's Gallery)** longue de 29 m, était prévue pour abriter la collection royale de peinture. Le plafond (1725) relate les aventures d'Ulysse, les grisailles délicates sont dues à un assistant espagnol de Kent, Francis de Valentia (1726). Un cadran pour l'orientation des vents (1624), surplombe la cheminée (un dispositif le reliait à une girouette du toit) ; de part et d'autre, deux grandes compositions s'équilibrent, Jupiter et Antiope par **Rubens** (1614) et Une chasse au sanglier par Snyders (1653).

Appartements de la Reine Victoria (Victoria Rooms). – Ces pièces de caractère plus intime furent destinées à la duchesse de Kent et sa fille, la princesse Victoria, en 1834. Rénové depuis, le salon, fleuri de papiers peints assortis aux tentures a conservé son ambiance victorienne (piano Érard du prince Albert). Jouets dans l'antichambre qui précède la chambre où Victoria âgée de 16 ans, apprit son accession au trône en 1837 ; les deux salles ont été redécorées dans le style Régence.

Les salles suivantes font partie de la suite royale. Le salon **(King's Drawing Room)** dont les trois fenêtres donnent sur le parc et la pièce d'eau, est orné d'un plafond baroque, peint par Kent en 1723 ; une horloge musicale (1730), appelée « Le Temple des Quatre », évoquent quatre Grands de l'Antiquité (Alexandre, Cyrus, Ninos, Auguste). La Chambre du Conseil **(King's Council Chamber),** restaurée, abrite des souvenirs de l'exposition de 1851 (trône indien en ivoire).

La Coupole **(Cupola Room)** est richement ornée à l'Antique avec un plafond en trompe l'œil, simulant une coupole à caissons bleu et or. C'est ici que Victoria fut baptisée en 1819.

Collection d'habits de Cour. – Des robes somptueuses avec leurs accessoires, de rutilants uniformes de cérémonie et autres habits de Cour sont présentés dans leur cadre d'époque (du 18e au 20e s.). On visite également le Salon Rouge où la reine Victoria tint son premier conseil privé en 1837, et la pièce dans laquelle la reine aurait vu le jour.

Pour sortir retraverser les appartements de la Reine et visiter les jardins (p. 76).

■ KENSINGTON VILLAGE

ABY – Métro : High Street Kensington (Circle et District Lines) ; Holland Park (Central Line).

Sur les pentes de la colline s'abaissant en direction de la Tamise, Kensington s'étend de part et d'autre de la commerçante High Street avec de grands magasins Barker's, British Home Stores, Marks & Spencer. Le village a gardé dans une certaine mesure son caractère résidentiel, hérité des siècles précédents où la société londonienne prisait fort son calme et la qualité de son air, comme en témoignent ses anciennes propriétés, Campden House, Holland House et Kensington Palace *(p. 77).*

Pubs typiques. – **Scarsdale Arms,** 23 a Edwardes Square, pub victorien (1807) avec jardin.
Hennekey's, 281 Westbourne Grove près de Portobello Road : jardin.

Kensington Palace Gardens – Palace Green. – Cette somptueuse voie privée est bordée d'opulentes demeures victoriennes, converties en ambassades (la plus remarquable étant celle de Tchécoslovaquie, au n° 25) ou en résidences d'ambassadeurs. L'écrivain W.M. Thackeray est mort en 1863 au n° 2 (ambassade d'Israël) dont il avait conçu les plans. La rue fut longtemps surnommée « Millionaire's Row », la rue des millionnaires.

Kensington Square. – Son origine remonte au 17e s. et depuis il est considéré comme adresse « fashionable » (élégante), surtout quand la Cour résidait à Kensington Palace. Retiré et paisible, Kensington Square recèle encore d'anciennes demeures parmi lesquelles celle, aux nos 11-12, qu'habita Talleyrand de 1792 à 1794 : le Diable Boiteux tuait le temps en corrigeant les épreuves d'un roman de Mme de Flahaut... et en pêchant à la ligne dans la Tamise !

Kensington High Street. – Riche en boutiques et grands magasins, l'avenue offre le **Kensington Market** aux galeries tortueuses regorgeant de « vieilleries » et de modèles dans le vent. A côté, les 7 étages du **Barker's,** où l'on trouve vêtements, comestibles et produits internationaux. Au n° 99, **Roof Garden,** jardin sur le toit, fontaine *(ouvert de 10 h à 18 h ; entrée su Derry St, ascenseur).* Des succursales de C & A aux articles bon marché, côtoient les vitrines alléchantes.

Kensington Church Street. – S'embranchant sur Kensington High Street à hauteur de **St Mary Abbots,** église reconstruite en 1872, la rue gravit la colline entre deux rangées d'antiquaires où sont mêlés des boutiques de mode, une « Pâtisserie française », des libraires et un centre de « Brass Rubbing » *(voir p. 25)* . Sur la gauche se détachent des rues parfois bordées de maisons du 18ᵉ s., comme Holland Street et Bedford Gardens.

Holland Park. – A la périphérie de Londres, Kensington possède en Holland Park un précieux espace vert ayant fait partie, jusqu'en 1952, d'un domaine privé, **Holland House,** longtemps propriété de la célèbre famille Fox, dont les fils aînés portaient le titre de Lord Holland.

De grands amis de la France. – Joufflu et amène, **Charles James Fox** (1719-1806) fut un parangon de charme et d'intelligence au sein de la société « Whig » qui donnait le ton à l'époque géorgienne. Comme son ancêtre Charles II, il joignait à ses qualités naturelles des vices qui l'empêchèrent de jouer un rôle capital dans les affaires. Orateur de classe et fin lettré, ami dévoué, il se montre malheureusement libertin, buveur et fait des dettes au jeu.

En politique, l'ami du prince de Galles (futur George IV) inspire les mêmes sympathies passionnées et, lors des élections, ses partisans portent la tenue « Foxite » : habit bleu, culotte et gilet chamois pour les hommes, queue de renard (fox) au chapeau et manchon de renard pour les femmes. Chef du parti Whig, Fox préconise une politique libérale, négociant la paix avec les Insurgés américains, luttant pour l'abolition de l'esclavage et se montrant fervent partisan de bonnes relations avec la France même révolutionnaire ou impériale : aussi bien Napoléon Bonaparte conservait-il, en bonne place, aux Tuileries, le buste de Fox qui lui avait été donné par **Mrs Damer,** femme-sculpteur, cousine d'Horace Walpole. Mort la même année que Pitt, son irréductible adversaire, Fox fut enterré à Westminster aux côtés de celui-ci.

Neveu de Charles James Henry Richard Vassall Fox, troisième Baron **Holland** (1773-1840), lui aussi de tendances libérales, tint à Holland House un cénacle où se réunissaient députés whigs, écrivains et artistes. En 1815, il protesta contre l'exil de Napoléon à Ste-Hélène ; il a écrit une Vie de Lope de Vega et des Mémoires du parti Whig.

Le manoir (Holland House). – Édifié au début du 17ᵉ s., endommagé par les bombardements, il n'en subsiste d'ancien que l'aile orientale datant de Sir Henry Rich, crée Comte Holland en 1624, propriétaire sous le règne de Charles Iᵉʳ et exécuté en 1649 pendant la Guerre Civile. Près du manoir, d'autres éléments architecturaux ont survécu : les arcades de la cour, l'orangerie et un portail exécuté par Nicolas Stone d'après Inigo Jones.

Le parc. – L'élément le plus intéressant en est un joli jardin de fleurs **(Flower Garden).** Théâtre à ciel ouvert ; restaurant ; concerts de plein air en été.

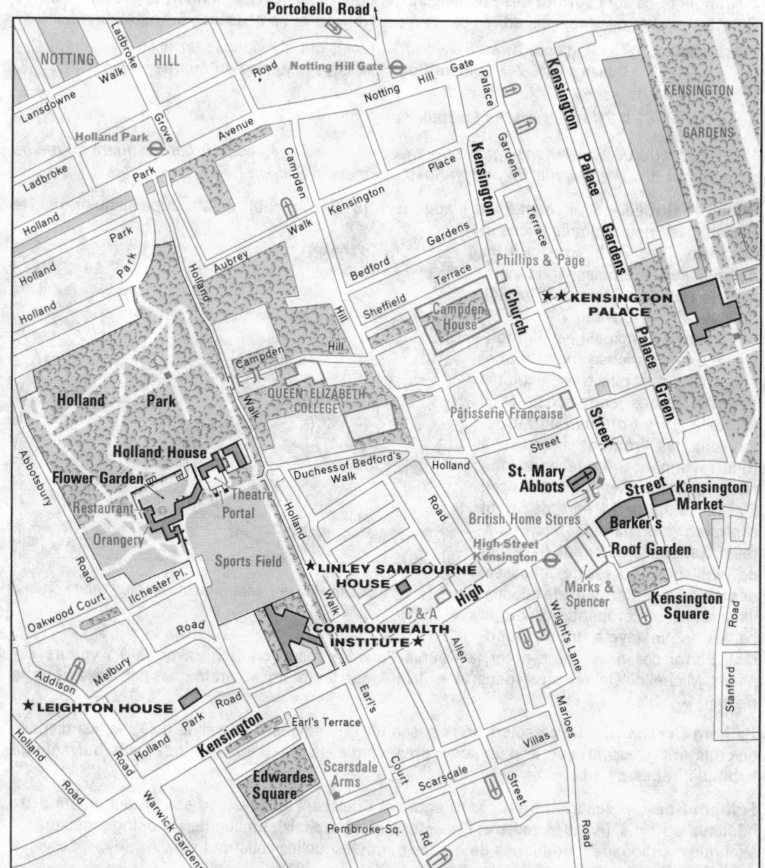

KENSINGTON**

Commonwealth Institute*. – *Kensington High Street. Ouvert de 10 h à 17 h 30 ; le dimanche de 14 h à 18 h. Fermé le Vendredi Saint, les 24, 25, 26 décembre, 1er janvier et 2 mai. Cafétéria, bibliothèque, librairie.*

Fondé en 1887, a été réinstallé en 1962 dans un bâtiment moderne, ingénieusement aménagé. Dans les salles d'exposition, des œuvres d'art, des présentations audiovisuelles et des dioramas évoquent les paysages et les ressources naturelles des pays du Commonwealth britannique ainsi que la vie de leurs habitants.

Leighton House*. – *12 Holland Park Road. Visite de 11 h à 17 h. Fermée les dimanches. En cours de restauration.*

Cette maison fut construite en 1866 par Lord **Leighton** (1830-96), peintre académique de l'époque victorienne ; les pièces sont meublées dans le style de cette époque mais les céramiques du Moyen-Orient et les poteries bleues de **William de Morgan** forment un brillant contraste. Le **Arab Hall** présente un pavement de mosaïques avec fontaine et les murs sont ornés de carreaux des 13e, 16e et 17e s. provenant de voyages à Rhodes, Damas, Le Caire.

Linley Sambourne House*. – *18 Stafford Terrace. Ouvert de mars à octobre, le mercredi de 10 h à 16 h et le dimanche de 14 h à 17 h. Entrée : £ 1.50.*

Edward Linley Sambourne, un des principaux dessinateurs du fameux journal satyrique Punch, s'installa dans cette maison victorienne en 1874. L'intérieur, resté presque inchangé, a été décoré par Sambourne lui-même (vitraux) et par des artistes de son époque. Les murs sont recouverts de dessins et illustrations de Sambourne et de ses contemporains.

Au Sud de Kensington High Street, après l'alignement des vastes demeures toutes semblables de Earl's Terrace (1801), s'étendent sur **Edwardes Square** à l'Est et à l'Ouest, des maisons plus modestes (1820). Le Pembroke Square voisin donnant sur Earl's Court Road est entouré de maisons de style géorgien.

Au Nord de Holland Park, se trouve le quartier de **Notting Hill** où de petites maisons sont implantées sur la colline, abritant des artistes et des antiquaires. Sur **Portobello Road** où l'on peut voir le plus ancien cinéma de Londres, l'**Electric Cinema** (1906), se tient un marché en plein vent ; le samedi est particulièrement animé, le marché aux puces attirant une foule cosmopolite.

■ SOUTH KENSINGTON*

CZ – Métro : South Kensington (Circle, District et Piccadilly Lines).

Bâti essentiellement dans la seconde moitié du 19e s., South Kensington, le quartier le plus typiquement victorien de Londres, s'étend entre Hyde Park et Chelsea. Le « royal borough » présente deux aspects, l'un résidentiel, l'autre intellectuel : le premier, au contact de Chelsea, est prodigue d'espaces verts, crescents, squares, gardens que bordent des maisons à portique bien alignées ; le second, à proximité d'Hyde Park, est marqué par une concentration de musées et d'institutions scientifiques ou artistiques dont plusieurs relèvent de l'Université de Londres.

Aussi bien South Kensington est-il, avec Chelsea, le district londonien où l'on trouve le plus d'étrangers : ce sont surtout des Polonais (le général Anders avait son quartier général Queen's Gate Terrace) et des Français attirés par le lycée français et l'ambassade à Knightsbridge.

Pubs typiques. – **The Anglesea Arms,** Selwood Terrace : pub de village ; terrasse en plein air.
Queen's Elm, 241 Fulham Road : artistes et jeunes du quartier *(voir p. 81).*

VISITE *1 h 3/4 environ sans les musées*

Partir du métro de South Kensington et prendre Thurloe Street, contourner le square du même nom (jardin privé) et gagner Brompton Road qui mène à Fulham Road.

Michelin House. – *81 Fulham Road.* Inauguré en 1910, l'immeuble qu'a occupé jusqu'en 1985 la Société des Pneumatiques Michelin (Michelin Tyre PLC) constitue un des meilleurs exemples londoniens, avec le Harrod's Meat Hall *(p. 84)*, du style « Art Nouveau ».

Michelin House : céramique, Sloane Avenue.

L'entrée principale est surmontée d'une immense baie vitrée, encadrée de pilastres sculptés de trois lettres entrelacées MTC (Michelin Tyre Co) que l'on retrouve sous les frontons incurvés à roue rayonnante des façades latérales (Sloane Avenue et Lucan Place). La lettre M sert de motif central à des panneaux en bas-relief composés de pneus (tyres) et de feuillages. Au rez-de-chaussée, des tableaux de carreaux de faïence, illustrent les compétitions de la belle époque (cycle, moto, voitures). Parmi ces pavements noter la Course Paris-Bordeaux en 1895, avec la 1re voiture sur pneus Michelin. On retrouve dans le hall intérieur les mêmes céramiques, en frise sous le plafond.

Pelham Crescent. – Ce caractéristique ensemble de demeures du milieu du 19e s. est disposé en croissant (crescent) autour d'un jardin privé dont seuls les riverains ont des clés, suivant une habitude fréquente à Londres.

Fulham Road. – Séparant South Kensington et Chelsea, Fulham Road est, en dehors de deux hôpitaux du 19e s. **(Royal Marsden et Brompton Chest Hospitals)**, un lieu de shopping ; restaurants exotiques, antiquaires, boutiques de modes parmi lesquelles celle de Laura Ashley, spécialisée dans les « remakes » de robes et colifichets 1900 (au no 161).

Queen's Elm Square. – Pittoresque groupe de bâtiments de style Tudor entourant un jardin privé. En cet endroit, Élisabeth Ire se serait abritée sous un orme (elm) lors d'un orage.

A l'angle d'Old Church Street et de Fulham Road, un ancien cimetière juif (Western Synagogue Cemetery), utilisé de 1816 à 1884, fait face au **Queen's Elm,** pub bien connu, rendez-vous d'écrivains et d'artistes.

Tourner à droite dans Elm Place (jolies maisons fleuries) puis dans Selwood Place qui se termine en cul-de-sac sur le chevet de l'église arménienne de St-Pierre et coupe sur la droite Neville Terrace que l'on suit en direction d'Onslow Gardens et Queen's Gate. A l'angle N.O. du carrefour Queen's Gate Cromwell Road se trouve **Baden Powell House,** quartier général du mouvement des scouts, abritant une exposition sur son fondateur *(ouverte de 9 h à 18 h).*

Institut français. – Construit en 1939, il dépend de l'Université de Lille et dispense un enseignement de qualité à 3 500 élèves dont 2 250 au Lycée français.

Musée d'Histoire Naturelle★★ (Natural History Museum). – *Visite de 10 h (14 h 30 le dimanche) à 18 h. Fermé le 1er janvier, le Vendredi Saint, le 1er mai, les 24, 25 et 26 décembre.*

Ce musée est logé dans une manière de gigantesque cathédrale romane, bâtie de 1873 à 1880 par Alfred Waterhouse. La façade, dominée par deux tours de style byzantin, atteint 205 m de long. Ses collections, dont l'origine remonte à **Hans Sloane** *(p. 38 et 46),* sont classées en cinq départements : zoologie, entomologie, paléontologie, minéralogie, botanique.

Rez-de-chaussée. – Dans le grand hall central, large de 52 m et haut de 23 m, aux arches métalliques soutenant un plafond à caissons peints de motifs floraux, sont disposés des animaux naturalisés, éléphants, rhinocéros, hippopotames ainsi que les squelettes de dinosaures (diplodocus de 27 m de long). L'aile Ouest *(à gauche en entrant)* est occupée par les oiseaux présentés dans leur milieu naturel. De là, on peut passer dans la galerie des insectes, celle des inverterbrés marins, la grande salle de biologie humaine, **Human Biology Hall** et, au-delà, celle des cétacés **Whale Hall** *(réaménagement en cours)* où l'on trouve la « baleine bleue » de 27 m de longueur.

L'aile Est *(à droite en entrant)* est consacrée à la paléontologie, avec ses fossiles de plantes et d'animaux.

Premier étage. – Passé la salle d'écologie, parcourir la galerie des mammifères (beaux dioramas africains) et, dans l'aile Est, celle de minéralogie : minéraux rares, pierres précieuses, météorites.

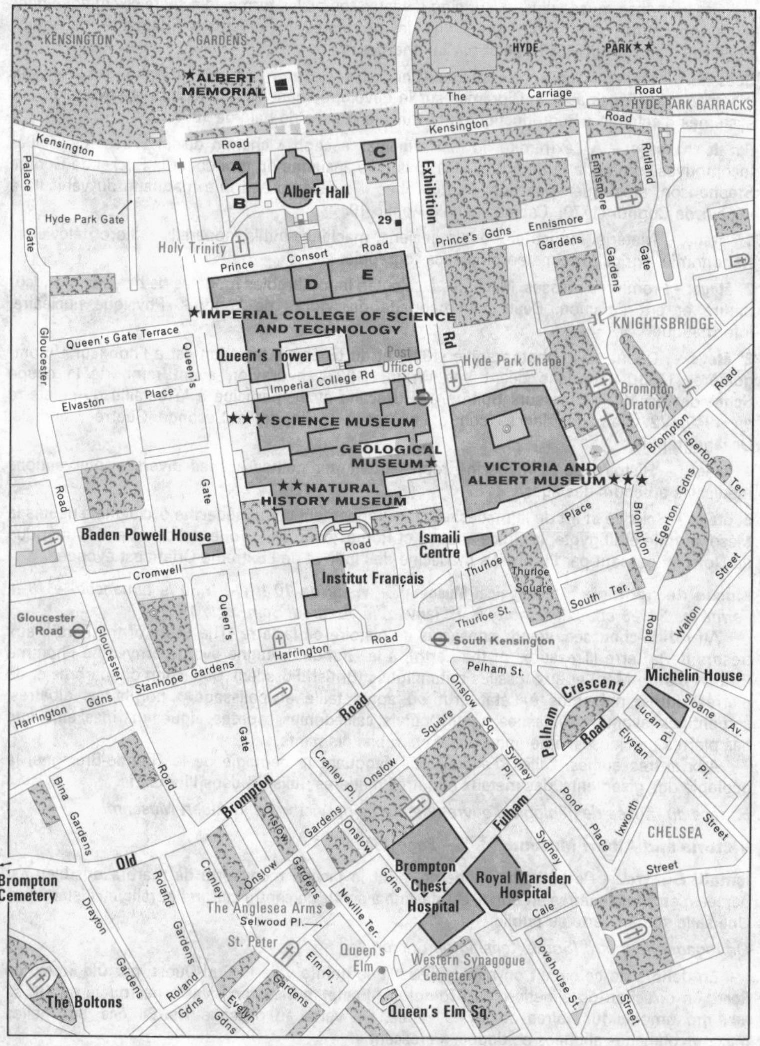

Second étage. – Les collections de botanique occupent l'étage : coupe d'un tronc d'arbre californien vieux de 1 335 ans, dioramas et herbier de 600 fleurs champêtres croissant en Grande-Bretagne.

Revenir à Queen's Gate qui laisse à droite Imperial College Road. Emprunter Prince Consort Road.

On passe devant l'église Holy Trinity (1909).

Albert Hall. – Non moins spécifiquement victorien, mais cette fois de style Renaissance italienne, l'Albert Hall, bâti sur plan curviligne de 1867 à 1871, présente un appareil de briques sur lequel se détache une frise de terre cuite évoquant le Triomphe des Arts. Il peut recevoir 8 000 spectateurs. Utilisé comme salle de réunions et de concerts, l'Albert Hall est le cadre des fameux **« Proms »** *(p. 27)* ou **Promenade Concerts.**

A côté de ce temple de la Musique servant aussi à des réunions sportives, sont groupées de nombreuses institutions : **Royal College of Art** (1961) (A), **Royal College of Organists** (1875) (B), **Royal Geographical Society** (1830) (C), **Royal College of Music** (D) avec tourelles en poivrière (1883). Dans ce dernier un musée instrumental **(Museum of Instruments)** abrite 450 instruments de musique parmi lesquels une épinette de Haendel et un clavecin de Haydn *(ouvert sur rendez-vous, le mercredi ☏ 01-589 3643).* Le collège possède également une collection de portraits **(Department of Portraits).**

Collège Impérial des Sciences et Techniques★ (Imperial College of Science and Technology). – Cet énorme ensemble limité au Nord par Prince Consort Road où il englobe le collège royal de Musique et l'École des Mines **(Royal School of Mines)** (E) à façade néo-géorgienne (1913), s'étend au Sud au-delà de l'Imperial Institute Road, jouxtant le musée des Sciences. Les bâtiments d'un style néo-classique du début du 20ᵉ s. sont dominés par une haute tour (Queen's Tower) qui faisait partie de l'ancien Institut Imperial construit de 1887 à 1893 par Collcutt, après l'exposition coloniale de 1886.

On débouche dans Exhibition Road dont le nom évoque les Grandes Expositions passées.

Hyde Park Chapel est la première chapelle Mormon construite à Londres, en 1960. Elle est située en face du bureau de poste (Post Office) qui abrite une sortie de métro.

Musée des Sciences★★★ (Science Museum). – *Visite de 10 h (14 h 30 le dimanche) à 18 h. Fermé les 24, 25, 26 décembre, le 1ᵉʳ janvier, le Vendredi Saint et le 1ᵉʳ mai. Salon de thé au 3ᵉ étage (ouvert jusqu'à 17 h).*

Cet immense musée illustre, sur cinq niveaux, toutes les formes d'activité scientifique dans leurs applications pratiques. A noter une des premières vues picturales d'un site industriel : Coalbrookdale la nuit (1801), peint par Loutherbourg.

Sous-sol. – Initiation pour les enfants (Children's Gallery) : jouets scientifiques. *Séances cinématographiques à 11 h.* Dioramas sur le développement des transports et l'évolution des systèmes d'éclairage. Reproduction d'une cuisine et salle de bain de 1880.

Rez-de-chaussée. – A l'extrémité du hall principal, section « chemin de fer » avec de vieilles locomotives comme la Puffing Billy (1813), la plus ancienne du monde, et la Rocket de George Stephenson, ainsi que la section « automobile » qui comprend une maquette du véhicule à vapeur de Cugnot (1770). Cabine spatiale Apollo 10.

1ᵉʳ étage. – Matériel industriel : outils anciens, machines-outils, appareils radio et télévision. Astronomie, agriculture, météorologie, cartographie, etc.

2ᵉ étage. – Premières presses. Machines à calculer. Innombrables modèles de bateaux grandeur nature et en réduction. Beau plan-maquette des docks de Londres. Physique nucléaire, informatique.

3ᵉ étage. –. Début de la photographie (1835) et du cinéma. L'aviation est à l'honneur : montgolfière (1783), aéroplane des frères Wright (1903), hydravion ayant remporté la coupe Schneider en 1931, chasseurs Spitfire et Hurricane ayant participé à la bataille d'Angleterre en 1940, V2 allemands lancés contre Londres à la fin de la Seconde Guerre mondiale. Océanographie.

4ᵉ étage. – Histoire de la médecine représentant par petites scènes diverses interventions médicales au cours des âges.

5ᵉ étage. – Science et art de la médecine : développement de la médecine occidentale depuis la Mésopotamie et l'Égypte, la Grèce antique et Rome, jusqu'à l'Europe occidentale et l'Amérique du Nord en passant par l'Islam. La médecine de l'Inde et de l'Extrême-Orient est évoquée.

Musée de géologie★ (Geological Museum). – *Visite de 10 h (14 h 30 le dimanche) à 18 h. Fermé les 24, 25 et 26 décembre, le 1ᵉʳ janvier, le Vendredi Saint et le 1ᵉʳ mai.*

Au rez-de-chaussée, stands consacrés à l'histoire de la terre (The Story of the Earth), aux trésors de la terre (Treasures of the Earth), à la Grande-Bretagne avant l'arrivée de l'homme (Britain before Man) et aux fossiles britanniques (British Fossiles). Collection de marbres et de pierres dures, présentés à l'état brut ou après taille et polissage : porphyres, albâtres, serpentines, aventurines, jaspes, agates, béryls, calcédonies, topazes, aigues-marines, ainsi que des pierres précieuses, émeraudes, saphirs, rubis, diamants...

Aux autres étages, salles d'expositions évoquant la géologie de la Grande-Bretagne, la géologie des gisements, des métaux et autres matières utilisées dans l'industrie.

En face du musée de géologie s'ouvre une entrée du Victoria and Albert Museum.

Victoria and Albert Museum★★★. – *Page 135.*

Ismaili Centre. – Ce bâtiment moderne, dont la façade recouverte de marbre gris-bleu est percée d'étroites fenêtres en ogive, est destiné à servir de centre culturel et religieux islamique. Une salle sera ouverte au public.

On regagne le métro (South Kensington Station).

En dehors de ce circuit on peut pousser une pointe vers le Sud-Ouest, par **Old Brompton Road,** en direction du cimetière de Brompton **(Brompton Cemetery),** vaste nécropole du 19ᵉ s., aux monuments funéraires de styles variés. On verra au passage **The Boltons,** aux belles maisons blanches alignées en double « crescent ».

KNIGHTSBRIDGE - BELGRAVIA ★★

CDY – Métro : Knightsbridge et Hyde Park Corner (Piccadilly Line).

A l'Est de Sloane Street et proximité de Buckingham Palace, **Belgravia,** d'une distinction un peu froide, aligne ses majestueuses demeures néo-classiques à « mews » *(p. 22),* jadis résidences de la haute société londonienne, désormais de plus en plus colonisées par des ambassades, des consulats et même par des sièges de firmes commerciales ou industrielles.

En juillet lorsque la reine donne ses « garden parties », on y rencontre souvent dans les rues des invités en grande tenue, hommes en hauts de forme gris et femmes à longs gants blancs, se dirigeant vers le palais.

Limitrophe de Belgravia et à proximité de Hyde Park, **Knightsbridge** est un quartier résidentiel où vivent beaucoup de personnalités du monde du spectacle. Il est axé sur **Brompton Road** et **Sloane Street** où voisinent marchands de tableaux, antiquaires et décorateurs, magasins (Harvey Nichols), boutiques spécialisées comme la Scotch House (objets et tissus écossais, salle ronde tapissée de rayonnages à « tartans »), Jackson (épicerie fine), Truslove et Hanson (librairie), National Fur Company (fourrures), et l'ambassade du Danemark **(Danish Embassy).**

Pubs typiques. – **The Bunch of Grapes,** 207 Brompton Road : ambiance victorienne, porto et sherry (xérès) tirés directement du tonneau.
Tattersalls Tavern, Knightsbridge Green : souvenirs et objets équestres.
The Grenadier, 18 Wilton Row : fréquenté jadis par Wellington.
Duke of Wellington, 63 Eaton Terrace : Vieille Angleterre (boiseries, portraits de Wellington et de militaires).

UN PEU D'HISTOIRE

Une opération immobilière bien menée. – Au début du 19e s., on ne voyait, à l'emplacement de Belgravia, que landes, pâtures et cultures maraîchères dépendant d'un domaine de la famille Grosvenor. Puis, en 1825, le Parlement ayant acquiescé à la demande de George IV d'établir la résidence royale à Buckingham, les terrains voisins prirent de la valeur et les Grosvenor décidèrent de louer les leurs.

Or, parmi les adjudicataires, se trouva un architecte-entrepreneur, **Thomas Cubbitt** (1788-1855), simple charpentier à ses débuts, qui venait de faire bâtir à Bloomsbury *(voir p. 36).* Alléché par les profits de cette première expérience réussie, il se fit, avec un certain Seth Smith, le principal promoteur du futur district de Belgravia.

Le sol, marécageux, devant être assaini et nivelé, Cubbitt acheta les déblais laissés par le creusement des docks du port de Londres et les fit amener par la Tamise. C'est ainsi que de vulgaires gravats de l'East End furent à l'origine du nom de l'aristocratique Belgravia.

Enfin, Thomas Cubbitt traça le plan de masse, spacieux et aéré, du nouveau quartier, faisant appel à son frère cadet, Lewis, et à **George Basevi,** élève de John Soane *(p. 70)* et cousin de Disraeli, pour concevoir les modèles des maisons. En 1835, l'ensemble était à peu près terminé.

Un passé rural. – Né d'un village établi près d'un pont sur la Westbourne (actuellement Albert Gate), Knightsbridge était connu pour ses auberges, ses maisons de campagnes et ses jardins d'agréments fréquentés par Pepys et ses amis. Au 18e s., Miss Pitt, la sœur du premier Pitt (Lord Chatham), y avait fait tracer un joli parc dont s'inspirèrent, en France, les dessinateurs des nouveaux jardins anglais, et **Beaumarchais** s'y était fait construire, en 1785, sur Sloane Street, un pied-à-terre pour ses fréquents séjours londoniens. A partir de 1766, les établissements **Tattersall** organisèrent, à Knightsbridge Green, les fameuses ventes de chevaux de race qui attiraient les amateurs passionnés de chasse à courre et de courses hippiques.

A Brompton, ce n'était que prés alternant avec jardins maraîchers et vergers. L'air était excellent et c'est dans une ferme de Brompton Grove, aujourd'hui **Ovington Square,** que l'amie du comte d'Artois, **Louise de Polastron,** atteinte de phtisie, se retira durant la dernière phase de la maladie qui devait l'emporter, le 27 mars 1804.

■ CURIOSITÉS *visite : 2 h*

Belgrave Square★★. – Il a bien conservé son aspect original avec ses rangées de maisons construites sur les dessins de Basevi et, aux angles, ses hôtels particuliers parmi lesquels, à l'Est, Seaford House qu'habita, de 1841 à 1870, le grand homme d'État Lord John Russell. L'oncle de la reine, le duc de Kent (mort en 1942), avait sa demeure au n° 3. Bien que l'ensemble paraisse d'une grande unité, il faut noter que colonnades et portiques sur chacun des côtés présentent un dessin différent, de même que les pavillons d'angle.

Au Nord-Ouest du square, on trouve **Wilton Crescent** et Wilton Place avec l'église St Paul de style perpendiculaire, élevée en 1843. Dans Motcomb Street, remarquer au n° 19 le **Pantechnicon,** bâtiment à façade dorique conçu par Seth Smith. Restauré en 1971, il est utilisé par Sotheby's Belgravia, annexe de Sotheby's *(p. 37)* pour la vente aux enchères d'objets d'arts du 19e s. En face, remarquer un entrepôt analogue et sur le même côté des boutiques d'antiquaires dont les façades postérieures donnent sur des arcades (Halkin Arcade) et un agréable jardin.

Halkin Street (West) est connue pour ses boutiques d' « antiquailles ».

Eaton Place. – Au n° 99, **Chopin** donna, en 1848, son premier récital londonien.

Eaton Square. – De part et d'autre de King's Road, c'est une adresse très élégante : belles maisons cossues des ducs et pairs, aux portiques peints en blanc formant terrasses à leur partie supérieure.

A l'extrémité d'Eaton Square, **St Peter's** (1876) voit se dérouler de grands mariages.

Ambassade de France (French Embassy). – *N° 58 Albert Gate.* Elle occupe une des deux maisons jumelles bâties en 1852 pour un certain Hudson, enrichi dans les chemins de fer, maisons qui étaient alors les plus hautes de Londres. Le **comte Walewski,** fils de Napoléon, y installa l'ambassade en 1854 et y reçut Napoléon III et l'Impératrice Eugénie ; avant la Première Guerre mondiale, Paul Cambon y négocia l'Entente Cordiale.

Hyde Park Barracks. – *Knightsbridge.* Ces casernes en briques sombres ont été élevées en 1971 par B. Spence. La tour abrite au 2e étage des écuries avec rampe d'accès pour les chevaux.

Harrods. – Grand magasin le plus élégant de Londres, Harrods peut fournir n'importe quoi, « même un éléphant ». Sa création remonte à 1849 mais l'immeuble actuel date seulement du début du siècle : à l'intérieur, au rez-de-chaussée, le « Meat Hall » est un curieux et rare exemple, avec la Michelin House *(p. 80)*, de style 1900 « Art Nouveau ».

Montpelier Square★. – Après **Trevor Square** (1818), **Brompton Square** (1826), **Montpelier Square** (1837) marque l'achèvement du style géorgien avec un bel ensemble de maisonnettes à balcons et grilles de fer forgé. Entre ces squares se dessinent des entrelacs de ruelles bordées de cottages fleuris (Rutland Street).

All Saints. – Église orthodoxe russe du 19ᵉ s., située près d'**Ennismore Gardens,** voie longée par des demeures victoriennes.

Beauchamp Place. – Charmante rue bordée de maisons basses de style Regency, à balcons de fer forgé. Boutiques de modes, d'antiquités, d'alimentation fine, que fréquente une clientèle huppée. Voir aussi **Yeoman's Row,** aux alignements de maisons modestes en briques (1768).

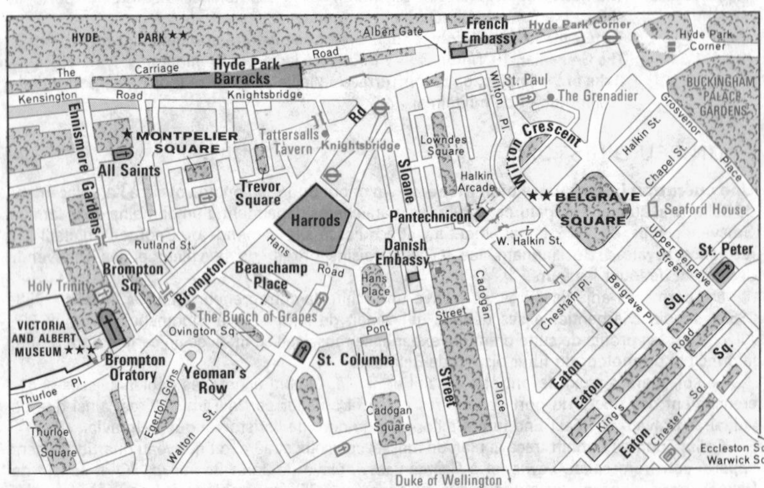

St Columba. – Église à coupole verte et tour carrée (1955).

L'Oratoire de Londres (The London Oratory). – *Ouvert de 6 h 30 à 21 h (20 h 30 les samedis et dimanches). Les offices sont réputés pour la beauté et la liturgie et l'accompagnement musical (grand-messe en latin, le dimanche à 11 h).*

C'est le **cardinal Newman** (1801-1890), converti au catholicisme en 1845, qui introduisit en Angleterre la Congrégation de l'Oratoire fondée à Rome par l'abbé Néri, en 1575. L'oratoire de Londres, improprement appelé **Brompton Oratory,** commencé en 1880, est de style baroque italien avec une large façade (1890) à péristyle. Un dôme de plomb érigé en 1896, coiffe le transept.

L'intérieur est imposant avec de riches revêtements de marbres polychromes. Douze statues baroques, sculptées par l'Italien Mazzuoli (1644-1725), disciple de Bernin, représentent les apôtres grandeur nature. A droite du chœur éclairé par une petite coupole, la vaste **chapelle St-Wilfrid** finement décorée de rinceaux d'or, possède un retable majestueux du 17ᵉ s., provenant de l'église St-Servais à Maastricht.

Dans le transept droit, la **chapelle de la Vierge** abrite un superbe **retable** Renaissance provenant de l'église dominicaine de Brescia (délicate mosaïque de marbres et pierres fines).

LAMBETH - KENNINGTON

FYZ – Métro : Lambeth North (Bakerloo Line) ; Oval (Northern Line).

L'actuel quartier de Lambeth, sur la rive Sud de la Tamise, a pour origine un village lui-même grandi à l'ombre d'un manoir qui est, depuis le 13ᵉ s., la résidence de l'archevêque de Canterbury, primat de l'église anglicane.

Palais de Lambeth (Lambeth Palace). – *On ne visite pas l'intérieur.*

Le palais de Lambeth est le dernier survivant des palais seigneuriaux jadis échelonnés le long de la Tamise et disparus, pour la plupart, au siècle dernier. Il est composé d'un amalgame de bâtiments dont les plus anciens remontent au 13ᵉ s. : certains datent seulement du 19ᵉ s. mais l'ensemble n'en est pas moins attachant par la diversité des bâtiments de briques rouges, à cheminées Tudor, et les souvenirs historiques qui s'y rattachent.

Tour Morton (Morton Tower). – Plutôt que d'une tour, il s'agit d'un châtelet, édifié en 1490 pour le Cardinal Morton, ministre de Henri VIII, et commandant l'entrée du palais qui peut se faire par porte charretière ou porte piétonne.

Une aile bâtie de 1828 à 1833 constitue la demeure personnelle des archevêques. Dans la cour, figuiers issus, dit-on, d'une souche du 16ᵉ s.

Grand Hall (Great Hall). – 17ᵉ s. Ravagé à l'époque de Cromwell, il fut reconstruit sous Charles II dans son style gothique d'origine et transformé en bibliothèque. Remarquable voûte de charpente.

Tour des Lollards (Lollards' Tower). – 15ᵉ s. Portant à l'origine le nom de Tour de l'Eau (Water Tower), elle servait de prison et les « Lollards » (bavards) hérétiques y furent, d'après la tradition, enfermés.

L'Ancien jardin archiépiscopal est ouvert au public depuis 1900, il couvre environ 4 hectares.

Greater London Fire Brigade Headquarters. – *Albert Embankment.* Le quartier général du Corps des sapeurs-pompiers du Grand Londres comporte un effectif de 7 000 personnes réparties dans 114 casernes, avec 600 véhicules et 2 bateaux-pompes, répondant chaque année à 117 000 appels.

Lambeth Walk. – Connu autrefois pour son marché en plein vent, célèbre par une chanson et une danse, c'est une rue bordée d'immeubles d'habitation et de pelouses.

St Mary-at-Lambeth. – *Lambeth Road. Visite de 11 h à 15 h (10 h 30 à 17 h le dimanche). Fermée le samedi et du 2e dimanche de décembre au 1er dimanche de mars.*

Tour du 14e s. ; le reste de l'édifice a été reconstruit en 1851, restauré en 1981 et converti en **musée des jardins.** Dans le cimetière, tombe des jardiniers du roi, **John Tradescant,** père et fils, qui ont herborisé à travers le monde, au 17e s.

Musée de la Guerre (Imperial War Museum)★. – *Visite en semaine de 10 h à 17 h 50, le dimanche de 14 h à 17 h 50. Fermé les 24, 25, 26 décembre, 1er janvier, Vendredi Saint et le 1er mai. Librairie ; cafétéria.*

Consacré aux dernières guerres, le musée est aménagé dans le corps central d'un ancien asile d'aliénés, l'hôpital de Bethléem, construit en 1812, augmenté d'une coupole en 1843 mais amputé de ses ailes en 1930, ce qui lui donne un bizarre aspect tronqué.

Le rez-de-chaussée, qui est la partie la plus intéressante, est divisé en trois sections consacrées aux opérations maritimes (galerie centrale), terrestres (galerie de droite) et aériennes (galerie de gauche). On peut y voir quelques-unes des pièces les plus spectaculaires du musée : sous-marin de poche allemand, torpille humaine italienne, chars, avions parmi lesquels un Spitfire ayant pris part à la Bataille d'Angleterre, V1 et V2, etc. Nombreux modèles réduits, maquettes, armes, uniformes, décorations, insignes, souvenirs de toutes sortes, œuvres d'art parmi lesquelles deux bustes par Epstein, etc. La collection de peintures est riche de 10 000 œuvres *(on n'en voit qu'une partie)* parfois dues à des artistes anglais connus, tels Moore, John Piper, Sutherland, Kennington... Une bibliothèque et un service d'archives, très riche en documents cinématographiques, complètent ces collections.

L'histoire militaire antérieure est évoquée au musée de l'Armée de Chelsea *(p. 49).*

St George Roman Catholic Cathedral. – *Lambeth Road.* La cathédrale St-Georges inaugurée en 1848, fut dessinée par **A.W. Pugin** (1812-1852), passionné de Gothic Revival *(p. 23),* qui termina ses jours dans l'asile voisin, actuel Imperial War Museum.

Détruite par les bombes à la dernière guerre, elle fut reconstruite par Romilly Bernard Craze, en 1958 (les projets de Pugin ne furent jamais réalisés).

Kennington

La construction du premier pont de Westminster, en 1750, entraîna l'urbanisation des villages de Kennington et Vauxhall. Jusqu'à cette époque, le bac assurait les liaisons avec la capitale. C'est ainsi qu'en 1339 le Prince Noir (Black Prince) traversa la Tamise pour gagner le manoir donné par son père Édouard III ; la voie qu'il suivit porte le nom de Black Prince Road. Le Prince Noir fit construire un somptueux palais, détruit par Henri VIII en 1531 (plaque marquant son emplacement : 160 Kennington Lane, Edinburgh House).

A l'époque de Pepys *(p. 27),* des jardins s'étendaient entre l'Embankment et Kensington Lane ; ces **Spring Gardens** devenus à la mode en 1732, prirent le nom de **Vauxhall Gardens** et attirèrent une foule élégante venue écouter de la musique et admirer les feux d'artifices. La clientèle ayant évolué, ces lieux acquirent une triste réputation au 19e s. et furent fermés. D'autres jardins les **Cuper's Gardens** eurent leur temps de gloire éphémère (à l'emplacement de South Bank). Aux 18e et 19e s., de belles demeures s'alignèrent sur Kennington Road aux nos 104, 121, 150 (noter au no 287, la présence d'une plaque signalant que Charlie Chaplin vécut dans le quartier) et Kennington Park Road (no 180) ainsi que **Cleaver Square** et **Courtenay Square.**

The Oval. – Ancien jardin maraîcher devenu terrain de jeu en 1845 pour le Surrey Country Cricket Club. Sur la côte Est, grille érigée en l'honneur du célèbre joueur de cricket, le premier à être promu chevalier, Sir Jack Hobbs (mort en 1963).

Kennington Park. – A l'entrée du parc, deux cottages de l'exposition de 1851 ont été réédifiés : maisons modèles pour cité ouvrière, érigées par le prince Albert. Le parc, ancien pâturage et lieu de rassemblement a été clôturé en 1852.

MADAME TUSSAUD'S ★

DV – Métro : Baker Street (Bakerloo, Circle et Metropolitan Lines). *Voir plan p. 97.*

Jumelé avec le « London planetarium », « Madame Tussaud's » est le musée Grévin de Londres... en mieux, car ses collections comprennent des figures de cire anciennes et souvent plus artistiques que celle de son homologue parisien.

Qui êtes-vous Madame Tussaud ? – Je suis née en 1761 et mon patronyme est Marie Grosholz. Dès l'âge de six ans je fus envoyée à Paris chez mon oncle, le Bernois Philippe Creutz, dit **Curtius,** qui en 1770 allait ouvrir son premier Cabinet de cire.

Devenue l'élève de mon oncle, je fis à 17 ans mon premier portrait, celui de Voltaire, et peu après je commençai à enseigner les rudiments de la sculpture en cire à Madame Élisabeth, sœur du roi ; j'eus alors l'occasion, avec mon oncle, de réaliser les figures de la famille royale, effigies que le peuple parisien jeta dans la Seine au moment de la Révolution. En même temps que l'appui des souverains, la faveur nous vint et oncle Philippe posséda bientôt deux galeries d'expositions, l'une boulevard du Temple et l'autre au Palais Royal.

Mais mon oncle était attiré par les idées nouvelles. Le 12 juillet 1789, à la suite du renvoi de Necker, un cortège conduit par Camille Desmoulins vint quérir chez lui le buste de ce ministre et celui du duc d'Orléans qui furent promenés, voilés de noir, à travers Paris. Deux jours plus tard il participait à l'attaque de la Bastille et je pus prendre le masque mortuaire du gouverneur de la forteresse, de Launay. Regardez-moi bien, avec mon nez crochu, mon menton en galoche et mes lèvres minces, ai-je l'air d'une femme sensible ?

MADAME TUSSAUD'S*

(D'après photo « Madame Tussaud's », Londres)

Madame Tussaud.

Sous la Terreur il fallait vivre. C'est ainsi que mon oncle et moi-même fûmes conduits à modeler en cire les masques des victimes illustres de cette époque : Louis Capet et sa veuve, Marat, Hébert, Robespierre, Fouquier-Tinville. Puis mon oncle mourut ; j'héritai de son cabinet et, la Terreur ayant pris fin, j'épousai un ingénieur de Mâcon, Monsieur Tussaud. J'avais 34 ans, lui 26 ; il me donna deux fils et une fille durant les 8 ans que nous vécûmes ensemble.

Car en 1802 nous nous séparâmes ; mon mari resta à Paris pour gérer une partie du fonds Curtius, lequel périclita par la suite ; quant à moi, je gagnai l'Angleterre que je devais sillonner durant 33 ans, présentant mes cires avec mes fils qui réglaient les éclairages et le son.

Puis, en 1835, je me lassai de ces pérégrinations, j'avais alors 74 ans et je décidai de m'établir à Londres, Baker Street, où j'entrepris d'écrire mes Mémoires qui parurent en 1838. Il y avait déjà eu à Londres, au siècle précédent, un musée de cire, dirigé par une certaine Mme Salmon, mais je réussis à perfectionner le procédé.

En 1842, alors que j'atteignais mes 81 ans, j'entrepris mon propre portrait en cire : voyez comme ma physionomie reste, malgré l'âge, aiguë et déterminée. Aujourd'hui encore, en cette année 1850, je surveille les entrées des touristes dans mon musée et croyez que je contrôle la comptabilité de fort près !

Cependant j'ai fait préparer ma tombe dans le petit cimetière St Mary's, Cadogan Gardens, près de Sloane Square, où sont enterrés maints émigrés français. Les temps sont proches... Adieu monsieur !

Le musée. – *Visite de 10 h à 18 h (17 h 30 d'octobre à mars). Fermé le 25 décembre. Entrée : £ 3.30 ; enfants : £ 1.85. Ticket groupant le musée et le planétarium : £ 4.45 ; enfants : £ 2.55. Cafétéria.*

Le grand Hall. – Effigies des célébrités contemporaines traditionnellement présidées par le souverain régnant, ici la Reine Élisabeth II, et par la fondatrice du musée, Mme Tussaud.

Portraits en cire de Benjamin Franklin et de Washington, exécutés à Paris, respectivement en 1783 et 1802, et Henri VIII entouré de ses six femmes.

Les « tableaux ». – Reconstitution de scènes historiques. Les plus connues évoquent les Enfants d'Édouard passant leur dernière nuit dans la Tour de Londres, Marie Stuart prête à recevoir la hache du bourreau, Mme du Barry dormant, modelée en 1765 par Curtius dans l'éclat d'une beauté que la pudique Madame Tussaud fit voiler de noir.

Galerie des Héros. – Les vedettes de l'actualité s'y succèdent.

La bataille de Trafalgar. – Le bruit et la fureur : évocation de la célèbre bataille navale et de la mort de Nelson à bord du Victory, avec la fumée, les canons tonnant, les cris.

Chambre des Horreurs. – Conçue comme une prison elle rassemble les masques funéraires en cire des grandes victimes de la Révolution française, Louis XVI, Marie-Antoinette, Marat, Robespierre ; guillotine dont le couperet a servi sous la Terreur. On peut voir aussi la potence de la prison de Hertford, l'effigie de Harry Allen, le dernier bourreau anglais. Reconstitution d'exécutions capitales : garrot, chaise électrique, peloton d'exécution. Sinistre rue de Jacques l'Éventreur.

Le Planétarium. – *Séances toutes les heures de 11 h à 16 h 30. Fermé le 25 décembre. Entrée : £ 1.85 ; enfants : £ 1.20 ; billet groupé avec le musée : voir plus haut.*

Formant dôme, il présente les découvertes des grands astronomes ; une projection permet ensuite de suivre sur la voûte du ciel étoilé le mouvement de la lune et des planètes ; commentaires et musique appropriés.

Laserium. – *Séances à 18 h et 19 h 30 ; les vendredis et samedis séance supplémentaire à 21 h, tous les soirs en juillet et août. Fermé le lundi et le mardi. Entrée : £ 2.75 ; enfants : £ 1.75.*

Concerts : de la musique classique au rock, sur des effets de couleurs au rayon laser.

MAYFAIR *

DX – Métro : Bond Street (Central Line) et Green Park (Piccadilly et Victoria Lines).

Mayfair, le quartier le plus élégant et le plus coûteux de Londres, avec Belgravia, occupe le territoire de la paroisse St George, délimitée par Hyde Park, Oxford Street, Regent Street, Conduit Street, Bond Street et Piccadilly. C'est un des derniers bastions du « Tout Londres » à l'accent d'Oxford.

Pubs typiques. – **Coach and Horses,** Bruton Street : vieille maison 17e s.
Ye Bunch of Grapes, 16 Shepherd Market : décor victorien.
Grosvenor Arms, 2 Grosvenor Street : décor moderne très confortable.
Running Footman, 5 Charles Street : décor géorgien.
Shepherds, 50 Hertford Street : décor du 18e s.

Au rendez-vous des célébrités. – Mayfair a été urbanisé au début du 18e s. à proximité de l'endroit où se déroulait au siècle précédent la fameuse foire de Mai (May Fair), supprimée par George III en raison des débordements auxquels se livraient les participants.

A la fin du 18e s. règnent les salons qui vont de la réunion mondaine à base de petits fours jusqu'au cercle gastronomique comme ce Savoir-Vivre Club dont les membres, nommés « macaronies », se réunissent pour comparer différentes sortes de pâtes italiennes.

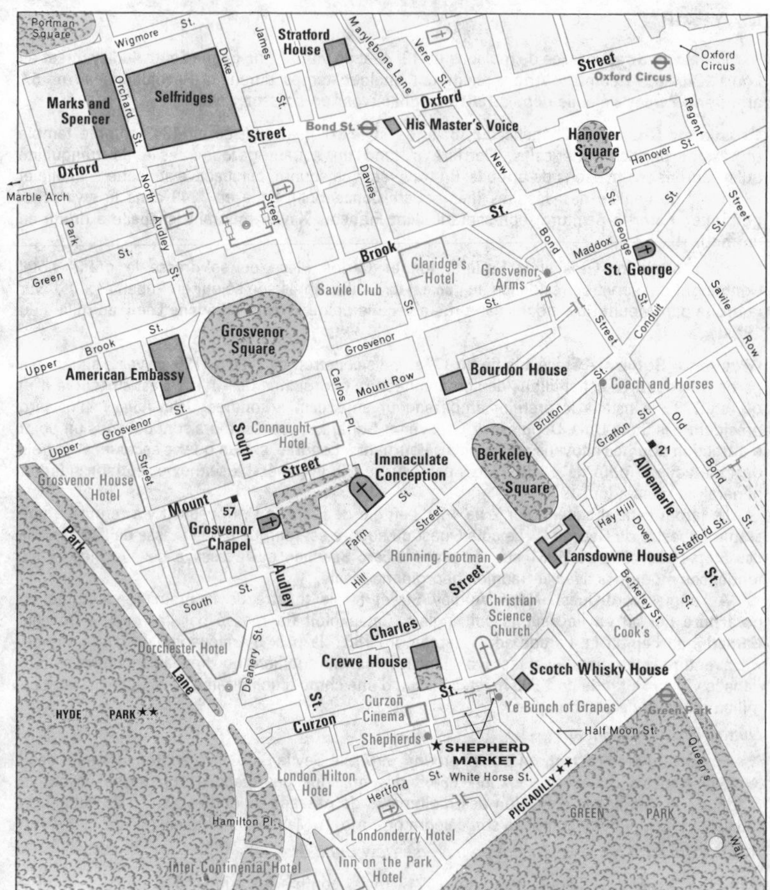

Parmi les salons mondains, le plus connu fut celui d'**Élisabeth Montagu** (1720-1800) qui, ayant perdu, en 1775, un mari la laissant légataire d'une fortune considérable, put s'abandonner à ses instincts culturels. Elle fonda à Mayfair un salon littéraire qui reçut le nom de Blue Stockings Club (Club des Bas Bleus) et où elle attira les hommes distingués de son temps, Pope, Samuel Johnson, etc. Ayant écrit une « Apologie de Shakespeare », elle s'attira l'ire de Voltaire, contempteur du grand dramaturge dont il disait : « ce n'est pas une merveille de trouver quelques perles dans cet énorme fumier » ; ce à quoi Élisabeth répliqua que « c'était pourtant à ce fumier que Voltaire devait son meilleur grain »... !

Au milieu du 19e s. Mayfair attirait plutôt les amateurs d'art venus admirer les collections rassemblées dans les résidences de l'aristocratie.

VISITE *1 h 1/2 environ*

Partant de Piccadilly, pénétrer dans Half Moon Street.

Scotch Whisky House (Maison du Whisky écossais). – *Ouvert de 9 h 30 à 13 h et de 14 h 30 à 17 h 30. Fermé les samedis, dimanches et jours fériés.*

Exposition et dioramas expliquant la fabrication de différentes espèces de whisky à travers le monde et en particulier du « Scotch ». Petit film sur l'histoire du whisky.

On débouche dans Curzon Street sur une église, Christian Science Church, sorte d'amphithéâtre avec orgues magistrales, sous un plafond incurvé. La façade en arc triomphal et clocher-porche est enserré par des immeubles de cinq étages.

Curzon Street. – Cette rue commerçante possède encore des résidences du 18e s. Au n° 15, se dresse derrière un jardin, **Crewe House,** construite en 1730 par **Edward Shepherd** et agrandie par la suite ; elle fut la demeure du marquis de Crewe, mort en 1945. Presque en face, le Curzon Cinema, rénové en 1963, est spécialisé dans les films étrangers. A l'arrière de la rue se tient un secteur préservé des voitures où il fait bon flâner, c'est le Shepherd Market.

Shepherd Market★. – A l'emplacement de la foire de Mai du 17e s., ce marché conçu par Shepherd en 1735, construit en 1746 et en partie remanié en 1860, constitue à présent un village miniature aux **rues piétonnes** groupant des maisonnettes de briques souvent blanchies. Il y règne une animation permanente grâce à la présence de petits restaurants à terrasses, de pubs, d'antiquaires et marchands de souvenir, de boutiques d'alimentation. La White Horse Street (rue du Cheval blanc) rattache le Market à Piccadilly, et un passage voûté mène à Curzon Street ainsi que d'autres ruelles.

Revenir à Curzon Street. Au n° 19, Disraeli est mort en 1881.

Park Lane. – Au siècle dernier de riches propriétés bordaient Park Lane et Hamilton Place. De grands hôtels les ont remplacés : Inter-Continental (1975), Inn on the Park (1970), Londonderry (1969), London Hilton (1963) haut de 30 étages. Dorchester, autrefois ambassade des États-Unis et Grosvenor House (1930) dont les pelouses servaient aux somptueuses « garden-parties » données par le duc de Westminster.

Par **Mount Street** bordée de maisons du 19e s. et de vitrines, on gagne **South Audley Street** où Louis XVIII et le comte d'Artois résidèrent quelque temps durant la Révolution ; au n° 57, armurerie **Purdey's** établie depuis 1881 et signalée par un écusson royal.

Grosvenor Chapel. – Chapelle du 18e s. de style colonial, utilisée en 1943 comme temple protestant par les Américains. Derrière s'étend un square gazonné, asile de tranquillité qu'entourent des maisons de briques. En traversant ce square, perspective sur cette chapelle et le chœur de l'église des Jésuites **(Immaculate Conception),** bâtie en 1849 dans le style néo-gothique ; noter la peinture représentant saint François Xavier mourant (chapelle à droite en entrant).

Pour atteindre Grosvenor Square, longer Carlos Place où se dresse le grand hôtel Connaught qui servit de résidence au **général de Gaulle,** après son séjour au Rubens *(p. 45).* Sur la droite part Mount Row : dans cette rue a vécu le peintre français Eugène Lami, au milieu du 19e s.

Grosvenor Square. – Tracé à la fin du 17e s. mais construit de 1720 à 1725, ce vaste square n'a gardé que de rares échantillons de son architecture géorgienne du 18e s. : c'est surtout le n° 9 où, en 1785, s'installa le premier ambassadeur américain à Londres, **John Adams,** plus tard président des États-Unis. Depuis lors, Grosvenor Square et ses alentours sont devenus un point d'attraction pour les citoyens américains séjournant à Londres, si bien que ce secteur est parfois désigné sous le nom de « Little America ». Au n° 20, le général Eisenhower eut son quartier général de mars à juin 1944.

Le jardin central s'étend sur 2 ha 1/2 : l'effigie de Franklin D. Roosevelt y a remplacé une statue équestre de George Ier. Le côté Ouest du square est marqué par la masse de l'**ambassade des États-Unis,** bâtie en 1961 sur les plans d'**Eero Saarinen** qui a essayé de concilier ici les tendances modernes avec la tradition géorgienne locale.

A l'angle Nord-Ouest, North Audley Street fut le théâtre de la première descente en parachute qui ait eu lieu sur le sol anglais. Cet exploit fut réalisé par l'aéronaute français **Garnerin,** au lieu-dit La Parade, le 21 septembre 1802, la paix d'Amiens venant d'être signée. « L'aventureux étranger », après avoir lancé de sa montgolfière un drapeau tricolore, se jeta dans le vide à l'altitude de 1 500 m, et, à l'issue d'une chute d'une dizaine de minutes, atterrit au milieu d'une foule enthousiaste.

Quitter Grosvenor Square.

En suivant **Brook Street,** on trouve aux nos 69-71, le Savile Club décoré intérieurement dans le style français du 18e s., aux nos 66-68 des maisons géorgiennes ; on passe devant le Claridge, un des hôtels d'élection des diplomates de passage à Londres ; au n° 25 habitait le musicien Hændel qui y composa son célèbre oratorio, le Messie, terminé en 1741.

Avant d'arriver à Hanover Square on traverse New Bond Street.

Hanover Square. – Celui-ci remonte à 1717 mais, comme les autres, il a été reconstruit à l'exception du n° 24, comportant quatre étages de briques, dont la survie permet d'imaginer l'aspect original de l'ensemble. Dans le jardin, planté de platanes, statue de W. Pitt le Jeune par Chantrey (1831).

St George Street conduit à l'église du même nom.

St George's. – *Fermée l'après-midi des samedis et dimanches.* Édifiée de 1721 à 1724 l'église est précédée d'une façade à majestueuse colonnade corinthienne qui serait la première de ce genre à avoir été appliquée à un édifice religieux londonien. Dans le chœur fut placé, au siècle dernier, un Arbre de Jessé, vitrail du 16e s. créé par Arnould de Nimègue pour le couvent des Grands Carmes d'Anvers.

Par Conduit Street (au n° 26, salle d'exposition de l'Académie des Aquarellistes) *on joint Bond Street qu'il faut traverser pour atteindre, par Bruton Street, Berkeley Square.*

Au Nord-Ouest du square, 2 Davies Street, **Bourdon House** était en 1735 un manoir entouré de prairies et de jardins.

Berkeley Square. – Aménagé de 1737 à 1747 sur les plans de **W. Kent** (1684-1748) à la fois architecte, peintre, dessinateur de jardins et protégé de Lord Burlington *(p. 96).* Berkeley Square, où vécurent Walpole, Fox et lord Brougham, est surtout connu des Londoniens pour ses platanes vénérables, plantés vers 1790. Dans Berkeley Street au n° 45, se tient le siège de la Cie Thomas Cook.

Le cadre architectural ancien a malheureusement à peu près disparu ; il en subsiste néanmoins, sur le côté Ouest au n° 44, une belle demeure de briques à encadrement de pierre en fort relief, caractéristique de l'art de W. Kent qui a aussi conçu l'escalier intérieur. Au n° 45, maison également du 18e s. alors que le n° 47 a été reconstruit en 1891 dans le style Renaissance.

Sur le même côté, au n° 50, Maggs Bros est une librairie spécialisée en ouvrages rares et estampes. Le n° 52 à fronton et colonnes ioniques, donne également sur **Charles Street** où s'alignent d'autres demeures du 18e s., souvent remaniées au 19e s., par exemple le n° 37.

A l'angle Sud-Est, **Lansdowne House** évoque le marquis de Lansdowne qui était Premier Ministre lorsque fut reconnue, en 1783, l'Indépendance des États-Unis.

Faire un crochet par Hay Hill, Dover et Grafton Street pour trouver Albemarle Street.

Albemarle Street. – Durant l'Émigration (période révolutionnaire), l'ancienne favorite du comte d'Artois et du banquier Perregaux, Rosalie Duthé, y occupa un petit hôtel. Galeries d'art, librairies d'ancien et marchands d'estampes. Au n° 21, Institution Royale fondée en 1799 **(Laboratoire de recherches Faraday et musée** – *ouvert les mardis et jeudis de 13 h à 16 h, entrée : 40 p*) ; au n° 7, maison du 18e s.

On regagne Piccadilly.

En Grande-Bretagne, les bâtiments publics et les musées sont habituellement fermés la veille de Noël, le jour de Noël et le jour suivant (Boxing Day), le 1er janvier et le Vendredi Saint (Good Friday).

NATIONAL GALLERY ★★★

EX – *Voir plan p. 152* – Métro : Charing Cross (Bakerloo, Jubilee et Northern Lines).

Consacrée à la peinture, la National Gallery présente, dans une ambiance à la fois sobre et raffinée, une des plus riches collections de maîtres qui soit au monde.

Les débuts. – L'embryon de la National Gallery fut la collection installée, au début du siècle dernier, dans deux salles de son hôtel, par **John Julius Angerstern,** riche courtier maritime. Après sa mort, son fils vendit à l'État les 38 numéros de la collection qui, le 10 mai 1824, devint publique. Le Times en rendit compte brièvement : « Hier, au n° 100 Pall Mall, fut ouvert pour la première fois au public le musée national de peinture... Un public aristocratique et distingué l'a visité dans le courant de la journée d'hier. »

Après plusieurs legs le musée dut déménager au n° 105 Pall Mall, pendant que Wilkins construisait un nouveau bâtiment sur Trafalgar Square, à la place des anciennes Écuries du Roi.

La croissance. – Réalisé de 1834 à 1837, le nouveau palais fut édifié en forme de galerie avec la longue façade, que l'on peut voir encore aujourd'hui, rythmée de belles colonnes corinthiennes provenant de Carlton House *(p. 106)*; il abritait alors la National Gallery et la Royal Academy. Mais la place manqua, le bâtiment ne pouvant s'étendre en raison de la présence, au Nord, de la caserne St-Georges. Aussi en 1869 la Royal Academy déménagea-t-elle pour s'installer à Burlington House *(p. 96)*; en 1901 la caserne fut démolie et de nouvelles salles furent construites à son emplacement. Durant ce temps, les collections augmentèrent régulièrement, d'abord sous le directorat d'Eastlake qui, tous les ans, allait acquérir des tableaux en Italie, où il mourut d'ailleurs en 1865, puis sous celui de Frederik Burton qui fit acheter, entre autres, la Vierge aux Rochers de Léonard de Vinci, le Charles Ier de Van Dyck, la Femme debout au virginal de Vermeer.

Les aménagements. – Au cours de la Seconde Guerre mondiale, les tableaux furent évacués au Pays de Galles mais, chaque mois, l'un d'entre eux était ramené à Londres, et exposé à la convoitise des amateurs d'art qui défilaient devant lui en longues théories.

Le musée ayant été endommagé par les bombes, on profita des travaux de réfection pour installer la climatisation, ce qui permit d'enlever les épais vernis jaunes et les verres protecteurs.

Une nouvelle aile du musée est en cours de réalisation, à l'Ouest.

VISITE

Le musée est ouvert de 10 h (14 h le dimanche) à 18 h. Fermé le 1er janvier, le Vendredi Saint, le 1er mai et les 24, 25, 26 décembre. Restaurant, salon de thé.

Salles 1, 2 et 3 : Primitifs italiens. – Panneaux de bois dorés du Siennois **Duccio :** la Vierge et l'Enfant, de style byzantin; la Transfiguration, l'Annonciation et la Guérison de l'aveugle, provenant du retable « La Maesta » (La Majesté) du 14e s. de la cathédrale de Sienne.

Le **diptyque Wilton** (A), dans une alcôve, est attribué à l'école française de la fin du 14e s.; il a longtemps appartenu aux Pembroke résidant à Wilton House; le roi Richard II est présenté par ses Saints patrons à la Vierge entourée d'anges.

De **Giotto,** précurseur de la Renaissance, la Pentecôte. **La bataille de San Romano** (B), par **Uccello** (vers 1450). Un enchevêtrement de lances se dessine sur un fond d'orangers et de buisson de roses; les essais de perspective en raccourci sont audacieux. Du même peintre, Saint Georges et le dragon, où l'on retrouve le cheval blanc de la bataille précédente.

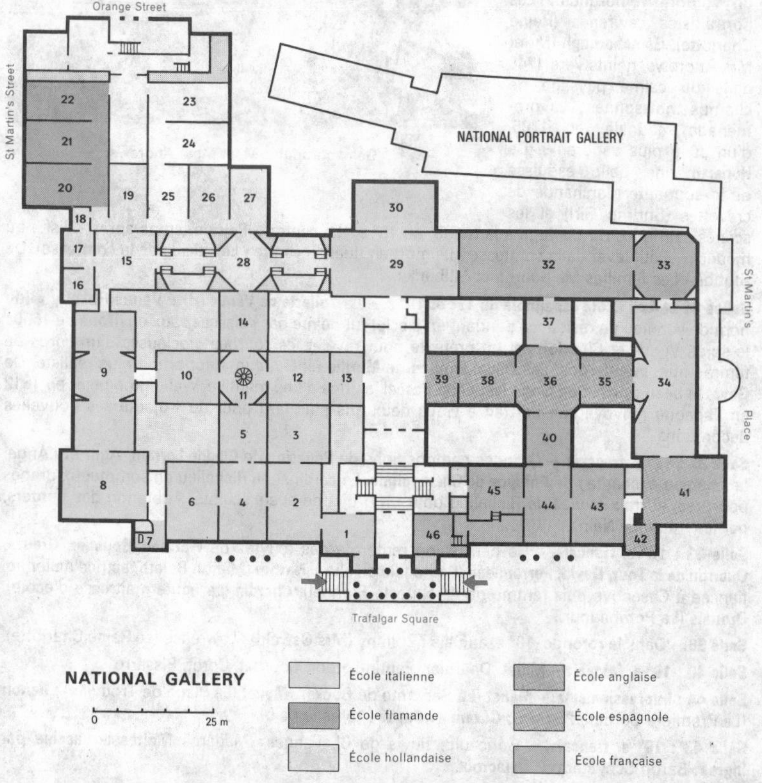

Salles 4, 5 et 6 : École florentine du 15e s. – **Botticelli** à ses débuts avec un médaillon de l'Adoration des Mages et une œuvre plus tardive, la Nativité mystique (vers 1500), où la perspective volontairement faussée donne un accent médiéval à cette composition Renaissance ; à noter aussi une élégante allégorie du triomphe de l'Amour sur la Guerre, avec la toile de Vénus et Mars.

De Fra Filippo **Lippi,** une délicate Annonciation. De **Piero della Francesca, Le baptême du Christ (C)** (vers 1442), d'une grande fraîcheur de coloris, avec dans l'air limpide une colombe en forme de nuage ; La Nativité, aux tons pastels où chaque groupe de personnages semble composer un tableau distinct, l'enfant Jésus reposant sur un pan du manteau de la Vierge. De Filippino Lippi : Adoration des Rois.

Salles 7 et 8 : Dessins de Vinci. Italie du Centre et du Nord au 16e s. – De **Raphaël,** portrait du pape Jules II (1512). La Vierge aux rochers, commencée en 1483 par Léonard de **Vinci,** pour une église de Milan, évoque le monde mystérieux d'une grotte où le petit saint Jean semble vouloir déjà baptiser l'enfant Jésus. La merveilleuse esquisse inachevée, de 1490, montre **La Vierge et l'Enfant avec sainte Anne et saint Jean-Baptiste (D)**, à l'instant où Jésus bénit le jeune garçon tandis que la mère de Marie désigne le ciel du doigt. De Pontormo, panneaux de la Vie de Joseph. De **Michel-Ange,** Mise au Tombeau.

Salles 9 et 10 : École vénitienne des 15e et 16e s. – Vision de sainte Hélène et Adoration des mages, Allégorie de l'Amour par **Véronèse.**

Du **Titien, Bacchus et Ariane (E)**, œuvre éclatante de couleur et de vie. Portrait d'homme, dominé par la splendeur du vêtement soyeux aux tonalités gris-bleu. Allégorie de la Prudence : le Passé (autoportrait du Titien en vieillard de 80 ans), le Présent (fils du peintre dans sa maturité), l'Avenir (jeune homme). Coffres sculptés des 15e et 16e s.

De Bellini, un Saint Dominique, le **Doge Leonard Loredan (F)**, austère dans sa robe de brocard blanc. D'**Antonello de Messine,** portrait de jeune homme sur un fond sombre, à la flamande.

Salle 11. – Dans cette rotonde, retables italiens du 15e s.

Salles 12, 13 et 14 : Italie du Nord des 15e et 16e s. – Grandes compositions religieuses de **Crivelli** (1491), la Vierge et l'Enfant avec saint François et saint Sébastien ; nombreux panneaux du retable Demidoff (nom de son dernier propriétaire), daté de 1476.

Par Giovanni Antonio **Boltraffio,** élève de Vinci à Milan, un portrait d'homme sur fond sombre. Par Lorenzo Lotto, Vierge et Enfant avec saint Jérôme et saint Antoine.

Salles 29, 30, 34 et 37 : Italie des 16e, 17e et 18e s. – De **Reni** : Adoration des Bergers. Le Corrège, Le Parmesan ; **Caravage** (Le Repas d'Emmaüs) ; **Carrache** (Pièta). Allégorie gracieuse avec Vénus et le Temps, Le Cheval de Troie par Tiepolo. Scènes et paysages vénitiens de **Canaletto, Guardi** et Pietro **Longhi.** Portraits de **Moretto** et de son élève **Moroni** : Le Tailleur, un Gentilhomme (1526).

Salles 35, 36, 38 et 39 : École anglaise des 18e et 19e s. – Parmi les paysagistes, **Constable** (La Charrette de Foin, peinte en 1821 dans le Suffolk), **Turner : Le Téméraire (G)**, mené vers sa démolition en 1838, tel un vaisseau fantôme tiré par un sombre remorqueur. Les portraitistes Lawrence (Reine Charlotte), **Gainsborough** (Mr et Mrs Andrews, peints vers 1748 dans un calme paysage de champs moissonnés ; La promenade matinale, en 1785, d'un style plus vaporeux). De **Hogarth** une belle esquisse de la souriante Marchande de crevettes (Shrimp Girl) et les scènes satiriques du Mariage à la mode, au 18e s. (Le contrat - Peu de temps après - Visite au médecin - Petit lever de la comtesse - La mort en duel du comte - Le suicide de la comtesse). De Stubbs - Les familles Melbourne et Milbanke.

Gainsborough : M. et Mme Andrews.

Salles 41 et 42 : École espagnole du 17e et 19e s. – La **Toilette de Vénus (H)** « Vénus Rokeby » (du nom de son lieu de résidence pendant un siècle) fut peinte par **Vélasquez** aux environs de 1650 ; le sujet, Vénus et Cupidon est un prétexte pour révéler les courbes gracieuses d'un corps de femme nue, vue de dos. Les Deux Trinités de **Murillo** ainsi qu'un autoportrait plus réaliste. De **Goya,** le beau portrait de Dona Isabel de Porcel, coiffée d'une mantille. Wellington peint en 1812 en Espagne renvoya son portrait à Goya deux ans plus tard pour qu'il ajoute ses nouvelles décorations.

Salle 32 : 17e s. français. – Grandes compositions de **Poussin ;** de **Claude Lorrain,** Agar et l'Ange, Le château enchanté ; de **Philippe de Champaigne,** Le cardinal de Richelieu en somptueux drapés pourpres, et trois études de Richelieu pour un projet de buste sculpté. Adoration des bergers, par les frères Le Nain.

Salle 33 : 18e s. français. – Ce petit salon renferme des œuvres de **Watteau, Boucher, Greuze, Quentin de la Tour, David, Perronneau** (Petite fille au chat). **Nattier** (Manon Baletti, actrice italienne, fiancée à Casanova puis femme de l'architecte Blondel), **Chardin** (La petite maîtresse d'école), **Drouais** (La Pompadour).

Salle 36. – Dans la rotonde, 18e s. anglais : Zoltany (Mrs Oswald) ; Lawrence (La Reine Charlotte).

Salle 40 : 19e s. français – Millet, Daumier, Fantin-Latour, Courbet, Corot, Pissarro.

Salle 44 : Impressionisme. – **Manet** (La Servante de Bocks) ; **Monet** (La Plage de Trouville) ; **Renoir** (La Première Sortie) ; **Pissarro ; Cézanne ; Degas** (Après le bain).

Salle 43 : 19e s. français. – Géricault ; Puvis de Chavannes ; Madame Moitessier assise par **Ingres ;** Baron Schwiter par **Delacroix.**

Salles 45 et 46 : 19e s. français. – **Cézanne** (Les Grandes Baigneuses) ; Une baignade, Asnières de **Seurat ; Van Gogh** (Les Tournesols) ; Gauguin ; Bonnard ; Picasso ; Toulouse-Lautrec ; Trois Nymphéas de **Monet ;** Renoir ; Vuillard.

Salles 15 à 19 : 17e s. hollandais. – De Rembrandt, deux autoportraits, à 34 ans et à 63 ans (**K**), le Festin de Balthazar, Saskia en costume arcadien, Homme dans une pièce ; de Frans Hals, Jeune homme tenant un crâne ; Marine et paysages de Cuyp, de Cappelle, Van de Velde, Ruisdaël.

Salles 20, 21, 22 : 17e s. flamand. – Grandes compositions allégoriques de **Rubens,** Le Jugement de Pâris, peint entre 1632 et 1635 (Minerve de face près de son armure, Vénus de profil et Junon de dos avec son paon, Mercure et Pâris tenant une pomme d'or, les regardant).

Van Dyck, élève de Rubens, peintre à la cour d'Angleterre, exécuta le **Portrait équestre de Charles Ier** (**L**), revêtu d'une armure légère sur un fin palefroi à la robe isabelle, l'élégance de l'ensemble fait oublier la petite taille du roi.

De **Rubens,** l'attachant portrait de Suzanne Lunden (née Fourment, sœur de la seconde femme du peintre) intitulé curieusement **« Le chapeau de paille »** (**M**), a été peint sur quatre panneaux de chêne, aux environs de 1625. Un immense paysage intitulé Automne : le château de Steen (résidence campagnarde de Rubens), est composé de dix-sept panneaux peints vers 1636. Tableaux de Téniers le Jeune.

Salles 23, 24, 25 : Écoles néerlandaise et allemande des 15e et 16e s. – Parmi les Flamands, **Van Eyck** avec **Les fiançailles des Arnolfini** (**N**) (1434), où le miroir-sorcière du fond de la pièce reflète toute la scène avec un petit personnage qui serait le peintre lui-même ; **Gérard David,** La Vierge et l'Enfant avec des saintes et le donateur ; **Van der Weyden,** un délicat portrait de femme auréolé d'un voile.

De Jan **Gossaert,** dit Mabuse, une grande Adoration des Rois, Jacqueline de Bourgogne, charmante fillette jouant avec un astrolabe. Adorable Triptyque de Donne, par **Memling** où le donateur sir John Donne et son épouse apparaissent dans le panneau central avec la Vierge et l'Enfant, le petit personnage à l'arrière du volet gauche serait le peintre. Du Hollandais Jérôme Bosch, Christ aux outrages.

Parmi les Allemands, plusieurs œuvres de **Cranach** l'Ancien dont le Cupidon piqué par une abeille, avec une Vénus sous un pommier évoquant plutôt Ève. **Holbein** le Jeune a exécuté, en 1533, **Les Ambassadeurs** (**P**) où deux amis français, jeunes, se retrouvent à Londres en mission diplomatique, entourés d'objets symboliques tels ce crâne (dont il faut rectifier la distorsion en se plaçant à droite du tableau), rappel de la mort. La duchesse Christine du Danemark, jolie veuve de seize ans dont Holbein fit un croquis en trois heures, le 12 mars 1538, afin de présenter ce tableau à Henri VIII, en quête d'une nouvelle femme ; elle devait heureusement épouser le duc de Lorraine ! **Dürer** a représenté son père ; de **Baldung-Grien** on voit une Trinité et un Portrait d'homme.

Salles 26, 27, 28 : 17e s. hollandais. – Intérieurs et scènes domestiques de Jan **Steen.** De Frans **Hals,** Famille dans un paysage (1640) dont seuls les personnages sont dus au pinceau de l'artiste. L'**Allée de Middelharnis** (**R**) (1689) peint par **Hobbema** symbolise le « Plat Pays » de la Hollande du Sud avec un ciel immense, et ce chemin bordé d'arbres fragiles semble ouvrir une porte sur l'infini.

Nombreux **Rembrandt,** Vieil homme dans un fauteuil (1652) d'une facture vénitienne, Femme au bain (1655) ; portraits de Jacob Trip et de sa femme Margaretha de Geer (1661). De Pieter de **Hoogh,** Cour d'une maison à Delft (1658).

De **Vermeer, Femme debout au virginal** (**J**), lumineuse scène d'intérieur à dominante bleue. Tableaux d'**Avercamp :** Scène hivernale et Patineurs près d'un château.

Sous-sol. – *Accès par la salle 11.*

Ces galeries d'un charme vieillot offrent des murs entièrement recouverts de tableaux dont la découverte peut être surprenante. *Œuvres exposées par roulement.*

Salle A. – D'un élève de Botticelli, une allégorie de la **Fertilité** (Vénus entourée de petits amours). D'après Quentin Massys, **Une vieille grotesque** opposée à Une jeune beauté pleurant (école hollandaise). Intéressantes œuvres attribuées à Th. Bouts, Cranach, Rembrandt.

Salle B. – Grands dessins de Carracci (1560-1609) ; Christ de Raphaël ; esquisse de Michel-Ange, une Madone à l'enfant ; Philippe IV chassant l'ours par Vélasquez ; Scènes de genre par Téniers ; **Deux enfants** par J. van Oost (1600-1671) ; Entrée de Théodose par Van Dyck.

Salles C et J. – Vénus et Adonis par Titien ; Christ lavant les pieds de ses disciples, par Tintoret.

Salle D. – Portraits par Largillière, Quentin La Tour, Perronneau ; Enfants à la pomme et Jeune fille de Greuze ; danseuse de Degas ; Matin de neige de Pissarro ; Cardinal de Retz par Philippe de Champaigne.

Salle H. – Enfant au mouton par Murillo.

Salles E et G. – École de Canaletto.

NATIONAL PORTRAIT GALLERY ★★

EX – *Voir plan p. 152* – Métro : Charing Cross (Bakerloo et Jubilee Lines) ; Leicester Square (Piccadilly et Northern Lines).

Fondé en 1856, ce musée installé depuis 1896 près de la National Gallery, abrite une extraordinaire collection de plus de 5 000 portraits de personnages célèbres de Grande-Bretagne, offrant ainsi un survol de l'histoire britannique, de Henri VII à nos jours.

Ouvert en semaine de 10 h à 17 h (18 h le samedi) ; le dimanche de 14 h à 18 h. Fermé le 1er janvier, Vendredi Saint, 1er mai, les 24, 25 et 26 décembre. Ascenseur.

Étage supérieur (Top Floor)

En commençant par cet étage on peut suivre un ordre chronologique.

Salle 1 : les Tudors. – **Henri VII** (1457-1509) peint quatre ans avant sa mort par le Flamand Michiel Sittow. **Henri VIII** (1491-1547) : fragment d'une grande esquisse d'**Holbein** (1537) pour une peinture murale du palais de Whitehall. Le roi apparaît dominateur et arrogant avec à l'arrière son père défunt Henri VII, fondateur de la dynastie. Petit portrait de Henri VIII (1536), d'après Holbein ; sa première femme **Catherine d'Aragon** dont il divorça en 1533, la deuxième, **Anne Boleyn** décapitée en 1536 ; sa dernière femme **Catherine Parr,** épousée en 1543 ; ses principaux ministres dont le cardinal Wolsey.

Édouard VI et le Pape (1549), allégorie de la Réforme avec Henri VIII sur son lit de mort, désignant son très jeune successeur, fils de Jane Seymour. Dans un renfoncement à gauche, **Lady Jane Grey** (1547), enfant charmante dans sa robe d'hiver, arrière petite-fille de Henri VII, succéda à Édouard VI, pendant neuf jours. Étrange tableau par William Scrots (1546) dont il faut corriger l'effet de perspective en se plaçant à l'extrême droite : le profil d'**Édouard VI** apparaît alors sans déformation, comme le portrait voisin où le jeune roi tient délicatement une rose. Par Maître John (1554), la reine **Marie Ire**, fille de Henri VIII et de Catherine d'Aragon, à 28 ans. La **famille de Thomas More,** peinte par Rowland Lockey en 1593, en partie d'après l'œuvre de Hans Holbein ; noter la différence de style et, suivant les générations, l'évolution de la mode.

Élisabeth Ire est représentée jeune après son couronnement, puis à 45 ans, enfin, sans âge, le visage pâle, en costume d'apparat, les pieds sur l'Angleterre (vaste peinture de Marcus Gheeraerts, en 1592). Du même artiste, Robert Devereux (1597), favori de la reine, dans une splendide robe rouge. L'étrange peinture biographique de Sir Henry Unton par un auteur anonyme (1596), nous révèle la vie d'un ambassadeur élisabétain de sa naissance à sa mort ; noter la scène du banquet à la Tudor avec les musiciens. Une toile de 1 610 montre **Shakespeare** peint de son vivant, fait très rare. La **Conférence de Somerset House** (1604), d'une rigueur toute flamande, est une véritable galerie de portraits.

Une vitrine rassemble des **miniatures**★ autour d'un tableautin de **Marie Ire**, peinte en 1554 par H. Eworth (il s'agit de Marie la Sanglante qui persécuta les protestants et fit même enfermer à la Tour sa demi-sœur Élisabeth, en 1554). De Nicholas Hilliard : **Élisabeth Ire** (1572) entourée de ses favoris, Robert Dudley (1576), Sir Francis Drake (1581), navigateur, Sir Walter Raleigh (1585) et, peint par son élève Isaac Oliver, Robert Devereux (1596). Également d'Oliver, **Anne de Danemark,** épouse de Jacques Ier, en 1589, et son fils Henri, prince de Galles.

Salle 2 : les premiers Stuarts. - Jacques Ier (1603-1625) par Daniel Mytens, en 1621, et la reine Anne de Danemark, sa femme, attribué à Marcus Gheeraerts Le Jeune (vers 1612) ; **Élisabeth de Bohême,** sa fille, en noir, par un artiste inconnu ; portrait de Frédéric de Bohême par Honthorst (1653) ; l'énergique Thomas Howard, comte d'Arundel, peint avec une armure, par Rubens, en 1629.

La famille Capel par Cornelius Johnson (1640) est traitée en délicats tons pastels faisant oublier la raideur des personnages. **Henriette-Marie de France** (1635), fille de Henri IV et de Marie de Médicis, femme de Charles Ier, dans une somptueuse robe de satin vert rebrodée de perles fines. **Olivier Cromwell,** adversaire de Charles Ier, par Robert Walker (1649). Charles Ier (1625-1649), fils de Jacques II, peint avec élégance par Daniel Mytens, en 1631. La statue du philosophe Francis **Bacon** est une copie métallique du marbre de sa tombe.

Salle 3 : savants et intellectuels du 17e s. – John **Milton** (1629), poète partisan de Cromwell.

Dans la vitrine des **miniatures** remarquer le portrait de **Cromwell** par Samuel Cooper qui peignait ses modèles à la lueur des chandelles pour accentuer le modelé. Profil de **Wren,** médaillon en ivoire sculpté par le Dieppois David Le Marchand, en 1723.

Charles Ier par Honthorst (1628) et ses enfants : **Charles II** à l'âge de 9 ans et **Marie,** en robe bleue, par Cornélius Johnson. **Jacques II,** frère de Charles II, peint par Sir Godfrey Kneller (1684-1686) en amiral avant son accession au trône, fut ensuite paré du manteau et des accessoires royaux. De William Wissing (1688), **Marie de Modène,** seconde femme du roi. Du même artiste, le **duc de Monmouth** (1683), bâtard de Charles II, en rébellion contre le nouveau souverain, fut décapité.

Henry **Purcell** (p. 27), rare portrait contemporain par Closterman (1695) John **Evelyn,** à l'air sombre, par R. Walker (1648), Isaac **Walton** par J. Huysmans (vers 1672).

Salle 4 : la Restauration. – **Charles II** (1660-1685) par Edward Hawker (1680), préside, maussade et vieillissant (noter la jeunesse des mains pour lesquelles le roi n'a pas posé). Autoportrait de Sir Peter **Lely,** Hollandais qui devient peintre à la Cour en 1661. Le chroniqueur **Samuel Pepys** par John Hayls (1666). Parmi les favorites du roi, la Française **Louise de Kéroualle,** peinte avec sa servante noire par Mignard (1682), l'actrice **Nell Gwyn,** toile de l'atelier de Lely. Isaac **Newton,** le physicien qui découvrit la loi de la gravitation universelle, par Kneller, 1702.

Salle 5. – Œuvres exécutées durant la Guerre Civile (1688) et sous la dynastie d'Orange : **Guillaume III** et **Marie II,** la **reine Anne** (1702-1714) fille de Jacques II, elle vit tous ses enfants mourir avant la date de son couronnement et n'eut pas de descendance. Esquisse de Kneller, le **1er duc de Malborough** (1706), ancêtre de Winston Churchill, dressé sur son cheval, piétine le bouclier de Louis XIV dont il venait de battre les troupes ; sa femme **Sarah Churchill,** beauté capiteuse, eut une influence politique. Magnifique guerrier à perruque vaporeuse et yeux fendus en amande, de Kneller ; Arnold Joost **Van Keppel** (1669-1718) ami de Guillaume III qu'il suivit en Angleterre. **Guillaume III** (d'après Lely) et **Marie II** (d'après Wissing) mariés en 1677. Le **Vieux Prétendant** Jacques Édouard Stuart (1688-1766) et sa sœur Maria-Teresa, adorables enfants avec leurs chiens, peints par Largillière durant leur exil en France, à St-Germain.

Palier. – Deux portraits du Vieux Prétendant ; Le jeune Prétendant sera son fils Charles Édouard. Le Vicomte Bolingbroke *(p. 32)* partisan des Stuarts, de Jonathan Richardson (vers 1730-1740). Au verso du panneau, profil de **George Ier** par Kneller (1714) ; cet électeur du Hanovre fut élu roi par acte du Parlement et non en tant que petit-fils de Jacques Ier.

Dans l'escalier, 6 grandes toiles : la Fuite de Charles II à la bataille de Worcester (1651), par Isaac Fuller (vers 1660) ; 2 bustes en bronze : Cromwell et Charles Ier.

Salle 6 : Arts et sciences au début du 18e s. – Buste de George Ier par Rysbrack ; portrait de l'architecte N. Hawksmoor, de l'écrivain Alexander Pope ; Jonathan Swift (1667-1745), par Charles Jervas ; cet écrivain irlandais est l'auteur de Gulliver (1726).

Salle 7 : le Kit Cat Club. – Les membres distingués de ce club politique et littéraire au 18e s. se réunissaient pour dîner et porter des toasts aux dames, dans une taverne tenue par Christopher Cat dont la spécialité était un délicieux pâté de viande appelé « Kit-Cats ». Durant vingt ans, **Kneller** a peint le visage de ses personnages, aidé pour le reste par ses assistants. Observer la dignité, une certaine nonchalance, les belles perruques ou les toques drapées.

Salle 8 : George II. – Portrait de George II (1727-1760) daté de 1744. Autoportrait de Hogarth en 1758, peignant les muses de la Comédie. Le musicien G. Hændel par Thomas Hudson (1754). Buste de Louis François **Roubillac,** sculpteur français, par lui-même.

Dans une alcôve deux vitrines de miniatures. A gauche, médaillon de la Reine Anne, profil en ivoire de John Adam (1721-1792). A droite, médaillons sertis de brillants, Warren Hastings (1732-1818), gouverneur des Indes, et George III ; John Bacon, sculpteur du roi.

Salle 9 : l'art au 18e s. – Buste du peintre Hogarth en terre cuite par Roubillac (1741). De Reynolds son autoportrait en 1754, l'écrivain Laurence Sterne (1760) au regard pensif et lucide, l'archéologue et volcanologue William Hamilton (1797). De Gainsborough son portrait par lui-même (1759). Robert Adam, un des célèbres frères, attribué à G. Wilson.

Salle 10 : les fondateurs de l'Empire. – Un des chefs-d'œuvre de Reynolds (1768), le jeune Hastings qui partit aux Indes en 1750 et devint le premier Gouverneur général de 1774 à 1785. Le Capitaine Cook par John Webber, à son troisième voyage au cap de Bonne-Espérance, en novembre 1776.

Salle 11 : la lutte pour l'Amérique. – Par William Hoare (1754), William Pitt (1708-1778), ministre pendant la guerre de Sept ans. Tableau de la mort de Pitt, comte de Chatham.

Salle 12 : guerres napoléoniennes (1793-1815) et Régence (1810-1820). – Séparé par une caricature, les deux rivaux politiques Charles **Fox** (1749-1806) chef des libéraux (Whigs) et **William Pitt le Jeune** (1759-1806) du parti conservateur (Tory) s'opposent également par leur physique, l'un gentilhomme campagnard corpulent, peint par l'Allemand Hickel, l'autre incarnant l'élégance « Regency », peint par John Hoppner, en 1805. Études de **Nelson** par W. Beechey (1801) et sa fascinante amie **Lady Hamilton** par Romney (1785).

Salle 13 : le mouvement romantique. – Les peintres William **Blake** (1807), John **Constable** (1829) ; autoportraits de l'Irlandais **James Barry** et de l'Anglais George **Romney** (1782). Les poètes **Wordworth** (1842), **Coleridge** (1795), **Shelley** (1819), **Byron** (1814), ardent défenseur de l'Indépendance grecque, dans son costume gréco-albanais, **Keats** (1821).

Les écrivains **Charles Lamb** (1804), auteur des Contes d'après Shakespeare, **Walter Scott** (1824) et le fermier-poète **John Clare** (1793-1864), typiquement anglais.

Salle 14 : sciences et révolution industrielle. – Portraits d'ingénieurs des 18e et 19e s. : John Mc Adam inventeur d'un revêtement de chaussée (le macadam), l'Écossais James Watt qui perfectionna la machine à vapeur, John Wilkinson, auteur du 1er navire en fer (1787). Parmi les industriels, Josiah Wedgwood célèbre par ses faïences.

Salle 15 : la Régence. – Monde du théâtre et de la politique : Sarah Siddons (1787) qui tint avec succès la rampe pendant trente années, une série de personnalités peintes par Lawrence (futur George IV, sa femme Caroline de Brunswick). Par Reynolds, Maria Fitzherbert (1788), épousée secrètement en 1795 par le prince de Galles.

Mezzanine (Mezzanine Floor)

Consacrée au Moyen Age : gisants des rois et de Geoffrey Chaucer.

1er étage (First Floor)

Sur le palier, statue de **Victoria et Albert** en anciens saxons, par William Theed (1868).

Salle 16 : Victoria. – Tableau représentant la **reine Victoria,** le jour de son couronnement, à 19 ans, en 1837. Buste en marbre du **comte d'Orsay,** célèbre dandy, sculpté par lui-même.

Salles 17 à 23 : époque victorienne. – Charles **Dickens,** les **Sœurs Brontë, Florence Nightingale.** Exquis portrait d'une cantatrice née en Suède, **Jenny Lind** (1846). Le scientifique Michael **Faraday** (1842). Gravure du ministre conservateur Benjamin Disraeli (1840).

Scènes de la guerre de Crimée (1854-1856), Sir Richard **Burton** (1821-1890), explorateur de l'Afrique. **Nicolson,** voyageur aux Indes (1857). **Disraeli** et **Gladstone** son rival, chef du parti libéral. Le prince consort **Albert** (1819-1861) marié à Victoria en 1840.

La femme de lettres **George Eliott** par F.W. Burton (1865). La future actrice **Ellen Terry,** mariée à seize ans à George Frederic Watts, son aîné de trente ans ; autoportrait de G.F. Watts. De John Collier, **Darwin** (1809-1882), théoricien de l'évolution des espèces, **Huxley** (1825-1845), naturaliste. John **Stuart Mill** (1806-1875), philosophe, par Watts. L'ingénieur Brunel et son tunnel sous la Tamise (1842).

Salles 24 et 25 : époque d'Édouard. – Grand tableau d'**Édouard VII,** fils de Victoria, en maréchal debout près de la Regalia par sir Luke Fildes, d'après un portrait de 1901. **Les trois filles d'Édouard et Alexandra,** les jeunes princesses Victoria, Maud et Louise, romantiques avec leurs longs cheveux, l'ombrelle et les fleurs, par Sidney P. Hall, en 1883.

Les romanciers **Stevenson** (Robert Louis Balfour), par sir W.B. Richmond, en 1887 ; **Henry James** (Américain naturalisé Anglais ayant écrit les Ambassadeurs en 1903), par son ami John Singer Sargent (1913) qui peignit aussi Miss **Helen Terry** en lady Macbeth (1889).

NATIONAL PORTRAIT GALLERY**

Mezzanine : la Famille Royale. – Dur portrait de la reine Élisabeth II, revêtue de la cape rouge de l'ordre du Bain, par P. Annigoni (1970). Le prince et la princesse de Galles par B. Organ (1980-1981). Du même artiste, le prince Philip (1983). Portraits de George VI et de la reine mère Élisabeth par Sir Gerald Kelly (1938). Sur le palier du 1er étage : La Famille Royale à Buckingham (1913), avec George V dans un cadre romantique ; La Famille Royale à Windsor (1950) avec George VI.

Rez-de-Chaussée : personnalités du 20e s. – David Herbert Lawrence, auteur de l'Amant de Lady Chatterley peint par Jan Juta ; dessins d'Aldous Huxley par A. Wolmark et de Lawrence d'Arabie par Augustus John. Bronzes par Epstein : Bernard Shaw, Somerset Maugham ; par Marino Marini, Henry Moore le célèbre sculpteur. Chamberlain par Henry Lamb (1938), Sir Winston Churchill par Walter Sickert (1927), étonnant de vie dans une attitude peu conventionnelle.

OXFORD STREET

DEX – *Voir plan p. 87* – Métro : Oxford Circus (Central, Victoria, Bakerloo Lines) et Bond Street (Central Line).

Longue de plus de 2 km, Oxford Street va de Marble Arch à Tottenham Court Road en passant par Oxford Circus. Sans caractère architectural, c'est la voie la plus commerçante de Londres.

Oxford Street se nomma longtemps Tyburn Road parce que les condamnés à mort l'empruntaient lorsqu'ils allaient se faire pendre sur les bords de la Tyburn *(p. 76)*. Sa désignation actuelle a pour origine Robert Harley, comte d'Oxford (mort en 1724) qui possédait un domaine dans le secteur. Elle fut célèbre au 18e s. pour son **Panthéon**, immense salle de danse et de concerts conçue par James Wyatt (1746-1813) ; il a disparu en 1936 et fut remplacé par un magasin **Marks and Spencer** (1938).

Quelques magasins. – En dehors de trois C & A, deux Marks and Spencer, un John Lewis (appréciés pour leurs bas-prix), la vedette appartient ici au fameux **Selfridges** qui dresse sur le côté Nord d'Oxford Street sa façade d'une agressive respectabilité. Appartenant à Gordon Selfridge et dû en partie à un architecte de Chicago (1908), c'est avec Harrods, le magasin le plus important de Londres ; ils possèdent tous deux un centre d'informations touristiques *(Tourist Information – ouvert du lundi au samedi)*. D'autres grands magasins se succèdent : Debenham's, D. H. Evans, Peter Robinson.

His Master's Voice (HMV) « La voix de son maître » est universellement connu pour ses disques et ses bandes magnétiques. Noter aussi près de la station de Bond Street, les marchés d'antiquaires de Grays et Grays Mews *(fermé le week end)*, et à la station d'Oxford Circus, la boutique de poteries Wedgwood.

Stratford House. – Maison construite en 1773 sur Stratford Place. Intérieur de style Adam.

Pour tout ce qui fait l'objet d'un texte dans ce guide (promenades, quartiers, sites, curiosités, rubriques d'histoire ou de géographie), reportez-vous à l'index alphabétique, à la fin du volume.

PADDINGTON

BV – Métro : Edgware Road (Circle, Metropolitan et District Lines), Paddington (Bakerloo, Circle, Metropolitan et District Lines).

A l'Ouest d'Edgware Road et de Maida Vale s'étend un vaste quartier né d'un village dont subsiste l'église (fin 18e s.), malheureusement noyée dans un océan de béton. Ce quartier, déjà en 1829 relié à la City par l'omnibus tiré par trois chevaux, s'est surtout développé en 1850 lorsque fut édifié par **Isambard Kingdom Brunel**, le Great Western Railway Terminal, aujourd'hui **Paddington Station**, desservant l'Ouest de l'Angleterre.

Le 1er janvier 1863 fut ouverte au public la première section du Metropolitan reliant Praed Street à Farrington par King's Cross. Ce chemin de fer souterrain qui deviendra le **London Transport Underground**, comportait des wagons non fermés et, malgré les dangers d'asphyxie dans les tunnels, 9 1/2 millions de voyageurs empruntèrent ce moyen de transport la première année. Cinq ans plus tard la ligne fut prolongée vers South Kensington et Westminster ainsi qu'à l'Est vers Moorgate.

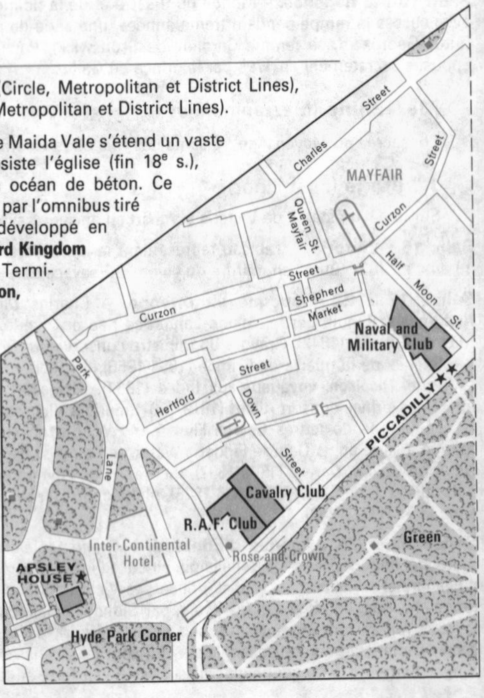

Actuellement plus ou moins déshérité, Paddington était encore, au début du siècle, un endroit résidentiel, où l'écrivain **Valery Larbaud,** « globe-trotter » raffiné parmi les raffinés, aimait à séjourner lors de ses passages à Londres : l'auteur de Fermina Marquez descendait en effet au Clifton Hotel, 4 Chilworth Street, près de la station.

Alexander Fleming avait son laboratoire à St Mary's Hospital, Praed Street, quand il découvrit, en l'an 1943, la pénicilline.

Little Venice. – Creusé de 1795 à 1801, le canal de Paddington, au Nord de la localité s'élargit, à hauteur de Warwick Avenue, en un bassin agrémenté d'une petite île, bassin que prolonge en direction d'Edgware Road une station du **Grand Union Canal** (qui unit en 1820, Paddington à Regent Park, rejoignant la Tamise par le Regent's Canal), l'ensemble constituant ce qu'il est convenu d'appeler la Petite Venise.

D'un effet particulièrement séduisant est la portion de canal bordée par Maida Avenue dont le nom rappelle une défaite subie par les Français en Calabre, durant les guerres napoléoniennes : des barques amarrées au quai, des rangées d'arbres se reflétant sur l'eau, de jolies maisons du milieu du 19ᵉ s. composent un tableau à l'apaisante harmonie qui, au demeurant, évoque plus Amsterdam que Venise.

D'avril à septembre, entre 10 h et 16 h (17 h le dimanche) un service de vedettes relie Little Venice au Zoo (London Zoo) par le Regent's Canal. Durée du trajet : environ 1 h AR. Prix : £ 4.35, enfants : £ 2.35 (entrée du Zoo comprise) ; ☏ 482 2550.

L'EUROPE en une seule feuille : carte Michelin n° 920.

PICCADILLY ★★

DY – Métro : Piccadilly Circus (Piccadilly et Bakerloo Lines) ; Green Park (Piccadilly et Victoria Lines).

Sur une distance de 1,5 km environ, entre Piccadilly Circus et Hyde Park Corner, Piccadilly qui sépare Mayfair de St James, est une des voies triomphales de l'aristocratique « West End ». En effet, de luxueux magasins, des hôtels de prestige, des agences de compagnies aériennes, de somptueuses résidences, souvent transformées en clubs, font de Piccadilly la promenade la plus courue de Londres.

Pubs typiques. – **Bentley's Oyster Bar,** 11 Swallow Street : décor sous le signe de l'huître.
Rose and Crown, 2 Old Park Lane : pub du 18ᵉ s.

Piccadilly tiendrait, paraît-il, son nom d'une maison construite à l'extrémité Sud de Great Windmill Street par un tailleur enrichi dans le commerce des « piccadils », hauts cols empesés très en faveur auprès de la jeunesse frivole du temps des Stuarts. Le côté Nord de la rue était occupé par de grandes propriétés, loties au 18ᵉ s. et peu à peu envahies par les hôtels : c'est là que débarquaient, avant la construction du chemin de fer, les voyageurs de la « malle de Douvres ».

DE PICCADILLY CIRCUS A HYDE PARK CORNER

2 h environ à pied

Piccadilly Circus. – Ce carrefour, qu'il faut voir plutôt le soir, dans le scintillement d'une pléiade d'enseignes lumineuses, constitue un des centres nerveux de Londres, comme en témoignent le fourmillement des piétons et une étourdissante circulation automobile.

Encore désigné au 19ᵉ s. sous le nom de Regent Circus parce que compris dans l'aire d'urbanisme de Nash *(p. 23)* dont Regent Street était l'élément majeur, Piccadilly Circus ne présente malheureusement plus aucun caractère architectural de cette époque mais il conserve le **théâtre Criterion,** originale création en sous-sol datant de l'époque victorienne (1874).

A côté se trouve le magasin de sports, Lillywhite's, connu de longue date.

Dominant un enchevêtrement de passants et de véhicules, l'**Eros** de Piccadilly Circus est en quelque sorte la mascotte de Londres, comme le Mannekenpiss est celle de Bruxelles. En fait il s'agit d'un Ange de la Charité chrétienne, effigie de bronze doré surmontant une fontaine érigée en 1892 en commémoration des bienfaisances de Lord Shaftesbury. Lors des importants travaux de réaménagement du carrefour, la fontaine doit être déplacée et installée en face du théâtre Criterion, à l'écart de la circulation.

On passe devant l'hôtel Piccadilly (1900), le magasin de confection **Simpson's** (1935), l'église **St James★** *(p. 105)* et l'**hôtel Albany** (1770) divisé, depuis 1802, en appartement pour célibataires fortunés (Byron, Disraeli, Macaulay, Graham Green vécurent ici).

Hatchard. – Au n° 187, l'entrée de cette librairie fondée en 1797 par John Hatchard, est flanquée de bow-windows. Ce fut un club littéraire fréquenté par Byron, Thackeray, le duc de Wellington. A l'étage, livres pour enfants.

Fortnum and Mason's. – Épicerie fine, le « Fauchon » londonien est réputé pour ses marmelades d'orange, ses pickles et son thé. Au 1er étage, rayons de cadeaux.

Burlington House★ (Royal Academy of Arts). – Tenant son nom des propriétaires du domaine, les comtes de Burlington, cette demeure a une histoire architecturale mouvementée. Du manoir en briques de 1668, il ne reste rien. Reconstruit en 1716 en style palladien par **Colen Campbell** pour le 3e **Lord Burlington,** restauré en 1816, racheté par l'État en 1854 et remanié par Sydney Smirke pour recevoir la **Royal Academy of Arts** (1868), le bâtiment s'agrandit au Nord sur Burlington Gardens en 1869, au Sud sur Piccadilly en 1874.

Visite. – *Pénétrer dans la cour.* Au centre est érigée la statue du portraitiste Reynolds, premier président de la Royal Academy. L'aile droite fut longtemps affectée à la Royal Society, ou Académie des Sciences officiellement reconnue en 1663 et placée sous le patronage de Charles II ; le fameux Pepys *(p. 27)* en 1684 et, au début du siècle suivant, Isaac Newton comptèrent parmi ses présidents. D'autres sociétés savantes, parmi lesquelles la Société des Antiquaires, fondée en 1707, occupent l'aile gauche.

Rebâti par Smirke, le corps central est dévolu à l'Académie des Beaux Arts (Royal Academy of Arts) dont l'origine remonte à 1768. Composée de 40 membres, elle organise deux expositions annuelles ; l'une, en été *(p. 18)*, est consacrée, depuis 1769, aux artistes vivants ; l'autre, hivernale, concerne l'art ancien. A l'étage supérieur, la bibliothèque et plusieurs salles abritent les collections de l'Académie comprenant notamment des œuvres de Léonard de Vinci, Michel-Ange et des académiciens *(on peut visiter).*

Museum of Mankind★ (Musée de l'Homme). – *Entrée 6 Burlington Gardens. Visite de 10 h à 17 h en semaine, de 14 h 30 à 18 h le dimanche. Fermé le Vendredi Saint, les 24, 25, 26 décembre, 1er janvier et 1er lundi de mai. Salle de lecture (anthropologie et archéologie). Projection de films à 13 h 30 et 15 h du mardi au vendredi au Film Theatre. Collections présentées par roulement.*

Construit en 1869 dans le style Renaissance avec profusion de colonnes et de statues, ce musée d'ethnographie (dépendant du British Museum) offre 15 salles sur trois niveaux.

Les **mosaïques de turquoises** provenant du Mexique, en salle 6, sont remarquables : art mixtèque du 14e s., serpent pectoral à deux têtes et couteau de sacrifice à lame de calcédoine ; art aztèque des 15e et 16e s., masque du Serpent à plumes, composé de deux serpents entrelacés. Les **Trésors du musée★★** sont groupés en salle 8 : crâne de cristal précolombien, masque peint ceylanais du 19e s., hérissé de cinq cobras, marionnettes javanaises pour théâtre d'ombre (1800), masque d'ivoire avec couronne de petites têtes de Portugais (16e s.) de Bénin (Sud du Nigeria), bronzes de la même région, pectoral africain en or (Ashanti).

Burlington Arcade★★. – *Fermée le dimanche ; le samedi après-midi seulement un tiers des boutiques sont ouvertes.* D'élégants magasins de joaillerie, bijouterie, modes, au nombre de 41, bordent ce passage Regency dont les arcades ioniques alternent avec les « bow-windows » à petits carreaux. Aménagée en 1819, Burlington Arcade reste une propriété privée que surveillent trois « beadles » (bedeaux), portant redingote et chapeau haut de forme.

Face à Burlington Arcade, s'élevait, le **Hall égyptien** (spectacles de prestidigitation) ; à sa place on trouve le Tourisme et les Chemins de Fer Français (n° 178), deux boutiques spécialisées dans les éponges naturelles (n° 175) et dans la faïence Wedgwood, Gered (n° 173).

Piccadilly Arcade★. – Galerie commerçante de style Regency mais non d'époque, ayant remplacé l'hôtel Brunswick où descendit le prince **Louis-Napoléon,** réfugié en Angleterre après son évasion de la forteresse de Ham. Beau dallage de marbre blanc et noir.

Ritz Hotel. – A l'angle de Green Park, cette forteresse hôtelière n'est autre que le Ritz, construit en 1906, dont les murs sont constitués par une armature d'acier que renforce un solide parement de granit rose norvégien. Ses arcades analogues à celles de la rue de Rivoli, son « parisian roof », son décor intérieur Louis XV sont bien connus de la haute société.

De l'autre côté de la rue se trouvait Devonshire House, bâtie au 18e s. et démolie après la guerre de 1914-1918 : c'était un sanctuaire du parti « Whig », illustré par la charmante duchesse de Devonshire, Georgiana Spencer, qui avait été l'amie de Marie-Antoinette, du Régent, futur George IV, et que Gainsborough, Reynolds et Lawrence se plurent à peindre.

Green Park. – Incorporé aux parcs royaux par Charles II qui y fit établir une glacière, Green Park fut au 18e s. le théâtre de nombreux duels. Ses 48 ha sont une oasis de calme.

Continuer à suivre Piccadilly. Le côté Nord est jalonné par de majestueuses demeures, souvent converties en **clubs** : le n° 107 appartient aux Rothschild qui possédaient les nos 142, 143, 144 démolies et emplacées par l'hôtel Inter-Continental. Le **Naval and Military Club** (n° 94), installé dans **Cambridge House,** manoir construit au 18e s. pour Lord Egremont et habité par Palmerston de 1855 à 1860 ; le club est aussi connu sous le nom de « In and Out Club » ; le **Cavalry Club** (n° 127) fréquenté par les cavaliers ; le **RAF Club,** réservé aux aviateurs et à leurs invités.

Durant la dernière guerre, le Cercle des Officiers de la France Libre avait son siège au 107 Piccadilly, dans l'immeuble remplaçant l'hôtel particulier qu'avait acheté, vers 1825, Nathan Rothschild *(p. 51)* et que fréquentèrent Wellington, Talleyrand et autres...

Hyde Park Corner, Apsley House★. – *Pages 76 et 29.*

REGENT'S PARK ★★★

CDV – Métro : Regent's Park (Bakerloo Line), Baker Street (Metropolitan, Bakerloo et Circle Lines).

Couvrant 200 ha, ce parc séduit par l'harmonie de ses paysages que valorise l'étonnant cadre décoratif composé par les blanches « terrasses » de Nash.

Le parc est ouvert de l'aube au crépuscule. En été, restaurants à Queen Mary's Gardens et concerts le dimanche. Location de bateau (Boat House) sur le lac de Pâques à octobre et excursions en vedettes sur Regent's Canal (embarcadère : Landing Stage) de Pâques à septembre (voir p. 95).

Une invention de Nash : la cité-jardin idéale. – Ancien terrain de chasse de la Couronne, Marylebone Park prit le nom de Regent's Park au début du 19e s. lorsque le **Régent,** futur George IV, décida de le faire transformer en propriété de rapport par son architecte favori, **John Nash** *(p. 23).*

Regent's Park où le prince aurait sa résidence champêtre, ne devait pas être modifié uniquement dans un souci de rentabilité, à l'instar de l'opération immobilière entreprise naguère par le duc d'Orléans au Palais Royal à Paris, mais constituer un des pôles de la nouvelle voie triomphale baptisée Regent Street, l'autre pôle étant formé par la résidence urbaine de George, Carlton House *(p. 106).* Conçu comme une cité-jardin, Regent's Park comprenait notamment 26 **villas** qui devaient être louées à des notables : chaque villa était isolée dans une clairière masquée de bosquets (quatre d'entre elles ont survécu). Des immeubles collectifs formaient des **circus,** disposés en anneaux prévus à l'emplacement de Queen Mary's Gardens et Park Crescent relié à Portland Place ; des **crescents,** dessinés en croissants et implantés symétriquement au Nord du parc ; des **terraces,** encore existantes, ensemble d'immeubles Regency sur les côtés Est, Sud et Ouest du parc.

Le décor paysager était assuré par le lac au dessin tourmenté, qu'agrémentaient des îles, par le Regent's Canal creusé en 1820 et reliant le domaine à la Tamise, par le grand mail ombragé (Broad Walk), qui existent encore, enfin par des parterres et un bassin-réservoir alimentant les résidents en eau, qui ont disparu. A la périphérie se répartissaient églises, casernes, établissements de loisirs (Colisée, Diorama), marchés dont l'approvisionnement se faisait par un port aménagé à l'extrémité du Regent's Canal. Commencée en 1812 la réalisation des conceptions de Nash ne put être menée à bonne fin encore que les grandes lignes du projet fussent respectées par son successeur, **Decimus Burton** (1800-1881). Après l'achèvement du zoo en 1828, le parc fut ouvert dans son entier en 1838.

VISITE *2 h environ*

Pénétrer dans Regent's Park par York Gate qui s'ouvre en face de l'église St Marylebone.

De part et d'autre s'étend **York Terrace** (1821) dont la partie Ouest se nomme actuellement **Nottingham Terrace.** Franchir ensuite la branche Est du lac par le York Bridge. A gauche une villa abrite le **Regent's College,** (ancien Bedford College), avec un pavillon remontant à 1819 et, plus au Sud **The Holme,** ancienne villa, annexe du collège.

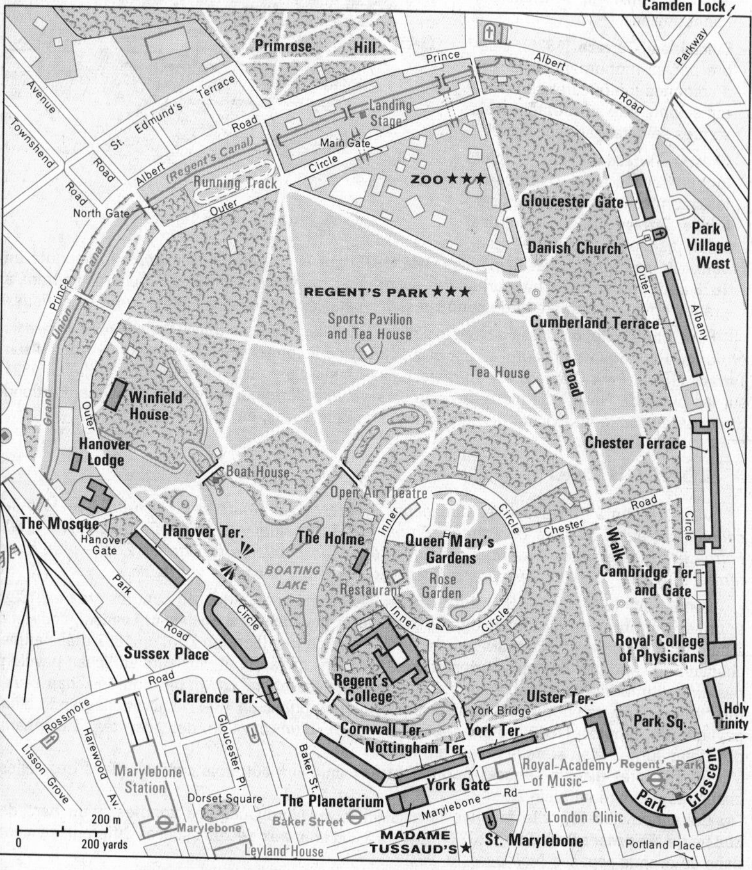

Queen Mary's Gardens. – Dépendant de la Royal Botanic Society de 1840 à 1932, ces jardins s'inscrivent à l'intérieur de la route circulaire dite Inner Circle qui rappelle le tracé du « circus » conçu par Nash. Ils comptent en particulier une magnifique roseraie (Rose Garden), des jardins de rocaille et une pièce d'eau où fleurissent les nénuphars.

Emprunter le sentier qui contourne par la droite Regent's College.

Boating Lake. – De la rive Ouest du lac, bordée de superbes frênes pleureurs, jolies vues, d'un côté sur les îles, de l'autre sur les terrasses de Nash élevées de 1822 à 1823, celles de **Cornwall** et de **Clarence** séparées de celles de **Hanover** par **Sussex Place** dont la majestueuse colonnade corinthienne et les tours coiffées de dômes en forme de casques à pointe abritent une école de Hautes études commerciales **(London Graduate School of Business Studies).** L'immeuble voisin à quatre étages date de 1960, c'est le **Royal College of Obstetricians and Gynaecologists.** Près de Hanover Gate, le haut minaret blanc coiffé d'or signale la présence de la **mosquée** construite en 1977. Le pavillon voisin, **Hanover Lodge,** villa du 18e s. agrandie d'une aile au 20e s., est une annexe du Regent' College, quant à **Winfield House,** maison néo-géorgienne de 1936, c'est la demeure de l'ambassadeur des États-Unis.

Traverser ensuite la corne Nord-Ouest du lac, s'engager dans la grande pelouse (terrains de cricket) pour gagner Broad Walk, qu'on prend à droite.

Broad Walk. – Large et rectiligne allée ombragée de marronniers, de chênes et d'ormes, sillonnant le parc dans toute sa longueur. Échappées à gauche sur la blancheur lumineuse des façades des terrasses de Nash vers lesquelles on se dirigera par Chester Road.

Nash Terraces**. – Conçus par Nash et réalisés par son élève, Decimus Burton, ces immeubles Regency dont certains rappellent par leur nom le titre de plusieurs des fils de George III, bordent Regent's Park ; leurs blanches façades de stucs, d'une grande variété de dessin, ont été restaurées après la guerre et font penser à un décor de théâtre. Le côté oriental est le plus spectaculaire avec, de gauche à droite :

- **Gloucester Gate** (1827) dont l'élévation néo-classique contraste avec l'architecture néo-gothique de **St Katharine's Chapel** (1829) devenue l'église danoise **(Danish Church)** ; à l'intérieur, blason des reines d'Angleterre et deux statues du sculpteur danois Caius Cibber (17e s.) : Jean Baptiste et Moïse ; en arrière, donnant sur Albany Street, s'ouvre **Park Village West** formant des terrasses plus modestes avec de charmants cottages, en particulier Tower House ; cet ensemble projeté par Nash en 1824 fut terminé par Pennethorne.
- **Cumberland Terrace** (1826), célèbre par sa monumentale façade à colonnes ioniques et son fronton sculpté que surmontent trois statues se détachant sur le ciel ;
- **Chester Terrace** (1825), la plus longue façade avec d'imposantes colonnes corinthiennes ; **Cambridge Terrace** (1825) avec des colonnes plus rustiques *(en cours de restauration)* et **Cambridge Gate** (1875) sur le site de l'ancien **Colisée,** inauguré en 1828 et détruit en 1875, qui abritait des panoramas, immenses peintures circulaires figurant, à grands effets de lumière et de contrastes, des batailles ou des villes, telles Londres et Paris.

Cumberland Terrace.

Par Outer Circle, on passe devant le collège royal de médecine **(Royal College of Physicians)** ; on longe **Park Square** encadré à l'Est et à l'Ouest de colonnade ionique prolongée par **Ulster Terrace** (1824). **Park Crescent** est un majestueux hémicycle à colonnade ionique édifié en 1821 sur les plans de Nash, à la place du « circus » prévu à l'origine. A l'Ouest, sur Great Portland Street se dresse le fin clocher de **Holy Trinity,** érigé par **Soane,** en 1828.

■ LONDON ZOO***

Visite de 9 h à 18 h (19 h les dimanches et fêtes) du 1er mars au 31 octobre ; de 10 h au coucher du soleil le reste de l'année. Entrée : £ 3.20 ; étudiants : £ 2.50 ; enfants : £ 1.60. Fermé le 25 décembre. Aquarium ouvert à 10 h. Zoo d'enfants (Children's Zoo – gratuit) et ferme, ouverts à 10 h 30. Restaurant, cafétérias. Accès par le canal : voir p. 95.

Fondée en 1826 par Sir Stamford Raffles, la Société zoologique de Londres créa en 1828 pour ses membres un jardin zoologique **(Gardens of the Zoological Society of London),** couvrant 2 ha de Regent's Park ; il prendra le nom de Zoo de Londres (London Zoo) en 1867 grâce à une chanson de l'époque. **Decimus Burton** dessina les plans du jardin et plusieurs édifices : pavillon des girafes (modifié en 1963), volière sur le gazon de Members' Lawn, pavillon des chameaux, maintenant Tour de l'horloge **(Clock Tower).** Ouvert au public en 1847, le jardin s'agrandit d'un pavillon de reptiles (1849), d'un aquarium (1853), d'un pavillon des Insectes. L'éléphant d'Afrique Jumbo était alors le pôle d'attraction.

En 1913, les **Mappin Terraces** permettent aux animaux autrefois confinés dans des salles chauffées de vivre en plein air.

Cette nouvelle formule favorise la naissance, au Nord-Ouest de Londres, d'un parc de 202 ha, le **Whipsnade Park Zoo*** (1928-1931) où 2 000 animaux de 200 espèces différentes vivent dans de grands espaces *(voir accès p. 99).*

Le Zoo de Londres prend de l'extension : abri pour les grands singes (1933), bassin des pingouins (1934) ; érection près du canal des **Cotton Terraces** (1963), pour les ruminants, laboratoires de recherches scientifiques (études comparatives incluant les problèmes de fécondité chez l'homme), en 1962 et 1964 ; pavillon des éléphants et rhinocéros (1965), l'immense volière Snowdon (1967), le pavillon des petits mammifères nocturnes (1967) où le **Moonlight World** recréé pendant le jour, un clair de lune artificiel permettant de voir ces animaux en activité ; pavillons pour les gorilles, orangs-outans et singes plus petits ainsi que pour les pandas (1972) ; en 1976, création des **New Lion Terraces** où les grands fauves disposent d'un abri et d'une aire de verdure.

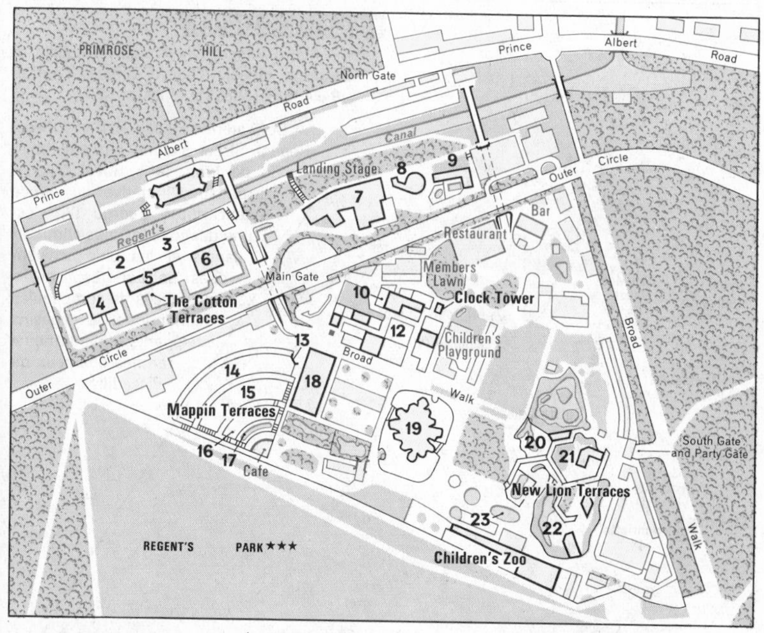

1 Volière Snowdon
2 Cerfs
3 Antilopes
4 Chevaux et Bovins
5 Girafes et Zèbres
6 Chameaux et Lamas
7 Petits Mammifères Nocturnes
8 Grands Singes
9 Insectes
10 Pandas Géants
12 Singes
13 Aquarium
14 Moutons et Chèvres
15 Ours
16 Sangliers
17 Pélicans
18 Reptiles
19 Éléphants et Rhinocéros
20 Tigres
21 Grands Félins
22 Lions
23 Pingouins

Le Zoo d'une superficie actuelle de 14 ha abritant 5 000 animaux de 1 162 espèces dont la plupart peuvent se reproduire *(affichage des naissances à l'entrée principale-Main Gate)*. Coupé par Regent's Canal et Outer Circle, il se divise en trois parties reliées par tunnels ou passerelles. Un zoo pour enfants **(Children Zoo)** avec une ferme est aménagé près de la lisière Sud de l'enceinte.

Le bain des éléphants a lieu à 11 h et l'on peut assister aux repas de certains animaux.

Accès au WHIPSNADE PARK ZOO,
par le train gare St Pancras, arrêt Luton puis bus 43.
Des bus de la Green Line desservent aussi Luton, le 737 (le dimanche), les 707 ou 717 (en été).

■ PRIMROSE HILL

Haute de 62 m seulement mais dominant la vallée de la Tamise, la « colline des primevères » aux pentes escarpées est couverte de gazon, mais à peu près dépourvue d'arbres ; c'était jadis le terrain favori des duellistes. De son sommet, **vue**★ étendue sur Londres, en direction du Sud et de l'Est, avec Regent's Park au premier plan, et sur les collines de Highgate et de Hampstead au Nord.

■ ST JOHN'S WOOD

Voir plan p. 5 et 6 (BCV)

A l'Ouest de Regent's Park, ce quartier verdoyant doit son nom aux chevaliers hospitaliers de St-Jean qui, au Moyen Age, possédaient ces terres boisées. Urbanisé au 19e s., **St John's Wood** a perdu une partie de ses villas à l'italienne, entourées de jardins, au profit de blocs d'immeubles et de maisons néo-géorgiennes. La petite High Street a été modernisée.

St John's Wood Church. – *Prince Albert Road.* Comme l'église St Marylebone *(p. 108)*, St-Jean-des-Bois (1813) est due au même architecte Thomas Hardwich, avec une tour à coupole.

Lord's Cricket Ground. – *St John's Wood Road.* Ce terrain de cricket fut inauguré le 22 juin 1814 par un match où jouait le Marylebone Cricket Club. Il porte le nom de Thomas Lord, spécialiste qui avait déjà ouvert un terrain en 1787, à l'emplacement de l'actuel Dorset Square. Les premiers matches internationaux (Test Matches) joués au Lord's, datent de 1884.

The Cricket Memorial Gallery. – *Visites guidées sur rendez-vous (☏ 01-289 1611).*

Portraits, dessins, souvenirs concernant le **cricket** où les joueurs en deux équipes de onze, protégés par des jambières, utilisent des battes, une balle de cuir et des guichets espacés de 20 m. Les **Ashes** (cendres de piquet de guichet, contenues dans une urne), rappellent la victoire de l'Australie sur l'Angleterre, à l'Oval *(p. 85)*, en 1882 (le cricket anglais était mort !) ; c'est le trophée qu'il faut gagner.

La porte principale (1923) a été érigée en mémoire d'un grand joueur de cricket, William Gilbert Grace, le légendaire W. G., mort en 1915, à 67 ans (il avait 66 ans à son dernier match).

REGENT STREET ★

DX – Métro : Piccadilly Circus (Piccadilly et Bakerloo Lines) ; Oxford Circus (Central, Bakerloo et Victoria Lines).

De Waterloo Place à Portland Place, Regent Street s'étend sur environ 1 mile de long, le « Royal Mile ». Tracée sur l'initiative du prince régent, futur George IV, c'est une des rues les plus commerçantes et les plus achalandées de Londres, bordée d'agences de compagnies aériennes et de magasins élégants, quoique moins raffinés que ceux de Piccadilly.

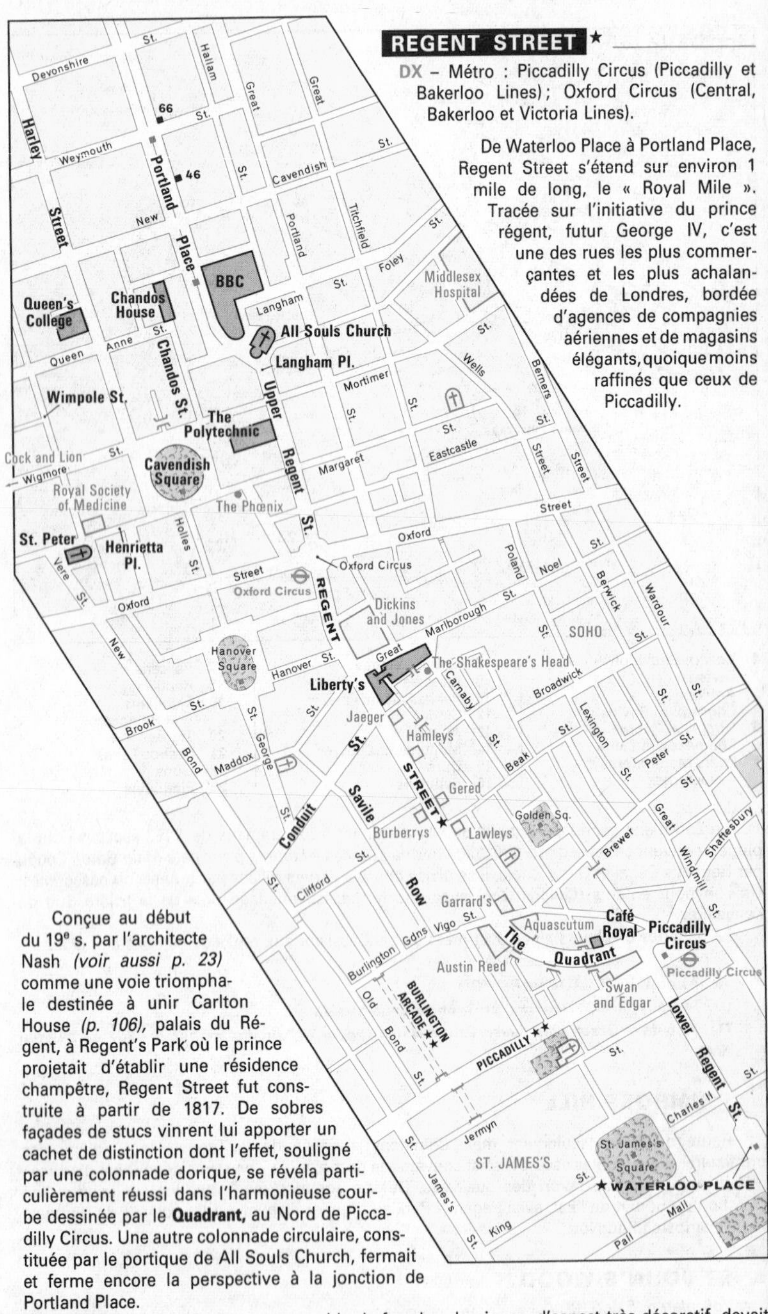

Conçue au début du 19e s. par l'architecte Nash *(voir aussi p. 23)* comme une voie triomphale destinée à unir Carlton House *(p. 106)*, palais du Régent, à Regent's Park où le prince projetait d'établir une résidence champêtre, Regent Street fut construite à partir de 1817. De sobres façades de stucs vinrent lui apporter un cachet de distinction dont l'effet, souligné par une colonnade dorique, se révéla particulièrement réussi dans l'harmonieuse courbe dessinée par le **Quadrant**, au Nord de Piccadilly Circus. Une autre colonnade circulaire, constituée par le portique de All Souls Church, fermait et ferme encore la perspective à la jonction de Portland Place.

Malheureusement, tout cet ensemble de façades classiques, d'aspect très décoratif, devait disparaître dans les années 1900 pour être remplacé par des immeubles de rapport.

Portland Place, Cavendish Square et leurs entours constituent une adresse « fashionable » adoptée par une cohorte de grands médecins dont les cabinets de consultation jalonnent Wimpole, Wigmore et surtout Harley Streets.

L'urbanisme en échiquier du quartier procède du lotissement, au 18e s., des domaines du duc de Portland et des familles Cavendish et Harley. Les frères Adam *(p. 120)* et leurs successeurs y donnèrent les plans de maisons de style néo-classique dont les façades « en bande continue » composent des perspectives d'une sévère harmonie.

Pubs typiques. – **The Shakespeare's Head,** Carnaby Street : ambiance jeune et moderne.
The Phoenix, Cavendish Square : décor moderne ; boiseries de sapin.
Cock and Lion, 62 Wigmore Street : élégant cadre Vieille Angleterre.

DE WATERLOO PLACE A PORTLAND PLACE

2 h 1/2 environ à pied

Waterloo Place★. – *Page 102.*

Lower Regent Street. – Massifs immeubles occupés par de grandes sociétés.

Piccadilly Circus. – *Page 95.*

Regent Street★. – C'est là que la densité des magasins, surtout d'habillement, est la plus forte : Swan and Edgar, face au **Café Royal** (1865) qui fut le quartier général de l'écrivain Oscar Wilde et du peintre Augustus John ; The Scotch House (n°s 84 et 191, lainages écossais) ; Aquascutum, Austin Reed et Burberrys (imperméables et vêtements de sport), **Jaeger** (mode) ; **Liberty's,** fondé en 1875 par Arthur Liberty et connu alors pour ses soieries et cotonnades, abrite des rayons plus diversifiés derrière deux façades différentes, l'une à colonnade néo-classique (1926), l'autre sur Great Marlborough Street, avec des pans de bois de style Tudor (1924) ; grands magasins Dickins and Jones.

Il faut citer aussi : **Garrard** (joaillerie), Lawleys (porcelaine), Gered (n° 158, faïences Wedgwood), **Hamleys** (n° 188, jouets).

Savile Row. – Savile Row doit sa notoriété aux prestigieux tailleurs pour hommes installés sur ses bords et renommés tant pour la qualité de leurs tissus que pour la coupe de leurs vêtements. Elle est reliée à Regent Street par **Conduit Street** où subsiste, au n° 9, une maison de 1779 à façade en stuc, œuvre de James Wyatt.

Upper Regent Street. – Au n° 309, on remarque **The Polytechnic,** importante école scientifique du soir : environ 18 000 membres. La rue Mortimer, à l'Est, mène au Middlesex Hospital.

Langham Place. – Conçue pour amortir le décrochement entre Regent Street et Portland Place.

All Souls Church (église de Tous les Saints) fut bâtie en 1824 par Nash sur plan circulaire, elle comporte deux colonnes superposées, l'une ionique, l'autre corinthienne. Ses proportions réduites, mais harmonieuses, sont malheureusement dévaluées par la massive présence, à l'arrière-plan, du building de la BBC.

Portland Place. – Cette spacieuse artère, une des plus larges de Londres, fut conçue et bâtie dans les années 1770 par les frères Adam et, au siècle suivant, incluse par Nash dans sa voie triomphale reliant Carlton House à Regent's Park *(p. 97).* Au temps de la Régence (fin 18e-début 19e s.), c'était une des rues les plus élégantes de Londres, bordée d'ambassades, parmi lesquelles celle de France jusqu'à son transfert en 1834 à Manchester Square. Aujourd'hui, si Portland Place a gardé quelques ambassades (Suède, Pologne, Chine) l'endroit a perdu de son charme avec la destruction de nombreuses maisons « Adam ».

Dans Hallam Street, rue parallèle à Portland Place, à l'Est, subsiste une belle demeure néo-classique (n°s 44-50). Dans Great Portland Street, rue voisine, se trouvent deux hôpitaux aux n°s 224 et 234.

All Souls Church.

Broadcasting House. – Massif bâtiment, siège de la BBC (British Broadcasting Corporation), qui a été bâti en 1931, et dont l'entrée principale est décorée d'un groupe sculpté de Prospero et Ariel, héros d'une pièce de Shakespeare, « la Tempête ».

N°s 46-48. – Double maison par les frères Adam (1774).

N° 66. – Bâtiment moderne (1934) du **Royal Institute of British Architects,** fondé en 1837.

Prendre à gauche Devonshire Street, puis encore à gauche Harley Street.

Harley Street. – Presque entièrement bordée de maisons de la fin du 18e ou du début du 19e s. occupées en bonne partie par des cabinets médicaux.

Au n° 64 le peintre Turner habita de 1803 à 1812 ; plus bas le n° 47 et les numéros voisins abritent **Queen's College,** la plus ancienne école féminine d'Angleterre (1848).

Tourner à droite dans Queen Anne Street puis à gauche dans Wimpole Street.

Wimpole Street. – Au n° 50 (maison reconstruite) vécut la poétesse Elizabeth Barrett avant son mariage avec le poète Robert Browning en 1846 et leur départ pour l'Italie.

On débouche dans Henrietta Place.

St Peter's Chapel. – A l'angle de Vere Street s'élève cette charmante chapelle construite en 1724 par James Gibbs pour, dit-on, servir de maquette à St Martin-in-the-Fields.

Henrietta Place. – Henrietta était le prénom de l'épouse d'Edward Harley, promoteur du quartier. A gauche, bâtiment de l'Académie de Médecine (Royal Society of Medicine).

Gagner Cavendish Square.

Cavendish Square. – Tracé à partir de 1717, Cavendish Square, au jardin planté de majestueux platanes, conserve encore quelques maisons du début 18e s. parmi lesquelles le no 20 (angle Sud-Ouest), siège d'un club d'infirmières (nurses), le Cowdray Club, situé à proximité du collège royal d'infirmières (Henrietta Place).

Les deux maisons les plus intéressantes du square se découvrent sur le côté Nord (nos 11-14) et datent de la fin du 18e s. ; au-dessus de l'arche qui relie les bâtiments, Vierge due au sculpteur **Epstein** (1950). Le portraitiste Romney, vécut durant plus de 20 ans Cavendish Square. Le no 5 fut occupé en 1787 par Lord Nelson et cent ans plus tard, par le fondateur de l'école polytechnique, Quintin Hogg, mort en 1903. A l'angle Nord-Est s'amorce **Chandos Street.** A l'extrémité, façade de **Chandos House,** œuvre de Robert Adam (1771). Revenir au Sud et emprunter Holles Street. Dans cette rue naquit, en 1788, Lord Byron (emplacement du no 24 actuel).

ST JAMES'S ★★

EXY – Métro : Piccadilly Circus (Piccadilly et Bakerloo Lines) ; Charing Cross (Bakerloo Line) ; St James's Park (Circle et District Lines).

Délimité par Piccadilly, Haymarket et les parcs, St James's qui fut le quartier de la Cour, reste à la fois officiel et résidentiel. Dans une ambiance de dignité calme et même un peu guindée l'endroit reflète encore l'image de l'Angleterre traditionnelle des clubs, des gentlemen « anciens élèves d'Eton ou de Harrow », et des « fournisseurs de Sa Majesté ».

Pubs typiques. – **Red Lion,** 2 Duke of York Street : miroirs et panneaux d'acajou créant une ambiance victorienne.

Red Lion, Crown Passage : pub du 19e s. orné de gravures anciennes.

Cockney Pride, Jermyn Street : décoré de « posters » du 19e s. ; personnel en costume de la même époque.

Golden Lion, King Street : décor 1900 (glace et acajou) ; ambiance « hôtel des ventes ».

St James's, quartier royal. – La présence des souverains anglais au palais St James's à partir du règne de Charles II Stuart attira les grands seigneurs et les courtisans qui furent, à la fin du 17e s. et au début du siècle suivant, le ferment d'un nouveau quartier.

Un sol à peu près plan de champs non clôturés donna alors l'idée à **Henry Jermyn,** comte de Saint Albans, de faire construire un grand ensemble sur plan régulier dont le centre serait marqué par un vaste square. Ce Jermyn était un ami personnel de la reine mère **Henriette-Marie de France** qu'il aurait même épousée secrètement après la mort de Charles Ier. Très dévoué aux Stuarts, il n'en était pas moins intéressé et dépensier, gourmand et joueur, intrigant et borné, « plus un Français qu'un Anglais » disaient les Londoniens avec indulgence...

Quoi qu'il en soit, Jermyn obtint le terrain convoité en location à termes et l'urbanisa, non sans prévoir l'établissement d'un marché, le marché St-Albans, aujourd'hui disparu, et une église, St James. Ayant ainsi accru sa fortune, il se reposa et put se livrer en toute tranquillité au jeu et à la bonne chère.

Aussi bien les nouveaux habitants de St James's avaient-ils ceinture dorée, sinon bonne renommée. Sur Pall Mall en effet demeuraient notamment la comtesse de Ranelagh, épouse d'un des plus furieux bâtisseurs du royaume *(voir p. 49),* et une des favorites de Charles II, la délicieusement vulgaire **Nell Gwynn,** ancienne vendeuse d'oranges, qui possédait une maison dont le jardin descendait vers le parc royal : et parfois l'on pouvait voir la rousse Nell converser avec le roi par-dessus le mur bas séparant les deux domaines. Une autre belle amie de Charles, celle-là d'une extraction plus relevée, avait élu domicile St James's Square : c'était **Frances Stuart,** « la belle Stuart » modèle de la Britannia sur la monnaie anglaise.

Sentinelle à St James.

VISITE *4 h environ à pied au départ de Waterloo Place.*

Waterloo Place★. – Portant le nom d'une grande victoire anglo-prussienne, Waterloo Place offre de belles **vues★★** vers le Sud sur les tours du palais du Parlement et l'abbaye de Westminster, vers l'Ouest sur Pall Mall et vers le Nord sur Lower Regent Street.

Le **Monument de Crimée** évoque le souvenir des « Guards » morts pendant la Campagne de Crimée (1854-1856) : il est signalé par une Victoire de bronze. Au Sud de la place, la **colonne du duc d'York,** haute de 38 m, a été érigée en 1833 : au sommet, statue de Frédéric, frère de George IV et du duc d'York, commandant en chef de l'armée britannique à l'époque.

Pall Mall. – Bordé de majestueuses façades classiques que scandent colonnes et pilastres, Pall Mall est ainsi nommé parce que l'on y pratiquait, au 17e s., le « paille-maille », jeu français d'origine italienne, analogue à notre croquet et exigeant une balle (paille : de l'italien palla) accompagnée d'un maillet (maille). C'est d'autre part à Pall Mall que furent placées, en 1807, les premières lampes à gaz hydrogène existant dans le monde.

Une quantité de **clubs,** invisibles mais présents, jalonnent Pall Mall sur toute sa longueur. Confortables et quiets, ils disposent d'un hall où sont situés les casiers de correspondance et les livres de paris, d'un cabinet de lecture, d'une salle de jeux et d'une salle à manger (il est parfois permis d'inviter un hôte) ; aux étages s'étendent les appartements.

L'admission des membres se fait sur présentation et après un scrutin à l'unanimité : on vote par boules blanches ou noires et s'il y a boule noire le candidat est « blackballed » (blackboulé) ; au contraire si le scrutin est favorable, l'impétrant est autorisé à payer son entrée et sa cotisation annuelle. Les principaux clubs sont, en partant de Waterloo Place :

– l'**Athenaeum,** club littéraire et artistique fondé en 1824 et comprenant une bibliothèque réputée ; il occupe un bâtiment, construit en 1830 par Decimus Burton *(p. 97)*, dont la façade, sur Waterloo Place, est ornée d'une statue d'Athéna (Minerve) ;
– le **Travellers** (n° 106), remontant à 1819 et destiné aux grands voyageurs ; il est logé dans un pastiche de palais italien, œuvre de Charles Barry *(p. 147)* ;
– le **Reform** (n°s 104-105) qui rassemble les sympathisants du parti libéral depuis 1832, est installé dans un second « palais italien » dû à Charles Barry ; puits artésien dans la cour ;
– le **Royal Automobile Club (RAC)** qui a incorporé Schomberg House, bâtie en 1698 ; au n° 80 subsiste l'aile Ouest de cette belle demeure où **Gainsborough** vécut de 1774 à sa mort, en 1778, et où il avait monté sa propre galerie de vente ;
– l'**Oxford and Cambridge** (n° 71) inauguré en 1830 : les anciens étudiants des deux Universités s'y rencontrent dans l'édifice bâti par les frères Smirke, architecte du British Museum ;
– le **Crown Passage** mène au **Red Lion** *(p. 102)*.

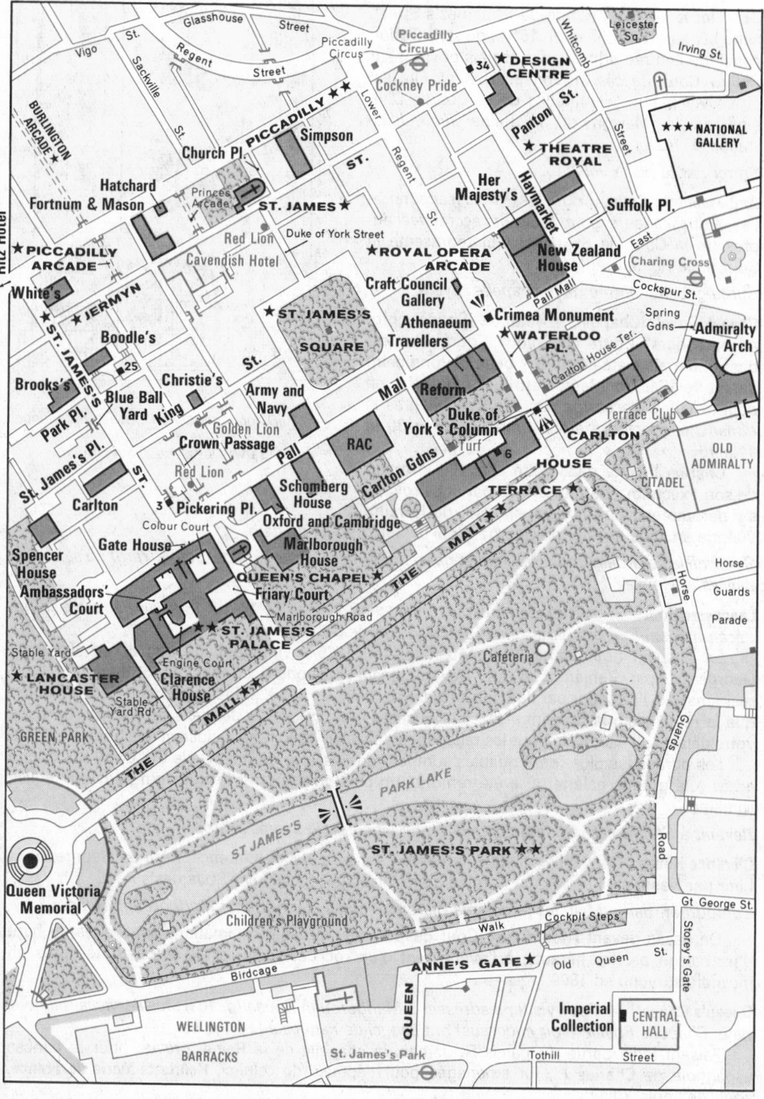

Marlborough House. – *Provisoirement fermée pour restauration. Pour tous renseignements,* ☎ *01-930 9249.*

Construite en 1710, sur les plans de Wren, pour Sarah, épouse du fameux **duc de Marlborough,** John Churchill, qui allait en guerre contre les Français, Marlborough House fut remaniée en 1771 par William Chambers et encore agrandie dans les années 1860 pour le futur Édouard VII. La demeure qui a abrité la reine Mary, veuve de George V, de 1936 à sa mort en 1953, est désormais à la disposition des nations du Commonwealth.

Les escaliers et le grand salon sont ornés de peintures murales relatant les batailles de Ramillies, Malplaquet, Blenheim gagnées par Marlborough sur les troupes de Louis XIV : amère ironie, ces œuvres sont dues au Français **Louis Laguerre** (1663-1721), fils du directeur de la Ménagerie de Versailles et filleul du Roi Soleil dont il portait le prénom.

Les peintures du plafond du Grand Salon, évoquant les Arts et les Sciences, proviennent du Hall du Pavillon de la Reine à Greenwich *(p. 162)* : elles ont été exécutées par l'Italien **Orazio Gentileschi** (1562-1647) qui travaille à partir de 1626 pour Charles Ier et Henriette-Marie de France. Dans ce salon, Léopold de Saxe-Cobourg reçut, en 1831, les envoyés du gouvernement provisoire belge venus lui offrir la couronne.

St James's Palace★★. – Formant un ensemble anarchique mais pittoresque de bâtiments de briques brunies par le temps, de passages et de cours, le palais St James fut édifié par Henri VIII à partir de 1532 sur l'emplacement d'un hospice de lépreux placé sous le vocable de saint Jacques : Holbein aurait fourni les dessins de ce premier édifice.

Résidence royale permanente après l'incendie de Whitehall en 1698, jusqu'à l'avènement, en 1837, de Victoria qui s'installa au palais de Buckingham, le palais reste le quartier général des « Yeomen of the Guard », hallebardiers de la garde du corps de la reine. Les appartements *(on ne visite pas)* sont occupés par le Grand Chambellan et des personnalités de la Cour. Les salles de réception se trouvent au Sud d'Engine Court.

Gate House. – A l'extrémité de St James's Street, cette belle porte fortifiée du 16e s., de style Tudor, constitue l'entrée principale du palais ouvrant sur Colour Court *(accès interdit au public)*. Elle est surveillée par les sentinelles de la Guards Division de la Maison de la Reine *(voir illustration p. 102)*.

Entrer par la porte voisine.

Ambassador's Court (Cour des Ambassadeurs). – Les ambassadeurs sont toujours accrédités auprès de la Cour de St James qui représente la Cour de la Reine d'Angleterre.

Sur la gauche, entrée de la chapelle royale.

Chapel Royal (Chapelle royale). – Située entre Ambassadors' Court et Colour Court, elle est d'origine mais a été modifiée ; beau plafond peint datant de 1540, longtemps attribué à Holbein *(on peut le voir à l'occasion des services célébrés le dimanche, d'octobre aux Rameaux, à 8 h 30 et 11 h 15)*.

Charles Ier pria dans cette chapelle le matin de son exécution. De nombreux mariages royaux s'y déroulèrent, parmi lesquels celui de la reine Victoria en 1840 et celui de George V en 1893, le dernier en date.

(D'après photo Parke et Roche, France)

St James's Palace, Gate House.

Sortir de la cour des Ambassadeurs et passer dans la cour des Écuries (Stable Yard) où se trouve Lancaster House.

Lancaster House★. – *Visite les samedis, dimanches et fêtes de 14 h à 18 h, de Pâques à la mi-décembre, sauf en cas d'utilisation officielle. Entrée : 60 p.*

Ce luxueux hôtel particulier a été édifié en 1825 à l'intention du duc d'York, frère de George IV, par Benjamin Wyatt. Devenu ensuite propriété du duc de Sutherland, il fut réaménagé à l'intérieur par l'architecte Charles Barry, en 1858, et fastueusement décoré si bien que la reine Victoria rendant visite à la duchesse dit un jour : « Je viens de ma maison dans votre palais ». Il est utilisé pour les réceptions officielles et comme résidence des hôtes de l'État.

Les parties les plus remarquables sont le grand escalier en marbre de Ch. Barry qui donne accès à la grande galerie où a été remonté un plafond peint par le Guerchin pour une église romaine.

Revenir à Stable Yard Road qu'on suit en direction de St James's Park.

Clarence House. – Achevée en 1825, la demeure que le duc de Clarence, frère de George IV, fit bâtir par Nash, est habitée par la reine mère Élisabeth ; façade sur St James's Park.

Contourner, par le Mall, les jardins de Clarence House et emprunter Marlborough Road.

On passe devant **Friary Court** (Cour des Moines) où les proclamations sont faites du haut d'un balcon par les hérauts, à l'avènement d'un roi. Cette cour a été reconstruite après un incendie survenu en 1809.

Queen's Chapel★. – *Pour visiter s'adresser à Marlborough House (p. 103) ; les services religieux de la Chapelle Royale (voir ci-dessus) ont lieu ici de Pâques à la fin juillet.*

Faisant jadis partie du palais St James, la chapelle de la Reine, prévue pour la fiancée espagnole de Charles Ier, fut aménagée pour l'épouse de celui-ci, **Henriette-Marie de France,** sœur de Louis XIII.

Le sceptique Pepys s'y rendit le jour de Noël 1667 pour la messe de Minuit : « La reine mère (Henriette-Marie) y assistait. Mais quelle curieuse impression je ressentis à me trouver parmi tous ces gens : ici un valet de pied, là un mendiant, une belle dame, un pauvre papiste dévot, et même quelques protestants venus pour voir le spectacle. J'avais grand peur d'avoir les poches faites. La musique est vraiment très belle mais leur service trop frivole... Ils s'amusent et bavardent au milieu de la messe... J'ai vu que les papistes ont le bon esprit d'apporter des coussins pour s'y agenouiller ; cela me fit grand défaut... »

Inigo Jones dirigea la construction de cette chapelle, premier édifice religieux de style classique élevé en Grande-Bretagne. L'architecture, d'une sévère harmonie, est inspirée de l'antique par le truchement de Palladio, plan basilical, fronton triangulaire au relief accusé et, à l'intérieur, jadis décoré d'un retable de Jordaens, voûte de bois cintrée à caissons.

St James's Street★. – C'est peut-être la rue la plus « distinguée » de Londres, chargée qu'elle est de maisons du 18e s., de clubs et de magasins d'une aristocratique élégance se cachant derrière des devantures d'une hautaine simplicité.

Nos 1-2 : façade avec pignons à volutes, frises et tourelle d'angle, par **Norman Shaw.**

No 86 : clubs du 19e s. (Constitutional, Savage, National, Flyfishers).

Berry Bros.

N° 3 : boutique du 18e s. de **Berry Bros and Rudd,** marchands de vins depuis 1730, spécialités de sherrys (xérès) et portos vieux ; à la fin du 18e s. Berry Bros avait installé à l'entrée du magasin une balance grâce à laquelle on connaît le poids des notabilités de l'époque. Les clients de la maison ont leur propre réserve vieillissant dans les caves où, en 1848, le futur Napoléon III rédigea ses proclamations au peuple français. A l'intérieur lambris et portraits (Lord Byron, Brummell). A côté de ce sanctuaire bachique, un passage conduit à la charmante cour de **Pickering Place.**

N° 6 : boutique du 18e s. du chapelier **Lock's.** Le fonds de commerce remonte à 1765 et depuis ce temps la haute société londonienne s'y fournit en melons et hauts de forme.

N° 7 : **Lobb's,** bottier célèbre ayant chaussé les plus grandes personnalités dont il possède les « formes » de pied.

Nos 7-8-9 : **Byron House,** immeubles de 1960 sur le site de la maison qu'habitait Byron au moment de la parution de Childe Harold (1811).

N° 74 : l'ancien Conservative Club, par Basevi et Smirke (1845).

N° 69 : le **Carlton Club,** club politique conservateur fondé en 1832 par Wellington et sis dans un immeuble des années 1820. Face au Carlton, à l'angle de King Street, se trouvait jadis l'Almack's, club le plus sélect de Londres au temps de Nelson et de Wellington.

St James's Place : maisons anciennes parmi lesquelles, à l'extrémité, au n° 20, demeure géorgienne occupée par le Royal Ocean Racing Club ; au n° 27, vaste hôtel particulier, **Spencer House,** du milieu du 18e s. ; Castlemaine House, au n° 26, construit par **Denys Lasdun** (1960).

Blue Ball Yard : près du n° 64 s'ouvre un passage vers cette petite place où des écuries de 1742 ont été transformées en garages.

The Economist : au n° 25, en retrait, calme cour pavée entourée d'immeubles (1968) abritant banque, galeries, journal.

Park Place : maisons du 18e s. rénovées en 1830 et au n° 14, club de la **Royal Overseas League** (Société royale d'Outre-mer), fondée en 1910.

Nos 60-61 : **Brooks's,** le plus connu des clubs politiques anglais, fréquenté au 18e s. et au 19e s. par les ténors « whigs » (libéraux), parmi lesquels Fox et le duc de Portland qui le fondèrent en 1764 ; bâtiment de 1778, dû à **Henry Holland,** architecte favori du parti whig.

N° 28 : **Boodle's,** club de 1762 rassemblant, à l'origine, les jeunes aristocrates fortunés ayant accompli leur « Grand Tour » en Europe ; charmante façade du 18e s. à baie du 19e s.

N° 37 : **White's,** le plus vieux club de Londres, remontant à 1693, sanctuaire des « tories » (conservateurs) adversaires des « whigs ». Maints premiers ministres en firent partie ainsi que des dandys comme le beau Brummell et le comte d'Orsay. La façade à « bow-window » est du 19e s.

Jermyn Street★. – Si le hammam (bain turc) a disparu, les boutiques pour hommes font ici florès : bottiers, selliers, maroquiniers, chapeliers, tailleurs, chemisiers, chausseurs, armuriers, pipiers (Dunhill au n° 50). Mais il y a aussi l'orfèvre Grima (n° 80), un parfumeur Floris (n° 89) datant de 1730, un célèbre marchand de fromages et de produits écossais, Paxton and Whitfield (n° 93), les cigares Davidoffs et des hôtels comme le Cavendish qui a succédé au Brunswick où descendit, en 1846, le prince Louis Napoléon, futur Napoléon III.

Piccadilly Arcade★ et Princes Arcade, relient Jermyn Street à Piccadilly *(description p. 95).*

St James's Church★. – Conçue par Henry Jermyn pour servir de fond de perspective à St James's Square, cette église (restaurée), une des plus vastes bâties par Wren, a été consacrée en 1684 et fut, au 18e s., une des paroisses les plus élégantes de Londres.

L'intérieur est typique de Wren avec ses tribunes et sa voûte en berceau à ornements de stuc. **Grinling Gibbons** a sculpté l'encadrement du retable d'autel, le buffet d'orgues et les fonts baptismaux en marbre blanc dont le fût évoque la Tentation d'Adam et Ève.

The London Brass Rubbing Centre. – *St James's Church Hall, accès par Church Place. Ouvert de 10 h (12 h le dimanche) à 18 h. Fermé le 25 décembre.*

Ce centre possède un grand nombre de répliques de **plaques tombales** *(brasses – voir p. 25)* que l'on peut reproduire en 40 mn environ *(prix du matériel : £ 2.25 suivant dimensions des plaques).*

Au sortir de l'église, prendre Duke of York Street qui débouche dans St James's Square.

St James's Square★. – Pivot de l'opération immobilière de Jermyn *(voir p. 102),* ce square, tracé en 1662, n'a conservé aucune de ses maisons d'origine, mais un certain nombre du 18e s. : les nos 4 (1725), 10 (1736), 15 (1766). Un jardin privé encadrant la statue de Guillaume III, par Bacon (1808), a remplacé l'espace dégagé qui apparaît sur d'anciennes estampes. Noter au n° 14, la **London Library** (1896). Des personnages importants ont habité ici : Frances Stuart, duchesse de Richmond, le général Eisenhower qui occupa le n° 31 (Norfolk House), des hommes politiques (trois premiers ministres, Chatham, Derby, Gladstone logèrent au 10) et des ecclésiastiques (les évêques de Londres résidèrent de 1771 à 1919 au n° 32).

King Street. – Au n° 1 le futur Napoléon III vécut, proscrit, de 1847 à 1848 après son évasion du fort de Ham. Spinks, au n° 5, est un magasin d'antiquité spécialisé dans les médailles, monnaies et décorations. Le n° 8 indique l'entrée de la salle de ventes aux enchères, **Christie's,** établie en 1766 par un officier de marine, James Christie, qui repose à St James's Church. Les fabuleuses collections de tableaux de la « galerie du Palais Royal » de Philippe Égalité et de la « galerie espagnole » de Louis-Philippe furent vendues de 1790 à 1798 et en 1853 chez Christie's qui, outre des œuvres d'art, vend des collections de vins fins.

Revenir à St James's Square et, de là, gagner Carlton Gardens.

Carlton Gardens. – Le nom de cette rue rappelle les jardins de Carlton House *(ci-dessous).* Quatre maisons entourant un gazon ombragé de platanes ont abrité des ministres britanniques (au n° 1 Curzon, au n° 2 Kitchener et au n° 4 Palmerston). Cette dernière demeure reconstruite en 1933, de style classique, a été pendant deux ans le quartier général des Forces Françaises Libres sous les ordres du **général de Gaulle** dont le bureau provisoire se trouvait auparavant, à St Stephen House sur l'Embankment, au bord de la Tamise.

Une plaque commémore l'appel diffusé le 18 juin 1940 par le général qui mettait son espoir dans la Résistance française et l'appui des alliés : « Rien n'est perdu pour la France... Elle n'est pas seule. Elle a un vaste Empire derrière elle. Elle peut faire bloc avec l'Empire britannique qui tient la mer et continue la lutte. Elle peut, comme l'Angleterre, utiliser sans limites l'immense industrie des États-Unis. ...Moi, général de Gaulle, actuellement à Londres, j'invite les officiers et les soldats français qui se trouvent en territoire britannique ou qui viendrait à s'y trouver..., les ingénieurs et les ouvriers spécialisés... à se mettre en rapport avec moi. Quoi qu'il arrive, la flamme de la résistance française ne doit pas s'éteindre et ne s'éteindra pas. »

Carlton House Terrace★. – Bâtie par Nash après la démolition de Carlton House en 1826, cette terrasse compose, comme à Regent's Park, un ensemble très décoratif avec colonnades et balcons à balustres. Destinée primitivement à l'aristocratie londonienne elle comprend deux corps de bâtiments occupés par diverses associations ou clubs : Turf (n° 5), **Royal Society** (n° 6), Institut d'Art contemporain (n° 12), The Terrace Club (n° 16).

Carlton House avait été édifiée de 1783 à 1785 pour George, alors prince de Galles, puis **régent** à partir de 1810, avant de de devenir roi en 1820 sous le nom de **George IV.** L'auteur en était l'architecte **Henry Holland** (1746-1806) assisté pour le décor intérieur d'ornemanistes français dont les principaux se nommaient Trécours et Labrière, un émigré. En réaction contre les afféteries du style Adam *(p. 22),* le Régent et son équipe avaient conçu un petit palais d'une grande pureté de lignes suivant les principes du style Louis XVI ; un passage reliait l'édifice à la demeure que **Mrs Fitzherbert,** l'amie du prince, habitant sur Pall Mall.

(D'après une estampe)

Carlton House.

Ornée de vastes paysages par Loutherbourg, pourvue d'un riche mobilier en grande partie d'origine française, que fournissait le marchand mercier parisien Daguerre, Carlton House devint progressivement un somptueux musée : toiles de Rembrandt, de Claude Lorrain, de Le Nain, des intimistes hollandais, meubles Boulle et vases montés, porcelaines de Tournai et de Sèvres, la table des Grands Capitaines offerte par Louis XVIII, vinrent s'y accumuler sur l'impulsion du prince et de ses rabatteurs dont le principal fut un émigré, un certain Benois, ancien pâtissier-confiseur de Louis XVI.

George donna là des fêtes splendides et Louis XVIII n'oublia jamais celle que le prince régent lui offrit, le 19 juin 1811, en présence de 2 000 invités. Hélas tant de faste devait mettre à mal les finances de George IV, déjà obérées par les travaux de Nash à Buckingham et le roi dut se résigner à une nouvelle opération immobilière nécessitant la démolition de Carlton House. Les colonnes du portique purent être réemployées à la National Gallery et les œuvres d'art furent transférées à Buckingham et à Windsor où elles sont encore.

Rejoindre Pall Mall, vers Haymarket.

Haymarket. – Traditionnellement voué au théâtre, en concurrence avec Covent Garden *(p. 63),* cette rue offre aussi au visiteur quelques cinémas, des magasins dont le plus connu est Burberry's (n°s 18-22) datant de 1912, enfin le Design Centre.

Le nom de l'endroit, Haymarket, évoque le marché au foin qui se tint ici jusqu'en 1830 : des chariots peints de couleurs vives y amenaient, trois fois par semaine, le fourrage que des vendeurs en habits pimpants débitaient sous forme de ballots cerclés de jonc ou de bottes dont pas un brin ne dépassait.

En partant de Piccadilly Circus on peut rejoindre la visite proposée p. 107.

Fribourg and Treyer's. – *34 Haymarket.* Célèbre débit de tabac et d'articles de fumeurs installé dans une boutique dont la façade à double « bow-window » est de la fin du 18e s.

Design Centre★. – *28 Haymarket. Visite de 10 h à 20 h (18 h les lundis et mardis ; 16 h le 24 décembre et 18 h le 31 décembre). Fermé les dimanches, les 25 et 26 décembre, 1er janvier, le Vendredi Saint. Boutique et café.*

Le Design Centre constitue une sorte d'institut d'esthétique industrielle habilité à promouvoir la diffusion et la vente d'objets modernes de qualité, dont la fabrication est britannique, même si l'inspiration en apparaît parfois italienne, extrême-orientale ou scandinave.

Sur trois étages donc, sont présentés environ mille objets utilitaires, à prix marqués, choisis autant pour leur haut niveau technique que pour l'harmonie de leur dessin : ces objets concernent l'ameublement, les papiers peints, la verrerie et le service de table, les articles de ménage, de sport et de voyage, le matériel de bureau, les jouets et cadeaux divers, etc. Un petit nombre d'entre eux peuvent être achetés directement au comptoir-vente, les autres doivent être commandés au fournisseur. Des expositions temporaires sur un thème donné, en outre, sont organisées. Fichier des articles à la disposition du public.

Panton Street. – Cette rue doit son nom au colonel Panton qui gagna au jeu, en 1614, de quoi acheter une parcelle de terrain à Piccadilly.

Theatre Royal, Haymarket★. – Il a hérité, comme le Drury Lane, du privilège d'être, depuis 1720, théâtre du Roi.

L'édifice actuel, bâti en 1821 par **Nash**, présente sur Haymarket une solennelle façade à portique ; l'intérieur majestueux et élégamment décoré a été refait en 1974.

C'est dans ce théâtre que fut chanté pour la première fois, en 1823, l'air si populaire en Angleterre « Home, sweet home ». On y donnait jadis surtout des opéras et des ballets.

Her Majesty's. – Ce théâtre créé en 1720, s'élève au coin de Haymarket et de Charles II Street, la construction date de 1895. Remarquer sur le côté Nord de la **Suffolk Place** voisine, une belle façade de Nash (colonnes doriques), et au carrefour du Pall Mall et de Cockspur Street, la statue équestre de George III, sculptée par le plus jeune fils de Wyatt en 1836.

New Zealand House. – Immeuble moderne (1963) occupant l'emplacement d'un théâtre, édifié en 1818 par Nash et Repton, et dont il subsiste un petit passage, la **Royal Opera Arcade★**, construite en 1816, sur un modèle parisien.

■ ST JAMES'S PARK★★

S'étendant légèrement en contrebas du quartier St James's dont il est séparé par le Mall, ce joli parc est dessiné dans le style dit « pittoresque ». Par ses bouquets d'arbres d'essences variées, son vaste lac et ses séduisantes perspectives sur les monuments de Londres, il constitue une des promenades les plus agréables et les plus fréquentées de la capitale.

Le plus ancien parc londonien. – C'est en effet dès 1532 que Henri VIII acquit de l'hôpital St James le terrain marécageux destiné à servir de parc au palais qu'il projetait d'établir.

Mais la vogue de l'endroit commença seulement sous le règne de Charles II qui en fit, d'après un projet de Le Nôtre, dit-on, un jardin régulier dans le goût français, planté de peupliers, de saules, d'arbres fruitiers, et peuplé de daims. Trois perspectives ornées de statues de Hubert Le Sueur et convergeant vers Buckingham Palace traversaient le parc dans toute sa longueur : le Mall, encadré de quatre rangées d'arbres ; à l'emplacement du lac actuel, le Canal où le roi entretenait une armée de canards dont le philosophe français Saint-Évremond *(voir p. 46)* avait été nommé surintendant ; Birdcage Walk, grande allée ombragée, qui tenait son nom de la volière aménagée à proximité.

Au 18e s. les jardins présentaient encore un caractère rustique ainsi que le note, en 1765, un voyageur français : « les boulingrins sont couverts de vaches abandonnées à elles-mêmes. A la porte de Whitehall, à midi et le soir, le lait, tiré sur le champ, est servi avec toute la propreté anglaise, dans de grandes tasses à thé, à raison d'un sou par tasse ». D'autres scènes étaient, il est vrai, moins édifiantes comme ces cruels combats de coqs qui se déroulaient dans la « Fosse aux coqs », arène couverte et ceinte de gradins sur lesquels s'égosillaient d'acharnés parieurs. Quant aux péripatéticiennes, elles pullulaient : les grilles étaient certes closes à la tombée de la nuit mais 6 500 personnes étaient autorisées à en détenir les clés et plusieurs milliers d'autres en possédaient de fausses !

Le parc paysager actuel fut créé sous le règne de George IV, de 1827 à 1829, dans le cadre des opérations d'urbanisme entreprises par Nash *(p. 23)* : le lac en « serpentine », les bosquets, les allées sinueuses sont typiques du goût de l'époque.

VISITE *1 h environ*

Partir d'**Admiralty Arch,** arc de triomphe érigé en 1910 en l'honneur et en souvenir de la reine Victoria sur l'emplacement de jardins fleuristes **(Spring Gardens)** fréquentés au 17e s. par Pepys ; Admiralty Arch unit deux groupes de bâtiments dépendant de l'Amirauté.

Le Mall★★. – Tracée au temps des Stuarts, cette large promenade bordée de platanes forme perspective d'un côté sur Queen Victoria Memorial et Buckingham Palace et de l'autre sur Admiralty Arch, constituant en quelque façon l'allée d'honneur du palais.

Utilisé du temps de Charles II pour jouer au paille-maille *(p. 102),* le Mall assume de nos jours le rôle d'artère triomphale servant de cadre aux grands défilés traditionnels du couronnement, de l'anniversaire de la reine (Trooping the Colour – *p. 154*), de l'ouverture du Parlement.

Se diriger vers le lac dont on contournera l'extrémité Ouest.

Le lac. – Asséché durant la guerre 1914-18 pour éviter de faire repérer le proche palais royal par les zeppelins, il est redevenu ensuite le domaine des oiseaux aquatiques ou migrateurs dont on peut identifier de nombreuses espèces : les Londoniens ont un faible pour les pélicans dont il est possible de voir encore quelques sujets.

Passer le pont qui franchit le lac en son milieu. **Vues★★** ravissantes en direction de Buckingham Palace d'un côté et des bâtiments de Whitehall de l'autre.

Longer le lac pour atteindre Horse Guards Parade (p. 154), passer près de la « Citadel » qui servit de centre opérationnel à Churchill de 1939 à 1945, et regagner Admiralty Arch.

Participez à notre effort permanent de mise à jour.

Adressez-nous vos remarques et vos suggestions.

Cartes et Guides Michelin
46 avenue de Breteuil
75341 Paris Cedex 07

ST MARYLEBONE ★

CDVX – Métro : Baker Street (Circle et Metropolitan Lines) ; Bond Street, Marble Arch (Central Line).

Entre Oxford et Regent's Park, le quartier de St Marylebone s'étend de part et d'autre de Marylebone Lane et de Marylebone High Street ; il se prolonge au-delà de **Marylebone Road** dans le secteur qui avoisine la gare du même nom. Il a conservé dans ses parties les plus anciennes un calme et une intimité qui en font le charme.

St Marylebone était à l'origine situé en dehors de Londres qui prit son nom de la première église St Mary le Bone, construite en 1400 et 1741 auprès de la rivière Tyburn qui suivait le tracé actuel de Marylebone Lane (un jardin se trouve à son emplacement). A la révocation de l'édit de Nantes, un certain nombre de protestants français s'y installèrent.

Pubs typiques. – **Baker and Oven,** 10 Paddington Street : agréable décor, stalles.
Henry Holland, 39 Duke Street : cadre géorgien.
Prince Regent, Marylebone High Street : atmosphère Regency.

Portman Square et les rues, régulièrement réparties, qui s'étendent au Nord et à l'Ouest, ont été tracées dans la seconde moitié du 18e s. sur les terrains de la propriété Portman. Aujourd'hui encore ces lieux ont conservé maintes demeures de la fin du 18e s. ou du début du 19e s. ainsi que des espaces verts qui en font un district résidentiel.

Du comte d'Artois et de quelques émigrés de sa suite. – C'est un quartier neuf mais encore peu dispendieux qui accueillit, en 1799, le frère de Louis XVI en provenance du château d'Holyrood à Edimbourg. Le futur Charles X s'installa Baker Street, côté Est de Portman Square, dans une habitation comprenant salon, salle à manger et cinq chambres ; son fils, le duc de Berry et son cousin, le duc de Bourbon, résidaient non loin, respectivement dans George Street (n° 35) et Orchard Street. La douce amie du prince, **Mme de Polastron,** avait élu domicile dans Thayer Street, du côté de Marylebone ; quant à la noblesse ayant quelques moyens, elle trouva à se loger dans Baker Street et les rues adjacentes.

Le gouvernement anglais allouait quelque 500 Livres par mois au **comte d'Artois** mais cette somme ne suffisait pas à la prodigue Altesse, qui se déplaçait dans un luxueux cabriolet... non payé. Tous les jours le prince allait visiter Mme de Polastron dont il faisait la partie de whist ; toutes les semaines, Monseigneur tenait sa cour ; de temps à autre Son Altesse s'occupait des fondations charitables destinées aux émigrés pauvres, comme celle qu'avait fondée l'**abbé Carron** à Somers Town *(p. 67)*.

Princes du sang et émigrés du quartier faisaient leur dévotions à la **chapelle de l'Annonciation,** construite par des prêtres français sur un terrain donné par la famille Portman. Consacrée en 1799 par Monseigneur de Boisgelin, archevêque d'Aix, cette chapelle a été transformée en synagogue.

St Marylebone's. – Église néo-classique édifiée de 1813 à 1817 par Thomas Hardwick, sur Marylebone Road *(voir plan, p. 97)*. Plaque à la mémoire du miniaturiste Cosway (mort en 1821) qui habitait St Marylebone.

Marylebone High Street. – Principale voie de St Marylebone qui n'a, malheureusement, gardé que peu de choses de son aspect ancien. Chateaubriand vécut ici quelques temps en émigration et Dickens y habita de 1849 à 1851.

George Street, à droite, mène à la Wallace Collection.

Wallace Collection★★. – *Page 141.*

Marylebone Lane. – Sinueuse petite rue de village bordée de maisons basses, en briques, dont les rez-de-chaussée sont occupés par des échoppes d'artisans et de commerçants.
Au carrefour avec Wigmore Street, s'amorce **St Christopher Place,** rue où l'on trouve boutons, porcelaines et objets militaires.

Wigmore Street. – Boutiques d'antiquités et de décorations, épiceries fines, restaurants à terrasse. Au **Wigmore Hall,** récitals.

Portman Square★. – Ce grand et beau square garde quelques demeures de la fin du 18e s. parmi lesquelles sur le côté Nord, au n° 20, **Home House,** bâtie de 1774 à 1776 sur les plans de Robert Adam, qui abrite le **Courtauld Institute of Art** *(p. 62)* fondée en 1932 dans la propre maison de l'industriel Samuel Courtauld, ici même : l'intérieur, qui recèle un élégant escalier à dôme, offre un ravissant décor de stucs sculptés et de peintures par Antonio Zucchi *(visite sur rendez-vous pendant les vacances universitaires ; ☎ 935 9292).*

Prendre Baker Street vers Regent's Park.

Baker Street. – Dans cette rue tracée en 1790, des boutiques occupent les maisons anciennes ; au n° 120 vécut William Pitt en 1804 ; au n° 221B (alors fictif), Conald Doyle a fait vivre Sherlock Holmes.

Prendre à gauche, George Street qui donne accès à Montagu Square.

Montagu Square. – Maisons du début du 19e s. entourant un jardin privé.

Par Montagu Street, on atteint York Street que l'on prend à gauche. Aux nos 78-94, alignement de **boutiques** du début du 19e s., en briques, souvent occupées par des antiquaires ; jolies baies à petits carreaux et balcons de fer forgé.

St Mary's. – Église bâtie en 1823 par Robert Smirke, l'architecte du British Museum.

Par Wyndham Place on gagne Bryanston Square.

Bryanston Square. – Jumeau de Montagu Square, il constitue un exemple de complexe urbain du début 19e s. avec ses maisons à portail dorique, son jardin central et, par derrière, ses anciennes remises et écuries (mews).

Great Cumberland Place et Seymour Street reconduisent à Portman Square.

Les lettres accompagnant les titres des promenades et curiosités correspondent au carroyage du plan des pages 9 à 12.

ST-PAUL (Cathédrale) ★★★

LMY – Métro : St Paul's (Central Line).

Couronnant la City de sa gigantesque coupole, la cathédrale St-Paul **(St Paul's Cathedral)**, chef-d'œuvre de Wren *(p. 22)*, s'élève sur la colline de Ludgate. Sa silhouette aux lignes majestueuses règne sur Londres comme St-Pierre de Rome sur la Ville Éternelle.

Traditionnellement cette cathédrale est le cadre des funérailles des grands chefs de guerre, tels Nelson, Wellington et, en 1965, Winston Churchill.

UN PEU D'HISTOIRE

Avant l'incendie. – L'actuelle cathédrale est la cinquième existant à cet endroit. Le premier sanctuaire connu, incorporé dans l'enceinte romaine, remonte à 604.

L'édifice détruit par le Grand Feu de 1666 datait du 13e s. et constituait un des sommets de l'art gothique, vanté par les descriptions contemporaines et reproduit dans plusieurs de ses aspects par le graveur allemand Hollar. A l'époque, c'était « la plus longue église du monde » que terminait un immense chœur gothique à chevet plat ; la flèche culminait à 164 m de haut mais elle fut détruite par le feu en 1561. Sous Charles Ier Stuart, cependant, la cathédrale avait été modifiée de 1634 à 1643 par Inigo Jones *(voir p. 22)* qui avait plaqué sur sa façade Ouest un portique corinthien d'un effet contestable.

(D'après une estampe, photo Pitkin Pictorials)

St-Paul avant le Grand Feu.

Après l'incendie. – La reconstruction de St-Paul fut menée à bien par **Christopher Wren** qui y travailla plus de 40 ans avec le concours de son assistant habituel, l'architecte et mathématicien Robert Hooke, du plus grand sculpteur travaillant alors en Angleterre, Grinling Gibbons *(p. 26)*, et du ferronnier d'origine française Jean Tijou *(p. 173)*.

Wren avait prévu un plan central en croix grecque avec coupole surmontant la croisée, plan qui fut accepté en 1670 par Charles II mais repoussé par le clergé. L'architecte proposa ensuite de bâtir une sorte d'énorme « temple romain », mais ce projet fut refusé derechef parce qu'il ne cadrait pas avec la tradition religieuse anglicane. Enfin, en 1675, la troisième mouture du projet fut acceptée.

Les funérailles du Duc de Fer. – Après les obsèques de Nelson, en 1805, St-Paul fut le théâtre du sombre apparat des cérémonies organisées en l'honneur de **Wellington.**

Dans la brume froide de ce mois de décembre 1852, précédé par les hallebardiers de la Tour, l'énorme char funèbre, tiré par douze chevaux noirs, était suivi du cheval d'armes du défunt, puis de son bâton de maréchal et de ses décorations. Ensuite venaient la Cour, les parents et amis du duc, en longues théories ; huit escadrons de cavalerie et trois batteries d'artillerie fermaient la marche. A l'entrée de la cathédrale attendaient le clergé et le corps diplomatique au premier rang duquel un sosie de Napoléon attirait tous les regards : c'était **Walewski,** le fils de l'Empereur et de Marie Walewska, alors ambassadeur de France à Londres. Walewski avait hésité longtemps à assister aux obsèques du fossoyeur de son père, mais Brunnow, l'ambassadeur russe, avait triomphé de ses réticences en lui disant : « Mon cher, si cette cérémonie était destinée à ressusciter le duc, je comprendrais votre répugnance ; mais comme il ne s'agit que de l'enterrer, je ne vois pas de quoi vous pouvez vous plaindre ».

Les funérailles de Sir Winston Churchill. – Descendant de Marlborough, **Churchill** (1874-1965), grande figure de combattant et d'homme d'état, au cigare légendaire, au geste symbolique, les doigts levés marquant le V de la Victoire, reçut, en présence de la Famille Royale, l'hommage de nombreux dignitaires de cours étrangères et de chefs d'état dont le général de Gaulle. Après la cérémonie à St-Paul le 30 janvier 1965, sa dépouille fut transportée, en partie par bateau sur la Tamise, selon ses dernières volontés, jusqu'à Oxford. Il repose à Bladon, près du lieu de sa naissance au palais de Blenheim (Oxfordshire).

VISITE *1 h 1/2 environ*

Ouverte de 9 h à 18 h (17 h d'octobre à mars). Visite du déambulatoire (40 p), de la crypte (70 p) et du Dôme (75 p) de 10 h (11 h le samedi) à 16 h 15 (15 h 15 en hiver) ; fermée les dimanches, les 25 décembre et 25 janvier et le Vendredi Saint. L'accès est limité durant les cérémonies. Visite guidée en semaine à 11 h et à 14 h ; £ 2.50.

Extérieur. – C'est de l'esplanade située au Sud du monument que l'on découvre la perspective la plus spectaculaire sur son élévation. Le corps même de l'édifice fait penser à un palais à l'italienne avec son toit en terrasse que soulignent sur trois côtés, au Nord, au Sud et à l'Est, des balustres, ses baies et ses niches que séparent les pilastres, interprétation de la célèbre « travée rythmique » de l'Italien Bramante. L'étage supérieur, aveugle, joue seulement un rôle décoratif, les nefs latérales de la cathédrale étant en fait plus basses que la nef principale. On admirera enfin l'originale ordonnance du magnifique portique semi-circulaire qui donne accès au croisillon du transept.

Cet exceptionnel piédestal met pleinement en valeur le **dôme*****, admirable morceau d'architecture présentant la particularité d'avoir son tambour ceint d'une colonnade qui en allège la masse et s'allie harmonieusement avec le corps du monument.

D'esprit baroque, la **façade principale,** à l'Ouest, est d'un effet moins heureux et on peut lui reprocher l'effet discutable des deux clochetons latéraux qui en amortissent les angles. Avec ses deux volées d'escalier, ses 55 m de large et son portique à deux étages, elle est cependant fort majestueuse.

Au Nord un passage donnait jadis accès à **Paternoster Row,** ruelle connue depuis le Moyen Age pour ses librairies et détruite par les bombardements de la dernière guerre.

St-Paul vu du Sud.

Plan. – La cathédrale St-Paul conserve le plan traditionnel en croix latine comprenant nef, transept, chœur, bas-côtés bordés de chapelles.

La nef compte 152 m de longueur (nef de St-Pierre de Rome : 186 m) et 36 m de largeur, alors que le transept, très saillant, atteint 76 m de façade à façade. Quant au dôme il mesure 68 m de hauteur sous voûte et 110 m de hauteur totale pour un diamètre de 31 m.

Intérieur. – Riche et imposant, il vaut surtout par l'impressionnante envolée de sa grande coupole décorée par Thornhill de peintures en grisaille évoquant la Vie de saint Paul.

Parsemant la cathédrale depuis seulement 1790, des monuments funéraires rappellent le souvenir des célébrités enterrées dans la crypte.

Dans la **nef,** près du bas-côté gauche, l'orgueilleux mausolée de Wellington (1) par Alfred Stevens (1857 à 1875), terminé par Tweed (1912), la statue équestre, jugée irrévencieuse, n'ayant été admise qu'après la mort de son créateur. Sur un pilier du bas-côté droit, une peinture de W. Holman Hunt exécutée en 1900, **La Lumière du Monde** (2), représente le Christ frappant à une porte obstruée par la végétation ; un intense rayonnement intérieur se dégage de ce tableau dont la première version (1851) se trouve dans la chapelle du collège Keble à Oxford.

Dans le **transept,** statues de **Nelson** (3) par Flaxman et du peintre Reynolds (4). Sous le dôme, l'épitaphe de Wren rappelle la fameuse inscription latine qui surplombe sa tombe, dans la crypte *(voir ci-dessous).*

A l'entrée du chœur, une plaque commémorative marque l'emplacement du cercueil de Churchill lors de ses funérailles, le 30 janvier 1965.

Dans le **chœur,** le buffet d'orgues (5) et les **stalles** (6) sont l'œuvre du grand sculpteur sur bois **Grinling Gibbons.** Les **grilles** (7) du sanctuaire réalisées par **Jean Tijou** (de 1691 à 1709), sont remarquables. Dans le déambulatoire de droite, noter l'étonnante statue du poète-théologien **John Donne** (8), doyen de St-Paul de 1621 à 1631 ; drapé dans un suaire, il a été sculpté debout par Nicholas Stone, d'après une peinture faite de son vivant. Dans le déambulatoire Nord, gracieuse sculpture de marbre (9) de H. Moore (1984).

Crypte. – *Accès par le croisillon Sud du transept.* Panthéon des grands hommes anglais du 19e s. la crypte s'étend sur toute la longueur de St-Paul, abritant une centaine de tombes. Voir spécialement :

- le **coin des artistes** (à droite de la chapelle axiale) où sont inhumés Reynolds, Lawrence, Turner, Millais et Blake ;
- la tombe de **Wren** (déambulatoire Sud) marquée par une dalle de marbre noir qu'accompagne sur le mur, une dédicace lapidaire en latin portant ces mots : Si monumentum requiris, circumspice (Si tu cherches mon tombeau, regarde autour de toi) ;

- le tombeau de **Wellington** (à la limite du chœur et du transept), sarcophage de porphyre à l'intérieur duquel repose le corps du Duc de Fer ; le char funèbre, qui était naguère dans la crypte, se trouve aujourd'hui à Stratfield Saye House dans le Hampshire.
- le tombeau de **Nelson** (croisée du transept) ; sarcophage de marbre du 16ᵉ s., destiné originairement au cardinal Wolsey et renfermant le cercueil de l'amiral, façonné avec le bois du vaisseau français l'Orient, capturé par la flotte anglaise à Aboukir ;
- le buste de **Lawrence d'Arabie,** par Epstein (dans la rotonde Nelson, côté Nord) ;
- le mémorial de **Florence Nightingale,** albâtre délicat dans un encadrement de marbre roux (dans la rotonde Nelson, côté Est).

Montée à la coupole. – *Ascension déconseillée aux personnes peu ingambes (588 marches au total).*

Un escalier partant du bras droit du transept permet d'atteindre la bibliothèque. De là on gagne la galerie intérieure pratiquée à la base de la coupole, à 30 m du sol *(259 marches).* C'est la **galerie des Murmures** (Whispering Gallery), parce qu'on y entend d'un côté à l'autre des paroles chuchotées. On découvre des vues vertigineuses sur le transept, la rose des vents inscrite dans le pavement au centre et, vers le haut, sur les grisailles de Thornhill.

Passer à la galerie extérieure, à la base du dôme. La **galerie de pierre** (Stone Gallery) offre des perspectives sur la structure de la calotte. Du chemin de ronde ou galerie d'Or (Golden Gallery), courant à la base de la lanterne, on découvre un immense **panorama**★★★ sur Londres et la Tamise.

SHOREDITCH

HV *et plan du Grand Londres, p. 157* (UX) – Métro Liverpool Street (Central, Circle et Metropolitan Lines) puis autobus 22, 48, 67, 97, 149, ou Shoreditch (Central Line).

Situé au Nord de la City, à proximité de Bishopsgate, ce village fut un des premiers à fusionner avec la City.

St Leonard's Parish Church. – *119 Shoreditch High Street. Demander la clé à la garderie voisine (Day Nursery) ou ☏ 01-739 2063.*

Cette église paroissiale au clocher élancé, a été construite à l'emplacement d'une plus ancienne où furent enterrés des hommes de théâtre : **James Burbage** (1597), directeur de **The Theatre** (1576), la première salle de spectacle de ce genre ; son fils Cuthbert (1635), auteur du Globe *(p. 117),* un autre fils **Richard Burbage** (1619), le premier acteur à interpréter Richard III et Hamlet ; de nombreux acteurs des 16ᵉ et 17ᵉ s.

Plus au Nord à Dalston, **Holy Trinity** (1849) est connue pour être l'église des Clowns (un service annuel est consacré aux gens du cirque).

Geffrye Museum★. – *136 Kingsland Road. Visite de 10 h (14 h le dimanche) à 17 h. Fermé les lundis (sauf les lundis de fête), les 24, 25, 26 décembre, le 1ᵉʳ janvier et le Vendredi Saint.*

Installé dans un hospice **(almshouses)** du 18ᵉ s. fondé grâce à un legs de Robert Geffrye, Lord-Maire en 1685 et maître de la corporation des ferronniers, mort en 1704, ce musée a pour mission d'illustrer la vie quotidienne de la classe moyenne britannique du 16ᵉ au 20ᵉ s. par le truchement de reconstitutions d'intérieurs qui permettent ainsi de suivre l'évolution des styles du mobilier *(détails p. 24)* depuis l'époque élisabéthaine.

L'aile gauche du bâtiment principal abrite l'ameublement du 16ᵉ au début du 18ᵉ s., l'aile droite, celui du 18ᵉ s. à 1930. A noter la reconstitution d'une rue de style géorgien comprenant des boutiques, un atelier de menuiserie avec une cuisine à l'arrière. Une nouvelle galerie concerne les costumes et accessoires, principalement du 19ᵉ s.

SMITHFIELD

Voir plan de la City p. 9 à 12 – Métro : Farringdon, Barbican (Circle et Metropolitan Lines).

Au Moyen Age, Smithfield formait, hors-les-murs, une esplanade dégagée servant tour à tour de lice pour les joutes, de scène pour les exécutions capitales et d'implantation pour la grande foire au drap de la Saint-Barthélemy. Devenu plus tard marché aux bestiaux, où, suivant la tradition, les maris mécontents de leur femme venaient la vendre à la criée, Smithfield porte aujourd'hui les pavillons du marché à la viande **(London Central Markets)** (LV) construits de 1861 à 1868 et reliés par ascenseurs à la voie ferrée qui passe en souterrain. Ce marché peut se visiter tôt le matin *(du lundi au vendredi).*

Pub typique. – **Magpie and Stump** (LX), 18 Old Bailey : d'où, au 18ᵉ s., on assistait aux exécutions.

Église St-Barthélemy-le-Grand★★ **(St Bartholomew the Great)** (LV). – Cette église est la plus ancienne de Londres après la chapelle de la Tour *(p. 131).* Sa fondation se place en effet en 1123, au temps des Plantagenêts, et son origine est un prieuré de chanoines Augustins desservant l'hôpital voisin. Elle est pourvue d'une **tour** crénelée en briques à quatre étages.

Une arcade du 13ᵉ s. pratiquée sous une maison à pans de bois d'époque élisabéthaine (16ᵉ s.) donne accès à l'église dans laquelle le grand peintre et graveur Hogarth fut baptisé en 1697 (**fonts baptismaux,** du 15ᵉ s.). Avant la destruction de la nef, l'édifice mesurait 99 m de long. L'ensemble du **vaisseau**★ est normand, la nef actuelle représente l'ancien chœur.

On pénètre dans le transept, du 13ᵉ s., dont la voûte de croisée, renforcée par des arcs en ogive, annonce le style gothique. Près de l'actuelle entrée subsiste une porte romane fermée par des vantaux du 15ᵉ s. : elle conduisait au cloître, du début du 15ᵉ s., dont la galerie Est a survécu.

Remontant au début du 12ᵉ s., le chœur, avec ses colonnes massives, ses arcs en plein cintre et son grand triforium présente la sobre majesté propre à l'art roman. Mais sa partie supérieure a été remaniée en gothique au 16ᵉ s., époque à laquelle fut aménagée la charmante **loggia** d'où le prieur Bolton pouvait suivre les offices : cet oriel est sculpté à la base d'un tonneau percé d'une flèche évoquant le nom de Bolton (bolt : carreau d'arbalète, tun : tonneau).

A gauche du chœur on remarque le **tombeau** (vers 1500) du fondateur du prieuré, **Rahere.** La chapelle axiale (14e s.), placée sous le vocable de Notre-Dame, fut au 18e s. occupée par une imprimerie où le jeune Benjamin Franklin travailla.

Au Nord de St-Barthélemy une ruelle, **Cloth Fair,** conserve deux jolies maisons (nos 41-42) du 17e s. construites en bois après le Grand Feu, malgré la réglementation.

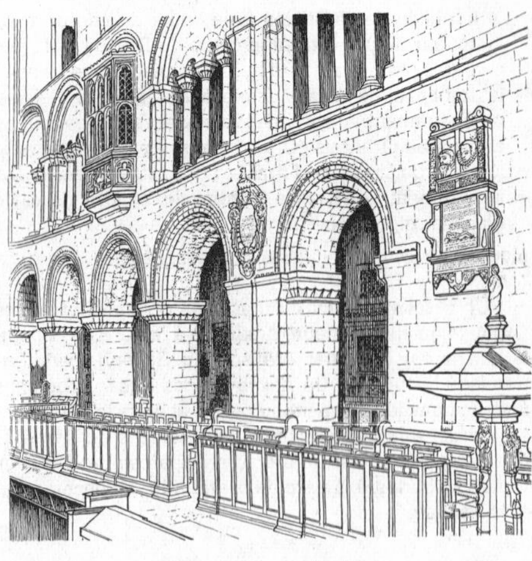

St Bartholomew the Great.

Église St-Barthélemy-le-Petit (St Bartholomew the Less) (LX). – Elle est située à l'intérieur des murs de l'hôpital. Sa **tour** carrée du 15e s., flanquée d'une tourelle d'angle, est visible de Smithfield Market.

Hôpital St-Barthélemy (St Bartholomew's Hospital) (LX). – Institué en 1123 par les Augustins, il a été maintes fois remanié. Les parties les plus intéressantes sont l'entrée principale (1702) et le quadrilatère central (1733) édifié par Gibbs *(p. 134)* qui fut un temps gouverneur de l'Hôpital. Ces bâtiments renferment un escalier et une salle que décorent des toiles de Hogarth et des portraits par Kneller, Reynolds, Lawrence *(visite du lundi au samedi – £ 1. – sur demande préalable auprès de l'archiviste, ☎ 600 9000, Ext. 3478).*

Giltspur Street (LX). – Au carrefour avec Cock Lane se tient le **Fat Boy,** garçonnet joufflu en bois doré marquant l'emplacement d'une taverne du 17e s., le Pie Corner où le Grand Feu aurait arrêté ses ravages.

Fleet Lane (KLX). – Cette ruelle bordait la prison (Fleet Prison) qui, après le Grand Feu, fut reconstruite puis démolie en 1846.

Musée postal (National Postal Museum) (LMX). – *Visite de 10 h à 16 h 30 (16 h le vendredi). Fermé les samedis, dimanches et jours fériés et la 1re ou 2e semaine d'octobre.* Incorporé dans la Poste Centrale **(General Post Office),** ce musée offre une abondante collection de timbres-poste, le plus ancien étant le « Penny Black » de 1840 et une série de billets de banque, chèques, titres réalisés par des imprimeurs spécialisés, les « Security Printers ».

SOHO

EX – Métro : Piccadilly Circus (Piccadilly et Bakerloo Lines) ; Leicester Square (Piccadilly et Northern Lines).

Limité par Piccadilly Circus, Leicester Square, Charing Cross Road, Oxford et Regent Streets, Soho fut considéré comme le repaire des malfaiteurs... et des Français. Aujourd'hui c'est un endroit cosmopolite rassemblant une grande variété d'établissements de plaisir.

De jour, Soho évoque assez bien le Londres d'antan avec ses maisons de 2 ou 3 étages où logent, à bon compte, artisans et employés encore nombreux dans ce secteur. Mais de nuit, Soho s'anime du mouvement des noctambules virevoltant de néons en néons. Des restaurants français, italiens, grecs, chinois, antillais, au nombre de 200 ou 300, font concurrence à toutes sortes de boutiques spécialisées dans les produits étrangers ou exotiques, épiceries fines, magasins de vin, de café et même éventaires de marchands des quatre saisons. Quant aux théâtres et cinémas *(bâtiments en bleu sur le plan p. 113),* cabarets, spectacles de strip-tease, sex-shops, ils sont légion. Cependant depuis le vote, en 1959, de la loi « The Street Offences Act », on ne voit plus de péripatéticiennes.

Pub typique. – The York Minster ou **French Pub,** 49 Dean Street : artistes et écrivains.

UN PEU D'HISTOIRE

Un lieu d'exil. – Vers 1680, Soho, dont le nom évoque le cri de rappel des chiens après l'hallali, n'était qu'un hameau avoisinant un pavillon de chasse que Wren avait édifié pour le **duc de Monmouth,** un bâtard de Charles II, qui fut décapité par Jacques II pour avoir conspiré contre la Couronne. Puis avec l'afflux des immigrés et notamment des protestants rejetés de France par la révocation de l'édit de Nantes (1685) le quartier se lotit sous l'impulsion des spéculateurs Richard Frith et Nicolas Barbon. Les Huguenots français se groupent Greek Street et Berwick Street où se fixe un noyau d'orfèvres parmi lesquels le célèbre **Paul de Lamerie.** L'église grecque se transforme alors en temple protestant français.

Au 18e s. des étrangers de toutes nationalités viennent s'ajouter aux Français, tels le peintre vénitien Canaletto qui demeura Beak Street de 1749 à 1751, le musicien Mozart en 1765, le grand séducteur Casanova, auteur des Mémoires bien connus, ou encore cet aventurier allemand, le **baron Neuhoff,** proclamé roi de Corse en 1736 sous le nom de Théodore Ier et mort à Soho dans une arrière-boutique de fripier, le 5 décembre 1756. A la Révolution, un contingent d'émigrés peu fortunés s'installe à Soho où le **comte de Caumont** a monté son atelier de reliure ; une chapelle catholique française est fondée sous le vocable de la Ste-Croix ; aujourd'hui disparue, elle a été remplacée, comme paroisse des Français de Londres, par N.-D. de France *(p. 114).*

De 1851 à 1856, **Karl Marx** *(voir aussi p. 168)* habite au n° 28 Dean Street. Puis, en 1871, ce sont les Communards exilés. La défaite française de 1940 amène un certain nombre de réfugiés français, belges, hollandais qui se réunissent dans les restaurants ou les pubs tenus par leurs compatriotes. Plus récemment des Chinois se sont installés à Gerrard Street, où ils célèbrent en grande pompe leur Nouvel An.

Un forum. – Tracé à la fin du 17e s., Leicester Square était à l'origine un jard manoir des Sydney, comtes de Leicester, bâti sur le côté Nord : les due découdre dans l'ombre propice des fourrés.

Au 18e s. le square devint un endroit « fashionable » où habitaient, e artistes fortunés comme Reynolds ou Hogarth. Il était encadré de belles demeures ayant vue sur le jardin où, en 1748, Frédéric, prince de Galles, qui résidait à Leicester House, avait fait placer la statue équestre de son grand-père George Ier. Puis, en 1789, Leicester House fut abattue et l'on pensa édifier à son emplacement un Opéra dont Victor Louis, l'architecte du Grand Théâtre de Bordeaux, avait fourni les plans, mais le projet ne fut pas réalisé.

A la fin du siècle la situation se dégrada : le jardin tomba dans l'abandon et le beau monde déménagea. En 1851 la statue de George Ier fut enlevée pour laisser place à une bizarre construction, le Grand Globe de **James Wyld,** sorte de rotonde que le géographe Wyld aménagea pour y présenter ses panoramas, géographiques ou historiques. Les demeures aristocratiques du pourtour furent transformées en hôtels, dont la plupart étaient tenus par des Français, comme l'hôtel Brunet, l'hôtel Sablonier, où logea l'écrivain Rivarol en 1794, l'hôtel de Provence, car Leicester Square était alors, avec Soho, le quartier français de Londres ; d'autres hôtels français se trouvaient Leicester Place.

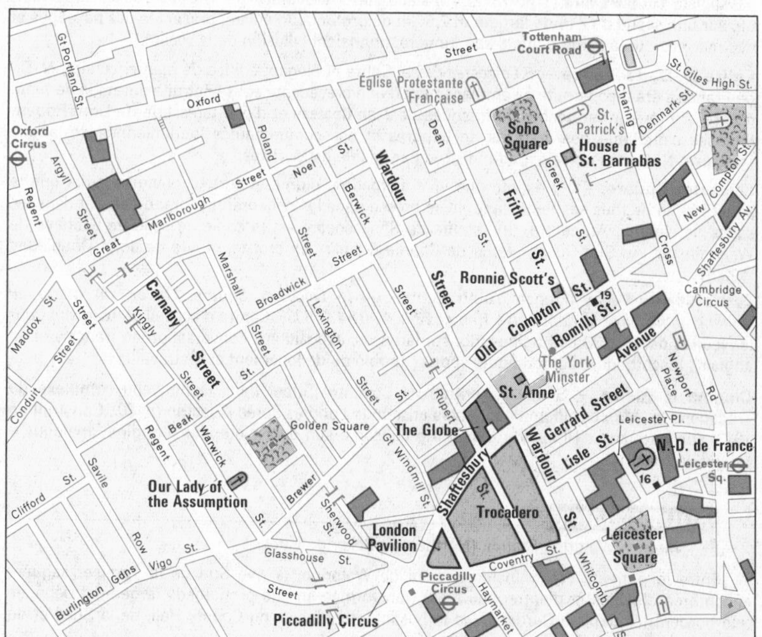

VISITE *2 h environ. A faire de préférence de nuit, au départ de Piccadilly Circus.*

Piccadilly Circus. – *Page 95.*

London Pavilion ; Trocadero. – Le London Pavilion construit en 1885 sur Piccadilly Circus et le complexe du Trocadero, au-delà de Great Windmill Street, font l'objet d'importantes transformations : derrière leurs façades restaurées vont s'installer cinémas, théâtres, boutiques, restaurants... Du sous-sol de ces deux ensembles, reliés entre-eux par un tunnel, on accède au carrefour souterrain de Piccadilly et au métro.

L'exposition du **Guinness World of Records** *(au 1er étage du Trocadero)* illustre, selon les dernières techniques, les incroyables records présentés dans le Guinness Book of Records. *Ouvert de 10 h à 23 h (22 h 30 le dimanche) ; fermé le 25 décembre. Entrée : £ 2.50, enfants : £ 1.75.*

Shaftesbury Avenue. – Percée en 1886 pour assainir le quartier, Shaftesbury, du nom d'un grand philanthrope, constitue l'artère principale de Soho : côté Nord elle est bordée de cinémas et de théâtres dont le plus connu est **le Globe,** à l'abondante décoration de style 1900.

Emprunter Rupert Street et Brewer Street (nombreuses « boîtes »).

Dans Warwick Street, église **Our Lady of the Assumption,** ancienne chapelle portugaise reconstruite en 1788. Le Golden Square voisin est orné d'une statue de George II (1753).

Carnaby Street. – Naguère habitée par une partie de la colonie française, Carnaby Street est aujourd'hui connue pour ses boutiques de vêtements, d'articles et de bijoux « fantaisie ».

Par Great Marlborough Street, on se dirige à droite vers Wardour Street.

Wardour Street. – Symbole de l'industrie cinématographique dans les années 1930, Wardour Street a conservé nombre de maisons de production de films. L'ébéniste **Sheraton,** qui créa le style de mobilier portant son nom, a habité cette rue au 18e s. De l'église **St Anne's,** il ne reste que la tour dominant le cimetière où repose le « roi de Corse », Théodore Ier *(p. 112).*

On débouche dans Old Compton Street.

Old Compton Street. – Une des rues les plus fréquentées de Soho, habitée par de nombreux Italiens. Épiceries fines, marchands de vins et restaurants parmi lesquels, au n° 19, le fameux **Wheeler's,** fondé en 1856 et spécialisé dans les poissons et les fruits de mer.

Frith Street. – Maisons du 18e s. En 1765, **Mozart** demeura au n° 20 ; il avait 9 ans. En face, au n° 47, club de jazz, le **Ronnie Scott's** *(ouvert de 20 h 30 à 3 h du matin).*

Square. – Tranquille à deux pas d'Oxford Street, ce square a été tracé en 1680 au Nord du noir du duc de Monmouth qui occupait l'emplacement compris entre Greek et Frith Streets : ıl fut orné alors d'une fontaine surmontée d'une statue de Charles II, œuvre de Cibber.

Autour de Soho Square s'élèvent le temple protestant français de Londres et l'église catholique St Patrick.

A l'angle de Greek Street, la **Maison St-Barnabé** (House of St Barnabas), construite en 1746 pour la famille Beckford, est ornée intérieurement de beaux stucs. Surprenante petite chapelle néo-gothique. *Visite les mercredis de 14 h 30 à 16 h 15, les jeudis de 11 h à 12 h 30.*

Continuer par Greek Street qui croise **Romilly Street** dont le nom rappelle le souvenir d'une famille protestante originaire de Montpellier.

Suivre ensuite Newport Place et gagner Gerrard Street.

Gerrard Street. – Parallèle à Shaftesbury Avenue, Gerrard Street est colonisée par les restaurants chinois. Au 18e s. il y avait là une taverne, la tête de Turc, où se réunissait le Club Littéraire dont l'écrivain Samuel Johnson *(p. 69)* et le peintre Reynolds étaient les vedettes.

Au débouché de la rue on retrouve Wardour Street avant d'atteindre Lisle Street.

Lisle Street. – Petite rue typique du quartier (restaurants chinois). En 1781, le peintre paysagiste **Loutherbourg** (1740-1812) y installa son « Eidophusikon » (Spectacle de la Nature) où, sur une scène de 2 m de largeur et 2,50 m de profondeur, étaient présentés des paysages et des marines qui, à l'aide d'effets son-lumière, donnaient l'illusion de la réalité.

Église N.-D.-de-France. – *5 Leicester Place.* Sobre et élégant édifice de plan circulaire, N.-D.-de-France a été reconstruite à l'emplacement d'une précédente église détruite durant la dernière guerre. L'intérieur est décoré de fresques de **Jean Cocteau** et d'une tapisserie de Dom Robert. Paroisse catholique des Français de Londres et des communautés londoniennes de langue française, N.-D.-de-France est administrée par des Pères Maristes.

Leicester Square. – Il présente une vive animation, diurne et surtout nocturne alors que le square brille de tous ses feux. La foule se presse dans les restaurants à grand débit et dans les salles de cinéma. Au centre, une statue de Shakespeare est la copie de celle de l'abbaye de Westminster. Au Sud-Ouest, statue de Charlie Chaplin, en bronze, œuvre de John Doubleday (1980).

Centre Charles Péguy (French Youth Centre). – *16 Leicester Square. Ouvert du mardi au dimanche, horaires variant entre 10 h et 22 h.* ☏ *01-437 8339.* Centre d'accueil et de loisirs pour les jeunes de 18 à 30 ans : ciné-club, conférences, expositions, conversation en français et en anglais ; discothèque, bibliothèque, sports ; problème de logement et de travail.

Cinéma le Rialto. – Située à l'entrée de Coventry Street dans le nouveau complexe du Trocadero *(p. 113)*, ce cinéma est le plus ancien de Londres après l'Electric *(p. 80)*. Construit en 1913, sur les plans d'Hippolyte Blanc, il a conservé son décor intérieur d'origine, analogue à celui d'un théâtre.

SOUTH BANK ★

FY – Métro : Waterloo Station (Northern et Bakerloo Lines).

Entre le pont de Westminster et celui de Waterloo, la rive Sud de la Tamise, naguère encombrée d'usines et d'entrepôts, a été transformée en une promenade largement dégagée que bordent les Jubilee Gardens, les imposants immeubles du County Hall, de la Shell et du centre culturel.

VISITE *1 h 3/4 environ*

Partir de Waterloo Bridge d'où l'on découvre une perspective sur le Centre Culturel.

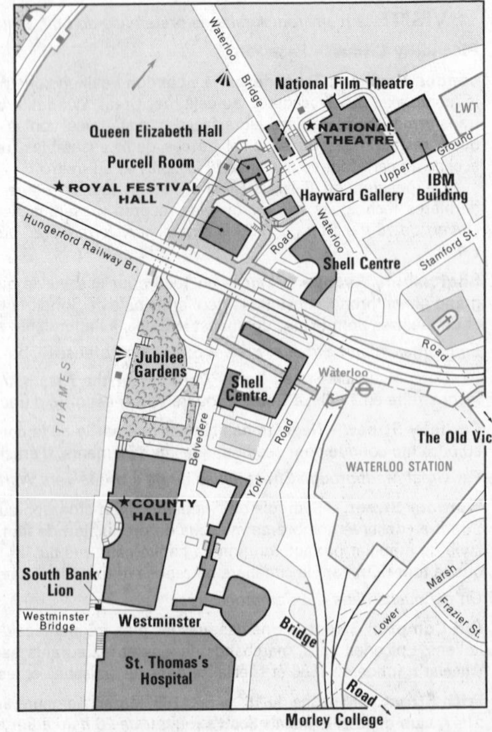

Centre culturel★★ (South Bank Arts Centre). – Construit depuis la Seconde Guerre mondiale, il forme un groupe de bâtiments en pierre, en béton et en verre d'un aspect rigide et austère mais non dépourvu de grandeur ni de justesse dans les proportions. Ce sont :

– le **Royal Festival Hall★**, construit en 1951 sous les auspices du Greater London Council *(voir p. 115)* et comptant parmi les réalisations architecturales spécialement conçues pour la musique les plus réussies : il rassemble une grande salle de concert de 3 000 places servie par une merveilleuse acoustique, une salle pour la musique de chambre, une salle de bal et un restaurant agréablement situé face à la Tamise.

le **Queen Elizabeth Hall** (1 100 places), le **Purcell Room** (370 places), tous deux affectés à la musique, et la **Hayward**

Gallery (expositions artistiques), qui occupent un building entre le Festival Hall et Waterloo Bridge.
- le **National Film Theatre** (NFT), sorte de cinémathèque organisée en club dont n'importe qui peut faire partie moyennant une légère cotisation. Deux salles (465 et 165 places).
- le **National Theatre★**, conçu par **D. Lasdun** et terminé en 1975. Il abrite trois scènes, des bars et des foyers, ambitionnant d'être un lieu de rencontre pour les amateurs de théâtre, poètes, musiciens et tous les créateurs.

IBM Building. – Par ses proportions et sa structure cet immeuble s'harmonise parfaitement avec le National Theatre. Il fut réalisé par le même architecte en 1983.

Suivre le quai vers l'amont. **Vues** sur la rive opposée vers Whitehall et Westminster.

Shell Centre. – Propriété de la firme pétrolière, ce bâtiment en U possède une tour de 26 étages, avec une annexe près du centre culturel.

Jubilee Gardens. – Ces jardins ont été ainsi nommés, en souvenir du **Silver Jubilee** d'Élisabeth II, en 1977, célébrant ses 25 ans de règne. *Spectacles et concerts en plein air.*

Continuer le quai jusqu'à hauteur du County Hall.

County Hall★. – Siège du **Greater London Council** (GLC), conseil du Grand Londres et du **Inner London Education Authority** (ILEA), service de l'enseignement de Londres, le County Hall comprend quatre bâtiments. Le plus ancien, de style classique, a été édifié (1912-1922) par R. Knott, face à la Tamise, près de l'emplacement de la Coade Stone Factory *(p. 25).* Deux autres furent commencés en 1939 et terminés en 1958 et 1963. Le dernier-né (1974), de forme hexagonale, est reliée à l'ensemble par des souterrains et un pont couvert au-dessus de York Road.

Les membres du conseil, au nombre de 92, sont éligibles tous les quatre ans, depuis 1977. Le président ou Chairman, élu chaque année, est à la tête du conseil. Il y a également un Leader, chef élu du parti de la majorité et un chef de l'opposition, comme au Parlement. Suite aux élections de 1983, l'existence du GLC a été remise en question. Il est prévu qu'une grande partie de ses attributions soient remises aux conseils des Boroughs. En attendant cette réorganisation, le Greater London Council continue de fonctionner jusqu'en 1986.

L'administration de l'agglomération londonienne couvre les 32 boroughs, la City de Londres dépendant du Lord-Maire. Les attributions du County Hall sont multiples : éducation, implantation et équipement des zones à urbaniser, entretien des égouts, service de secours (ambulances, voitures de pompiers) et une partie du réseau routier.

The South Bank Lion. – Au pied du pont de Westminster depuis 1966, ce lion en « Coade Stone » *(p. 25)* était, en 1837, l'emblème d'une brasserie (Lion Brewery).

Westminster Bridge Road. – Cette route tracée en 1750 lors de l'ouverture du premier pont de Westminster *(p. 148),* longe au Sud **St Thomas Hospital** (1871), agrandi en 1970. Après Christ Church, église reconstruite en 1960 (clocher de 1876), s'élève au n° 61, le **Morley College,** fondé au 19e s. pour instruire des travailleurs adultes, et rénové en 1958.

SOUTHWARK ★

GY – Métro : London Bridge (Northern Line).

Au débouché du London Bridge, sur la rive droite de la Tamise, Southwark est le plus ancien « borough » (faubourg) de Londres. En effet l'endroit était occupé à l'époque romaine et, au temps des rois saxons, c'était une tête de pont connue sous le nom de « sud werk » (ouvrage Sud).

Incorporé à Londres en 1531, Southwark appelé le **« Borough »** eut longtemps une médiocre réputation : les auberges et les cabarets populaires y côtoyaient les théâtres du Bankside, comme le Globe où **Shakespeare** faisait jouer ses pièces, et les cirques où se déroulaient des combats d'animaux féroces, notamment d'ours ; il y avait aussi, bien entendu, des maisons closes et des prisons. L'accès du pont, à hauteur de la célèbre Taverne de l'Ours, était souvent encombré par les charrettes et, à partir du 17e s., par les carrosses. Aux 18e et 19e s. des marchands de la City s'installent dans le Sud, à Camberwell et Dulwich tandis qu'à la fin du 19e s. les nombreuses prisons disparaissent, des maisons de retraite s'établissent. Au 20e s., le **Clubland,** centre éducatif de jeunesse, est fondé ; le **Pechham Experiment,** centre socio-récréatif de 1935 à 1945, est devenu également un centre de soins médicaux pour tous.

Pubs typiques. – **George Inn,** 77 Borough High Street : auberge 17e s. avec cour et galerie.
Anchor Tavern, 1 Bankside : pub historique où Shakespeare venait boire.

VISITE *3 h environ*

Partir du pont de Londres. Descendre vers Tooley Street.

La rive Sud de la Tamise entre London Bridge et Tower Bridge connaît une importante transformation. Bureaux, pubs et restaurants, logements et boutiques vont redonner vie à cet ancien quartier d'entrepôts et de docks ; certains entrepôts ont pu être restaurés et reconvertis. En 1977 a été créé un petit « parc écologique » (**William Curtis Ecological Park** – 16 *Vine Lane*) ; il offre une très belle vue sur Tower Bridge et la Tour.

The London Dungeon (Le cachot de Londres). – *34 Tooley Street. Visite de 10 h à 16 h 30. Entrée : £ 3.* Sous les voûtes sombres des cachots, sinistres scènes historiques (sacrifice de druide, combat de la reine Boadicea, meurtre de Thomas Becket, exécution d'Anne Boleyn...)

Pénétrer dans la rue principale de Southwark, Borough High Street. A droite, en contrebas de la voie ferrée, s'élève la cathédrale de Southwark.

Southwark Cathedral★★. – L'église St-Sauveur et Ste-Marie-aux-delà-des-Eaux (St Saviour and St Mary Overie) a obtenu le titre de cathédrale en 1905 lorsque fut fondé l'évêché de Southwark ; auparavant elle dépendait de l'évêché de Winchester et fut desservie par des chanoines Augustins jusqu'à la Réforme. **John Harvard,** fondateur en 1636, de la célèbre Université du même nom, près de Boston (USA), a été baptisé dans cette église en 1607 et le frère de Shakespeare, Edmond, y a été enterré.

L'édifice a été réalisé au 13e s. dans le style gothique primitif (Early English) mais remanié par la suite et la nef a même été entièrement refaite à la fin du 19e s.

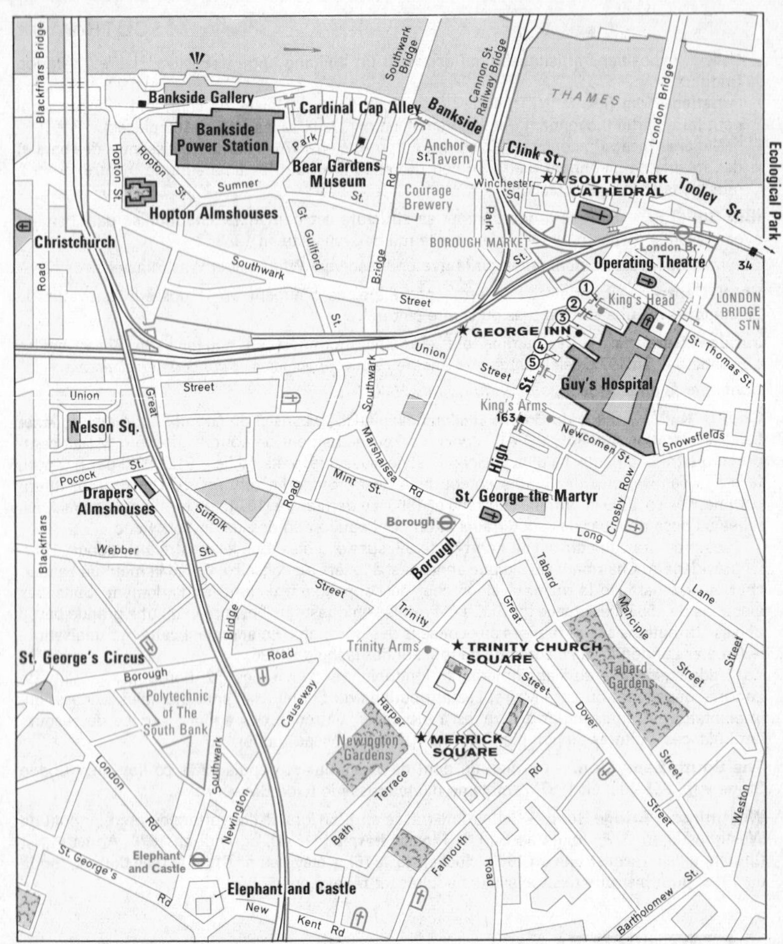

On rentre par le croisillon Sud du transept, reconstruit au 15ᵉ s. par le cardinal Beaufort qui prit part au procès de Jeanne d'Arc. Se placer dans la croisée, remarquable par son carré d'arcades du 13ᵉ s., à la fois puissant et élancé, qui soutient la tour-lanterne refaite au 16ᵉ s. ; perspective sur le chœur du 13ᵉ s. à triforium et clairevoie, que termine un retable de pierre du 16ᵉ s. garni de statues au 19ᵉ s.

Dans le croisillon Nord, remarquer une série de monuments funéraires dont les plus curieux sont ceux de la famille Austin (1633, mur de gauche), du médecin Lockyer (1673, mur du fond à gauche) et du sacristain Richard Blisse (1703, mur du fond à droite). Deux passages sous voûtes mènent à l'**Harvard Chapel,** ancienne sacristie restaurée.

Passer ensuite dans le bas-côté Nord du chœur : gisant du 13ᵉ s., en chêne, représentant un chevalier, les jambes croisées ; en face, autre tombeau avec les membres de la famille Humble en priants (début 17ᵉ s.).

On arrive alors au vaste arrière-chœur à chevet plat, divisé en quatre chapelles, qui, bien que très restauré, reflète la sobre et élégante architecture du début du 13ᵉ s. ; dans la chapelle de gauche, coffre du 16ᵉ s. et modèle de vaisseau hollandais du 17ᵉ s.

Revenir enfin au transept par le bas-côté Sud du chœur : le premier monument funéraire à droite est celui de Lancelot Andrews, évêque de Londres, mort en 1626.

(D'après photo Jarrold's, Norwich)

Famille Humble, 1616.

A noter au fond du bas-côté Nord de la nef, une série de sculptures sur bois en haut-relief **(bosses)** provenant de la charpente du 15ᵉ s., démontée en 1831.

De retour à Borough High Street, traverser la rue et prendre en face St Thomas Street.

Église St-Thomas (St Thomas's Old Operating Theatre). – Cet édifice, bâti en 1703, servait jadis de chapelle à l'hôpital St-Thomas, lequel fut transféré en 1868 à Lambeth. De nos jours la chapelle, utilisée comme salle du chapitre par les chanoines de la cathédrale, voisine avec une ancienne salle d'opérations en amphithéâtre, qui fonctionna de 1821 à 1862 et qui maintenant est le cadre d'un musée illustrant l'histoire de la chirurgie au 19ᵉ s. *(visite les lundis, mercredis, vendredis de 12 h 30 à 16 h ; entrée : 50 p ; fermé 2 semaines en août et en décembre).*

Guy's Hospital. – Le libraire Thomas Guy, enrichi dans les spéculations commerciales, le fonda en 1721 : les bâtiments d'origine sont groupés autour de l'avant-cour et de deux cours intérieures quadrangulaires.

L'hôpital conserve deux statues de son fondateur : l'une en bronze (1724), par l'Anversois Scheemakers, est érigée dans l'avant-cour, l'autre, en marbre, par John Bacon le Vieux (fin 18e s.), est placée dans la chapelle de l'aile gauche. Dans une des cours, curieuse loge provenant de l'ancien pont de Londres, reconstruit en 1760.

Regagner Borough High Street et poursuivre vers le Sud.

Les Yards et les Inns de Southwark. – Une succession de ruelles et de cours abritaient des auberges pour les voyageurs arrivant trop tard pour entrer dans la capitale. Dans **King's Head Yard** ①, le King's Head transformé au 19e s. conserve une effigie colorée de Henri VIII, du 17e s.

L'ancien pub de **White Hart Yard** ② a disparu, c'est là que Mr. Pickwick avait rencontré son valet Sam Weller.

Au no 71 de **George Inn Yard** ③, se trouve l'entrée de **George Inn**★, pittoresque auberge du 17e s. terminus de la poste à cheval jusqu'à la fin du siècle dernier et qui fut évoquée par Dickens dans Little Dorrit. Dans la cour, l'aile droite subsiste avec ses pans de bois, ses galeries desservant les chambres de voyageurs et son intérieur orné de boiseries et de cuivres.

Talbot Yard ④, où Chaucer (1340-1400) *(p. 129)* fait partir ses pèlerins de l'hostellerie Tabard, dans le prologue des Canterbury Tales.

Queen's Head Yard ⑤, site de la Queen's Head (démolie en 1900), vendue par John Harvard *(p. 115)* avant son départ pour l'Amérique.

King's Arms (1890), dans la Newcomen Street, arbore un emblème royal du 18e s. qui provient du pavillon Sud de l'ancien Pont de Londres.

Au 163 Borough High Street, une plaque rappelle l'existence de la **Marshalsea Prison** de 1376 à 1811, pénitencier célèbre qui fut déplacé vers le Sud (le père de Dickens y fut incarcéré pour dettes, en 1824). La nouvelle Marshalsea disparut en 1842. Entre les deux existait depuis le 14e s., la King's Bench Prison qui devait son nom (Bench : magistrature) aux juges incarcérés. Elle fut supprimée au 18e s.

St George the Martyr. – Cette église du 18e s., restaurée, a vu le baptême et le mariage d'une héroïne de Dickens, tout au moins dans son roman Little Dorrit (le personnage apparaît en petite fille coiffée d'un bonnet, dans un vitrail).

Sur Trinity Street s'ouvrent deux places du 19e s. **Trinity Church Square**★ est orné d'une statue du 14e s. provenant de Westminster Hall et représentant un roi qui serait **King Alfred**; l'église désaffectée depuis 1975, est devenue salle de concert (London Symphony Orchestra).

Le **Merrick Square**★ aux demeures plus modestes, porte le nom du marchand qui céda, en 1661, le terrain à la corporation de Trinity House, chargée de l'entretien des signaux lumineux maritimes et des secours aux marins dans le besoin.

St George's Circus. – Ce carrefour maintenant à six voies, créé en 1769 en plein champ, vit le rassemblement des émeutiers dirigés par Gordon, en 1780 *(p. 20)*.

Drapers' Almshouses. – *Glashill Street.* Maisons de retraite des drapiers (1820), à fenêtres néo-gothiques.

La place voisine, Nelson Square, est bordée de bâtiments d'après-guerre et de « terraces » du 18e s.

Elephant and Castle. – Carrefour qui, au 18e s., prit le nom d'une ancienne forge devenue cabaret, au 16e s., à l'enseigne de « l'Éléphant et le Château » de la compagnie des couteliers. La construction des ponts sur la Tamise entraîna au 19e s. l'élargissement des voies et, dans les années 1950-1960, le quartier fut entièrement redessiné et reconstruit, à l'exception de l'imposante église appelée Metropolitan Tabernacle (1861) qui s'élève non loin du carrefour.

A l'Ouest de la cathédrale de Southwark

Clink Street. – A cet endroit se tenait au 16e s. The Clink, prison qui a laissé l'expression anglaise « in clink » (au bloc). Elle dépendait de la juridiction des évêques de Winchester et se trouvait dans les sous-sols de la Winchester House (12e s.), palais des évêques incendié en 1814 et dont il reste les vestiges du Grand Hall (14e s.), notamment une très fine rose *(inaccessible actuellement)*. Des fouilles *(visibles de l'extérieur)* permettent de dégager d'autres parties du palais. Dans ce quartier en rénovation, des entrepôts d'époque victorienne sont transformés en habitations et magasins.

Aux 17e et 18e s., une annexe de la Clink, plus près de la Tamise fut brûlée durant les émeutes de 1780.

Bankside. – La taverne de l'Ancre (Anchor Tavern) *(p. 115)* reconstruite en 1775 sur le site de celle qui fut fréquentée par Shakespeare se trouve non loin de l'emplacement du **Globe Theatre**, signalé par une plaque de bronze sur le mur de la brasserie (Brewery) dans Park Street ; on prévoit de construire une réplique du théâtre et d'en faire un musée.

Bear Gardens Museum. – *Bear Gardens Alley. Ouvert de 10 h à 17 h 30 (14 h à 18 h le dimanche). Fermé les lundis et mardis et du 24 décembre au 1er janvier. Entrée : £ 1.*

Installé dans un entrepôt du 18e s., le **musée de la fosse aux ours** doit son nom aux combats d'ours et de chiens qui avaient lieu aux 16e et 17e s. à cet endroit, dans une arène devenue par la suite le théâtre Hope. Il abrite des souvenirs des théâtres élisabéthains de Bankside, de forme intérieure circulaire, les Wooden O's (cercles en bois) selon l'expression shakespearienne : la **Rose** (1587-1603), le **Swan** (le Cygne : 1596-1621), le **Globe** (1599-1613) reconstruit après un incendie (1614-1644), le **Hope** (l'Espérance : 1614-1656). Noter le diorama de la Tamise gelée à Southwark, pendant une des grandes fêtes sur la glace (Frost Fairs).

De part et d'autre de **Cardinal Cap Alley,** maisons du 17e et début 18e s. Dans la première, au no 49, Wren a vécu durant la construction de la cathédrale St-Paul.

La **Bankside Power Station,** centrale électrique dessinée par G.G. Scott (1960) et agrandie en 1964, a cessé ses activités en 1981. Des jardins devant la centrale s'offre une **vue**★★ unique sur la City et ses monuments du 17e s. A l'Ouest des jardins, la **Bankside Gallery** abrite des expositions temporaires de peinture.

The Hopton Almshouses. – *Hopton Street.* Maison de retraite (1752), composée de cottages entourant un jardin.

Christchurch. – *27 Blackfriars Road.* Dans un jardin ombragé, église de la mission du Sud industriel de Londres (1738), reconstruite avec des vitraux illustrant les métiers locaux.

Camberwell et Peckham

GHZ – Métro : Elephant and Castle (Bakerloo et Northern Lines). Chemin de fer : Denmark Hill (London Bridge Station).

Ces villages au Sud de Southwark se développèrent au 19e s. le long des axes routiers de Camberwell et Peckham Roads.

Sur Camberwell Road au n° 131, **Cambridge House,** actuelle University Settlement ; nos 159-161, South London Antique Centres, magasins d'antiquités. De part et d'autre de Denmark Hill, un collège et un hôpital : **King's College** et **Maudsley Hospitals;** sur Champion Park, école normale de l'Armée du salut : **William Booth Memorial Salvation Army Training College** par G.G. Scott (1932).

Sur Peckham Road, l'église néo-gothique **St Giles** est remarquable par ses gargouilles et ses plaques tombales *(p. 25)* des 15e et 16e s. Une école d'Arts et métiers et une salle d'exposition opposent les constructions nouvelles et les pignons de briques rouges (1903), aux caryatides baroques (1896) de la galerie d'Art. Aux nos 29, 30-34, **Georgian Terraces,** celles du Nord connues sous le nom de Camberwell House, celles du Sud donnent sur Lucas Gardens.

Sur Peckham High Street s'ouvre le Meeting House Lane où se trouve l'église **St John's,** dessiné par David Bush (1964).

Au Sud-Est, **Nunhead Green** a perdu sa pelouse mais conservé sa taverne (reconstruite) dont la licence date de l'époque de Henri VIII, et sa belle maison de retraite blanche, **Beeston's Gift Almshouses,** de 1834 *(Consort Road).*

SPITALFIELDS - BETHNAL GREEN

Plan de la City (SV) *et plan du Grand Londres p. 157* (UX) – Métro : Bethnal Green (Central Line).

Ce secteur populeux de l'East End fut jadis le fief des ouvriers en soie parmi lesquels nombre de protestants d'origine française émigrés à la fin du 16e s. et à la suite de la révocation de l'édit de Nantes (1685). Le factotum de Buckingham, **Balthasar Gerbier** *(voir p. 122),* avait sa maison à Bethnal Green où il donna l'hospitalité à Rubens lors du séjour de celui-ci à Londres en 1629-30 et, naguère encore, un hospice spécial était réservé aux descendants de Français, à Hackney, près de Victoria Park.

Les mœurs étaient rudes alors et les tisserands se divertissaient en poursuivant un taureau furieux lâché dans les rues et renversant tout sur son passage. L'alcool aussi causait des ravages.

De nos jours, l'activité du faubourg s'exerce surtout dans l'industrie du meuble et de la chaussure ; la voie principale est Commercial Street.

■ CURIOSITÉS

Bethnal Green Museum of Childhood. – *Cambridge Heath Road. Visite de 10 h (14 h 30 le dimanche) à 18 h. Fermé le vendredi, les 24, 25, 26 et 31 décembre, 1er janvier et 1er lundi de mai.*

Dépendant du Victoria and Albert Museum, ce musée d'arts décoratifs occupe un bâtiment en fer conçu pour le South Kensington Museum en 1854 et remonté ici une vingtaine d'années plus tard.

Le musée comprend d'importantes collections de costumes des 18e-19e-20e s., de soieries des ateliers de Spitalfields, de meubles, peintures, céramiques, orfèvreries anglaises du 19e s. ; des sections particulières sont consacrées aux armes du Japon et aux enfants (jouets, maisons de poupées).

Les touristes français seront particulièrement intéressés par les deux **maquettes de jardins chinois** offertes à Joséphine sous le Consulat et capturées par la flotte anglaise, par le buste de Lady Morgan, marbre de David d'Angers, et par une importante série d'objets 1900 englobant des sculptures de Dalou, des vases de Gallé, des meubles de Majorelle... ; dans les mezzanines, curieuses collections de boîtes confectionnées sous l'Empire par des soldats français prisonniers.

St John's Church. – *Cambridge Heath Road, face à Bethnal Green Road.* Église dessinée par Soan (1828) avec un clocher court se détachant nettement sur la place voisine.

Spitalfields Market. – *Commercial Street. Métro Liverpool Street.* Marché de fruits et légumes, marché de fleurs qui se tiennent dans des bâtiments distincts, du début du siècle, et les rues avoisinantes. Il a été fondé par Charles II en 1682 et acquis par la City Corporation en 1902.

Mile End. – Au Sud de Bethnal Green, ce quartier doit son nom à la distance de un mile qui le séparait de Algate, porte de la City.

Sur Mile End Road, remarquer les **Trinity Almshouses** (1635), maisons de retraite pour les marins, groupées autour d'un terrain ombragé.

Le **Queen Mary College,** ancien institut de philosophie (1885), branche de la London University depuis 1905, abrite un centre éducatif de loisir, appelé le **People's Palace** (1934) avec, depuis 1950, des bâtiments en béton, verre et brique, typique de cette époque.

Bow Road. – Située dans un îlot en pleine avenue, l'église **St Mary, Stratford Bow** date du 14e s. Son nom de « Bow », provient de l'arche voisine du pont qui autrefois enjambait la rivière Lea.

Christ Church, Spitalfields. – Située à l'angle de Commercial Street et de Fournier Street, qui tient son nom d'un protestant français exilé, Christ Church, terminée en 1729, a été édifiée sur les plans de Hawksmoor, un ancien collaborateur de Wren. L'église présente en façade un clocher-porche aux lignes d'une noblesse classique un peu froide.

Le STRAND ★

FX – Métro : Charing Cross (Bakerloo et Jubilee Lines) et Temple (Circle et District Lines).

Large artère commerçante reliant la City à Charing Cross, le Strand suivait jadis la rive de la Tamise comme l'indique son nom. Au temps des Tudors et des Stuarts, les seigneurs de la Cour y eurent leurs demeures, dont les jardins descendaient jusqu'au fleuve, avant de laisser la place aux hôtels (Strand Palace, au n° 372) et aux théâtres (Adelphi et Vaudeville).

Gagné sur la Tamise, le quai Victoria (Victoria Embankment) a été terminé en 1870. Seul Somerset House subsiste des palais d'autrefois.

Pubs typiques. – **The George,** 213 Strand : confortable ambiance Vieille Angleterre.
Gordon's Wine Cellar, Villiers Street : atmosphère de cellier de jadis.
Devereux, 20 Devereux Court : fréquenté par juristes et écrivains.
Old Caledonia, en amont de Waterloo Bridge : ancien bateau à roue.

UN PEU D'HISTOIRE

Le fil de la hache. – Henri VIII meurt en 1547. Le fils qu'il avait eu de Jane Seymour lui succéda sous le nom d'Édouard VI, à l'âge de 10 ans ; son oncle **Édouard Seymour,** duc de Somerset, fut déclaré Protecteur. Trop tolérant en matière religieuse aux yeux des protestants fanatiques, trop riche pour les marchands de la City, trop orgueilleux pour les courtisans, trop démagogue pour les propriétaires terriens, il eut la tête coupée dans l'enceinte de la Tour, en 1552. En guise d'oraison funèbre, le pieux **Édouard VI,** nota froidement dans son journal : « Le duc de Somerset a eu la tête tranchée aujourd'hui entre 8 et 9 h du matin... Ambition, vanité, avidité, il avait voulu faire le maître... » ! Cependant Somerset avait eu le temps de faire édifier, dans le goût français, **Somerset House** *(p. 121)* qui fut première demeure Renaissance bâtie en Angleterre.

La maison des Reines. – Sous les Stuarts, Somerset House devient la résidence habituelle des reines. C'est ainsi qu'au début du 17e s., **Anne de Danemark,** épouse de Jacques Ier, s'installe au palais qui prend le nom de Denmark House.

Puis, après 1625, c'est la fille de Henri IV, **Henriette-Marie de France,** épouse de Charles Ier, qui s'installe à Somerset House d'où, l'année suivante, elle voit en pleurant ses serviteurs français la quitter, chassés par la rancœur de Buckingham. Protectrice des arts, elle entreprend de nombreux travaux, dirigés par **Inigo Jones** *(p. 22)* ; un architecte décorateur français, Jean Barbet, fournit des dessins pour l'ornementation intérieure, tandis que le sculpteur picard **Hubert Le Sueur** exécute les statues et qu'André Mollet trace les jardins. Sont ainsi réalisés deux cabinets dont un est rehaussé de cartouches et de grotesques bleu et or, les escaliers monumentaux conduisant à la Tamise, une fontaine qu'Hubert Le Sueur orne de sculptures et surtout, à l'extrémité Ouest du palais, une chapelle à l'intérieur blanc et or comportant une élégante tribune sur colonnes doriques. La « Cross Gallery » est réaménagée et Inigo établit ses plans pour bâtir une façade de 150 m de long sur le Strand.

Chassée d'Angleterre par Cromwell dont l'effigie funéraire, en cire, avec les attributs royaux, sera exposée à Somerset House, Henriette-Marie regagna son palais lors de la Restauration. Elle y fit entreprendre de nouveaux travaux que consigne Pepys dans son Journal mais qui ne furent pas achevés. En effet, en 1655, la reine Marie retourna en France pour prendre les eaux de Bourbon ; elle mourut à Paris en 1669 et Bossuet prononça son oraison funèbre. Catherine de Bragance enfin, épouse de Charles II, habita Somerset House.

Grandeur et décadence, ou du palais à la boutique. – Au 17e s., le Strand constitue la voie aristocratique dont la vogue s'accroît en proportion des calamités, pestes ou incendies, endurées par la City qu'envahit la pollution. Le favori en titre de Jacques Ier et Charles Ier, le beau et vaniteux Georges Villiers, duc de Buckingham, l'amoureux d'Anne d'Autriche, demeure à York House *(p. 122)* à l'emplacement de Villiers Street. D'autres courtisans fortunés comme

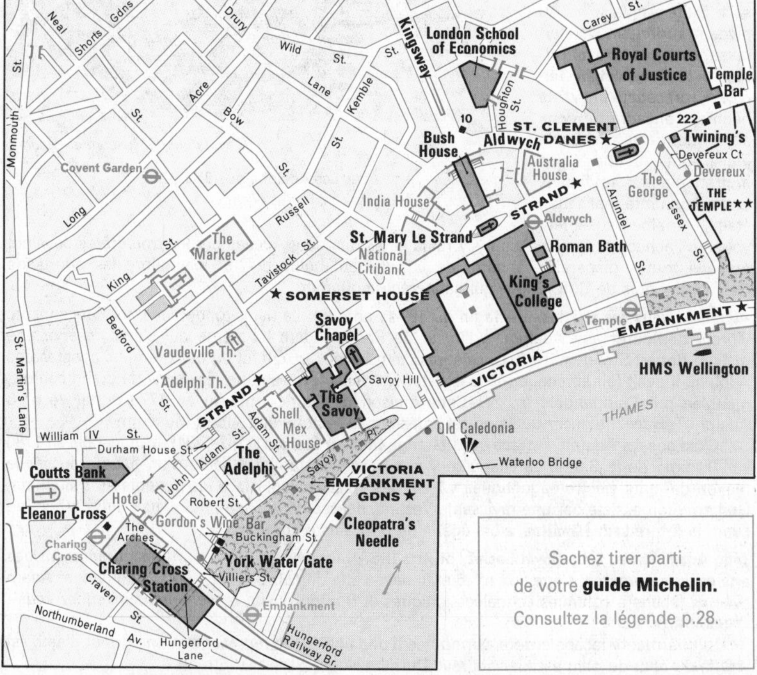

les comtes d'Arundel et d'Essex ont leur habitation plus en aval, à hauteur de St Clement Danes. Depuis 1608 il y a aussi un luxueux magasin de modes, qui a été monté par le comte de Salisbury : c'est le **New Exchange.**

Au siècle suivant les boutiquiers succèdent aux patriciens alternant avec les tavernes que fréquentent Boswell et Samuel Johnson.

Parmi les boutiques, quelques-unes ont laissé un nom, à savoir la librairie Ackermann, célèbre pour ses estampes, le Bazar Français et l'Adelaïde Gallery qui exposait des modèles scientifiques comme le « Steam Gun », canon à vapeur tirant 420 projectiles à la minute.

■ DE CHARING CROSS STATION A TEMPLE BAR

Charing Cross Station. – Desservant avec Victoria Station le Sud de l'Angleterre, la gare et l'hôtel de Charing Cross ont été édifiés en 1865. Sur l'esplanade, reconstitution approximative de la **« Croix d'Éléonore », Eleanor Cross** *(p. 134)* érigée en cette même année.

Sous le viaduc, unissant Villiers Street à Craven Street où vécut au n° 36, Benjamin Franklin, existent deux voies : **Hungerford Lane** (marché aux timbres et aux médailles, le samedi), **The Arches** où l'on trouve des boutiques (attirail militaire) et un théâtre privé **(Players Theatre Club)** installé dans un vieux music-hall.

Coutts Bank. – Ce célèbre établissement bancaire fut fondé en 1692 par l'Écossais John Campbell dont Thomas Coutt devint l'associé en 1760. Banque de la famille royale d'Angleterre, Coutts compta également parmi ses clients la Maison de France, Philippe-Égalité et, jusqu'en 1960, les archives de la famille d'Orléans y étaient déposées. John Law, les Pitt, Wellington, Walter Scott, Dickens et des Français, tel le ministre Calonne, y eurent un compte.

Les Adelphi. – Ce quartier dénaturé par des constructions de 1937, occupe entre le Strand et la Tamise, de Villiers Street à Adam Street, un espace restreint mais qui fut à la fin du 18e et au 19e s. une sorte de Petite Athènes, ayant la faveur des artistes.

Un projet ambitieux. – A partir de 1768, les frères (en grec « Adelphoi ») **Robert, James et John Adam** *(voir aussi p. 22),* tous trois architectes, réalisèrent le quartier des Adelphi dont les rues portent encore leur prénom. A cet effet le duc de St-Albans leur concéda un terrain en « leasehold » (location à long terme) et ils y créèrent un ensemble urbain sur plan régulier dont les rues étaient bordées de façades analogues en « style Adam ». L'élévation, à base de colonnes et de pilastres inspirés de l'antique, apparaissait un peu rigide mais était adoucie par un élégant décor de fines sculptures et de balcons de fer forgé ; les intérieurs étaient aussi conçus par les frères Adam. Ceux-ci bâtirent en outre sur le Strand un hôtel, Adelphi Hotel (1777) où, lors de la Révolution française, logèrent maint émigrés.

Le front Sud formant terrasse sur la Tamise reposait sur d'imposantes arcades de briques délimitant, au niveau du quai (Adelphi Pier), d'immenses caveaux aménagés en entrepôts (Adelphi Wharves). Ces derniers, animés par les charrois, inspirèrent **Géricault** dans une des compositions les plus connues de sa « Suite Anglaise ». Au niveau supérieur, la terrasse, nommée « Royal Terrace » ou **« Adelphi Terrace »,** précédait un vaste bâtiment encadré de deux ailes, dont les habitants jouissaient d'une vue imprenable sur le fleuve. Cette étonnante réalisation était malheureusement vouée à l'échec : la famille Adam s'y ruina et les demeures créées par les trois frères devaient presque toutes disparaître à partir de la seconde moitié du 19e s., malgré les efforts de Galsworthy puis de G. B. Shaw, qui habitèrent le quartier.

(D'après photo Museum of London)

Les Adelphi, au 18e s.

Au rendez-vous des artistes. – A la fin du 18e s., nombre d'artistes londoniens, tel Rowlandson, vinrent demeurer aux Adelphi, à l'instar de Robert Adam lui-même qui s'était réservé une maison Robert Street, au n° 9. Le célèbre acteur **Garrick** *(p. 64)* fut un des premiers adeptes des Adelphi. Il avait fait aménager dans le bâtiment de la Terrasse une résidence de grand confort, meublée par Chippendale *(p. 24).* Cette maison où Garrick mourut en 1779 portait le n° 5 Adelphi Terrace ; le décor du salon est conservé au Victoria and Albert Museum.

C'est aussi à Adelphi Terrace que l'étrange **Docteur Graham** (1742-1794) avait installé en 1780 son Temple de la Santé. Le charlatan y combattait la stérilité à l'aide d'un baume ou par le moyen de « lits électromagnétiques » : sur ces lits prenaient place les patients en traitement. Graham était assisté par une ravissante Vestina, déesse de la Santé, qui n'était autre qu'Emma Lyon, la future **Lady Hamilton,** alors égérie du portraitiste Romney.

John Adam Street. – La **Royal Society of Arts** (RSA), fondée en 1754 pour l'encouragement des arts et du commerce, siège aux nos 6 et 8, dans cette demeure (1772-1774) typiquement Adam avec sa façade à colonnes cannelées ioniques et fronton. *Visite en semaine sur rendez-vous : ☎ 930 5115.*

La charmante façade arrière, surmontée d'une fine statue représentant un porteur d'eau, est visible du haut du petit escalier qui relie Durham House Street au Strand.

Adam Street. – Dans l'axe de John Adam Street, la maison au n° 7, est de style Adam avec des pilastres sculptés de chèvrefeuilles *(illustration p. 22).*

Robert Street. – Dans la rue où demeura Robert Adam subsistent deux maisons de son époque, aux n°s 1 et 3.

Buckingham Street. – Cette rue est bordée de demeures anciennes ; certaines datent de 1670 : n°s 12 (où vécut Pepys de 1679 à 1688) 17, 18, 20.

Savoy Hotel. – De type britannique traditionnel, l'hôtel Savoy, qui est peut-être le plus connu de Londres, occupe l'emplacement du **palais de Savoie** bâti en 1245 par Henri III Plantagenêt et résidence de Pierre, comte de Savoie, oncle de la reine Éléonore de Provence : le roi de France **Jean le Bon,** capturé à la bataille de Poitiers, mourut en 1364 dans le palais qui fut, au début du 16e s., transformé en un hospice dont subsiste la chapelle.

A coté du Savoy, l'ancien Cecil Hotel, aux 1 000 chambres, a été transformé en immeuble de bureaux (Shell Mex House).

Queen's Chapel of the Savoy. – *Ouverte du mardi au vendredi de 11 h 30 à 15 h 30. Fermée en août et septembre.*

Édifiée en 1505, rebâtie en 1864 après un incendie, la chapelle de Savoie, qui a conservé son cimetière attenant, paraît minuscule à côté des massifs bâtiments voisins. Chapelle privée de la reine, elle est aussi chapelle de l'Ordre Royal de Victoria, fondé en 1896.

A **Savoy Hill** se trouvaient les studios de la BBC de 1923 à 1932 (plaque au n° 2 de Savoy Place).

Somerset House★. – Entre le Strand et la Tamise, ce majestueux palais comprend un corps central du 18e s. sur plan rectangulaire et deux bâtiments latéraux ajoutés au 19e s.

Architecte écossais grand voyageur, **William Chambers** (1723-1796) conçoit la nouvelle Somerset House de 1776 à 1786, édifiée à l'emplacement de l'ancienne demeure d'Édouard Seymour *(p. 119).* Elle abrite alors la Royal Academy, dont Chambers était trésorier, installée dans les salons aux plafonds peints par Angelica Kauffmann (1741-1807) et Benjamin West, l'Amirauté, la Société des Antiquaires et d'autres organismes.

Visite. – Gagner le pont de Waterloo en longeant le bâtiment latéral construit par Pennethorne au 19e s. Du pont on découvre une **vue** remarquable sur la façade de Somerset House, longue de 240 m, qui, avant la construction de Victoria Embankment, donnait directement sur la Tamise. L'ensemble, dont la partie centrale seule, dominée par une coupole, est due à Chambers, repose sur une terrasse percée d'arcades et d'une porte d'eau condamnée : cette terrasse, analogue à celle des Adelphi formait jadis promenade.

Revenir au Strand et pénétrer dans la cour entourée de quatre corps de bâtiments, d'une imposante sobriété avec leurs soubassements de pierres en bossages et leurs avant-corps à colonnes ioniques ; remarquer le décor finement sculpté, au-dessus des baies à base de bucranes et d'emblèmes marins rappelant que Somerset House fut siège de l'Amirauté.

La **fontaine,** par John Bacon, est ornée d'un groupe de bronze, fondu en 1780 et représentant George III, appuyé sur un gouvernail, qu'accompagne une allégorie de la Tamise.

Intérieur. – Quelques salons donnant sur le Strand sont visibles au cours d'expositions temporaires : escalier à rampe de fer forgé, plafonds de stucs et décor sculpté ou peint.

Les collections des Courtauld Institute Galleries *(p. 62)* doivent s'installer à Somerset House en 1986.

King's College. – Fondé en 1829 et rénové en 1966, ce collège présente du côté de la Tamise, un pavillon à colonnade qui prolonge la façade de Somerset House.

St Mary-le-Strand. – Bâtie par **Gibbs** qui la termina en 1717, cette église présente un porche en rotonde, un toit en terrasse, un clocher étagé se terminant par un lanternon. A l'intérieur, son plafond à caissons est sculpté de motifs de fleurs ou de chérubins. Si l'on fait abstraction du clocher, l'ensemble a plus l'air d'un palais que d'une église.

Aldwych. – Cet îlot en demi-lune est occupé par de massives constructions : National Citibank, India House, **Bush House** abritant les services étrangers de la BBC et Australia House. Au n° 10, sur Kingsway, s'élève St Catherine's House qui abrite les archives de l'État Civil depuis 1837. Sur Houghton Street s'ouvre une école des Sciences politiques et économiques **(London School of Economics),** dépendant de l'Université de Londres.

St-Clément-des-Danois★ (St Clement Danes). – *Ouverte de 8 h à 17 h.* Des Danois furent jadis enterrés en ce lieu où **Wren** construisit, en 1682, l'actuel édifice dont le clocher, refait par **Gibbs** en 1719, offre des analogies avec celui de St Mary. L'église, incendiée en 1941, a été restaurée sous les auspices de la RAF (Royal Air Force) dont elle est devenue le sanctuaire (735 écussons d'unités sont incrustés dans le sol). L'intérieur, très harmonieux, présente les bancs et les tribunes habituels à Wren, dont les teintes foncées contrastent avec les tons clairs des piliers et de la voûte aux stucs se détachant en blanc sur des fonds gris.

Au bas de l'escalier conduisant à la crypte, inscription à la mémoire de François Vaillant et de sa femme, venus de Saumur à la suite de la révocation de l'édit de Nantes.

Derrière l'église, statue de Samuel Johnson, paroissien de St Clement Danes.

Royal Courts of Justice (Law Courts). – Le palais de Justice est un important bâtiment, en style gothique perpendiculaire, édifié à la fin du 19e s. à la place d'un quartier populeux. Le public a accès, lorsqu'il y a session, aux salles où siègent les juges en robe rouge à col d'hermine et grosse perruque, alors que les avocats sont en toge et petite perruque.

En face de l'entrée, minuscule boutique de **Twining's,** la célèbre marque de thé.

Temple Bar. – *Page 68.*

■ VICTORIA EMBANKMENT★

Dessinant un arc de cercle entre le pont de Westminster et celui de Blackfriars, le quai Victoria, long de plus de 2 km, constitue une agréable promenade ombragée le long de la Tamise qu'anime un trafic incessant ; sont amarrés de-ci de-là quelques vaisseaux du début du siècle : le **Wellington,** le **Chrysanthemum,** le **President** (*voir plan de la City, p. 9* **JKZ**) qui servent de bateaux-écoles pour la Royal Navy. On découvre de belles **vues** sur South Bank *(p. 114).*

Jardins du quai Victoria★ (Victoria Embankment Gardens). – S'étirant le long du quai, ils s'élargissent en aval du pont de Charing Cross ou Hungerford *(p. 124)*. Les jardins sont fréquentés en été par les amateurs de musique qui viennent en été assister aux concerts (bandstand).

La porte d'eau du palais d'York **(York Water Gate)** est le seul vestige de York House, somptueuse demeure que le célèbre favori de Jacques Ier et Charles Ier, Georges Villiers, **duc de Buckingham** (1592-1628), se fit bâtir à partir de 1625 et qui fut démoli cinquante ans plus tard. Donnant jadis directement accès à la Tamise, cette porte à trois arcades aurait été réalisée par Stone d'après un projet de **Balthasar Gerbier** (1593-1677), ce peu banal aventurier d'origine française, factotum de Buckingham et ami de Rubens, qui était à la fois peintre, architecte, écrivain, diplomate et espion.

Aiguille de Cléopâtre (Cleopatra's Needle). – Cet obélisque égyptien en granit rose, érigé en 1877, n'est pas la véritable Aiguille de Cléopâtre, qui se trouve aujourd'hui dans le Central Park de New York. L'obélisque de Londres se dressait jadis à Héliopolis, comme son jumeau de New York et comme l'obélisque de la place St-Pierre à Rome. Sans son piédestal, il mesure 21 m de hauteur (celui de New York 23,5 m, celui de Rome 25 m) et pèse 182 500 kg. Celui de Paris (23 m – 23 000 kg), provient de Louksor.

La TAMISE ★★ (The THAMES)

Fleuve nourricier ou chemin qui marche, rivière en amont de Londres et bras de mer en aval, la Tamise, que les Londoniens nomment affectueusement « Old Father Thames » (Vieux père Tamise), a présidé à la naissance de la Londinium romaine. Reflétant l'activité commerçante de la City plus que ses monuments, elle conserve le même prestige qu'au temps où Jacques Ier ayant menacé les Londoniens de transférer ailleurs sa capitale les « aldermen » (échevins) répondirent : « Peut-être, Sire, mais Votre Majesté n'emportera pas la Tamise ! »

D'après l'homme d'état John Burns, comparant trois grands fleuves : « Le Saint-Laurent n'est que de l'eau, le Missouri de la boue mais chaque goutte de la Tamise a son histoire. » (... every drop of the Thames is liquid history). Jérome K. Jérome a évoqué avec humour la Tamise dans son livre « Trois hommes dans un bateau » (1899).

Un fleuve joignant l'utile à l'agréable. – Outre son rôle économique assumé par le port de Londres dont les « docks » (entrepôts) et les « wharves » (appontements) commencent à 8 km en aval de Tower Bridge, la Tamise a servi longtemps de voie de communication principale entre la « City » et Westminster.

Les peintres, tels Samuel Scott et Canaletto, la montrent au 18e s. sillonnée de barges et de ces fameux coches d'eau à huit rameurs et une quarantaine de passagers. Après 1830, ces barques seront remplacées par des bateaux à vapeur, détrônés à leur tour par des engins à moteur. Des bacs reliaient les deux rives car un seul pont (London Bridge) franchissait le fleuve. Aujourd'hui on en dénombre, depuis les écluses de Teddington (1912) que l'on peut franchir à pied, vingt-huit dont un pour les piétons, neuf pour les trains, dix-huit pour les voitures sans compter les onze tunnels.

Des tableaux évoquent aussi les fameux cygnes de la Tamise, propriété indivise de la Reine, de la corporation des Marchands de vin et de celle des Teinturiers. Considérés au Moyen Age comme oiseaux royaux en raison de leur rareté et de leur grâce, ils sont recensés (**Swan upping** – *p. 18*) chaque année par le Garde des Cygnes de Sa Majesté et les Maîtres des Cygnes des deux corporations.

(D'après photo Pitkin Pictorials)

Les cygnes.

Au 18e s. la Tamise étant un repaire de voleurs qui pillaient les marchandises des navires à quai avec la complicité des marins et quelquefois des douaniers, il fut créé, en 1798, une section spéciale de la police métropolitaine, patrouillant jour et nuit.

Depuis quelques années une lutte active est menée contre la pollution des eaux (usines d'épuration de Beckton et de Dartford, en aval), qui sont encore soumises à la marée dont l'amplitude atteint 2 à 3 m, laissant à découvert, au reflux, des grèves à la vase nauséabonde.

La marée remonte jusqu'aux **écluses de Teddington** (Teddington Lock), limite de la juridiction du port (Port of London Authority) ; au-delà, le fleuve dépend des autorités fluviales (Thames Water Authority).

Pour préserver Londres de marées dévastatrices, un barrage mobile de protection s'élève à Woolwich : la **Thames Barrier** *(p. 185)*. En effet des inondations ont déjà eu lieu. En 1236, on se déplaçait en barque à l'intérieur du palais de Westminster. Pepys relate, en 1663, que « tout Whitehall est inondé ».

Crue soudaine en 1928 où 14 personnes périrent noyées ; en 1953, un tiers de Londres fut submergé (300 morts). En 1978, le fleuve a menacé la berge.

London Bridge★. – Le plus ancien et le plus moderne pont de Londres. Le plus ancien parce qu'il existait déjà en cet endroit un pont romain, en bois, qui fut reconstruit en pierre à la fin du 12e s. Seul pont de Londres jusqu'en 1750, il fut représenté par les peintres, tels Claude de Jongh et Hollar au 17e s., Samuel Scott et Canaletto au 18e s. : comportant 19 arches, il fut couvert jusqu'en 1770 de maisons, de boutiques et d'une chapelle ; il était fortifié et au-dessus de la porte Sud les têtes des condamnés à mort apparaissaient, plantées sur une pique.

Rebâti en 1831, en granit, par **John Rennie,** le pont de Londres a été de nouveau démonté en 1969, à cause de son étroitesse, et vendu aux Américains qui l'ont reconstruit en Arizona.

L'ouvrage actuel, terminé en 1973, est ainsi devenu le plus moderne de Londres.

■ PROMENADE EN BATEAU★★

Toute l'année, sur le trajet aval Westminster Pier (près du pont) – Charing Cross-Festival Pier – Greenwich, services toutes les 20 ou 30 mn, de 10 h (ou 10 h 30) à 16 h 30 (ou 17 h) ; durée : 20 mn environ pour Tower Bridge, 45 mn pour Greenwich (aller simple). Des vedettes circulent aussi en saison entre Westminster Pier et le barrage de la Tamise (voir p. 185), 4 départs par jour, durée : 2 h 30 (AR), renseignements, ☎ 930 3373.

D'avril à septembre, croisière d'une heure au départ de Westminster Pier, toutes les 1/2 h de 10 h 45 à 17 h. En saison, services vers l'amont de Westminster Pier à Kew, Richmond et Hampton Court (voir à ces noms).

Il existe également des croisières nocturnes, avec ou sans repas ou danse à bord, ainsi que des croisières-déjeuner.

Pour tous renseignements, s'adresser au LVCB (p. 14), River Information ☎ 730 4812.

Le trajet permet de découvrir une partie des grandes curiosités londoniennes *(voir carte p. 9 à 12),* les principaux ponts de Londres que nous citons ci-dessous, d'amont en aval.

PONTS DE LONDRES (LONDON'S BRIDGES)

NOM	DATE	ARCHITECTE	HISTOIRE	CARACTÉRISTIQUES
Richmond★★	**1777**	James Paine	*Voir p. 181*	Belles arches de pierre avec parapet à candélabres.
Richmond Railway	**1848**	Joseph Locke	Ligne de chemin de fer Richmond-Staines-Windsor	Pont métallique et béton, à 3 arches.
Twickenham	**1933**	Maxwell Ayrton	Dessert la grand-route A 316 qui traverse en aval le pont de Chiswick.	Trois arches en béton.
Richmond Footbridge	**1894**		Sous trois arches, barrage formant écluses.	Pont double pour piétons, à 5 arches élégantes et inégales.
Kew (King Edward VII)	**1903**	Wolfe Barry et Brereton	*Voir p. 179.*	Trois grandes arches soulignées d'un appareil de pierres.
Kew Railway	**1869**	W.R. Galbraith	Dessert le métro District Line.	Poutrelles à croisillons métalliques soutenues par quatre piles.
Chiswick	**1933**	Baker	Inauguré par le prince de Galles (futur Édouard VIII puis duc de Windsor).	Trois arches de béton, celle du milieu mesure plus de 45 m.
Barnes Railway	**1849**	J. Locke	Permet la liaison ferroviaire entre Barnes et Richmond.	Armature de fer à trois festons.
Hammersmith	**1887**	Joseph Bazalgette	A remplacé le premier pont suspendu sur la Tamise de 1827.	Pont suspendu à pylônes victoriens coiffés de clochetons dorés.
Putney	**1884**	Joseph Bazalgette	A remplacé le pont à péage en bois de 1729, entre Putney et Fulham.	Cinq arches de granit ; départ des courses d'aviron *(p. 18 et 160).*
Fulham Railway	**1889**	W. Jacomb	Dessert le métro District Line.	Treillage métallique sur 6 piles ; passerelle parallèle pour piétons.
Wandsworth	**1938**	E. P. Wheeler	A remplacé le pont du 19e s.	Trois arches basses de béton peint en rose.
Battersea Railway	**1863**	J. Bazalgette	Seule ligne de chemin de fer reliant le Nord du pays au Sud.	Cinq arches métalliques prolongées par des arches de pierre.
Battersea	**1890**	J. Bazalgette	A remplacé le pont de bois de 1771, à péage jusqu'en 1879.	Métallique avec 5 arches peintes en rouge, noir et blanc.
Albert	**1873**	R. W. Ordish	Inauguré par le prince Albert.	Pont suspendu « cantilever » aux lignes gracieuses.
Chelsea	**1934**	Forest et Wheeler	A remplacé le pont suspendu de 1858.	Dessin précis de ce pont suspendu dont les pylônes n'ont pas la forme de portiques.
Victoria Railway	**1859**		Symbole de l'importance du chemin de fer au 19e s.	A dix voies et encore élargi depuis sa construction, il comprend 4 arches soulignées de blanc.

Ponts de Londres *(suite)*

NOM	DATE	ARCHITECTE	HISTOIRE	CARACTÉRISTIQUES
Vauxhall	**1900**	Fitzmaurice et Riley	A remplacé le pont métallique de J. Walker.	Cinq arches métalliques aux piles de pierre surmontées de statues de bronze (les Sciences et les Arts).
Lambeth	**1932**	Topham Forest	A remplacé le pont suspendu de 1862.	Cinq arches en acier sur piles en béton, parapet peint en rouge et noir.
Westminster★	**1862**	Thomas Page	*Voir p. 148.*	Les sept arches sont plus belles à regarder à marée haute.
Charing Cross Railway	**1862**		Appelé aussi **Hungerford**, a remplacé le pont suspendu de Brunel (1845).	Fonctionnel et sans grâce il est doublé d'un passage pour piétons vers la gare de Waterloo.
Waterloo	**1945**	G. G. Scott	A remplacé le pont du 19ᵉ s. par John Rennie ; ses neuf arches à piliers doriques étaient célèbres pour leur beauté.	Cinq arches en pierres blanches de Portland recouvrant du béton.
Blackfriars	**1899**	W. Cubbitt	A remplacé le pont du 18ᵉ s., par Robert Mylne.	Cinq arches métalliques sur piles de pierre, dessinées par Thomas Page (berge pour piétons).
Blackfriars Railway	**1886**		Construit pour la ligne de Douvres.	Parallèle au précédent pont métallique à haut parapet décoré de blasons aux extrémités.
Southwark	**1919**	Ernest George	A remplacé le pont de John Rennie (1815-1819).	Trois arches d'acier.
Cannon Street Railway	**1866**	J. W. Barry et J. Hawkshaw	Prévu pour l'extension de la ligne de chemin de fer Sud-Est.	Imposant avec la **gare** de briques sombres flanquée de pavillons.
London Bridge★	**1967-1973**	Harold King	*Voir p. 123.*	Trois arches élégantes en béton.
Tower Bridge★★	**1886-1894**	Barry et H. Jones	*Voir p. 133.*	Pont à bascule aux célèbres tours gothiques.

TUNNELS SOUS LA TAMISE

NOM	DATE	ARCHITECTE	HISTOIRE	CARACTÉRISTIQUES
London Underground			Quatre lignes de métro : Northern, Bakerloo, City, embranchement de Northern.	La 2ᵉ ligne de Northern passe sous London Bridge.
Tower Subway	**1845**	Henry Greathead	Entre Tower Hill et Bermondsey, ce tunnel a servi de passage à un tramway tiré par câble.	Actuellement conduite d'eau.
Thames Tunnel	**1843**	Marc Brunel	A l'origine, le premier tunnel au monde creusé sous l'eau pour piétons ; long de 460 m avec 2 galeries à 20 m de profondeur.	Ligne de chemin de fer en 1865, dessert le métro East London Section, électrifié en 1913.
Rotherhithe	**1908**		Relie Rotherhithe à Stepney.	Route à deux voies.
Greenwich Footway	**1902**		Creusé à 15 m de profondeur.	Passage pour piétons.
Blackwall	**1889-1897**		Le plus ancien tunnel de Londres pour le trafic des voitures, doublé par le Nouveau tunnel.	A sens unique.
New Blackwall	**1967**			A sens unique.
Woolwich Foot Tunnel	**1912**		*Voir p. 184.*	Passage pour piétons.
Dartford Road Tunnel	**1963-1977**		Projeté dès le 18ᵉ s.	Route à deux voies.

En Angleterre, on désigne les heures de la matinée « ante meridiem » par am et celles de l'après-midi « post meridiem » par pm. Exemple 9 am : 9 h (matin) ; 5 pm : 17 h (après-midi).

Il y a une heure de décalage entre la Grande Bretagne et le continent (quand il est 8 h à Londres, il est 9 h à Paris).

Horloge parlante : tél. 123 – Prévisions météorologiques : tél. 246 80 91.

TATE GALLERY ★★★

EZ – Métro : Pimlico (Victoria Line).

En 1897, s'ouvrait la **Gallery of Modern British Art** (Galerie d'art moderne britannique) comprenant 8 salles avec des œuvres postérieures à 1790. Bâtie sur le site de l'ancien pénitencier de Millbank, son style néo-classique tranche actuellement avec le modernisme de la Tour Wicker, à 34 étages, appelée aussi Millbank Tower (1963).

Ses collections ont été constituées à partir du noyau primitif offert à l'État par **Henry Tate,** en 1891.

Le musée présente, depuis 1967, la **British Collection** concernant des artistes nés avant 1860 et la **Modern Collection** avec des artistes britanniques et étrangers de la fin du 19e s. à nos jours. Un très important agrandissement du musée permet, depuis 1979, de présenter dans un même temps au public un douzième des quelques 13 000 peintures, sculptures et gravures que possède la Tate Gallery. Si la section réservée à la peinture anglaise d'avant l'époque moderne (British Collection) est relativement stable, les collections d'art moderne et contemporain (Modern Collection, New Art) sont sujettes à de fréquents réaménagements en fonction des acquisitions nouvelles, des prêts ou des expositions temporaires particulières ; celles-ci ont toujours constitué l'une des grandes activités du musée – elles ont lieu dans les salles 27, 37, 29 (sculptures) et 46 à 60. La Clore Gallery, destinée à abriter la collection des Turner, doit ouvrir au printemps 1986 à l'Est du bâtiment principal. D'autres extensions sont prévues.

Visite de 10 h (14 h le dimanche) à 17 h 50 ; fermé les 1er janvier, Vendredi Saint, 1er mai, 24, 25 et 26 décembre. Au sous-sol, restaurant décoré de peintures murales de Rex Whistler, et snack.

PEINTURE ANGLAISE (British Collection)

Aile gauche – rez-de-chaussée

Salle 3. – 16e, 17e et début du 18e s. Étrange portrait des Sœurs Cholmondeley, jumelles mères le même jour (1600) ; Deux dames de la famille Lake par Peter Lely. Vue du palais d'Hampton Court par Jan Griffier (1718). De **Hogarth,** célèbre peintre et graveur, chroniqueur satirique des mœurs du 18e s. : Les enfants de Graham, de 1742 ; portraits de ses six serviteurs.

Salle 2. – De Hogarth encore : The Happy Marriage ; illustrations de « Pamela » (roman de Richardson) ; le peintre et son chien (autoportrait de 1745). Highmore : le Bon Samaritain, The Strode Family.

Salles 4, 5 et 8. – Fin du 18e s. George Stubbs, peintre animalier : Juments et poulains (vers 1765), Couple de chiens de chasse (1792), Un lion dévorant un cheval (1769), dont le mouvement de crinière évoque certains tableaux de Blake. **Gainsborough,** habile à saisir la ressemblance : Benjamin Truman (vers 1773), Giovanna Baccelli (1782) esquissant une danse, les filles de l'artiste, Mary et Margaret, La charrette du marché (1786). Portraits de Romney Lawrence : Kemble dans le rôle de Hamlet, Caroline Frey, Princesse Lieven ; Hopner : Tempête.

Joshua Reynolds, premier président de l'Académie royale, connu pour ses adorables visages d'enfants : Têtes d'anges (1787), L'âge de l'Innocence (1788) ; ses trois auto-portraits nous le montre à 32, 50, 52 ans. Sujets historiques de **Benjamin West ;** scène de clair obscur par Joseph Wright, l'Expérience de la pompe à air.

Salle 6. – Peintres du Sublime et de l'Exotisme. Fuseli a le goût de l'effet théâtral : Parsifal, Lady Macbeth tenant un poignard (1812). Daniell et Hodges évoquent l'Inde et la Chine.

Salle 7. – William Blake et ses disciples. Poète et artiste visionnaire au symbolisme pessimiste à ses débuts : en 1795, Newton (exprimant la vision limitée de l'homme), Hécate (déesse de la nuit), Dieu jugeant Adam. Aquarelles : illustration de la Bible (de 1799 à 1827), Béatrice s'adressant à Dante du haut de son char ; Le pape démoniaque.

Salles 9 et 10. – Turner. Extraordinaire ensemble de ses œuvres : 290 peintures à l'huile sur les 300 qu'il a léguées à la nation anglaise (les 19 000 aquarelles et dessins étant au British Museum). Ces compositions permettent de suivre l'évolution de son art. Palette sombre à ses débuts, avec des effets contrastés (Château de Windsor – 1807, Londres vue de Greenwich – 1809, Hampton Court vu de la Tamise).

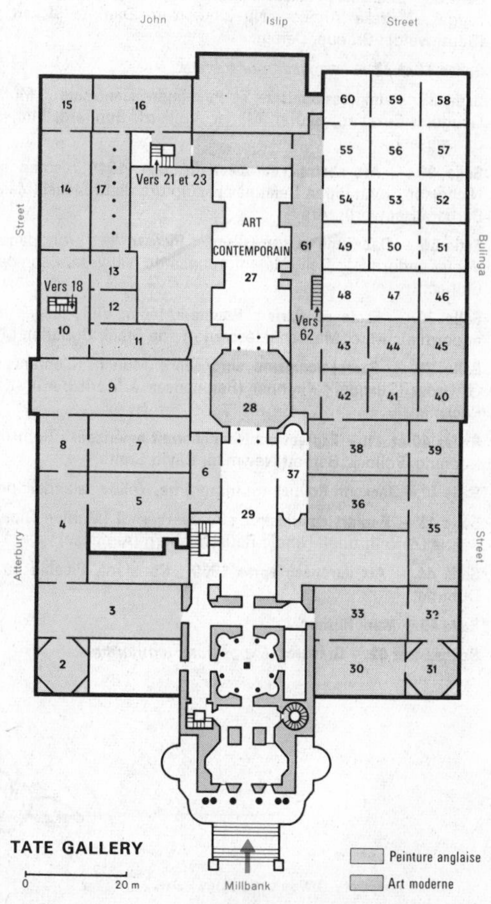

TATE GALLERY***

Marines, paysages, vues de Rome, Venise, rappellent la manière classique du Français Claude Gelée dit Le Lorrain. A l'apogée de sa carrière, il s'exprime en tourbillons lumineux, en tonalités vaporeuses : Le déluge, le Matin après le déluge, Le Soir du déluge ; Tempête de neige (1842) ; Coucher de soleil sur un lac (vers 1840).

Salle 13. – Aquarelles anglaises. *Présentation par roulement.*

Salle 12. – Paysagistes de 1800 à 1850. De George Lewis, Moisson dans le Hereford. Scènes féeriques par Richard **Dadd** (1817-1886) où les personnages sont plus petits qu'une fleur qui est coupée... à la hache : The Fairy Feller's Masterstroke.

Salle 11. – Constable. Peintre de scènes champêtres, il étudie chaque changement de saisons à toute heure : Étude de nuages, Abbaye au clair de lune (1833), portrait de Maria, femme de l'artiste.

Salle 14. – Paysagistes du 19ᵉ s. Scènes dantesques par John **Martin** (1789-1854) : Jour du jugement, les Plaines du ciel ; par Francis Danby : Le déluge ; par J. Ward : Gordale Sear, Yorkshire.

Salle 15. – Préraphaélites *(p. 46)*. **Hunt,** moralisateur et observateur de la nature : Brebis égarées (1852). **Millais :** L'atelier du charpentier (1849), Jésus dans la maison de ses parents ; Ophélie (1852), gracieuse noyée parmi les fleurs dont le modèle fut la fiancée de Rossetti. **Rossetti** laisse libre cours à son imagination mélancolique sur des thèmes littéraires : Beata Beatrix (1863), Proserpine (1874). De Ford Maddox **Brown** (1821-1893), Le roi Lear et sa fille Cornelia ; de **Wallis,** Chatterton (1866), le poète qui se suicida dans sa mansarde.

Salles 16 et 17. – Époque post-victorienne. Romantique avec **John William Waterhouse** (La dame de Shalott, 1888), Albert Moore (Blossoms-Fleurs, 1881). Bal à bord, par le Français James Tissot résidant en Angleterre de 1871 à 1882 et traitant ses sujets dans le style de Manet. John Singer **Sargent** (1856-1915), portraitiste mondain d'origine américaine, se rapproche des Impressionnistes. **Whistler** (1834-1903), influencé par Courbet et Manet. Burne-Jones : The Golden stars, Love and the Pilgrim.

Aile gauche – sous-sol. – *Accès par escalier de la salle 16.*

Salle 18. – *Nouvelles acquisitions.*

Salles 21 et 23. – Sporting Art : manifestations sportives, scènes de chasse à courre (par Sartorius), chien d'arrêt (par Stubbs).

ART MODERNE (Modern Collection)

Salle 28. – Francis Bacon, né en 1909 à Dublin, peintre surréaliste de l'angoisse et de la souffrance : Trois personnages, portrait. Œuvres de Freud (autoportrait), Spencer, Nash, Burra.

Salle 30. – Cubisme : Picasso (Femme en chemise dans un fauteuil, Femme nue dans un fauteuil rouge) ; **Matisse** (Antibes, Nu bleu, Notre-Dame) ; **Sickert** (L'Américaine, Tipperary) ; Steer (Southwold) ; Braque, Derain.

Salles 31 et 32. – *Fermées pour travaux.*

Salle 33. – Impressionnisme et Post-impressionnisme : Monet, Pissarro, Sisley, Van Gogh, Gauguin, Cézanne, Seurat, Manet, Vuillard, Bonnard, Morisso, Sickert, Degas (sculptures de danseuses).

Salle 35. – Art abstrait européen jusqu'en 1940 : compositions de Mondrian, Kandinsky, Nicholson, John Piper, Delaunay ; sculpture de Brancusi (Maiastra, oiseau légendaire roumain), Barbara Hepworth, Arp.

Salle 36. – Dadaïsme et surréalisme : Picasso (Les trois danseuses) ; Magritte, Delvaux (Leda, Vénus endormie) ; Dali (Métamorphose de Narcisse, Cannibalisme automnal) ; Miró, Ernst, de Chirico.

Salle 38. – École de Paris : Braque (Atelier VIII) ; Léger (Acrobates) ; Balthus (Jeune fille endormie) ; Miró, Matisse (L'escargot) ; de Staël, Dubuffet, Morandi.

Salle 39. – Expressionnisme européen : Munch (L'enfant malade) ; Emil Nolde (la Mer) ; G. Grosz (Suicide) ; Kirchner (Baigneuses à Moritzburg) ; Kandinsky (Cosaques) ; Kokoschka, Beckman.

Salles 40 et 41. – Expressionnisme abstrait américain : Rothko, Hans Hopman, Gorky, Kline, de Kooning, Pollock, Barnett Newman, David Smith.

Salle 42. – Jackson Pollock (Summertime, Yellow Islands) ; de Kooning (la Visite).

Salle 43. – Pop'art américain... : Andy Warhol (Marilyn Diptych) ; Roy Lichtenstein (Whaam) ; Johns (Zero through Nine) ; Rauschenberg (Almanac).

Salle 44. – Art européen après 1960 : Constant, Picabia (la Feuille de vigne) ; Jorn, Rainer, Dubuffet.

Salle 45. – Mark Rothko.

Salles 61 et 62. – Gravures. *Expositions temporaires.*

Objets perdus :

Lost Property Office, 200 Baker Street, NW 1.

Le TEMPLE ★★

Voir plan de la City p. 9 (**JY**) – Métro : Temple (Circle et District Lines).

Voué aux activités juridiques et formant enclos aux confins de la City, entre Fleet Street et la Tamise, le Temple constitue un monde à part.

Pub typique. – **Essex Head,** 40 Essex Street : style « édouardien », du début du siècle (nombreuses photographies.

UN PEU D'HISTOIRE

Les Templiers. – L'ordre des Templiers, à la fois militaire et religieux, fut fondé en 1119 au Temple de Jérusalem. Ses membres, vêtus d'un manteau blanc à croix rouge, étaient chargés d'assurer la protection des Lieux Saints et des routes de pèlerinage. Amenés à prêter de l'argent aux pèlerins, aux Croisés, bientôt aux princes, aux rois, aux papes même, ils devinrent peu à peu les banquiers du monde chrétien, acquérant une richesse et une influence considérable qui leur attirèrent l'ire du roi Philippe le Bel. Le souverain obtint alors du pape que les principaux dignitaires du Temple fussent traduits devant les tribunaux spéciaux : 54 d'entre eux, parmi lesquels le grand-maître Jacques de Molay, furent livrés au bûcher et l'Ordre, qui avait compté jusqu'à 15 000 chevaliers, fut supprimé en 1313 et remplacé par celui de Saint-Jean-de-Jérusalem.

La Maison londonienne du Temple s'installa en ces lieux au milieu du 12e s. sous le règne de Henri II Plantagenêt. Les Chevaliers de Saint-Jean-de-Jérusalem louèrent ensuite une partie des bâtiments aux clercs laïques qui avaient succédé aux religieux jusqu'alors chargés de rendre la justice. Après la dissolution des ordres religieux par Henri VIII, en 1540, le Temple suivit donc, tout naturellement, sa vocation juridique : les écoles et les cabinets d'avocats occupèrent totalement l'enclos qui devint leur entière propriété en 1608, par la grâce de Jacques Ier Stuart ; c'est encore aujourd'hui un domaine privé.

Au royaume de la basoche. – Le Temple accueille en son enceinte deux des quatre collèges d'avocats dits **« Inns of Court »** (littéralement « hôtelleries de Cour ») que compte Londres, les deux autres étant Gray's Inn *(p. 71)* et Lincoln's Inn *(p. 71)*. Ces Inns of Court dirigées par des doyens, les « benchers », rassemblent avocats en exercice, stagiaires et étudiants. Elles étaient naguère complétées par neuf **« Inns of Chancery »** (hôtelleries de chancellerie), comme Staple Inn *(p. 72)*, où les futurs juristes faisaient leur première année. Le terme « Inn » impliquait que les membres étaient logés et nourris sur place, excluant la présence d'autres professions : de nos jours d'ailleurs les postulants à la carrière d'avocat sont tenus d'assister aux repas de corps organisés à intervalles réguliers.

Les avocats (barristers) jouent un grand rôle dans l'ordre social britannique, leur indépendance notamment étant préservée par le fait qu'ils ne sont pas directement en contact avec le public, les causes leur étant soumises par le truchement des avoués (solicitors). Aussi les juges, dont le prestige est grand, sont-ils choisis dans leurs rangs.

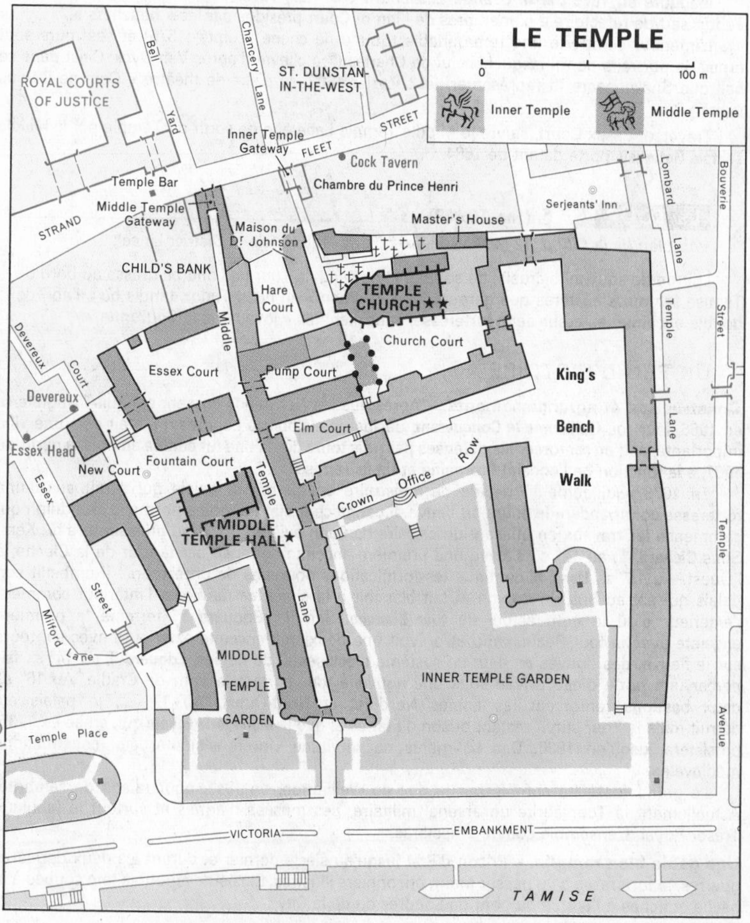

LE TEMPLE
0
100 m
Inner Temple
Middle Temple
ROYAL COURTS OF JUSTICE
Bell Yard
Chancery Lane
ST. DUNSTAN-IN-THE-WEST
FLEET STREET
Inner Temple Gateway
Cock Tavern
Chambre du Prince Henri
Temple Bar
Middle Temple Gateway
STRAND
Maison du Dr Johnson
Master's House
Serjeants' Inn
Lombard Lane
Bouverie Street
CHILD'S BANK
Hare Court
TEMPLE CHURCH ★★
Middle
Devereux Court
Essex Court
Church Court
Pump Court
King's Bench Walk
Devereux
Essex Head
Elm Court
Temple Street
New Court
Fountain Court
Temple
Crown Office Row
Essex Street
MIDDLE TEMPLE HALL ★
Lane
Milford Lane
Temple
MIDDLE TEMPLE GARDEN
INNER TEMPLE GARDEN
Temple Avenue
Temple Place
VICTORIA
EMBANKMENT
TAMISE

Le TEMPLE★★

VISITE *1 h 3/4 environ*

Le Temple est divisé en Inner Temple (Temple Intérieur), ainsi nommé parce qu'il se trouvait à l'intérieur de la City, et en Middle Temple (Temple Central), dessinant un dédale très pittoresque de cours, de voûtes, de passages, de jardinets. Inner Temple a pour emblème un Pégase, Middle Temple un Agneau pascal. Depuis longtemps disparu, Outer Temple (Temple Extérieur) se trouvait à l'emplacement actuel d'Essex Street.

Inner Temple. – De Fleet Street, pénétrer par **Inner Temple Gateway,** vieux porche du 17e s. pratiqué sous la maison du prince Henri *(p. 68).* Ce porche donne accès à Inner Temple Lane qui conduit à l'église des Templiers ; à droite, maison où résida le **Docteur Johnson** *(p. 68)* de 1760 à 1765.

Temple Church★★. – *Ouvert de 10 h à 16 h, sauf pendant les offices.* Bâtie au 12e s. sur le plan circulaire traditionnel aux églises de l'ordre, sur le modèle du Saint-Sépulcre de Jérusalem, la primitive chapelle fut augmentée au siècle suivant d'un chœur à chevet plat. L'ensemble qui a été fortement restauré à plusieurs reprises comprend :

- un porche roman normand sous lequel était rendue la justice au début du Moyen Age ;
- une rotonde, dans le style transition romano-gothique, consacrée en 1185 par Héraclius, patriarche de Jérusalem ; remarquer, à l'extérieur, le couronnement crénelé et, à l'intérieur, la voûte gothique reposant sur de beaux piliers en marbre : gisants de chevaliers (12e-13e s.) armés de pied en cap, parmi lesquels figure celui du beau-frère de Jean sans Terre, Guillaume Maréchal, comte de Pembroke mort en 1219 et représenté les jambes croisées, symbole selon certains d'une participation aux Croisades ;
- un chœur, terminé en 1240, qui offre un élégant exemple de style gothique anglais primitif avec sa voûte élancée reposant sur des piliers de marbre, comme ceux de la rotonde ; dans l'angle Nord-Ouest, un escalier conduit à la « cellule de pénitence » d'où les Templiers punis de prison assistaient à l'office ; le retable a été fait d'après un dessin de Wren et sculpté par **William Emmett,** en 1682.

A gauche de l'église se trouve le cimetière où repose Oliver Goldsmith (mort en 1774), auteur d'un roman sentimental, le Vicaire de Wakefield, qui eut un grand succès à l'époque ; un peu plus loin, la Maison du Maître du Temple (Master's House) édifiée par Wren, a été restaurée après les bombardements de la dernière guerre.

King's Bench Walk. – Belles maisons du 17e s.

Middle Temple. – Par **Pump Court** (Cour de la Pompe) dont les côtés Nord et Ouest sont bordés de façades du 17e s., on atteint **Fountain Court** (Cour de la Fontaine) ornée d'une fontaine datant de 1681 ; sur le côté Sud s'élève Middle Temple Hall ; sur le côté Nord, un escalier mène à **New Court,** entourée d'édifices construits par Wren, en 1676.

Middle Temple Hall★. – *Visite de 10 h à 12 h et de 15 h à 16 h 30. Fermé le dimanche, ainsi qu'entre Noël et le 1er janvier, une semaine après Pâques et du 1er août au 15 septembre.*

Inauguré en 1575 par la Grande Élisabeth Ire, ce hall, vaste bâtiment en briques de style Tudor, sert de réfectoire aux membres de l'Inn of Court présidés par les « benchers ».

L'intérieur comporte une remarquable tribune de chêne sculpté (1575) et ses murs sont ornés de portraits parmi lesquels celui de Charles Ier à cheval d'après Van Dyck. C'est dans ce hall que Shakespeare fit représenter, le 2 février 1602, sa pièce de théâtre « Comme il vous plaira ».

Traverser Essex Court, suivre le Middle Temple Lane afin de sortir du Temple par la **Middle Temple Gateway,** porte datant de 1684.

La TOUR ★★★ (The TOWER)

Voir plan de la City p. 12 (**RSZ**) – Métro : Tower Hill (Circle et District Lines).

Lourde de souvenirs cruels, de soupirs et de sang, la Tour de Londres dresse au bord de la Tamise ses murs austères que gardent les « Yeomen » en habit Tudor, tandis qu'à l'abri de la double enceinte, au cœur de la forteresse, étincellent les « joyaux de la Couronne ».

UN PEU D'HISTOIRE

Construction et agrandissements. – Après que les Normands eussent conquis l'Angleterre en 1066, leur roi, **Guillaume le Conquérant,** décida de s'établir à Londres qui était déjà une ville importante, et d'en renforcer les défenses par trois tours dont l'une fut édifiée en bois, à partir de 1067, à la jonction de l'enceinte romaine et de la Tamise.

En 1078, Guillaume Ier décide de construire en pierre, un palais qui serait aussi une forteresse commandant le cours du fleuve. Il confie ce projet au moine normand Gundulph qui commence les travaux en utilisant un calcaire de Caen puis un matériau plus sombre du Kent. Sous **Richard Ier,** au 12e s., s'élève une première enceinte dominée par la tour de la Cloche, à l'Ouest. Au 13e s., **Henri III** continue les fortifications pourvues de onze tours ; il embellit son palais qui est au Sud du donjon et fait blanchir à la chaux ce dernier à l'intérieur comme à l'extérieur d'où le nom actuel de **tour Blanche.** Son fils Édouard Ier termine la première enceinte avec la tour Beauchamp et prévoit une deuxième enceinte extérieure avec six tours sur le fleuve, des douves en eau, un système d'écluses et de herses. **Édouard II,** au 14e s., fait percer une porte d'eau privée sous une nouvelle tour portant le nom de Cradle. Au 16e s., deux bastions renforcent les angles Nord-Est et Nord-Ouest. Au 17e s., le palais est détruit mais la Tour survit restant prison d'État ainsi que la **Ménagerie royale** qui, créée en 1235, persistera jusqu'en 1835. Des bâtiments de servitude vinrent s'ajouter aux constructions médiévales.

Le grand fossé fut comblé par le duc de Wellington, en 1843, pour raison de salubrité. Actuellement la Tour abrite un arsenal militaire, des musées d'armes et surtout le fabuleux Trésor Royal. L'ensemble couvre 7 hectares.

Une geôle bien remplie. – Prison d'État jusqu'au siècle dernier et durant les deux dernières guerres, la forteresse a vu passer maint prisonniers illustres. Plusieurs eurent la tête coupée à la hache et fichée à l'entrée du pont de Londres ou de la City :

- en 1100-1101, Ranulf Flambard, évêque cupide, ministre de Guillaume II, réussit à s'évader ;
- en 1347, les fameux « Bourgeois de Calais » ;
- en 1356-1360, le roi de France **Jean le Bon**, fait prisonnier par le Prince Noir à la bataille de Poitiers, mort au palais de Savoie *(p. 121)* ;
- en 1415, le père du futur Louis XII, **Charles d'Orléans**, aussi mauvais général que charmant poète, capturé par les Anglais à Azincourt et détenu durant vingt-cinq ans dont douze longues années à la tour où il écrivit son œuvre poétique ;
- en 1386-1389, un autre poète, mais cette fois Anglais, **Geoffrey Chaucer**, le satirique auteur des Contes de Cantorbéry, victime des représailles des moines qu'il avait attaqués ; il composa dans la Tour son « Testament de l'Amour » ;
- en 1406-1423, **Jacques Ier**, poète, futur roi d'Écosse ;
- en 1466 et en 1471 le fondateur du collège d'Eton, **Henri VI**, mari de Marguerite d'Anjou. D'une douceur angélique mais faible de corps et d'esprit, il fut enfermé dans la Tour par son rival de la guerre des Deux Roses, son cousin le duc d'York ; il y subit avec une infinie patience les brutalités de ses gardiens à qui il disait seulement : « Vous avez tort de frapper ainsi un roi consacré ». Finalement son cousin le fit étrangler et se fit couronner sous le nom d'**Édouard IV** ;
- en 1477, le duc de Clarence, frère dudit Édouard IV qui lui fit demander à quelle sauce il voulait être mangé : « Je veux être noyé dans un tonneau de vin de Malvoisie » répondit le duc. Il en fut ainsi...
- en 1483 les **Enfants d'Édouard** (IV) que leur oncle Richard fit étouffer par ses sbires pour pouvoir ceindre la couronne ; cet épisode a été rendu populaire en France par une toile de Paul Delaroche qui inspira la mode de la coiffure « Aux Enfants d'Édouard » ;
- en 1534-1535, le chancelier **Thomas More**, fidèle à la foi catholique, qui monta sur l'échafaud en disant qu'il mourait « fidèle serviteur du roi mais surtout de Dieu » ;
- en 1536 et 1542, **Anne Boleyn** qui eut la tête tranchée à l'épée, et Catherine Howard, respectivement 2e et 5e femmes de Henri VIII ; il les fit décapiter pour cause d'adultère ;
- en 1537, Sir Henry Wyatt qui, selon une légende relatée par Prosper Mérimée, aurait été nourri par son chat qui lui faisait passer des pigeons au travers des barreaux de la cellule ;
- en 1554, **Jane Grey**, la reine de 9 jours, usurpatrice du trône de Marie Tudor qui la fit arrêter et décapiter, alors qu'elle était âgée seulement de 17 ans ;
- en 1601, Robert Devereux, favori d'Élisabeth Ire ;
- en 1745-1747, **Lord Lovat**, chef de rébellion, fut le dernier à passer par le billot ;
- en 1946, l'Irlandais Robert Casement, pendu pour trahison à la prison de Pentonville ;
- en 1941-1945, l'allemand Rudolph Hess, dernier prisonnier de la Tour.

Us et coutumes. – Commandée par un gouverneur dépendant lui-même d'un « connétable de la Tour » (le 1er duc de Wellington assura cette fonction en 1835), la forteresse est placée sous la vigilance d'une quarantaine de **« Yeomen Warders »**, jadis recrutés parmi les petits propriétaires (yeomen) campagnards et de nos jours parmi les vétérans de l'armée. Les « Yeomen », armés d'une hallebarde, revêtent encore l'uniforme Tudor à chapeau rond et le costume bleu ou rouge pour les cérémonies, timbré des initiales du souverain régnant, pour l'instant ER (Elizabeth Regina). On les appelle « Beefeater » (mangeur de bœuf) mais ce nom dériverait en fait du vieux français « buffetier », gardien du buffet royal.

Cérémonie des Clés (Ceremony of the Keys). – *Admission sur demande écrite préalable.*

Chaque soir (ou presque) depuis l'époque de Henri III, il y a plus de 700 ans, le même cérémonial a lieu ; il ne dure que dix minutes. A 21 h 50, l'escorte comprenant quatre gardes de Buckingham, à bonnets de fourrure, se tient sous l'arche de la tour du Sang. A 21 h 52, le portier en chef (Chief Yeoman Warder) quitte la tour du Mot de passe avec les **Clés de la Tour** et une lanterne d'artilleur. Après la fermeture des trois premières portes, l'escorte revenant par le Chemin d'Eau (Water Lane) est interpellée par la sentinelle de la tour Wakefield, baïonnette au canon : « Halte-là ! » Le sergent aussitôt ordonne : « Escorte des Clés, halte ! ». Puis s'engage le dialogue suivant : « Qui-vive ? - Les Clés - A qui sont les Clés ? - A la Reine Élisabeth - Passez, Clés de la Reine Élisabeth. Tout va bien ». Devant la caserne Waterloo, alors que l'horloge égrenne les dix coups de l'heure, le clairon sonne la Retraite (The Last Post). Lanterne et Clés sont ramenées par le Chief Yeoman à la Maison de la Reine (où réside le Gouverneur de la Tour) pour y passer la nuit en toute sécurité. L'escorte rejoint la Garde principale.

La **relève de la garde** a lieu lorsque la Cour réside à Londres. Cette cérémonie rappelle de très loin celle de Buckingham. A midi, dans la cour intérieure (Inner Ward) sur le « Tower Green » se tiennent, en uniforme rouge et bonnets à poil, les fantassins de la Garde. Les sentinelles sont postées à l'entrée et à la tour du Milieu. Elles sont renforcées à 18 h en d'autres points. On peut d'ailleurs les voir, de tout temps, à la caserne Waterloo, dans un garde-à-vous impeccable.

Les salves royales, **Royal Salutes**, sont tirées à partir du quai de la tour de Londres par quatre canons : 62 coups pour un couronnement, un baptême, 41 coups à l'ouverture du Parlement ou pour une naissance royale.

Les fameux **corbeaux** de la Tour, sinistres et gras, font l'objet de soins attentifs comme les cygnes de la Tamise. Ils sont gardés par un Maître des Corbeaux, aux frais du gouvernement car, selon la croyance populaire, le jour où ils disparaîtront, la Tour s'effondrera.

VISITE *3 h environ*

Du 1er mars au 31 octobre de 9 h 30 (14 h le dimanche) à 17 h ; le reste de l'année de 9 h 30 à 16 h et fermé le dimanche. Fermé également les 24, 25 et 26 décembre, 1er janvier, le Vendredi Saint ; la Maison des Joyaux est fermée en février. Entrée : £ 3 (d'avril à septembre), £ 2 (en hiver) ; enfants demi-tarif. Restaurant à proximité de l'entrée. Longues files d'attente au week-end.

L'entrée principale aux portes de fer (1939), donne accès à l'ancienne barbacane (ouvrage avancé) de la tour du Lion, abattue en 1850, qui abritait la Ménagerie Royale.

Tour du Milieu (Middle Tower). – Élevée au 13e s. elle jouait le rôle d'un châtelet commandant le pont de pierre qui franchit le fossé : celui-ci, atteint une largeur de 40 m et sert de champ de manœuvres. Du pont, perspective sur l'enceinte extérieure.

Tour du Mot de passe (Byward Tower). – Du 13e s. mais remaniée au siècle suivant. Dans la salle au-dessus de la voûte on pourra étudier le mécanisme de levage de la herse ; au mur, fresque du 14e s. figurant la Vierge, saint Jean-Baptiste, saint Jean l'Évangéliste, l'archange

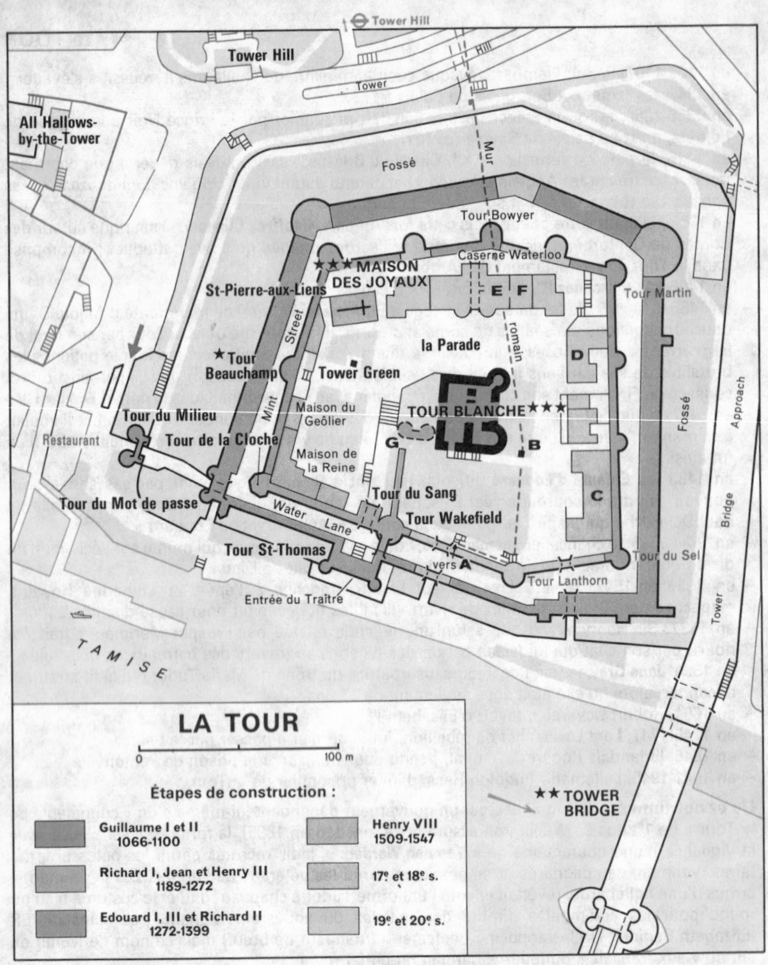

saint Michel ; au plafond, décoration de léopards (anglais) et de fleurs de lis (français) datant du second mariage de Richard II avec Isabelle de France, en 1396. Le mot de passe est toujours en vigueur, passé minuit ; il est changé tous les jours.

De Byward Tower on peut parcourir avec un guide le chemin de ronde extérieur d'où l'on découvre les six tours faisant face à la Tamise. On peut accéder directement à la cour extérieure, à l'entrée de laquelle on distingue la tour de la Cloche. Sur la gauche s'ouvre Mint Street (rue de la Monnaie), en souvenir de la Royal Mint (p. 133), où l'on frappait monnaie.

Tour de la Cloche (Bell Tower). – Dans cette tour du 12e s. furent enfermés Thomas More et l'évêque Fisher sous Henri VIII, puis la future reine Élisabeth Ire que sa demi-sœur, Marie Tudor, soupçonnait de vouloir s'emparer, avant l'heure, de la couronne.

Continuer à avancer dans la cour extérieure appelée ici Water Lane (chemin de l'Eau).

Tour St-Thomas (St Thomas's Tower). – Cette tour du 13e s. formait châtelet et porte d'eau sur la Tamise. Par l'entrée dite « Traitor's Gate » (Entrée du Traître) les prisonniers d'État pénétraient dans le lieu de leur détention.

On dépassera la tour du Sang (Bloody Tower) et la tour Wakefield *(description p. 132)* pour atteindre la porte de la cour intérieure (Inner Ward). Le chemin d'accès à celle-ci passe à l'emplacement du Grand Hall où Anne Boleyn fut jugée et qui fut détruit à l'époque de Cromwell. A droite de la porte, section du **mur romain** (390) qui protégeait Londinium des invasions barbares sur le fleuve. Un escalier voisin mène à une salle souterraine où une **galerie historique** (**A**) présente des maquettes de la Tour à différentes époques. En face s'élève la fameuse tour Blanche, à droite de laquelle se trouvait jadis la tour de la Garde-robe (Wardrobe Tower) du 12e s., élevée à l'emplacement d'un bastion romain dont on peut voir les ruines (**B**).

Nouvelle salle d'armes (New Armouries) (C). – Ancien entrepôt maritime (1680) en briques rouges, présentant deux ailes en retour. Il abrite des pièces d'artillerie anglaises.

A l'Est de la tour Blanche, près des vestiges romains, remarquer un beau **canon** flamand (1607), pris aux Français à Malte en 1800 ; il repose sur un affût sculpté par John Hatt (1827) : dans l'entrelacs de serpents féroces, une plaque d'étain en relief représente le naufrage de saint Paul à l'île de Malte où il échappa à la morsure d'une vipère.

Tour Blanche★★★ (White Tower). – Un ravalement de l'édifice permet de reconnaître que la pierre de Caen du 11e s. subsiste dans les assises des murs.

La tour Blanche apparaît sous la forme d'un donjon (keep) massif, de plan quasi carré (35 m sur 29 m) à 4 étages d'une hauteur totale de 28 m et comportant une muraille de 3 à 4 m d'épaisseur. Ajoutées à l'époque gothique, les tourelles d'angles ont été coiffées au 17e s. de coupoles à l'aspect byzantin, alors que Wren redessinait les baies, à l'exception de quatre d'entre elles, sur le côté Sud, qui témoignent de l'architecture normande primitive.

A l'intérieur, l'ambiance médiévale a été respectée ; un escalier en hélice, pratiqué dans l'épaisseur du mur, dessert les étages.

1er Étage (First Floor)

Sporting Gallery. – Salle des armes : arbalètes, épées, armes à feu enrichies de métaux précieux et de pierreries ; noter une paire de pistolets exécutés en 1695 par l'armurier du roi Peter Monlong, huguenot émigré.

Tournament Gallery. – Salle de tournois : armures allemandes, italiennes et anglaises pour tournois et joutes, lourds équipements réalisés avec une incroyable habileté.

2e Étage (Second Floor)

Chapelle St-Jean★★ (St John's Chapel). – « La plus ancienne église d'Angleterre » constitue un pur exemple de style roman normand avec ses puissants piliers ronds à chapiteaux encore frustes, sa nef entièrement voûtée se terminant par un cul-de-four, ses bas-côtés et son déambulatoire à voûtes d'arêtes supportant des tribunes. Dans cette chapelle austère, au Moyen Age, les monarques passaient une nuit de veille avant leur couronnement ; le corps de Henri VI (tué selon la légende dans la tour Wakefield) y fut exposé en 1471 ; Marie Tudor, en ces lieux, fut fiancée par procuration à Philippe II d'Espagne, en 1553.

Mediaeval Gallery. – Salle médiévale : armures de guerre, cottes de mailles, plastrons, heaumes (casques) des 14e et 15e s.

16C Gallery. – Salle du 16e s. : dans cette ancienne salle des Banquets on suit l'évolution de l'équipement guerrier entre 1500 et 1600, avant la disparition de l'armure.

3e Étage (Third Floor)

Tudor and 17C Gallery. – Salle de l'Armurerie royale (ancienne salle du Grand Conseil) où plane le souvenir de Henri VIII ; armures de 1520 quand le roi avait 29 ans et de 1540, accusant une plus forte corpulence, équipement pour tournois concernant sa majesté et son cheval. Armures des Stuarts (vers 1625).

Caves (Basement)

Ce sous-sol voûté est en fait le rez-de-chaussée où, depuis le 18e s., était entreposé l'arsenal.

Mortar Room. – Salle des mortiers (16e, 17e et 18e s.).

Cannon Room. – Salle des canons : matériel britannique ou butin de guerre. Les murs sont tapissés de centaines de cuirasses et salades (casques).

La Parade (Parade Ground). – Au Nord de la tour Blanche, cette place est longée par la **caserne Waterloo** (Waterloo Barracks) construite en 1845, à l'emplacement du Grand Magasin de 1688 détruit par l'incendie de 1841 qui, parti de la **tour Bowyer** (où sont exposés des instruments de torture), menaça la tour Martin où se trouvait alors le Trésor Royal.

Musée du régiment des Fusiliers (Royal Fusiliers Museum) (D). – *20 p.*

Créé par Jacques II, en 1685, ce régiment dont l'arme est un nouveau mousquet à silex, appelé « fuzil », prit le nom de « Royal Regiment of Fuzileers ». En 1881, il devint également régiment de la Cité de Londres avec le privilège de traverser la ville baïonnettes au canon. En 1968, il fusionne avec les autres Fusiliers anglais.

- Salle 1 (1685-1853) : portraits des premiers colonels ; fusils et vaisselle du régiment.
- Salle 2 (1854-1918) : uniforme de George V ; 1re Victoria Cross frappée en 1856.

Galerie orientale (Oriental Gallery) (E). – La caserne Waterloo abrite une collection d'armes d'Orient et d'Afrique du Nord (armure indienne pour éléphant).

Musée héraldique (Herald's Museum) (F). – *Fermé du 1er octobre au 31 mars.*

Installé depuis 1980 dans l'ancienne caserne Waterloo, ce musée retrace le développement des armoiries depuis le 12e s. Ces blasons ne concernaient pas uniquement les nobles mais surtout les notables. A remarquer 70 écussons peints aux armes des premiers hérauts et une importante collection de cimiers ornant les casques des chevaliers de l'ordre de la Jarretière. Noter aussi les tabards, manteaux portés sur l'armure au 17e s. et encore de nos jours par les hérauts lors des cérémonies officielles.

Maison des Joyaux★★★ (Jewel House). – *Entrée : 80 p ; longue file d'attente (elle avance en général rapidement) les samedis, dimanches et jours fériés. Fermé en février.*

Transférée depuis 1971 dans la partie Ouest des Waterloo Barracks, les joyaux de la Couronne ont presque tous rapport aux cérémonies du Couronnement. Parmi les insignes de la royauté (Regalia), peu sont antérieurs au 17e s., la république de Cromwell ayant procédé à la vente ou à la destruction de ceux qui avaient servi au sacre de Charles Ier. Deux symboles monarchiques échappèrent à l'anéantissement : la **Cuiller de vermeil** (12e s.) servant à recueillir l'huile sainte de l'onction et son **Ampoule d'or** en forme d'aigle (corps de l'oiseau du 14e s., ailes et socle de 1661).

Le Couronnement. – Le jour du Sacre, les emblèmes de la Regalia sont transportés à l'abbaye de Westminster. Le souverain entre, portant la tenue cramoisie des Pairs. Acclamé par son peuple, il prête serment de fidélité aux Lois et à l'Église. Sa robe rouge ôtée, il reçoit l'Onction sur les paumes, la poitrine et le front. Il revêt ensuite la tunique blanche, le manteau broché d'or et la ceinture. Le grand chambellan touche les talons (ou les mains s'il s'agit d'une reine) avec les **Éperons d'or,** attributs de la chevalerie ainsi que la grande **Épée d'Apparat** qui est présentée par l'archevêque. Les **Bracelets** de Sincérité et de Sagesse sont passés aux bras du souverain qui reçoit aussi le manteau royal et l'étole brodée d'or, renouvelée à chaque couronnement. Le **Globe** surmonté d'une croix, emblème de la terre dominée par la chrétienté, est tenu dans la main droite puis reposé sur l'autel tandis que l'archevêque glisse à l'index royal l'**Anneau** du couronnement puis tend le **Sceptre à la croix,** insigne du pouvoir et de la justice ; le **Bâton à la colombe** tenu à la main gauche rappelle le rôle d'équité et de miséricorde.

L'instant est venu de poser la lourde **Couronne de saint Édouard** sur la tête du monarque tandis que montent les acclamations : « Dieu protège le roi (ou la reine) ». Les trompettes sonnent, 62 coups de canons retentissent à la Tour. Après la dernière bénédiction, sa majesté se retire, pour se parer de la cape de velours violet et ceindre la **couronne d'État** plus légère.

Les objets du sacre et la vaisselle d'apparat sont répartis sur deux niveaux.

Au rez-de-chaussée, un immense Wine Cooler en vermeil (1824), remarquable par son décor d'animaux multiples, servait à rafraîchir le vin. Épée d'État de 1678, sceptre de Charles II, Masse (bâton de cérémonie) de la reine Anne ; 16 trompettes d'argent des 18e et 19e s. ; costumes de l'ordre du Bain (rouge), de la Jarretière (bleu), du Chardon (vert) et robes du couronnement d'Élisabeth II (tunique, étole, cape impériale).

Dans la chambre-forte du sous-sol les **joyaux de la Couronne** sont présentés dans une rotonde vitrée *(on peut les admirer de près en suivant lentement le sens de visite ou circuler plus librement à la galerie supérieure).* Les couronnes sont portées sur des toques de velours bordées d'hermine depuis Édouard III (1327).

- **couronne de saint Édouard :** son nom évoque le roi saxon Édouard le Confesseur. En or massif, elle a été faite pour Charles II en 1661 à partir d'une ancienne couronne qui aurait été celle du Confesseur ; elle est utilisée pour le couronnement et remplacée en raison de son poids (5 livres) par la couronne d'État. Des perles d'argent soulignent les quatre arches et le bandeau qui sont sertis de pierres précieuses et de brillants.
- **couronne Impériale d'État :** conçue pour Victoria en 1838, son armature a été refaite en 1937, pour George VI. Portée au sortir de l'abbaye et lors des cérémonies d'apparat, elle est ornée d'un énorme spinelle rouge appelé **« Rubis du Prince Noir »** (14e s.) qu'arborait Henri V sur son casque, à la bataille d'Azincourt. Au-dessous, scintille la **2e Étoile d'Afrique,** diamant de 317 carats extrait du Cullinan (3 106 carats) offert à Édouard VII en 1907 et taillé en quatre gemmes. Au centre de la croix terminale, brille le **saphir** que saint Édouard portait en anneau tandis qu'à l'arrière du bandeau à deux rangs de perles, se reflète dans la glace le grand **saphir des Stuarts** que Jacques II aurait emporté en France lors de sa fuite.
- **Sceptre à la Croix :** une émeraude carrée au centre de la croix de diamant surmonte une belle améthyste posée sur un splendide diamant taillée en poire, la **1re Étoile d'Afrique** (530 carats). Le **Globe** du souverain (1661), ornement le plus sacré de la Regalia, est en or, cerclé de perles fines et de pierres précieuses avec une croix posée sur une améthyste ; le Globe de petite dimension est celui de la reine Marie II qui fut couronnée en même temps que Guillaume III considéré comme roi et non prince consort. Les **Bagues** de couronnement, croix de 5 rubis sur saphir cerclé ce diamants, ont été conçues pour Guillaume IV (1831) et la plus petite pour Victoria (1838).
- **Épée d'Apparat incrustée de pierreries :** prévue pour le couronnement de George IV (1821), cette épée à poignée et fourreau en or massif présente un merveilleux travail d'orfèvrerie avec des motifs incrustés de diamants, rubis, saphirs, émeraudes aux emblèmes de la nation (rose-chardon-trèfle).
- **petite couronne de la Reine Victoria :** légère, toute endiamantée, elle fut réalisée en 1877 pour la reine qui jugeait la couronne d'État trop encombrante. Elle présente une forme héraldique Tudor, en dôme.
- **couronne de la Reine Mary :** gracieuse avec ses huit branches remontées en ogive, elle fut exécutée en 1911 pour la reine consort au moment du sacre de George V. Elle possède deux bijoux amovibles, au sommet la **3e Étoile d'Afrique** en forme de poire (95 carats) et sur le bandeau frontal la **4e Étoile d'Afrique** (65 carats), la plus petite des 4 Étoiles, taillée en carré ; au-dessus de cette dernière le cabochon est en cristal de Bohême.
- **couronne Impériale des Indes :** portée par George V à Delhi, en 1911 (la couronne d'État ne devant pas quitter le sol britannique), elle comporte 6 000 diamants.
- **couronne de la Reine Mère Élisabeth :** créée pour la reine consort au couronnement de George VI, en 1937, elle porte, sur une armature élégante à quatre branches coudées, le célèbre **Koh-I-Nor** (Montagne de Lumière) ; ce diamant à l'origine pesait 1 000 carats. Retaillé à 800, puis à 600, enfin à 108 carats, son histoire est connue depuis le 13e s. ; il aurait un pouvoir maléfique sur les hommes, bénéfique sur les femmes qui le possède.

A noter également les **couronne et diadème de Marie de Bohême** (1685), les vases sacrés en vermeil, les fonts baptismaux, la vaisselle d'apparat (fontaines et salières).

En sortant de la Maison des Joyaux, gagner la chapelle St-Pierre-aux-Liens.

St-Pierre-aux-Liens (St Peter ad Vincula). – Placée sous un vocable tout à fait en rapport avec la nature des lieux, cette église rebâtie sous Henri VIII et restaurée au siècle dernier reçut les corps suppliciés de Thomas More, Anne Boleyn, Jane Grey, le Protecteur Somerset *(p. 119)*, Lord Lovat *(p. 129). On peut visiter l'intérieur en s'adressant au gardien de la Tour du Milieu.*

Se diriger ensuite vers la tour Beauchamp. On passe à proximité de l'ancien échafaud ; les autres exécutions avaient généralement lieu à Tower Hill *(p. 133).*

Tower Green. – Près de l'église, la pelouse recouvre un ancien lieu de sépulture. L'espace carré limité de chaînes, marque l'endroit où périrent sur le billot, sept personnalités, du 15e au 17e s. parmi elles : Anne Boleyn, Catherine Howard, Lady Jane Grey et Robert Devereux.

Tour Beauchamp★ (Beauchamp Tower). – Construite au début du 14e s. Beauchamp (prononcer Bitchamme) Tower comprend trois étages desservis par un escalier à vis. Sur les murs de la salle du 1er étage, on verra une série de « graffiti » tracés par les prisonniers.

En sortant, on passe d'abord devant la maison du Geôlier (Gaoler's House) dans laquelle fut détenu le nazi **Rudolf Hess** qui, un jour de 1941, descendit en parachute (son premier saut à 48 ans) sur le sol écossais, dans des conditions restées mystérieuses. Transféré en 1945 à Nuremberg, il est détenu à perpétuité à la prison de Spandau, près de Berlin.

Après avoir dépassé la Maison de la Reine, on arrive à la Tour du Sang.

Tour du Sang (Bloody Tower). – C'est au 1er étage de cette tour des 13e-14e s., à l'atmosphère angoissante, que furent assassinés les enfants d'Édouard IV. Sir **Walter Raleigh,** célèbre marin et favori de la reine Élisabeth Ire, y fut aussi incarcéré avant sa décapitation (1618).

Tour Wakefield (Wakefield Tower). – Henri VI y aurait été assassiné et les joyaux de la Couronne y furent conservés de 1856 à 1939 et de 1945 à 1971.

Cette tour était reliée, au 13e s., par une muraille de protection, aux tours jumelles de Coldharbour Gate (G), aujourd'hui disparues.

Chemin de ronde intérieur. – Une promenade, depuis la tour Wakefield jusqu'à la tour Martin en passant par la tour Lanthorn et la tour du Sel (Salt Tower), permet de découvrir le système de défense de la Tour et offre des vues sur la Tamise.

■ TOWER BRIDGE★★

Visite de 10 h à 18 h 30 (16 h 45 de novembre à mars); dernier ticket délivré 3/4 h avant la fermeture. Fermé les jours fériés. Entrée : £ 2; enfants : £ 1 (ascenseur dans la tour Nord).

Tower Bridge, dont la silhouette néo-gothique et le pont-levis sont connus du monde entier, a été construit de 1886 à 1894. Sa longueur totale atteint 805 m.

Reliées aux rives de la Tamise par deux ponts suspendus, les massives tours gothiques qui constituent l'armature de l'ouvrage sont unies entre elles par un pont routier formant pont-levis et, à l'étage supérieur, par une passerelle pour piétons offrant des **vues**★★ impressionnantes sur la Tour de Londres et le cours de la Tamise.

Le pont routier comporte deux tabliers dominant le fleuve de 9 m et pouvant basculer pour livrer passage aux navires de haut bord. Bien que la manœuvre ne dure qu'une minute et demie, le pont n'est habituellement levé qu'aux premières heures de la matinée : en effet, en 1952, un autobus se trouvait sur le pont quand celui-ci s'ouvrit et le lourd véhicule ne dut son salut qu'à la vitesse de son élan qui lui permit de franchir le vide. Le mécanisme de levage hydraulique, n'est jamais tombé en panne; depuis 1977 il a été remplacé par un système hydro-électrique.

En amont de Tower Bridge est ancré depuis 1971 le **croiseur Belfast** de 11 500 t qui se distingua durant la guerre de 1939-45. *Visite de 11 h à 17 h 50 (16 h 30 en hiver). Fermé les jours fériés. Entrée : £ 1.80; enfants : £ 0.90. Accès par bac du quai de la Tour ou par la rive Sud (Tooley Street et Vine Lane).*

En quittant la Tour de Londres par l'entrée principale, contourner par la droite l'enceinte extérieure en suivant Tower Hill.

All Hallows-by-the-Tower. – Page 57.

Colline de la Tour (Tower Hill) (RSZ). – Large espace découvert, au Nord et à l'Ouest de la citadelle. Dans les **Trinity Square Gardens,** un quadrilatère de pierre marque l'emplacement de l'échafaud sur lequel furent exécutés, en présence de foules immenses, 75 condamnés, de la fin du 14e s. jusqu'à 1747. Devant les jardins, deux monuments aux morts des guerres 1914-18 et 1939-45, en l'honneur de la Marine marchande **(Mercantile Marine Memorials).** Noter aussi la présence de la reproduction (l'original est au British Museum) d'une stèle funéraire romaine ayant servi comme pierre de remploi à un bastion du **Wall** (Mur de Londres).

Trinity House (SY). – Cet immeuble du 18e s., restauré, est le siège de la Corporation of Trinity House, fondée par Henri VIII, en 1514, pour contrôler les services maritimes.

Royal Mint (SZ). – *Tower Hill.* L'**Hôtel Royal des Monnaies** au 16e s., se trouvait dans la Tour de Londres voisine. Il s'est installé en 1811 dans cet immeuble de style classique, avant son transfert en 1968, dans le Sud du pays de Galles. Il est prévu de réaménager le site du Royal Mint et de dégager les restes d'une abbaye cistercienne du 14e s.

TRAFALGAR SQUARE - CHARING CROSS ★★

EX – *Voir plan p. 152* – Métro : Charing Cross (Bakerloo, Jubilee et Northern Lines).

Trafalgar Square dessine avec Charing Cross, au centre de Londres, une vaste scène dont la toile de fond est constituée par la façade majestueuse de la National Gallery. Rendez-vous des touristes, des hippies et des pigeons, la place sert aussi, à l'occasion, de forum pour des meetings politiques parfois agités. Au temps de Noël *(p. 18)*, un immense sapin **(Christmas Tree)** offert par les Norvégiens rappelle l'aide que leur apporta la Grande-Bretagne durant la dernière guerre.

Visite. – *Durée : 1 h 1/2. De préférence le samedi ou le dimanche en raison de l'affluence des étrangers, mais aussi le soir au moment des illuminations qui embellissent la place.*

■ TRAFALGAR SQUARE★★

Dans sa forme actuelle, Trafalgar Square ne date que du 19e s. Auparavant on ne voyait en ces lieux qu'une sorte de « carrière » où évoluaient les fiers destriers des Écuries du Roi qui occupaient l'emplacement actuel de la National Gallery. C'est Nash *(p. 23)* qui, vers 1820, conçut la nouvelle place que Charles Barry *(p. 147)* devait réaliser une vingtaine d'années plus tard. A cette place fut donné le nom de Trafalgar Square, commémorant la bataille navale remportée par Nelson, le 20 octobre 1805, au large de l'Espagne, sur l'escadre franco-espagnole commandée par Villeneuve.

Colonne de Nelson (Nelson's Column). – Terminée en 1843, cette colonne de style corinthien, en granit, atteint 44 m de haut, plus la statue de **Nelson,** qui mesure 5,30 m.

Le piédestal, sur lequel prennent place les orateurs des meetings, s'orne de quatre bas-reliefs en bronze fondus avec des canons pris aux Français. Les

Trafalgar Square.

quatre faces évoquent, de façon très expressive, respectivement les batailles du cap St-Vincent (1797), d'Aboukir (1798), de Copenhague, et la mort de Nelson à bord du Victory le jour de la bataille de Trafalgar ; cette dernière scène est accompagnée d'une inscription relatant les paroles que l'Amiral prononça le matin de l'engagement : « L'Angleterre compte que chacun fera son devoir ».

Tapis au pied de la colonne, les quatre lions ont été exécutés au siècle dernier d'après un modèle du peintre Landseer ; les fontaines datent seulement de 1939. Au fond du square, remarquer la statue équestre de George IV, œuvre de Chantrey.

Maison de l'Afrique du Sud (South Africa House). – Élevée à l'Est de la place en 1933, par Herbert Baker (1862-1946), elle présente à l'entrée, le fameux « Springbock », antilope symbolique des rugbymen sud-africains.

St-Martin-des-Champs* (St Martin in the Fields). – Construite par **Gibbs** en 1726 et dégagée par Barry du carcan d'habitations qui l'enserraient, St-Martin apparaît comme un édifice baroque d'aspect élégant mais manquant un peu d'unité. Son clocher-pagode, au profil sinueux, contraste avec le corps principal de l'édifice conçu comme un temple antique à péristyle. Ceinturé de tribunes suivant la formule de Wren, l'intérieur est de proportions et de décor harmonieux avec un soupçon de rococo (coquilles) qui n'est pas sans charme. On pourra voir la maquette de l'église conçue par Gibbs, et le buste de l'architecte, œuvre de Rysbrack. Le sculpteur Roubilliac et l'actrice Nell Gwynn *(p. 63)* furent enterrés dans l'église.

Post Office. – *William IV Street.* Bureau de poste *(voir p. 17)* édifié en 1960. Sur l'îlot voisin, situé St Martin's Place, statue d'**Edith Cavell,** héroïne de guerre, fusillée en 1915 par les Allemands.

London Coliseum. – *St Martin's Lane. Voir p. 63.*

National Gallery*.** – *Page 89.* Devant la façade, statues en bronze de **Jacques II** Stuart, d'après Grinling Gibbons, et de **Washington,** d'après Houdon.

Canada House. – Sur Trafalgar Square, à l'Ouest de la place, l'immeuble de la Maison du Canada, érigé en 1827 par Robert Smirke, auteur du British Museum, avait été prévu initialement pour le Collège royal des Médecins (Royal College of Physicians), actuellement à Regent's Park.

■ CHARING CROSS

Le célèbre carrefour de Charing Cross est le centre officiel de Londres, d'où se calcule généralement la distance en milles séparant la capitale des autres points du royaume (plaque de bronze derrière la statue de Charles Ier).

La nouvelle station de métro de Charing Cross sur la Jubilee Line est ornée de onze vues de la colonne de Nelson tandis que celle sur la Northern Line est pourvue d'une longue fresque plastifiée de style moyenâgeux dont les dessins en noir et blanc, dus à David Gentleman, représentent l'histoire de la Croix d'Éléonore.

Pub typique. – **Sherlock Holmes,** 10 Northumberland Street : atmosphère de roman policier de la belle époque.

La croix d'Éléonore. – Épouse du roi d'Angleterre Édouard Ier, **Éléonore de Castille** avait accompagné son mari à la Croisade, malgré les dangers encourus, disant : « le chemin du ciel n'est pas plus loin de la Palestine que de l'Angleterre ».

Lorsqu'elle trépassa, en 1290, à Harby, dans le comté de Nottingham, à environ 200 km au Nord de Londres, le roi éploré fit transporter son corps à Westminster où il devait être inhumé. Douze fois, sur le chemin funèbre, le cortège fit halte et c'est en souvenir de ces douze « stations » douloureuses qu'Édouard érigea une croix à chacun des endroits où le cercueil avait été déposé. Trois de ces monuments subsistent, à Northampton, Geddington et Waltham.

La dernière croix s'éleva sur le territoire du village de Charing, à l'emplacement actuel de la statue de Charles Ier : elle fut enlevée en 1647 par ordre du Parlement et brisée.

Mais le spectacle changea avec le retour des Stuarts. Le 13 octobre 1660, Pepys *(p. 27)* vint y voir « pendre, écarteler et dépecer » le **major Harrison** qui avait été un des juges de Charles Ier ; « le major paraissait d'aussi bonne humeur que peut l'être un homme en pareilles circonstances. On le coupa en morceaux et l'on présenta sa tête et son cœur au peuple qui poussa de grands cris de joie ».

La statue équestre de Charles Ier. – Le centre du carrefour, légèrement en contrebas de Trafalgar Square, est marqué par la statue équestre de Charles Ier, décapité le 30 janvier 1649 *(détails p. 153).* Cette effigie de bronze est l'œuvre du sculpteur français **Hubert Le Sueur,** venu en Angleterre en 1625 à la suite de Henriette-Marie de France ; le souverain y monte un de ses grands chevaux, orgueil des écuries royales. Fondue en 1633, mais non érigée lorsqu'éclata la guerre civile, la statue fut vendue par le Parlement à un chaudronnier nommé Rivet, pour être détruite. L'artisan cependant réussit à dissimuler l'œuvre qui reparut à l'époque de la Restauration des Stuarts et fut solennellement installée en 1674 à la place qu'elle occupe encore, sur un piédestal en pierre de Portland sculptée d'armes et de trophées, d'après un dessin de Wren.

Charles Ier.

Tous les ans fin janvier *(p. 18),* à une date proche de l'anniversaire de la mort du malheureux monarque, les partisans des Stuarts se rendent en cortège au pied du monument.

Conduisant à la Tamise, **Northumberland Avenue** rappelle l'existence de l'immense palais, décoré intérieurement par Robert Adam, des ducs de Northumberland, famille d'origine écossaise *(voir p. 182).*

VICTORIA AND ALBERT MUSEUM ***

CY – *Voir plan p. 81* – Métro : South Kensington (District, Circle et Piccadilly Lines).

Véritable dédale d'étages et de demi-étages, ce musée que les Londoniens nomment familièrement V and A, expose une infinité d'objets d'art décoratif dans ses salles qui, mises bout à bout, dépasseraient 10 km de longueur.

Une croissance accélérée. – L'origine du musée remonte à 1857 et procède de l'initiative du **prince Albert,** consort de la reine Victoria, désireux de perpétuer le souvenir de la Grande Exposition de 1851 *(p. 73).* Les collections furent installées dans un complexe de galeries entourant le « Quadrangle » ; l'entrée se faisait par Exhibition Road. Puis, à partir de 1899, Aston Webb, le futur auteur de la façade de Buckingham Palace, édifia sur Cromwell Road l'immense bâtiment long de 210 m dont une haute tour octogonale marque le centre ; la première pierre en fut posée par la reine Victoria et le nouveau musée fut baptisé Victoria and Albert Museum.

Pour une visite rapide *(3 h),* se contenter des galeries principales **(Primary Galleries)** au rez-de-chaussée, sous-sol, mezzanines 1 et 2. Les galeries secondaires **(Study Collections)** sont surtout réparties aux 1er et 2e étages (architecture, sculpture, céramique, meubles, arts du bois et du métal, peinture, estampes, dessins, textiles...). Deux nouvelles sections ont ouvert dans les années 80 : l'**aile Henry Cole** (peintures, gravures et dessins) et la **Boiler House** qui abrite des expositions temporaires sur les technologies modernes.

Le musée est ouvert de 10 h (14 h 30 le dimanche) à 17 h 50. Fermé les 24, 25, 26 décembre, 1er janvier, 1er lundi de mai. Certaines salles ne sont ouvertes que par roulement.

■ GALERIES PRINCIPALES (Primary Galleries)

Rez-de-chaussée (Ground Floor)

Salle 43 : haut Moyen Age (Early Mediaeval Art)**

- **Reliquaire d'Eltenburg,** châsse rhénane du 12e s., en forme d'église à dôme, bronze doré enrichi d'émaux et d'ivoires sculptés (quatre scènes de la vie du Christ, statuettes de prophètes et dans les niches supérieures, Jésus et les apôtres).
- Situle (récipient pour l'eau lustrale) en ivoire (Milan, 10e s.) ; peignes liturgiques.
- **Chandelier de Gloucester,** fin travail anglais (1113) où s'enchevêtrent hommes et monstres.
- Triptyque de cuivre doré et émaillé, art mosan (1150).

Salle 23 : art roman (Romanesque Art)

- Chapiteaux de marbre (1170-1180) ; tympan, colonnes ; reliefs français (12e s.) de marbre et de grès ; Ange (12e s.) ; vierge à l'enfant (vers 1180) ; deux lions couchés en marbre (Italie, 1200).

Salles 22, 24 et 25 : art gothique (Gothic Art)

Salle 22. – Parmi les sculptures de l'école italienne, buste de prophète par Giovanni Pisano (fin 13e s.) ornant jadis la cathédrale de Sienne.

Salle 24. – La Vierge et l'Enfant, statuette d'ivoire au gracieux déhanchement (école de Paris du 14e s.). Ange de l'Annonciation, sculpture française en bois polychrome du 15e s. Encensoir de l'abbaye de Ramsey, en vermeil (14e s.) et croix d'Hugo d'Oignies.

Salle 25. – Retable de Saint-Georges, attribué à Marzal de Sas, d'origine allemande mais ayant travaillé à l'école espagnole de Valence, de 1393 à 1410.

Salles 26 à 29 : la Renaissance dans l'Europe du Nord* (Northern European Renaissance)

Salle 26. – La **nef Burghley** (1483), remarquable salière française argent et or, en forme de voilier dont la coque est un nautile supporté par une sirène. Triptyque en émail de Limoges dans lequel figurent Louis XII et Anne de Bretagne.

Salle 27. – Vierge à l'Enfant, en buis du sculpteur polonais Wit Stwosz (1440-1533) et Ange agenouillé de l'Allemand Tilman Riemenschneider (1460-1531).

Salle 28. – Vitraux de Bruges et de Cologne du 16e s. (remarquer la délicieuse scène de Tobie et Sarah dans leur lit avec, sur la couverture bleue, leur chien dormant).

Salle 38 : tapisseries du Moyen Age* (Mediaeval Tapestries)**

- Quatre grandes tentures de chasse (Tournai, début 15e s.) ayant appartenu aux ducs de Devonshire.
- Épisodes de la Guerre de Troie (fin 15e s.) : Penthésilée, reine des Amazones, aide les Troyens dans leurs combats contre les Grecs.
- Suite des Triomphes (Flandre, début 16e s.) d'après Pétrarque : la Chasteté triomphe de l'Amour, la Mort triomphe de la Chasteté, la Renommée triomphe de la Mort.
- Chasuble brodée de fils d'or, d'argent et de soie (1320) provenant du couvent de Sion.

Salle Morris. – Panneaux peints par Burne-Jones et décoration de William Morris.

Salle Gamble. – Ouverte en 1868, décorée par Godfrey Sykes et James Gamble, elle présente une profusion de vitraux, de céramiques sous une voûte de métal peint.

Salle Poynter. – Dessinée par Edward Poynter, elle renferme le poêle en fonte de l'ancienne cuisine de l'école des arts décoratifs qui occupait les lieux en 1870.

Salles 11 à 20 : Renaissance italienne (Italian Renaissance)

Salles 14 à 16A. – Sculptures florentines du Quattrocento (15e s.), relief de marbre par Donatello (Christ mort soutenu par des anges). **Majoliques** (faïence). Céramiques, spécialités des della Robbia à Florence : de Luca grand médaillon d'armoirie ; de son neveu Andrea, Enfant à la cornemuse (15e s.).

Salles 13, 12 et 11. – Médaillons des Mois et Armoiries par Luca della Robbia (1450). Bronzes des 16e et 17e s. : par Antico, Méléagre en courte tunique d'or, sandales et cheveux dorés.

Salle 17. – Du Vénitien Crivelli, panneau de la Vierge et l'Enfant (1480). **Majoliques,** du 16e s.

Salle 18. – Reliefs de marbre du Florentin Rosselli (fin 15e s.) ; terre cuite d'Antonio Rossellino (Vierge à l'Enfant riant).

Salles 19 et 20. – Verrerie de Venise (15e, 16e s.).

Salles 21A et 21 : Seconde Renaissance (High Renaissance)
- Orfèvrerie italienne ; travail du métal (France) ; faïence de Bernard Palissy.
- Groupe en marbre sculpté par Jean Bologne, en 1565, Samson et le Philistin. Maquettes de cire de Michel-Ange. **Petits bronzes** (Cellini).

Salle 51. – **sculpture des 18e et 19e s.** en France, en Angleterre, en Italie : Rodin, Chantrey, Canova.

Salle 40 : Costumes. – Dans cette rotonde sont présentés en deux cercles concentriques de vitrines, des vêtements du 17e au 20e s.

Salle 40A : instruments de musique★★ (Musical Instruments). – Située au-dessus du hall des costumes, cette salle originale abrite des **horloges anciennes** et surtout de remarquables **instruments de musique** dont on peut entendre le son, en appuyant sur une des 32 touches d'un appareil enregistreur. Parmi les épinettes italiennes, l'une en bois de poirier merveilleusement travaillé, date de 1557.

Salles 41 et 47A-B : art indien★ et Sud-Est asiatique (Indian Art, South East Asia). – Coupe en jade (1657) du shah Jahan dont l'anse est sculptée d'une gracieuse tête de chèvre. Collection de **miniatures** de style indo-persan aux fraîches enluminures datant de l'époque moghol du 16e au 18e s. L'étonnant **Tigre de Tipu,** sculpture indienne (1790), dissimule un orgue (les rugissements du fauve se mêlant aux plaintes de l'officier anglais qu'il égorge) : il fut offert au sultan Tipu par les Français.

Sculptures depuis la préhistoire (vallée de l'Indus) jusqu'au 17e s. Relief de Parsvanatha, de style Gupta (700) ; torse de Bodhisattva (9e s.), en grès ; bronzes du 12e s., Shiva dansant dans un cercle de flammes, le pied sur le nain-Ignorance et du 17e s. Shiva, en jeune garçon dressé sur la tête multiple du Naga dont il tient la queue.

Art kmer, indonésien, tibétain (Vaisavana, gouache du 19e s.), népalais (tête de Bhairava du 17e s.). Temple bouddhique doré (1860).

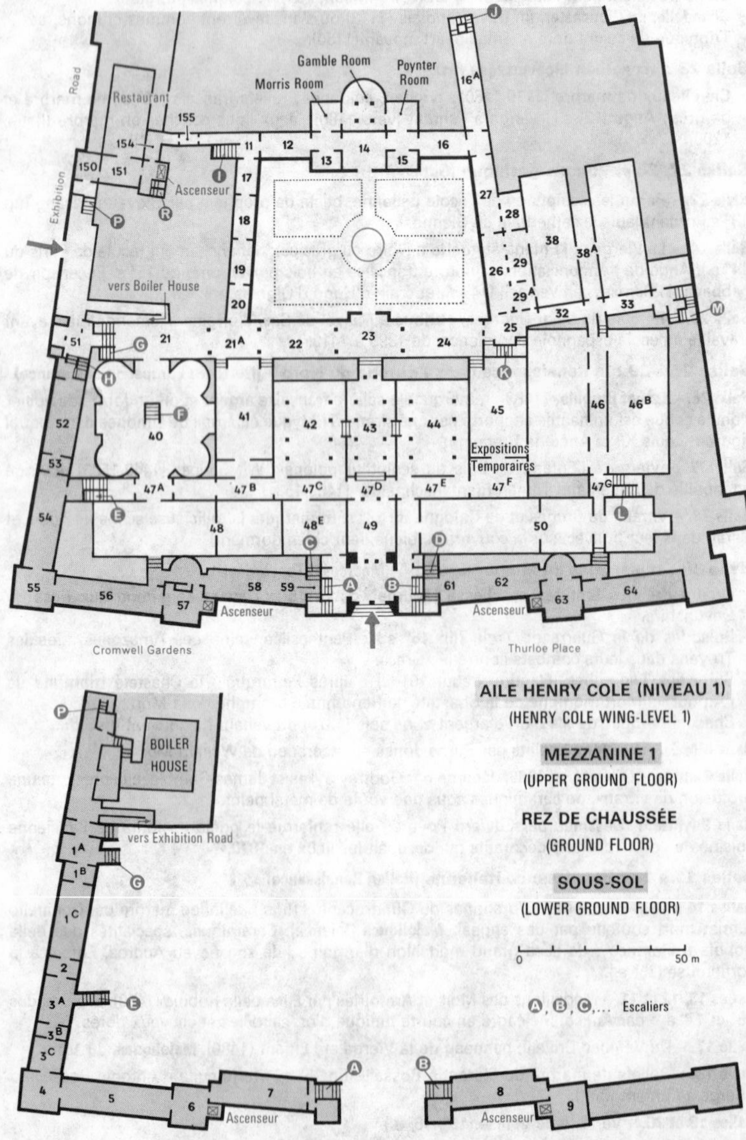

Salles 42 et 47C : art de l'Islam★ (Islamic Art). – Chaire égyptienne du 15e s. incrustée d'ivoire ; verrerie syrienne émaillée et dorée (13e s.) ; mosaïques d'Ispahan (17e s.) à dominantes bleues et jaunes. Tapis persans et turcs du 16e au 18e s. dont un spécimen remarquable, le Tapis d'Ardabil (1540 ; 30 millions de nœuds) à semis de fleurs sur fond sombre décoré d'un médaillon central.

Salles 44 et 47E : art de la Chine, de la Corée et du Japon★ (China, Korea and Japan). – Surtout riche d'objets chinois : en jade, tête de cheval de l'époque Han (206 av. J.C.) ; en terre cuite, cheval de l'époque T'ang (618-906) ; en bois, Bodhisattva Kouan Yin (13e s.) ; en laque rouge, trône de l'empereur Kien-Long (18e s.) et paravent de « Coromandel » ; porcelaines monochromes. Céladons coréens. Céramiques et paravent japonais (17e) à feuille d'or.

Salle 48 : cartons de Raphaël★★ (Raphael Cartoons). – Achetés par le futur Charles Ier en 1623, pour orner une galerie de Hampton Court *(p. 172)*, ces 7 cartons (sur les dix) dessinés par Raphaël de 1515 à 1516, ont servi de modèles aux **tapisseries des Actes des Apôtres,** commandées par le pape Léon X pour la chapelle Sixtine, et exécutées à Bruxelles dans les ateliers de Pieter Van Aelst (elles sont exposées à la Pinacothèque du Vatican).

Sous-sol (Lower Ground Floor)

Salles 1A à 4 : art européen du 17e s. (Continental Art. 17th Century). – Tentures italiennes figurant des scènes de la Jérusalem délivrée, poème du Tasse. Meubles du Nord de l'Europe : **intérieur d'un manoir français ;** miroirs et sculptures baroques. Statues équestres en bronze de Louis XIII et Henri IV par Le Sueur (1620-1625) ; émaux de Limoges, verrerie vénitienne, argenterie espagnole et allemande.

Salles 5 à 7 : art européen du 18e s. ; collection Jones★★★. – Réaménagées avec goût, ces salles contiennent un exceptionnel ensemble d'œuvres d'art :
- boiseries sculptées et décor Louis XVI du **boudoir de Mme de Sérilly** à Paris ; pupitre à musique et table à ouvrage ornés de porcelaine de Sèvres, ayant appartenu à Marie-Antoinette ; **salon ovale italien ;**
- meubles exécutés par les plus célèbres ébénistes tels que Boulle, Cressent (commode), Oeben (bureau), Roentgen, Carlin (table à écrire), Taskin (clavecin) ; **cabinet à miroirs ;**
- sculptures de Saly, **Houdon** (Voltaire), Pigalle (l'ingénieur des Ponts et Chaussées Perronet), J-B Lemoyne, Clodion (Psyché et Cupidon), Falconet... ;
- peintures par Boucher (Mme de Pompadour), Lancret (l'Escarpolette) ;
- porcelaines de Sèvres, Vincennes, Meissen, Chelsea.
- cinq colonnes en lapis-lazuli illustrant les cinq ordres de l'architecture.

Salles 8 et 9 : art européen du 19e siècle. – *Aménagement en cours.*

Mezzanines 1 et 2 (Upper Ground Floor, Upper First Floor)

Salles 51 à 58 : Art britannique 1500-1750★★

Salle 52. – De la période Tudor, buste de Henri VII en terre cuite par **Torrigiano ;** virginal d'Élisabeth Ire ; salière en vermeil (Vyvyan, 1592) ; **salle du château de Sizergh** avec lambris de 1575. Tentures d'Oxburgh au point de croix (par Marie Stuart, en 1570).

Salles 53 et 54. – Broderie de 1540 à 1640. **Grand lit de Ware** (3,26 m de largeur) à baldaquin (Shakespeare le mentionne dans la Nuit des Rois). Premières faïences anglaises à glaçure d'étain. **Salle de Bromley-by-Bow** (1606), pavillon de chasse de Jacques Ier dont les armes ornent la cheminée, beau plafond. Sculptures sur bois de **Grinling Gibbons :** Lapidation de saint Étienne, nœud de cravate en tilleul ajouré d'une étonnante broderie.

Salles 55 et 56. – Miniatures du 16e au 19e s. Broderies du 17e s. Service de toilette. **Salle de Clifford's Inn** (1687), boiseries en chêne naturel ; lit d'apparat ; mobilier en noyer vernis, style Queen Anne ; meubles laqués d'Extrême-Orient.

Salles 57 et 57A. – **Salle d'une maison d'Henrietta Place** (1725) par James Gibbs, mobilier géorgien. Orfèvrerie, soieries des 17e et 18e s.

Salle 58. – Tapisserie à arabesques (1725) ; cabinet à miroirs de l'atelier de John Channon. **Salle d'une demeure de Hatton Garden** (1730) aux boiseries de style palladien, bureau « kneehole » avec emplacement pour les genoux. **Salon de musique de Norfolk House** (1756), blanc et or, de style rococo. **Salle d'une maison de George Street** (1755) aux meubles capitonnés. Miroir de Matthias Lock. Porcelaine de Worcester. Galerie « Rococo ».

Salles 118 à 126 et salle 74 : Art britannique 1750-1960

Salles 126 et 125. – De Chippendale *(p. 24)*, buffet d'orgue, meubles en acajou. Lit laqué noir et or à colonnes, d'inspiration chinoise (1775). Grès de Straffordshire, porcelaines de Chelsea, Bow, Derby. **Salle de Wotton-under-Edge,** intérieur provincial rococo. Bibliothèque de **Croome Court** (1760) et **Salon de verre** (1770) de Northumberland House, rouge et or, de style Adam.

Salles 123 et 122. – **Salle du Lee Priory** (1875) dessinée par James Wyatt en style Gothic Revival *(p. 23)*. Surtout de table de Newdigate en argent, par Paul de Lamerie. Céramique de Wedgwood. Mobilier Hepplewhite et Sheraton ayant appartenu à l'acteur D. Garrick. Portraits de Lawrence. Galerie « Regency ».

Salles 121 et 120. – Mobilier Regency et pré-Victorien. Pièces des expositions de 1851 et 1862.

Salles 119 et 118. – Œuvre de William Morris (1834-1896) et de son école : retour aux formes simples et techniques artisanales. **Salle de Birmingham House** (1877) aux lambris de style néo-gothique tardif. Objets d'art de l'époque victorienne (Egyptian Revival, 1870-1880), bronzes, poterie, verrerie.

Salle 74. – De 1900 à 1960 : sculpture, céramique, tissus, meubles, affiches, argenterie...

■ GALERIES SECONDAIRES (Study Collections)

Rez-de-chaussée (Ground Floor)

Salle 38A. – Art japonais. Armures, épées ; costumes ; netsuke (boutons de ceinture), inro (boîtes à pharmacie) ; gravures ; jarres du 15e s.

Salle 45. – *Expositions temporaires.*

Salles 46, 46A, 46B et 48E. – Moulages de pièces du Moyen Age au 18e s. Façades de boutique, maison de Sir Paul Pindar (1600).

Salle 50 : sculptures européennes du 17e au 19e s. – Du Français Roubilliac, statue du musicien Haendel (1737) qui ornait les jardins de Vauxhall ; de David, Prométhée ; de Dalou, Bacchanale. Parmi les Anglais : Stone, Stevens, Cibber (Jeune garçon jouant de la cornemuse), Flaxman.

Mezzanines 1 et 2 (Upper Ground and Upper First Floors)

Salles 62 à 64. – Albâtres (Nottingham) et ivoires du 10e au 19e s. Objets en terre-cuite ; petits sujets en bronze (Riccio).

Salles 127 à 131. – Céramique française ; faïence de B. Palissy ; **porcelaines des 18e et 19e s.** (Vincennes, Sèvres). Jade et pierres dures de Chine. Verrerie. **Émaux de Limoges**** : Chefs-d'œuvre de la Renaissance avec Léonard Limosin (portrait de Galiot Genouillac et sa femme), ensemble d'émaux monochromes par les Pénicaud. Émaux italiens du 16e s.

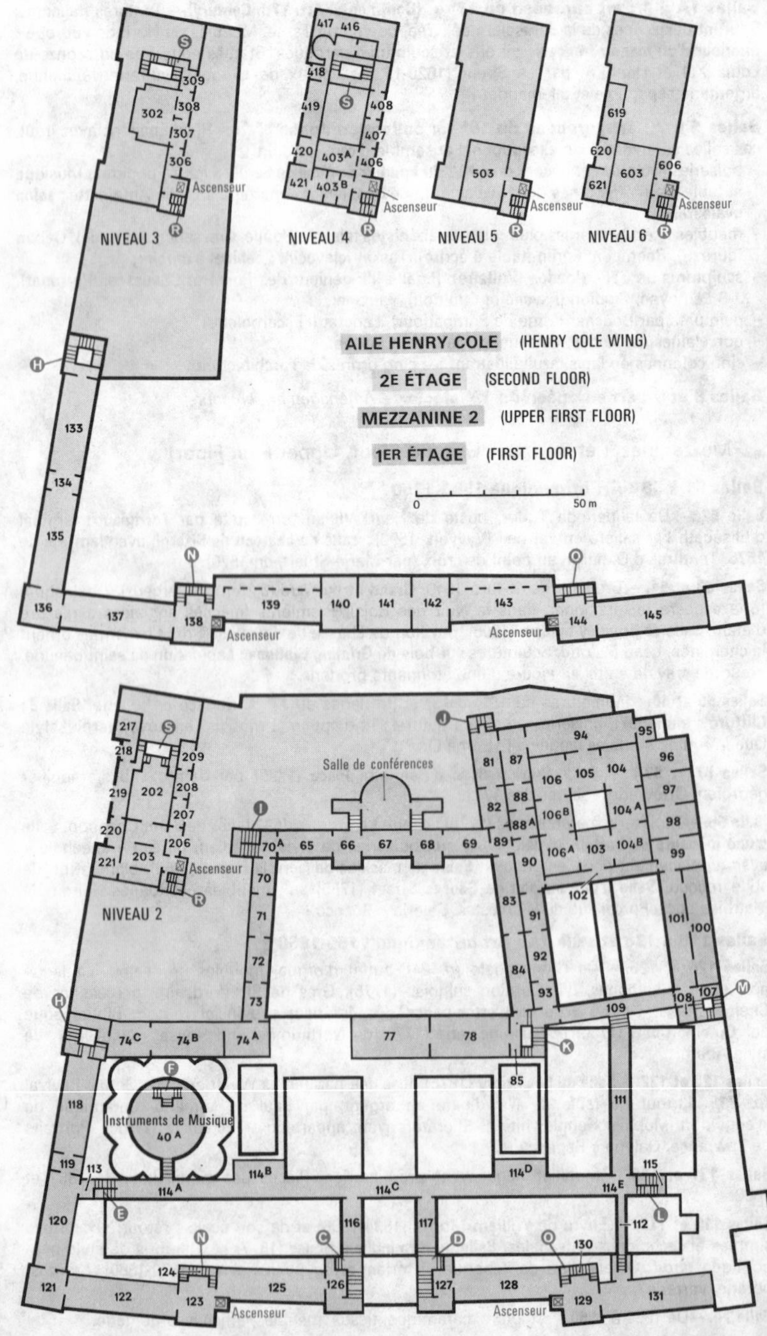

Premier étage (First Floor)

Salles 70A et 65 à 69. – Argenterie britannique et européenne du 14e au 20e s. (cuillères 1300-1597), corne à boire Pusey (15e s.).

Salles 70 à 73. – Art théâtral. *Doit être transféré à Covent Garden.*

Salles 77 et 78 : National Art Library. – *Fermée le dimanche.* Bibliothèque nationale d'Art (300 000 ouvrages). Sur les thèmes suivants : architecture, sculpture, cartographie, théâtre, mode, armoiries, reliure, manuscrits, autographes.

Salles 81 à 84, 87 à 90, 102 : travail du métal. – Étain et plomb ; coutellerie. Métal argenté (Sheffield plate) ; cuivre et bronze. Armes et armures. Émaux ; art islamique du métal.

Salles 91 à 93. – Orfèvrerie : Armada (médaillon d'Élisabeth Ire, émail rehaussé d'or, serti de rubis et diamants – 1588), Canning Jewel (16e s., italien), triton de nacre incrusté de pierres précieuses, Diamants Cory (19e s.). Montres et horloges.

Salles 94, 97 et 85. – Tentures anglaises, françaises et flamandes *(présentées par roulement).* Tapisseries orientales *(sur demande).* Tapis espagnols.

Salles 95 et 96, 98 à 102, 107 à 109. – Textiles, broderies, soieries, rubans, tissus imprimés, tissages ; courtepointes des 17e et 18e s. ; couvertures en patchwork. Dentelles, éventails.

Salles 103 à 106. – Mobilier du 20e s.

Salles 113 à 115 : Ferronnerie d'art. – Grilles, girouettes, serrures...

Salles 111, 116, 117 et 112. – Vitraux britanniques et continentaux du 13e au 19e s. Verrerie du 15e s. avant J.-C. au 20e s. de notre ère.

2e Étage (Second Floor)

Salle 133. – Céramique du Proche-Orient (plats, carreaux).

Salles 134 à 136 : céramique vernissée européenne★★. – Faïences hispano-mauresques à lustre et **majoliques italiennes** historiées (15e s.-18e s.) dont certaines à reflets métalliques. Grès allemands.

Salle 137 : faïence anglaise. – Terre-cuite et grès du 13e au 20e s.

Salle 138. – Céramique. *Expositions temporaires.*

Salles 139 et 140 : porcelaine anglaise★★. – Évolution de la céramique du 17e au 19e s. dans les manufactures de Chelsea, Worcester, Derby (belle porcelaine du 18e s.), Wedgwood (délicate faïence). Émaux peints de Battersea.

(D'après photo Revue « Plaisirs de France »)

Majolique.

Salles 141 et 142. – Carreaux estampés ou incrustés au Moyen Age ; faïence stannifère, émaux peints européens du 18e s. Poêles émaillés.

Salles 143 à 145. – Céramique d'Extrême-Orient.

■ AILE HENRY COLE (Henry Cole Wing)

Niveau 1 (Level 1) – *accès par les entrées sur Exhibition Road et South Link).*

Salle 150. – Librairie.

Salle 151. – Salle d'orientation. Vitraux et sculptures du 20e s.

Salle 155. – Exposition concernant les réalisations d'Henry Cole. *Accès au bâtiment principal.*

Niveau 2 (Level 2)

Salle 202. – Collection de dessins et gravures *(présentée par roulement). Accès au Grand Escalier Nord* – Exposition de tableaux reflétant le goût populaire.

Salle 203. – Salle Henry Cole. *Expositions temporaires.*

Salles 206 à 209. – Techniques de gravures : gravure sur bois, eau-forte, lithographie, sérigraphie.

Salles 217 à 221 : Peinture britannique de 1700 à 1900

Salle 221. – Gainsborough (Portrait de sa fille) ; P. de Loutherbourg (Chutes du Rhin à Schaffhouse ; portraits par Reynolds ; paysages de R. Wilson ; esquisses de Thornhill, Verrio.

Salle 220. – Classicisme vers 1800. Romney (Serena) ; Blake (La Vierge et l'Enfant en Égypte) ; Fuseli (le Songe de Sainte Catherine) ; Ward (Combat de taureaux).

Salles 219, 218, 217. – Turner (Château d'East Cowes, Venise) ; Crome (Mousehole Heath) ; Danby (Amour déçu) ; Landseer (le Cantonnier et sa fille, le Vieux Berger et son chien).

Niveau 3 (Level 3)

Salles 306 à 309. – Photographies *(présentées par roulement) ;* techniques de la photographie *(expositions temporaires).*

Salle 302. – Sélection de la **Collection Nationale d'aquarelles britanniques :** Sandby, Corens, Turner, de Wint. *Expositions particulières.*

Niveau 4 (Level 4)

Salle 406. – Miniatures (portraits) : Holbein, Hilliard, Oliver, Cooper, Petitot, Smart, Isabey.

Salles 407 et 408. – *Horaire de visite restreint.* **Peintures britanniques** *(réserve) :* fin 18e et 19e s.

Salles 403 et 421. – Collection Ionnides : Eaux-fortes de Rembrandt, dessins de Delacroix ; sculptures de Dalou ; portraits de famille par G. F. Watts ; Smeralda Bandinelli de Botticelli ; peinture française du 19e s. : Ingres, Corot, Courbet, Degas ; les peintres préraphaélistes : Burne-Jones, Rossetti.

Salles 418 à 420. – Peinture européenne du 16e au 19e s. : Téniers (Paysage rocheux) ; Bruegel (l'Eden) ; Dolci (Salomé), Ricci (Paysage). Écoles suisse, allemande, hollandaise, belge. Peinture religieuse ou allégorique ; Burne-Jones (l'Arbre de Vie), Puvis de Chavannes.

Salle 417. – Panorama de Rome (1824).

Salle 416. – Peinture sur verre de Gainsborough : paysages.

Niveau 5 (Level 5)

Salle 503. – Collection de dessins et gravures. *Ouverte sur demande de 10 h à 16 h 30, le samedi et du lundi au jeudi.*

Niveau 6 (Level 6)

Salle 603. – Peintures de Constable : Hampstead Heath, Cathédrale de Salisbury, Dedham Mill, Construction d'un bateau près de Flatford Mill. Esquisses et études.

Salle 620. – Aquarelles et dessins de Constable.

Salle 621. – Paysages (19e s.) : Turner (Mount St Michael) P. de Wint (Paysage à la charrette), J. Glover (collines), R. Lee (Creswick).

VICTORIA STATION

DEY – Métro : Victoria (Circle et District Lines).

En parcourant le quartier compris entre la gare de Victoria et l'abbaye de Westminster, on découvre de grandes voies bordées de massifs buildings commerciaux ou administratifs, de tranquilles petites rues et des squares géorgiens.

Victoria Station. – Elle est, avec Charing Cross, la gare de Londres la plus connue des « continentaux », bâtie en 1909 et agrandie en 1923. Dans le jardinet voisin, statue équestre en bronze, du **maréchal Foch,** réplique de celle de Cassel (Nord). Face au théâtre Victoria Palace, « Little Ben », horloge du début du siècle, est redevenue un point de rencontre, après sept ans d'absence.

Cathédrale de Westminster* **(Westminster Roman Catholic Cathedral).** – *Ouverte de 7 h à 20 h (18 h les jours fériés, 16 h 30 le 25 décembre). Crypte de 9 h à 17 h (accès par Ambrosden Avenue). Montée au campanile, en été de 9 h 30 à 16 h 30 : 70 p. Pendant les offices excellente chorale et chants grégoriens.*

De style byzantin, avec son campanile à l'italienne, cette cathédrale imposante en brique rose rayée de pierre blanche, s'ouvre sur une **place piétonne (Ashley Place)** aux mêmes tonalités, tranchant par la gaieté de ses coloris sur l'austère Victoria Street et l'élégante Ambrosden Avenue qui la borde au Nord. Elle fut édifiée de 1895 à 1903 par **J.F. Bentley.**

Bien qu'inachevé, l'intérieur révèle la splendeur froide de ses marbres multiples (une centaine de variétés). Trois coupoles qui devaient être revêtues de mosaïque coiffent la nef et la croisée du transept ; une quatrième plus petite, couronne le sanctuaire. A droite du sanctuaire, la **chapelle Notre-Dame** (Lady Chapel) est joliment décorée d'une mosaïque d'or et d'un pavement vert ; dans le prolongement, le transept Sud abrite **Notre-Dame de Westminster,** statue d'albâtre du 15e s. (sur un pilier) ; cette sculpture de l'École de Nottingham, restée 500 ans en France, fut offerte par le cardinal Griffin (enterré dans la crypte, en 1956). Côté Sud de la nef, la **chapelle St-André** est pavée de marbres à sujet marins. Côté Nord, **châsse de saint John Southworth** (1654), victime de la Réforme.

Crypte St-Pierre. – Elle forme un hémicycle prolongé par la **chapelle St-Edmond** où se trouve le tombeau néo-gothique du cardinal **Nicholas Wiseman,** 1er archevêque de Westminster, mort en 1825 et transporté en 1907. D'autres prélats ont été enterrés au 20e s. dans la crypte (remarquer leurs chapeaux suspendus). La **mosaïque** au-dessus des arches retrace la vie de saint Pierre.

Victoria Street. – Tracée en 1851, c'est maintenant une artère du 20e s. où se distinguent l'hôtel de ville Westminster City Hall (1966), la **New Scotland Yard** réunie depuis 1967 à la Metropolitan Police.

Queen Anne's Gate*. – *Voir plan p. 103.* Élégant ensemble de demeures résidentielles en briques (18e s.) ; à proximité du n° 15, statue de la **reine Anne,** attribuée à Francis Bird (1661-1731). Sur Old Queen Street, maisons du 18e s. en particulier au n° 28.

Vincent Square. – Au Nord-Est de ce vaste square (1810), terrain de jeux de Westminster School, se dressent le **Westminster Technical College** (1893) et la **Royal Horticultural Society** (1804), dite R.H.S., avec à l'arrière le New Agricultural Hall (1928).

WALLACE COLLECTION**

DX – Métro : Bond Street (Central Line).

Dans St Marylebone *(p. 108)* se cache **Manchester Square** dont le cadre architectural fut réalisé par un duc de Manchester, en 1778.

Sur le côté Nord, une demeure cossue, Hertford House, ambassade de France sous Louis-Philippe, abrite la collection Wallace.

Une famille de collectionneurs. – Issus d'**Édouard Seymour** *(p. 119)*, frère de Jane (épouse infortunée de Henri VIII), les **marquis de Hertford** (prononcer Harford) accumulèrent au cours des siècles des objets d'art. Le premier marquis, Francis Seymour-Conway, ambassadeur de France sous Louis XV, avait acheté des peintures hollandaises et fait appel à Reynolds pour le portrait de ses filles. Le second marquis, Fr. Ingram Seymour-Conway (1743-1822) avait acquis les portraits de Mrs Robinson par Romney et Nelly O'Brien par Reynolds.

Francis-Charles Seymour (1777-1842), troisième marquis mène une existence agitée. Ayant épousé, en 1798, une belle et riche héritière Maria Fagnani, il est interné à Verdun en 1803, à la suite de la rupture du traité d'Amiens, et libéré en 1806 après tractation entre Fox et Talleyrand. Il se partage entre Paris où il mène joyeuse vie et Londres où il rassemble et classe ses collections : peintures hollandaises du 17e s., mobilier et porcelaines de Sèvres du 18e s., portrait de Mrs Robinson (Perdita), celui-ci par Gainsborough.

Mais c'est **Richard, quatrième marquis de Hertford** (1800-1870) qui va donner une impulsion décisive à la future collection Wallace. Installé à Paris en 1835, rue Lafitte, à l'angle du boulevard des Italiens, il réside également au château de Bagatelle, dans le bois de Boulogne, surtout à partir de 1848. Il mène une existence retirée en compagnie de son fils naturel, Richard, qu'il a eu à Londres en 1818, d'une Mme Wallace, née Agnès Jackson, avec laquelle il vit maritalement. Au contraire son frère puîné, **Henri Seymour** (1805-1859), le fondateur du Jockey Club, se dépense en excentricités qui lui vaudront le surnom (controversé) de Milord l'Arsouille. Richard, de goûts plus traditionnels que son frère Henri, achète à bon compte des chefs-d'œuvre du 18e s. français : il aura un Fragonard (La maîtresse d'école), pour la somme dérisoire de 385 F. Décédé le 25 août 1870 et enterré au Père-Lachaise dans le même tombeau que son frère « l'Arsouille », disparu 11 ans plus tôt, le marquis de Hertford laisse sa fortune et ses collections à son fils Richard.

Richard Wallace, très mondain, fréquente aussi volontiers les ateliers de Meissonnier, Decamps, Horace Vernet auxquels il achète des toiles. De plus sa philanthropie se manifeste dans la fondation à Levallois, en 1875, de l'hôpital Hertford et le don à la ville de Paris de 50 fontaines publiques, les fontaines Wallace. Marié à une Française, Amélie Castelneau, il se retire à Londres et descend à Hertford House où il a rapatrié une partie de ses collections. Il revient mourir à Paris le 20 juillet 1890 et est enseveli au Père-Lachaise. Sa veuve hérite des collections et les offre à la nation anglaise.

VISITE

4 h environ – Ouverte de 10 h (14 h le dimanche) à 17 h. Fermée les jours fériés.

Précédée par une cour ornée d'une fontaine Wallace, **Hertford House** compte deux étages au mobilier français signé **Boulle** (1642-1732), **Cressent** (1685-1768), **Riesener** (1734-1806), **Jacob** (1739-1814), orné de porcelaines de Sèvres, d'émaux de Limoges et de nombreuses pendules.

Rez-de-chaussée

Vestibule. – Portraits des fondateurs.

Salle 1. – Peintres anglais des 18e et 19e s. George IV (Prince de Galles) par Hoppner. Comtesse de Blessington par Lawrence.

Salle 2. – Peinture européenne du 17e s. (Rubens, Isabelle Brandt). Mobilier en marqueterie de Boulle. Porcelaines de Sèvres.

Salles 3 et 4. – Petits bronzes italiens des 15e et 16e s. et faïences à lustre métallique. Deux plats à serpents de l'école de Palissy. Fragment d'une fresque de V. Poppa (15e s.), Enfant lisant. De Bronzino, Eleonora di Toledo. Portrait de Marie Stuart en deuil blanc.

Corridor. – Faïences, terres cuites et porcelaines. Œuvres d'art du 18e s.

Salles 5-6-7. – Armes, armures européennes et orientales.

Salle 8. – Armures. École française du 19e s.

Salle 9 (Librairie). – Peintres anglais du 19e s. Mrs Siddons par Lawrence ; The Arab Tent par Landseer.

Salle 10 et corridor Bonington. – Table enrichie de plaques de Sèvres. Aquarelles anglaises (Bonington). Delacroix (exécution du Doge Marino Faliero ; Faust).

Salle 11. – Autrefois salle de billard. Portrait de Louis XIV et sa famille attribué à François de Troy. Sculptures de Coysevox et Coustou.

REZ-DE-CHAUSSÉE (GROUND FLOOR)

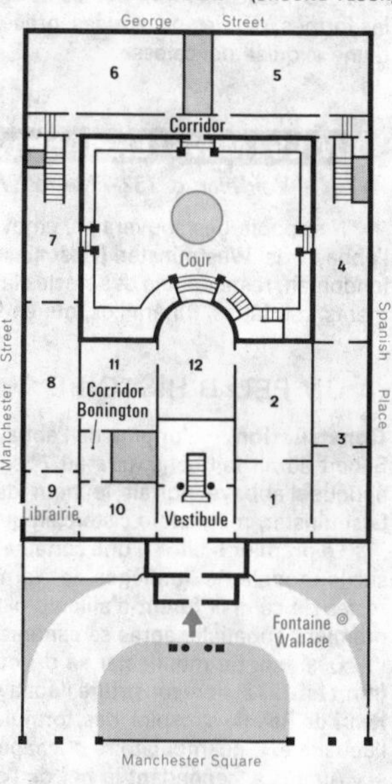

Salle 12. – Ancienne salle à manger s'ouvrant sur la cour par un bow-window. Peintres français du 18e s.

Escalier. – Ses degrés de marbre sont bordés d'une superbe **rampe** de fer forgé Louis XV (1735), jadis à Paris au palais Mazarin, actuelle Bibliothèque Nationale. Les murs portent d'ambitieuses compositions de Boucher. (Lever et Coucher de soleil).

1er étage

Palier, salles 13 et 14. – Vues de Venise par **Guardi** et **Canaletto.** Porcelaine tendre de Sèvres (pot-pourri en forme de vaisseau).

Salle 15. – Écoles espagnole, hollandaise et flamande du 17e s. **Rembrandt** (autoportrait à casquette) et son école. Esquisses de Rubens. Porcelaines chinoises (céladon).

Salles 16-17-18. – Peinture hollandaise du 17e s. : scènes de genre par Jan Steen, G. Metsu ; marines et paysages par Hobbema, Van de Velde le Jeune.

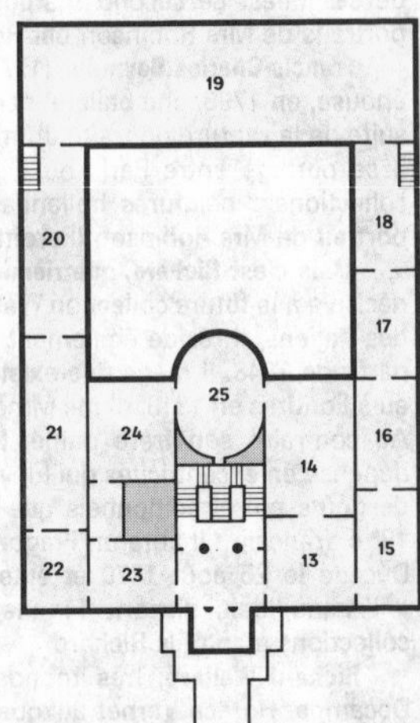

Salle 19. – C'est la plus vaste et la plus riche du musée :
- Annonciation, Adoration des Bergers par **Philippe de Champaigne ;**
- de **Gainsborough,** Mrs Robinson (1781), actrice qui séduisit le futur George IV en incarnant Perdita dans Un Conte d'Hiver de Shakespeare. Miss Haverfield, enfant ;
- de **Lawrence,** George IV ;
- de **Van Dyck,** son ami Philippe le Roy, la femme de ce dernier, Marie de Raet ;
- de **Reynolds,** Nelly O'Brien (1763), Perdita ;
- Le cavalier riant (1624) de **Frans Hals ;**
- de **Salvador Rosa,** Apollon et la Sibylle de Cumes, paysage mythologique (Naples 17e s.) ;
- Titus (fils du peintre) par **Rembrandt ;**
- Sainte Famille par **Rubens ;**
- de **Velasquez,** La Dame à l'éventail ;
- Persée et Andromède peint par **Titien** en 1554, pour Philippe II d'Espagne ;
- de **Murillo,** peintures religieuses caractérisées par leur « sfumato », voile adoucissant les contours. ;
- statuettes en bronze de Jean Bologne.

Salle 20. – Peinture française du 19e s. et école de Barbizon. Miniatures.

Salles 21-22-23. – La petite salle était la chambre de Lady Wallace :
- **Miniatures** dont le portrait de **Holbein** par Lucas Horenbout ;
- de **Watteau,** Dame à la toilette, les Charmes de la Vie (Music Party), Fête dans un parc, Rendez-vous de chasse ;
- de **Lancret,** la Belle Grecque, la Camargo dansant (illustre danseuse espagnole ayant débuté à Paris, en 1726) ;
- de **Boucher,** la Modiste, Mme de Pompadour, le Jugement de Pâris ;
- nombreux **Fragonard,** Les Hasards heureux de l'escarpolette, le Souvenir, la Maîtresse d'école ;
- de **Reynolds** deux portraits d'enfants : Miss Jane Bowles (1775) et la Fillette aux fraises ;
- œuvres de Greuze.

Salles 24 et 25. – Jadis bureau de Sir Richard Wallace et Salon ovale avec meubles en marqueterie Boulle. Portraits de **Nattier,** de **Greuze** (Mlle Sophie Arnould, la spirituelle actrice), de **Mme Vigée-Lebrun** (Le comte d'Espagnac enfant, de Fragonard (Petit garçon en Pierrot, qui serait le fils du peintre). Bustes de Houdon. Collection de 89 **boîtes miniatures en or★,** de toutes les formes, peintes ou laquées, ornées d'émaux, de pierreries, de porcelaine de Sèvres, d'écaille d'une exquise délicatesse.

WESTMINSTER (Abbaye de)★★★

EY – *Voir plan p. 152* – Métro : Westminster (Circle et District Lines).

Nécropole des souverains, empyrée des gloires nationales, chef-d'œuvre de l'art gothique, l'abbaye de Westminster **(Westminster Abbey),** dressant ses tours jumelles dans le pâle ciel londonien, reste depuis des siècles le théâtre des grandes cérémonies monarchiques, couronnements, mariages, funérailles, qui en font le symbole de la tradition britannique.

UN PEU D'HISTOIRE

Construction. – L'origine de l'abbaye serait une chapelle dédiée à saint Pierre que le roi saxon Sebert aurait fait construire au 7e s. sur une île de la Tamise nommée Thorney Isle. Dès cette époque l'abbaye portait le nom de Westminster (monastère de l'Ouest) par opposition à Eastminster, monastère cistercien qui se trouvait à l'Est, au-delà de la Tour.

Le premier édifice d'une certaine importance existant en ces lieux fut bâti en pierre de Caen, sur le modèle de Jumièges en Normandie, par **Édouard le Confesseur,** roi de 1049 à 1066. Les restes de celui-ci furent d'ailleurs placés dans une « confession » derrière le maître-autel de la première abbatiale, après sa canonisation, en 1163.

Désireux de manifester sa dévotion à Édouard le Confesseur, le pieux **Henri III Plantagenêt** (mort en 1272) fit reconstruire l'abbaye dont l'église fut consacrée en 1269. Son maître d'œuvres, **Henri de Reims,** s'inspira des formules de l'art gothique français, notamment pour le plan de l'abbatiale, à déambulatoire et chapelles rayonnantes.

Au 14e s. cependant la nef de l'abbatiale fut entièrement reprise par Henry Yevele, maître des œuvres d'Édouard III et autour de la nef de Canterbury, puis au début du 16e s. la chapelle de la Vierge, dans l'axe du chœur, était détruite et remplacée par une plus grande, la fameuse chapelle Henri VII. Au début du 18e s. enfin, sur les indications de Wren, l'adjoint de celui-ci, Hawksmoor, achevait les tours de façade.

Rôle et cérémonies. – Alors que l'abbaye attirait la foule des pèlerins au tombeau de saint Édouard, l'abbaye de Westminster était desservie par des moines bénédictins. Mais ceux-ci étaient chassés en 1540 par la Réformation *(p. 20)* et ne devaient réapparaître que brièvement sous le règne de la catholique Marie Tudor. C'est la Grande **Élisabeth Ire** qui devait donner à Westminster, en 1560, le statut qu'elle conserve encore, c'est-à-dire d'une collégiale, siège d'un chapitre de douze chanoines placés sous l'autorité d'un Doyen et relevant de la Couronne.

Ayant donc perdu son importance en tant que pèlerinage, l'abbaye garde pourtant aujourd'hui toute sa primauté de sanctuaire privilégié de la monarchie où se déroulent, depuis Guillaume le Conquérant, les sacres des souverains *(détails p. 131)*, les intronisations des chevaliers du Bain, les fastes des noces et des deuils princiers. Tous les deux ans, le Jeudi saint, la cérémonie du **« Royal Maundy Thursday »** rappelle le lavement des pieds des apôtres par le Christ : la reine y distribue aux pauvres, suivant une coutume remontant à Édouard III, des bourses garnies de pièces d'argent frappées à cette occasion et d'autres remplies de pièces de cuivre dont le nombre correspond à l'âge de la souveraine.

Visite. – *3 h 1/2 environ. On peut circuler librement dans la nef et les bâtiments qui en dépendent de 8 h à 18 h (20 h le mercredi), mais toute visite est interdite durant les offices, qui sont très beaux.*

Transept, déambulatoire et chapelles royales. – *Entrée par le porche de Salomon (transept Nord). Visite du lundi au vendredi de 9 h à 16 h 45 et, en outre, le mercredi de 18 h à 19 h 45; le samedi, ouvert de 9 h à 14 h 45 et de 15 h 45 à 17 h 45. Dernière admission 3/4 h avant la clôture. Fermés le dimanche. Entrée : £ 1.40 ; enfants : 35 p. Gratuit les mercredis soirs.*

Salle capitulaire (Chapter House) et salle du Coffre (Pyx Chamber). – *Visite de 9 h 30 à 18 h 30 (16 h de mi-octobre à mi-mars). Fermées les dimanches, les 24, 25 et 26 décembre, 1er janvier. Entrée : 50 p ; enfants : 25 p.*

Musée de l'Abbaye (Abbey Museum). – *Visite de 10 h 30 à 16 h 30. Fermé les 25, 26 décembre. Entrée : 40 p ; enfants : 20 p.*

■ L'ÉGLISE

Se placer du côté Nord, le long des parterres où au début du siècle paissaient encore des moutons. On discerne les composantes de l'édifice : à gauche la chapelle Henri VII, très développée, construite hors œuvre au début du 16e s. ; le transept et la nef gothique du 14e s. avec le portail dit « porche de Salomon » refait aux 18e-19e s. ; la façade aux deux tours achevées dans un style gothique bâtard au 18e s.

Pénétrer dans l'église par la porte principale de la façade pour visiter la nef.

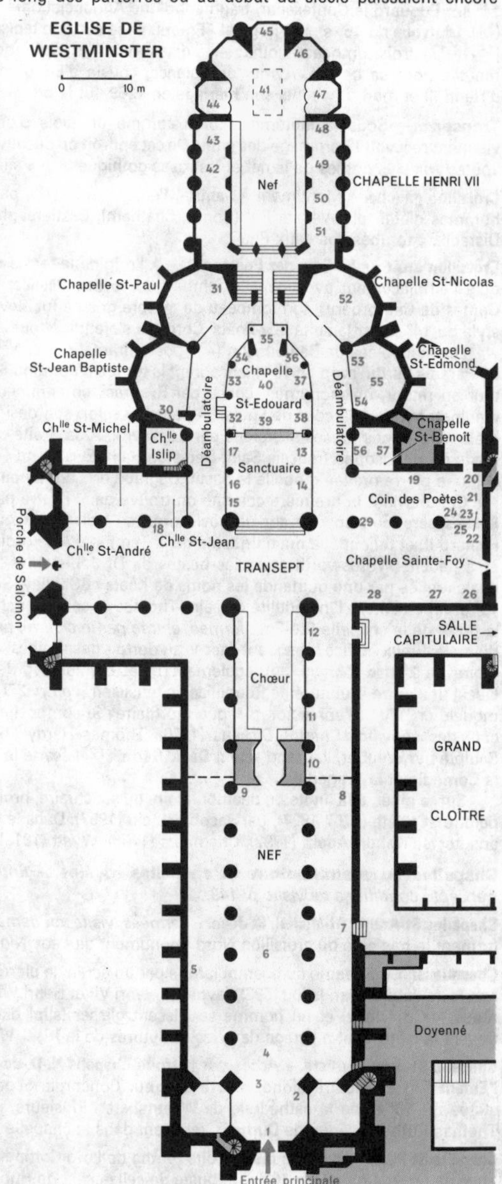

Malgré ses dimensions imposantes (156 m de longueur), l'abbaye de Westminster ne donne pas cette impression à l'intérieur car la perspective du vaisseau est tronquée par la clôture du chœur. La découverte de toutes les parties de l'édifice est d'autant plus étonnante malgré l'entassement des monuments commémoratifs.

Nef et bas-côtés. – Admirer les proportions harmonieuses de la nef centrale, étroite et élancée, avec ses arcs aigus, son triforium d'une dimension inusitée et ses voûtes sexpartites culminant à 31 m.

Monuments et œuvres d'art :

(1) au-dessus du portail central, monument par Westmacott à William Pitt (1759-1806) ayant, enchaînée à ses pieds, la Révolution française sous la figure de l'Anarchie ;

(2) sur le premier pilier à droite portrait de Richard II, peinture attribuée à André Beauneveu qui séjourna à Londres en 1398 ;

(3) plaque de marbre vert honorant la mémoire de **Winston Churchill** et le 25e anniversaire de la Bataille de Grande-Bretagne, en 1940 ;

(4) tombe du Soldat Inconnu, enseveli ici en 1920 ;

(5) tombe de **Ben Jonson** (1572-1637), auteur de Volpone, enterré debout ; la plaque d'origine est murale depuis 1821 pour en préserver l'inscription « O Rare Ben Johnson », écrit par erreur avec un « h » ;
(6) tombe de Livingstone (1813-1873), célèbre explorateur de l'Afrique ;
(7) au-dessus de la porte menant au cloître, monument au général Wade (mort en 1748) par le sculpteur français Roubilliac ;
(8) monument de **Jean Chardin** (1643-1713), marchand français *(p. 159)* qui voyagea en Orient et devint joaillier de Charles II ; au-dessous mémorial du colonel Roger Townsend, tué à 28 ans (1759) en Amérique (fin bas-relief à l'antique de Robert Adam) ;
(9) par Rysbrack, monument à **Newton** (1642-1727) qui est enseveli à proximité.
Sortir pour accéder au porche de Salomon (entrée payante, voir page précédante).

Chœur. – Il est précédé d'un jubé (1834), de la tribune d'orgues où les instruments se font face, et entouré de stalles du 19ᵉ s., sièges de chanoines.

Dans le bas-côté, en longeant le chœur on trouve :
(10) monument, par le Flamand Quellin, à Thomas Thyne, favori de Charles II, assassiné en 1682 dans son carrosse, comme on peut le voir d'après un bas-relief du mausolée ;
(11) à côté du gisant polychromé du juge Thomas Owen (1598), au visage anxieux, buste par Flaxman, de **Pascal Paoli** (1725-1807), mort à Londres *(voir p. 67) ;*
(12) monument au Grand Juge Sir Thomas Richardson (1569-1635), par Hubert Le Sueur.

Sanctuaire. – Séparé du chœur par le carré du transept, il comprend le maître-autel au retable de mosaïque représentant la Cène, adossé à un jubé dessiné par G. Scott, en 1867. Le précieux pavement romain du 13ᵉ s. (école des Cosmates, célèbres pour leurs ensembles de marbres) est protégé par des tapis. Là se déroule le couronnement des souverains. On remarque :
(13) quatre sièges ecclésiastiques ou **« sedilia »** à baldaquins dont les retombées sont ornées de têtes sculptées ; les peintures murales sont les portraits présumés d'Henri III et Édouard Iᵉʳ (au verso des « sedilia », sont visibles dans le déambulatoire des traces de peintures du 14ᵉ s. : Édouard le Confesseur, fragment d'une Annonciation) ;
(14) **triptyque** du 15ᵉ s., la Vierge et l'Enfant, posé sur une tapisserie du 16ᵉ s.
(15-16-17) trois tombeaux gothiques à gisant du 14ᵉ s., autrefois peints : Aveline de Lancastre, réputée pour sa beauté, Aymar de Valence, cousin d'Édouard Iᵉʳ, Edmund de Lancastre, fils d'Henri III et mari d'Aveline, son mariage en 1269, fut le premier célébré à Westminster.

Transept. – Sous la lanterne colorée comme un tapis d'orient, les nouveaux souverains viennent recevoir l'hommage des pairs. De cet endroit on découvre de belles perspectives sur les voûtes aux clés dorées de la nef et les roses gothiques, en « ailes de papillon », des croisillons.

Croisillon gauche. – Monument à l'amiral Peter Warren (18), par Roubilliac (18ᵉ s.) et à maints hommes d'état tels William Pitt (Comte Chatham), Castlereagh, George Canning, Palmerston, Disraeli... ; tombes des deux Pitt.

Croisillon droit : « Le Coin des Poètes »★. – A l'origine le terme **« Poets' Corner »** ne s'appliquait qu'à l'emplacement avoisinant la tombe de **Geoffrey Chaucer** (19), mort en 1400, auteur des Contes de Cantorbéry ; son tombeau de marbre gris ne fut élevé que 150 ans plus tard dans le style du 14ᵉ s. Par la suite le « Poets' Corner » s'étendit à tout le bas-côté oriental du croisillon.

Les mausolées de Ben Jonson (20), poète dramatique *(voir p. 143)* et de Milton (22), auteur du Paradis Perdu, mort en 1674, encadrent la tombe d'Edmond **Spencer** (21), mort en 1598. Sur le mur en retour, un monument conçu par Rysbrack en l'honneur du poète Matthew Prior (23), plénipotentiaire à la cour de Louis XIV, enterré selon son désir au pied de Spencer, montre le diplomate et des muses sculptées par Coysevox. A sa droite en haut, plaque surmontée d'un buste du philosophe français Saint-Denis de Saint-Évremond (24), mort en 1703 *(p. 46)*. Sur le sol, une pierre gravée rappelle le destin tragique de Lord **Byron**.

Contournant la première colonne on trouve dans l'autre partie du croisillon une statue de **Shakespeare** (25), appuyé sur un socle orné de trois têtes royales : Élisabeth Iʳᵉ, Henri V et Richard II, et tenant à la main un texte de la Tempête. A sa droite trois noms, les **Sœurs Brontë ;** à sa gauche Wordsworth assis, les bustes du Dr Johnson et Coleridge ; au-dessus, dans des ovales reliés par une guirlande les noms de Keats et Shelley. Sur le mur Sud, deux **fresques** du 13ᵉ s. représentent l'Incrédulité de saint Thomas et saint Christophe portant Jésus ; au-delà de la porte de la chapelle Ste-Foy *(fermée, entrée par le cloître)*, petit buste de Walter Scott à côté du majestueux édifice masquant l'accès au dortoir des moines, œuvre de Roubilliac célébrant la gloire du **2ᵉ duc d'Argyll** (26), également 1ᵉʳ et dernier duc de Greenwich (1743). Sur le mur Ouest une autre sculpture de Roubilliac, le musicien *(voir p. 27)* **Haendel** (27) dont le visage a été modelé en 1761, d'après son masque mortuaire ; le compositeur est inhumé non loin de là, à côté des écrivains Charles Dickens (1870), Thomas Hardy (1928) et Rudyard Kipling (1936). Sculpté par Webber, le grand acteur **David Garrick** (28) écarte le rideau de la scène au-dessus de la Comédie et la Tragédie.

Sur le pilier, à la limite du déambulatoire du sanctuaire, bronze réaliste de **William Blake** (29), peintre et poète (1757-1827), par Jacob Epstein (1957). Dans le voisinage plaques tombales des architectes Robert Adam (1792), Chambers (1796), Wyatt (1813).

Chapelles du déambulatoire et chapelles royales. – *Entrée par le croisillon gauche du transept ; conditions de visite p. 143.*

Chapelles St-André, St-Michel, St-Jean. – *Fermées, visite sur demande.* Réunies en une seule, elles forment le bas-côté du croisillon Nord (monument de Lady Nightingale, par Roubilliac).

Chapelle Islip. – Séparée du déambulatoire par un écran de pierre ajouré, cette chapelle abrite les restes de l'abbé Jean Islip (1532), favori de Henri VII et Henri VIII. Le nom de Islip est rappelé en rébus, un œil (eye) et un homme se laissent glisser (slip) d'un arbre, sur le vitrail (visible à travers la clôture) et à l'étage dans les sculptures de la frise. *Visite sur demande.*

Chapelle St-Jean-Baptiste. – Accès par l'étroite **chapelle N.-D.-du Banc** abritant une belle **Vierge à l'Enfant** (30) en albâtre blond, œuvre de sœur Concordia Scott (1971) qui s'est inspirée de la statue du 15ᵉ s. de la cathédrale de Westminster. Plusieurs abbés de Westminster ainsi que Thomas Ruthal, évêque de Durham, reposent dans la chapelle St-Jean-Baptiste.

Chapelle St-Paul. – Dans l'angle à droite tombe de Lord Cottington (31), confident de Charles Iᵉʳ, et de sa femme morte en 1633 : le buste de celle-ci est de Hubert Le Sueur.

Chapelle d'Édouard le Confesseur★★ (St Edward's Chapel). – Appelée aussi **Chapelle des Rois** car le tombeau et la châsse de saint Édouard mort en 1066, sont entourés des tombes de cinq rois et de trois reines. En contournant la chapelle par le déambulatoire *(dans le sens des aiguilles d'une montre)*, on trouve entre les colonnes les sépultures suivantes :

– (32) **Édouard Ier** (1307), recouvert d'une simple dalle nue ;

– (33) **Henri III** (1272), père du précédent, gisant de bronze par William Torel, posé sur un double sarcophage italien avec des incrustations de mosaïques subsistant par place ;

– (34) **Éléonore de Castille** (1290), première femme d'Édouard Ier qu'elle accompagnât en Croisade ; son gisant, dû également à W. Torel en 1291, est protégé par une superbe **grille** en fer forgé de la même époque ;

– (36) **Philippine de Hainaut** (1365) qui intercéda auprès de son royal époux Édouard III pour sauver les Bourgeois de Calais, gisant de marbre blanc et base du monument en forme de retable par le sculpteur Hennequin de Liège ;

– (37) **Édouard III** (1377), gisant de bronze à longue barbe conventionnelle mais aux traits véridiques, le tombeau est creusé de niches abritant des statuettes de bronze de 6 de ses 14 enfants, et le soubassement porte des écussons aux armes d'Angleterre et de saint Georges.

– (38) **Anne de Bohême** (1394) et **Richard II** (1400) en robe de couronnement.

Le tombeau suivant adossé au sanctuaire, au verso des « sedilia » sous des arches du 14e s., abriterait le fondateur de l'abbaye, le roi **Sebert** (616).

Pour pénétrer dans la chapelle, il faut franchir une passerelle et traverser un oratoire où est étendu **Henri V** (35), le héros d'Azincourt, roi de 1413 à 1422 ; son gisant taillé dans le chêne, mutilé par des voleurs en 1546 (la tête, les mains et la « Regalia » étant en argent), est actuellement reconstitué en résine synthétique (1970). Les restes de sa femme, **Catherine de Valois** (1437), après bien des vicissitudes se trouvent, depuis 1878, au-dessus de lui dans la « chanterie » d'Henri V (Chantry Chapel of Henry V) qui forme un pont sculpté au-dessus du déambulatoire entre la chapelle d'Édouard le Confesseur et celle d'Henri VII.

Le **Tombeau d'Édouard le Confesseur** (40) occupe le centre de la chapelle : la châsse dorée du saint, détruite à la Réforme, a été refaite en 1557, elle repose sur un magnifique piédestal en marbre, creusé d'arches trilobées et incrusté de mosaïques et de porphyre, dû à Pierre le Romain (1269), émule des Cosmates.

Longeant les sépultures d'Éléonore de Castille (34) aux inscriptions en vieux français, de la princesse Élisabeth Tudor, fille d'Henri VII, morte à 3 ans en 1495 (petite plaque de marbre), d'Henri III (33), de lady Edith, femme d'Édouard le Confesseur, on arrive devant la clôture de pierre gothique **(The Screen)**, terminée en 1441, qui sépare la chapelle du sanctuaire. Au centre le **Trône du Couronnement** (39), cathèdre en bois décoré par maître Walter de Durham en 1301, pour abriter la **Pierre de Scone**, symbole du pouvoir royal écossais, gardée au monastère de Scone depuis 846 et ramenée par Édouard Ier en 1296. Le support aux quatre lions a été ajouté par la suite. Depuis 1308, tous les souverains anglais ont été couronnés sur ce trône, à l'exception d'Édouard V et Édouard VII ; ce siège n'a quitté l'abbaye qu'une fois, pour être utilisé par Cromwell, à Westminster Hall. A gauche du trône, longue épée et bouclier dépouillé de son cuir, ayant appartenu à Édouard III.

On passe ensuite auprès du tombeau de Richard II et sa première femme (38), surmonté d'un baldaquin à panneaux peints ; la minuscule tombe de marbre gris est celle de la princesse Margaret (1472), 6e fille d'Édouard IV ; le monument d'Édouard III (37) dessiné par Henry Yevele est couronné d'une dentelle de bois sculptée. A côté, son plus jeune fils Thomas de Woodstock, repose entre ses parents ; tombeau de Philippine de Hainaut (36) mère de Thomas.

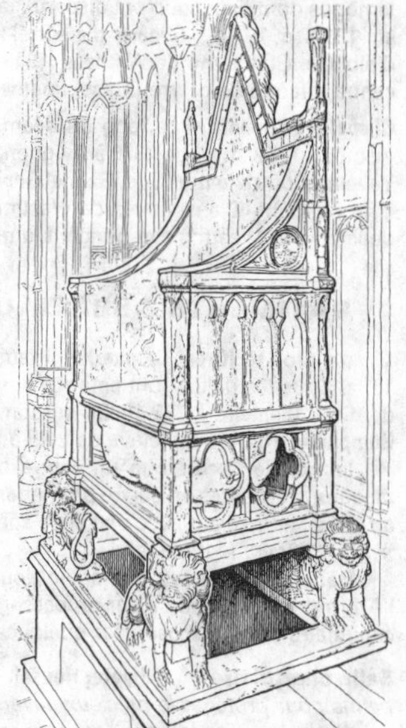

(D'après photo Jarrold's, Norwich)

Le Trône du Couronnement.

Chapelle Henri VII★★★. – Édifiée de 1503 à 1519 sur l'ordre de Henri VII, cette magnifique chapelle est un des meilleurs exemples de style gothique perpendiculaire qui est le corollaire anglais du style flamboyant continental. La chapelle, presque une église, comprend une nef et deux bas-côtés. Ses pilliers, découpés en nervures et colonnettes, ses niches à dais ajourés abritant des statues, ses immenses baies découpées par des lancettes, et surtout ses extraordinaires voûtes compartimentées à pendentifs, lui donnent une finesse et une légèreté arachnéennes.

Séparant la nef des bas-côtés, les stalles de chênes, aux amusantes miséricordes historiées, sont affectées aux Chevaliers de l'Ordre du Bain, de très ancienne origine mais ordonnancé seulement en 1725 par George I. Les places des chevaliers sont désignées par leurs armoiries, leur étendard et leur devise (presque toujours en français) ; des sièges les plus petits sont destinés aux écuyers. C'est ici qu'ont lieu les intronisations des nouveaux chevaliers.

Sous l'autel restauré, de style Renaissance, orné d'une **Madone à la cerise,** peinte par B. Vivarini (1480), un caveau abrite les restes du jeune roi Édouard VI (1553), fils d'Henri VIII et Jane Seymour. Derrière l'autel, superbe monument masqué par une puissante grille (41), exécuté par Pietro Torrigiani de 1512 à 1518 pour **Henri VII** (1509) et sa femme, **Élisabeth d'York** (1503) : leurs gisants de bronze doré reposent côte à côte.

Bas-côté gauche : un baldaquin du 17e s. à dix colonnes noires et chapiteaux dorés, surmonte le gisant de marbre blanc d'**Élisabeth Ire** (1603) ; dans le même caveau (42) est inhumée sa demi-sœur ennemie, la catholique **Marie Tudor** (1558) : au fond de la chapelle, **le Coin des Innocents** (43) rassemble l'urne des Enfants d'Édouard, assassinés en 1483, le sarcophage-berceau de Sophie, fille de Jacques Ier, morte à 3 jours (reflet du bébé dans un miroir), et sa sœur Marie, morte à deux ans (1607), représentée allongée sur un coude.

Chapelles rayonnantes : 5 chapelles se succèdent ; dans la première, tombeau du **duc de Buckingham** (**44**), favori de Charles Ier, assassiné en 1628, et de sa famille (monument par Le Sueur et statuettes par Nicholas Stone) ; la **Chapelle RAF** (**45**) située dans l'axe de la chapelle Henri VII, présente un grand vitrail (1947) à la gloire des aviateurs de la Royal Air Force tués dans la Bataille d'Angleterre ; de la chapelle suivante où se trouve le tombeau du **duc de Montpensier** (**46**), le plus jeune fils de Philippe Égalité, mort en émigration (1907), on a une belle **vue** sur les voûtes de la chapelle Henri VII et les étendards chatoyants des Chevaliers de l'Ordre du Bain ; dans la 5e chapelle, monument des **Richmonds** (**47**), aux colossales Vertus de Bronze, surmonté d'une Renommée, par Hubert Le Sueur (vers 1630).

Bas-Côté droit : dans ce caveau royal (**48**) sont enterrés sans monument Charles II (1685), Guillaume III d'Orange (le seul à ne pas être inhumé en Hollande) et sa femme Marie II (1694), la reine Anne (1714) et son mari George de Danemark (1708) ; ensuite trois mausolées se succèdent, un chef-d'œuvre de Torrigiani (1513), gisant de bronze de **Marguerite Beaufort** (**49**), mère d'Henri VII, morte en 1509 et représentée en vêtement de veuve, sur socle de marbre noir ; tombeau de **Marie Stuart** (**50**), reine de France puis d'Écosse, mère de Jacques Ier, décapitée en 1587 ; le gisant de la reine, finement sculptée dans un marbre blanc, repose sur un sarcophage protégé par un arc triomphal ; encadré de quatre obélisques, un sarcophage de marbre sculpté et peint montre les enfants agenouillés de la **comtesse de Lennox** (**51**), mère d'Henri VIII, qui figure en gisant d'albâtre, somptueusement vêtue.

Chapelle St-Nicolas. – Séparée du déambulatoire par une cloison de pierre ajourée, elle contient plusieurs monuments Tudor : à droite le gisant de la **duchesse d'York** (1431) ; sur le mur de gauche une arche richement décorée abrite la **duchesse de Somerset** (1587), sculptée dans l'albâtre. Au centre, un tombeau du 17e s. de marbre blanc (**52**) montre les gisants en costume d'époque de **George Villiers** (1605), apparenté au Buckingham, et sa 2e femme Mary Beaumont (1632) dûs au ciseau de Nicholas Stone.

Chapelle St-Edmond. – Derrière une belle clôture médiévale en bois plusieurs sépultures gothiques sont réunies : à droite **Guillaume de Valence,** comte de Pembroke (**54**), tué en 1296 près de Bayonne (son effigie en chêne était recouverte de cuivre ciselé enrichi d'émaux de Limoges dont beaucoup ont disparu) ; à gauche **Jean d'Eltham** (**53**), second fils d'Édouard II, mort en 1337, à 19 ans (gisant d'albâtre) ; à côté, près de leur oncle, deux minuscules gisants d'albâtre, Guillaume de Windsor (1348) et Blanche de la Tour (1342), enfants d'Édouard III ; au centre, plaque de cuivre (brass) finement gravée, **Éléonore de Bohun** (**55**), morte en 1399.

Chapelle St-Benoît. – Le long du déambulatoire, **Simon de Langham** (**56**), abbé de Westminster jusqu'en 1362, mort en 1376 à Avignon, git dans sa robe pourpre de cardinal (albâtre sculpté par Yevele). Contre le mur Sud, **Gabriel Goodman** (**57**), mort en 1601, est agenouillé sur son prie-Dieu, il fut pendant 40 ans, doyen de Westminster. Le vitrail (1948) de Hugh Easton célèbre les morts de la cité de Westminster pendant la guerre de 1939-1945.

■ BATIMENTS ABBATIAUX

Grand cloître (Great Cloister). – Il remonte aux 13e et 14e s. mais a subi des remaniements au 19e s. Sous les dalles sont enterrés des personnages éminents, abbés ou musiciens ; parmi ces derniers **Clementi** (1752-1832), surnommé « le père du piano forte », dans la galerie Sud et **Humphrey** (1647-1674), élève de Lulli à Paris, dans la galerie Est.

La **galerie Nord** abrite un centre de « Brass Rubbing » *(voir p. 25)* : des fac-similés de plaques mortuaires en cuivre permettent de reproduire le dessin des personnages gravés du 14e au 16e s., en frottant avec une craie spéciale un papier appliqué sur la surface. *Ouverture de 9 h à 17 h 30, sauf le dimanche.*

Dans la **galerie Est,** une arche double surmontée d'un grand arc orné d'une frise figurant l'Arbre de Jessé s'ouvre sur un passage pratiqué sous le dortoir des moines. Il mène à la salle capitulaire où l'on accède par quelques marches.

Salle capitulaire★★ (Chapter House). – *Conditions de visite p. 143 ; obligation de chausser des patins pour protéger le précieux pavement.*

Avant la visite, on peut par une porte à gauche entrer dans la **chapelle Sainte-Foy** (St Faith Chapel), réservée à la méditation. Cette ancienne sacristie fait partie du transept Sud de l'église. L'autel est surmonté d'une **fresque** (13e s.) qui s'inscrit sous une arche tronquée. La sainte apparaît portant l'instrument de son martyre, le gril.

La **salle capitulaire,** construite sur plan octogonal, fut terminée en 1253. Elle présente d'harmonieuses voûtes à liernes et tiercerons retombant sur un pilier central à huit colonnettes ; cet ensemble a été remanié avec élégance par Gilbert Scott, de 1866 à 1872.

Conçu pour une assemblée de 80 moines assis sur le banc de pierre qui fait le tour de la salle, l'abbé se tenant sur le côté Est et le roi contre le pilier central, ce chapitre fut utilisé aussi par le Parlement comme chambre des Communes de 1257 à 1547.

Le **pavement** d'origine (1259), recouvert en 1540 (au temps des Archives) d'un plancher, a conservé son brillant et ses chauds coloris brun clair et crème. Les carreaux sont fleuris d'arabesques ou ornés de petits personnages, en particulier dans la partie Sud du Chapitre.

Des **peintures murales** subsistent par place sous l'arcature trilobée qui court au-dessous des sept immenses **verrières** du 19e s. dont les écussons multicolores se détachent sur le fond de grisaille. Un moine de l'abbaye, Jean de Northampton, en serait l'auteur (1390 à 1404), les fresques du registre inférieur étant postérieures d'un siècle. Les thèmes principaux sont l'**Apocalypse,** interrompue à l'Est par le **Jugement dernier.**

Salle du Coffre (Pyx Chamber). – *Pour visiter, demander l'autorisation au gardien à la salle capitulaire, qui accompagne (explication en anglais).*

Passé l'entrée de la salle capitulaire et celle de la bibliothèque, une double-porte du 14e s., à robustes croisillons de chênes et triple serrure, donne accès à la partie la plus ancienne et non restaurée de l'abbaye. Cette **crypte romane (Norman Undercroft)** très fruste, construite au 11e s. sous le dortoir des moines, occupe deux travées sur les huit primitives *(voir musée de l'abbaye).* Au 13e s., sacristie (présence d'un autel) et Trésor du monastère, elle devint Trésor royal, véritable chambre forte après le vol de 1303, abritant des coffres ou **pyxes** (d'où le nom de la salle), les plus grands construits sur place.

Musée de l'Abbaye (Abbey Museum). – *Conditions de visite p. 143.*

Dans le prolongement de la galerie Est du grand cloître, par un passage voûté obscur (Dark Cloister), on atteint l'entrée de cet intéressant musée, aménagé depuis 1908, sous les voûtes blanchies de la **crypte romane (Norman Undercroft),** salle commune des moines séparée au 12e s. par un mur isolant la « Pyx Chamber » *(voir p. 146).* Six travées supportées par des piliers trapus abritent des documents concernant l'histoire de l'abbaye et des **effigies** de souverains et de personnalités, en bois, en cire, en plâtre. La plupart sont des masques mortuaires servant lors des funérailles pour accompagner le convoi. Pour rester exposé sur la tombe du défunt, le mannequin était revêtu de somptueux atours.

Après avoir visité le musée, emprunter à gauche un passage qui conduit au **petit cloître** formant, derrière sa grille à l'espagnole, une tache lumineuse et colorée : au Moyen Age ce cloître dépendait de l'infirmerie monacale.

De là, on peut passer dans le charmant jardin du collège voisin **(College Garden),** jadis compris dans l'enceinte monastique : le mur, au Sud et à l'Est, est encore celui du 14e s.

Revenir ensuite dans le grand cloître dont on empruntera la galerie Sud qui longe le **réfectoire** des moines, du 14e s., aujourd'hui dépendance du collège voisin.

Passer enfin sous la voûte longeant le **doyenné (Deanery),** ancienne demeure de l'abbé, dont subsiste à droite une cour pittoresque (Dean's Yard) par laquelle on quitte l'abbaye.

WESTMINSTER (Palais de) ★★★

EY – *Voir plan p. 152* – Métro : Westminster (Circle et District Lines).

Renforçant d'un souligné majestueux le cours de la Tamise, le palais de Westminster **(Palace of Westminster)** ou palais du Parlement (Houses of Parliament) bâti en 1834 dans le style gothique, reste pour le monde civilisé le symbole des libertés anglaises.

UN PEU D'HISTOIRE

Le palais royal de Westminster. – Le premier palais établi, ici, vers 1060, dans ce qui était une île de la Tamise, est dû à Édouard le Confesseur. Son successeur, Guillaume le Conquérant, s'y installa en 1066, à l'occasion de son couronnement à l'abbaye de Westminster ; le fils du Conquérant, Guillaume II le Rouquin, fit élever le Hall, le plus grand d'Europe, qui constitua le noyau du palais royal. Au 14e s. celui-ci rassemblait en outre :

- la chapelle St-Étienne construite à la fin du 13e s. à l'extrémité du Grand Hall, comprenait deux étages, à l'instar de la Ste-Chapelle de Paris ;
- le cloître St-Étienne, contigu à la chapelle, et réservé aux chanoines desservants ;
- le logis royal bordant le côté Est de la cour intérieure (Old Palace Yard), distribué en une antichambre pour les repas à l'emplacement actuel de la statue de Richard Cœur de Lion, la Chambre du Roi et celle de la Reine ;
- des jardins regardant la Tamise avec dépendances et logis pour les officiers royaux ;
- une enceinte rectangulaire, entourée de fossés en eau, dans laquelle était incorporée la façade Nord du Grand Hall, flanquée de tours à merlons ; une des tours d'angle, au Nord-Ouest, dite Jewel Tower, abritait le Trésor et la Garde-Robe du souverain.

Ainsi distribué le palais fut résidence royale jusqu'en 1512, date à laquelle Henri VIII, le trouvant inconfortable, s'installa dans les meubles de son chancelier, Wolsey, à Whitehall ; quant aux chanoines ils partirent en 1547, à la suite de la Réformation.

Le Parlement hier. – Au temps des rois normands et angevins on ne parlait encore que du Grand Conseil composé de prélats et des nobles titulaires des grandes charges, lesquels tenaient colloque ici ou là, à la requête de leur souverain.

Le terme Parlement apparaît vers 1240 et, dès 1265, deux chevaliers par comté et deux bourgeois par cité, prenaient part aux délibérations, mais seulement à titre consultatif. Puis, à partir de 1322, chevaliers et bourgeois se réunirent à part en une assemblée qui devait devenir la Chambre des Communes, celle-ci prenant rapidement de l'importance grâce au privilège qu'elle avait de voter les impôts. Cette Chambre siégea jusqu'au 16e s. soit dans la « Painted Chamber » du roi, soit, quand celui-ci résidait au palais, dans l'abbaye de Westminster ; la Chambre des Lords, issue du Grand Conseil, tenait séance dans la « White Chamber ».

Après le départ de Henri VIII d'abord, des chanoines ensuite, les Communes s'emparaient de la chapelle pour y tenir leurs réunions, alors que la crypte et le cloître devenaient des entrepôts et que la Tour du Trésor recevait des bureaux. Les Lords continuaient à occuper la White Chamber, la Cour de Justice le Grand Hall, et la Chancellerie de l'Échiquier (administration des Finances) les bâtiments adjacents au Grand Hall.

Au 17e s. les « Commons » atteignaient le faîte de leur puissance, le « Long Parlement » osant défier la monarchie avec la formation d'une armée dirigée contre Charles Ier, sous le commandement de Cromwell, et, après la défaite des troupes royales, le jugement et l'exécution du souverain *(p. 153).* La suprématie du Parlement sur la Couronne allait d'ailleurs se concrétiser par une « Déclaration des Droits » signée en 1689 par Guillaume d'Orange et la reine Marie : ce document, avec l' « Act of Settlement » de 1701 réglant l'ordre de succession au trône, allait régir les rapports du législatif et de l'exécutif jusqu'à nos jours.

En 1834 survint le grand incendie qui allait détruire la quasi totalité du palais, épargnant toutefois le Grand Hall, la crypte St-Étienne et la Tour du Trésor : le spectacle attira une nombreuses assistance parmi laquelle des peintres comme Turner, Constable et D. Roberts qui relatèrent la scène dans leurs tableaux.

Terminée en 1860, la reconstruction s'effectua sous la direction de **Charles Barry** (1795-1860), assisté d'un architecte ornemaniste à la luxuriante imagination, **Augustus Pugin** (1812-1852). L'ensemble réalisé, un pastiche gothique typique de l'époque victorienne, est un spectaculaire exemple d'édifice conçu pour accueillir un parlement avec les dégagements nécessaires tant au cérémonial royal qu'à l'usage intérieur, tout en s'harmonisant avec les bâtiments médiévaux existants. Mille salles, une centaine d'escaliers, 11 km de couloirs répartis sur 3 ha 1/2 témoignent de la hauteur de conceptions du maître d'œuvres.

Durant la dernière guerre, le palais du Parlement a été endommagé par les bombes allemandes qui mirent le feu à la Chambre des Communes.

WESTMINSTER (Palais de)★★★

Le Parlement aujourd'hui. – L'Angleterre contemporaine vit sous le régime de la monarchie parlementaire... sans Constitution ! La reine règne mais ne gouverne pas et l'élément législatif est constitué par un Parlement qui comprend une Chambre Haute (Chambre des Lords) et une Chambre Basse (Chambre des Communes).

Organe de réflexion, la Chambre des Lords ne conserve guère comme pouvoir que la prérogative de retarder d'un an une loi votée par la Chambre des Communes et encore à condition qu'il ne s'agisse pas d'une loi de finances auquel cas le délai est réduit à un mois.

La Chambre des Communes vote les lois (bills), dont le gouvernement à l'initiative, et elle interpelle le gouvernement par le truchement de questions orales. A cette occasion s'engagent des discussions mettant aux prises de très honorables gentlemen ; cependant même pendant les débats les plus vifs le ton reste courtois car les antagonistes échangent leurs arguments par l'intermédiaire du président (speaker). En novembre, la reine ouvre la session, dans l'enceinte de la Chambre des Lords, en lisant le discours du Trône, sorte de programme de gouvernement, rédigé non par Elle mais par le Premier Ministre.

VISITE *3 h environ*

Extérieur

Gagner le pont de Westminster.

Pont de Westminster★ (Westminster Bridge). – Le pont actuel, constitué par sept arches de fonte, d'une longueur de 353 m, a été reconstruit de 1856 à 1862 par l'ingénieur Page. L'ouvrage précédent, très admiré, avait été édifié de 1736 à 1750 sur les plans de l'ingénieur suisse Labeylie ; il comportait des guérites pour abriter les piétons et, grande innovation, des lanternes ; Canaletto l'a représenté dans une toile célèbre et il resta, durant un demi-siècle encore, le seul pont de Londres avec le London Bridge. Wordsworth l'a chanté dans l'un de ses sonnets, en 1803.

Westminster Bridge est aujourd'hui bien connu des touristes pour l'admirable **vue★★★** qu'il offre sur le palais de Westminster dont on contemplera la façade de 273 m de long, avec ses lignes majestueuses où la rigueur de l'élévation s'allie à merveille avec le foisonnant décor néo-gothique dû à Pugin ; remarquer au premier plan, à droite, la résidence du président (speaker) de la Chambre des Communes alors qu'à l'arrière plan se détachent, de droite à gauche, la tour de l'Horloge (Clock Tower) haute de 97 m, la tour centrale (91 m) et la tour Victoria (103 m).

(D'après photo Kardorama, Londres)

Palais de Westminster.

En descendant sur le quai rive droite, en amont du pont, on découvrira une autre **vue,** non moins réputée, du Palais, vue que Claude Monet a évoquée, à travers le brouillard, dans une toile célèbre (exposée au musée du Jeu de Paume à Paris).

Remarquer, sur la rive gauche, le groupe en bronze sculpté par Th. Thornicroft en 1902, représentant **Boadicea** sur son char, reine des Icéniens, célèbre pour sa révolte contre les Romains et qui, vaincue, s'empoisonna en 61.

Revenir à Bridge Street.

Tour de l'Horloge★ (Clock Tower) – Big Ben. – La fameuse horloge à quatre cadrans de 7 m de diamètre possède une cloche pesant 13 tonnes, sonnant les heures ; elle est familièrement appelée **« Big Ben »** en souvenir de Benjamin Hall, entrepreneur des travaux du palais en 1859, et de forte corpulence. Au sommet de la tour, une lumière brille la nuit, lorsque le Parlement est en séance.

New Palace Yard. – A travers les grilles de la nouvelle cour intérieure du palais, on peut admirer la gracieuse **Fontaine du Jubilé** (1977) où, sous une couronne dorée, se cabrent des animaux héraldiques. Sur cette place autrefois les condamnés étaient exposés au pilori. L'entrée des membres de la Cour de Justice, se fait par la tour flanquant le pignon Nord de Westminster Hall.

Square du Parlement (Parliament Square). – Dessiné par Charles Barry (1795-1860), auteur (en partie) du Palais de Westminster et de Big Ben, remanié en 1951, il forme une agréable pelouse carrée, ornée de statues d'hommes d'État de l'époque victorienne (vicomte **Palmerston** par Thomas Woslner, en 1876) et de bronzes plus récents, le maréchal **Smuts** par Jacob Epstein et surtout le magnifique **Churchill,** puissamment campé par Ivor Roberts Jones, en 1973. De ce square la **vue**★ est belle sur Big Ben et le Parlement.

Middlesex Guildhall. – Derrière la statue de **Lincoln,** s'élève cet hôtel de ville de style néo-gothique (1913).

Longer St Margaret Street.

Grande Salle★★ **(Westminster Hall).** – Haut lieu de l'histoire d'Angleterre, la Grande Salle a été bâtie à la fin du 11e s. mais en grande partie reconstruite à la fin du 13e s. à la suite d'un incendie ; Richard II fit refaire le comble durant les dernières années du 14e s. Après la Restauration des Stuarts, la tête de Cromwell, fichée sur une pique, fut exposée au faîte du mur-pignon depuis 1658 jusqu'à 1684.

Porte et galerie St-Étienne (St Stephen's Entrance and Hall). – Ils ont été construits par Ch. Barry à l'emplacement de la chapelle médiévale St-Étienne.

La **porte St-Étienne** est utilisée comme entrée pour les personnes désirant assister aux séances *de la Chambre des Communes (l'invitation par un Membre du Parlement (député) ou, en ce qui concerne un étranger, une autorisation à demander par l'intermédiaire de son ambassade – délivrées en nombre très limité – évitent de faire la queue. Entrée à partir de 16 h 15 du lundi au jeudi, 10 h le vendredi).*

Old Palace Yard. – C'était la cour intérieure du palais royal, maintenant bordée à l'Est par les services administratifs de la Chambre des Lords. Dans l'angle, statue équestre de Richard Cœur de Lion **(Richard Lionheart)** du 19e s.

Tour du Trésor (Jewel Tower). – *Visite de 9 h 30 à 18 h 30 (16 h de mi-octobre à mi-mars). Fermée le dimanche et les 24, 25, 26 décembre, 1er janvier.*

Ancienne tour d'angle de l'enceinte élevée au 14e s. pour protéger le palais royal, la tour du Trésor abrita jusqu'en 1621 la garde-robe et les joyaux de la Couronne, de 1626 à 1864 les archives des Lords, de 1864 à 1938, le bureau des Poids et Mesures. Restaurée, elle recèle désormais des documents relatifs à l'histoire de l'ancien palais et une collection d'objets domestiques, surtout du 17e s., trouvés dans les fossés.

Jardins de la Tour (Victoria Tower Gardens). – Dominés par la **Tour Victoria**★, ils s'étendent le long de la Tamise. Groupe « Les Bourgeois de Calais », d'après l'œuvre de Rodin.

Intérieur

Visite suspendue.
Admission aux séances de la Chambre des Communes : voir ci-dessus, porte St-Étienne.

Escalier Royal (Royal Staircase) (1). – Emprunté le jour de l'ouverture de la session par le cortège qui défile entre deux rangées de Guards de la Maison de la Reine.

Porche normand (Norman Porch) (2). – Ce vestibule est ainsi appelé parce qu'à l'origine on projetait de le décorer de fresques et de statues évoquant des rois normands.

Jolies voûtes à la capricieuse ornementation conçue par Pugin.

Vestiaire Royal★ **(Robing Room).** – Richement décorée par Pugin, la salle est celle où la reine revêt les insignes de sa fonction pour la cérémonie du discours du Trône ; les Lords, ayant cédé leur local aux Communes à la suite des bombardements allemands, siégèrent ici de 1941 à 1950. Remarquer la cheminée et le trône que surmonte une broderie faite en 1856 pour la reine Victoria ; des bas-reliefs et des fresques illustrent la légende du roi Arthur.

Galerie Royale (Royal Gallery). – Longue de 33 m, elle est empruntée par la reine et sa suite se rendant à la Chambre des Lords. Les murs sont ornés de portraits de princes de la dynastie de Hanovre et de deux grandes peintures représentant respectivement la Mort de Nelson à Trafalgar et l'Entrevue de Wellington et de Blücher après Waterloo.

Salle du Prince (Prince's Chamber). – Servant d'antichambre aux Lords, la salle a été décorée par Pugin dans le style Tudor. Portraits de souverains ayant régné au 16e s. et statue monumentale de Victoria par John Gibson.

Chambre des Lords★★ **(House of Lords).** – Longue de 30 m, large de 14 m, haute de 14 m, la Chambre des Lords, sans doute la plus richement décorée du palais, témoigne de l'exubérante imagination néo-gothique de Pugin. Elle est garnie, dans le sens de la longueur, de banquettes de maroquin rouge (couleur royale) chargées de recevoir les quelque 850 Lords (ou pairs) que compte la Chambre Haute (mais ils ne peuvent prendre place tous en même temps) ; certaines de ces banquettes sont dévolues aux évêques membres de la Chambre dont l'un est chargé de dire une prière au début de chaque séance.

A l'extrémité Sud, un dais ouvragé comme une dentelle et doré comme une châsse surmonte le trône royal qu'occupe la reine, accompagnée de sa famille, le jour de l'ouverture. En avant du trône l'attention se porte sur une sorte de pouf chargé de supporter le séant du Lord-Chancelier, président de la Chambre Haute, et la masse d'armes symbolisant l'autorité royale : ce siège bizarre, dit « woolsack » rappelle en effet les sacs de laine sur lesquels s'asseyaient jadis les Conseillers du Roi.

A l'autre extrémité se trouve la barre derrière laquelle se tiennent les membres des Communes pendant la cérémonie d'ouverture.

De 1941 à 1950, cette salle imposante reçut la Chambre des Communes et Winston Churchill y prononça la plupart de ses discours de guerre.

Vestibule des Pairs (Peers' Lobby). – Beau pavement de mosaïque.

Couloir des Pairs (Peers' Corridor) (3). – Huit peintures murales illustrent la période des guerres civiles au temps des Stuarts.

Hall Central★ (Central Lobby). – De plan octogonal, le majestueux « Central Lobby », dont les voûtes gothiques compartimentées atteignent 23 m de haut. constitue le point central d'où l'on accède à l'une et l'autre Chambres, à la galerie St-Étienne et aux étages supérieurs où sont situées bibliothèques et salles de commissions. C'est là que les Membres du Parlement conversent entre eux, ou reçoivent journalistes, amis et visiteurs. Mosaïques des saints protecteurs de l'Angleterre et statues d'hommes d'État anglais du 19e s.

Couloir des Communes (Commons Corridor) (4). – Symétrique à celui de la Chambre des Lords et, comme lui, décoré de peintures évoquant la période des Stuarts.

Vestibules des Communes (Commons Lobby). – Reconstruit après sa destruction durant la dernière guerre. Sur proposition de W. Churchill, des pierres de l'ancienne construction, rongées par le feu, ont été incorporées au portail de la Chambre des Communes dite **Churchill Arch,** « Arc de Churchill » : de part et d'autre, statues de Lloyd George et de Churchill lui-même.

Chambre des Communes★ (House of Commons). – Anéantie par un raid aérien allemand dans la nuit du 10 mai 1941, elle a été reconstruite en un style gothique dénué de faste et inaugurée le 26 octobre 1950. L'architecte a respecté les dimensions originelles : 23 m de longueur, 14 m de largeur et 12,50 m de hauteur.

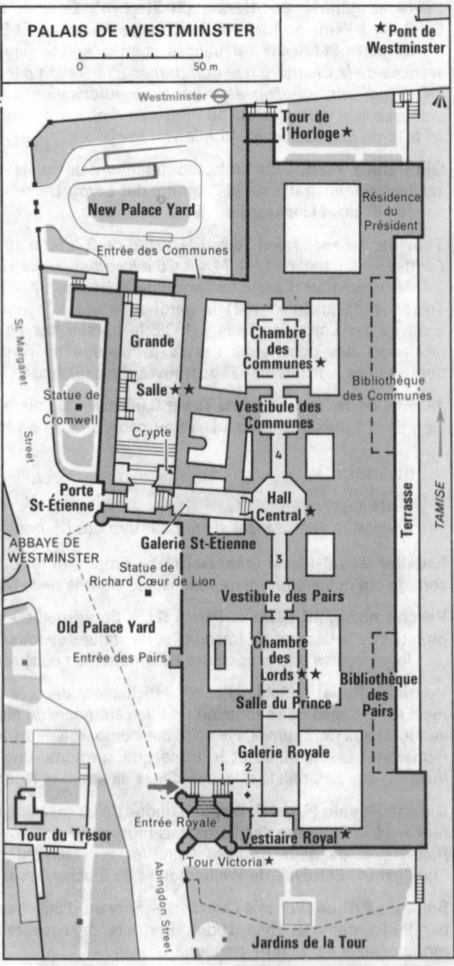

Bien que la chambre compte 635 membres, il y a seulement 346 places aménagées dans l'enceinte, plus 91 dans les galeries latérales ; cette limitation a pour but d'éviter de faire de la Chambre un forum enclin à la démagogie et de favoriser les discussions en comité, considérées comme plus efficaces.

A l'extrémité Nord on distingue la chaire du président (appelé « speaker ») derrière laquelle est suspendue un sac destiné aux pétitions publiques. En face est placée la table des secrétaires (clerks) sur laquelle est déposée la masse d'armes, symbole de l'autorité royale. Les bancs sont traditionnellement revêtus de vert depuis le début du 18e s. Ceux situés à la droite du président sont occupés par le gouvernement et la majorité, alors que le « shadow cabinet » (cabinet fantôme) et le reste de l'opposition prennent place de l'autre côté. Les « honorable gentlemen » ne doivent en aucun cas dépasser les bandes rouges qui sont tracées sur le sol, même au fort des discussions les plus orageuses.

Au moment des votes les députés se prononçant pour le oui passent à droite du président pour gagner la salle où leur vote sera enregistré ; les députés votant non passent à gauche et se rendent dans la salle correspondante.

Les séances commencent par une manière de procession conduite par un huissier précédant le sergent d'armes porteur de la masse, le président coiffé d'une pesante perruque à rouleaux et vêtu d'une robe dont la traîne est soutenue par un chambellan, le chapelain et enfin le secrétaire. A l'entrée l'huissier crie « Mr Speaker in the chair », puis le chapelain dit les prières.

Bibliothèques (Libraries). – La Commons Library, à l'usage des membres de la Commune et la Lords' Library réservée aux Pairs, sont situées face à la Tamise. Dans la seconde, décoration par Pugin et précieux manuscrits.

Terrasse. – Elle donne sur le fleuve (salons de thé pour les membres, et les étrangers).

Revenir dans le hall central d'où l'on passe dans la galerie St-Étienne.

Galerie St-Étienne (St Stephen's Hall). – C'est une reconstitution approximative de la chapelle St-Étienne (13e-14e s.) qui, spécialement aménagée, d'abord en 1550, puis rhabillée de boiseries, à la fin du 17e s., sur les plans de Wren, abrita la Chambre des Communes jusqu'en 1834.

Par le porche St-Étienne, haut de 19 m et éclairé par une immense baie néo-gothique (1840), on atteint les degrés qui descendent jusqu'au niveau de la Grande Salle du palais.

Grande Salle★★ (Westminster Hall). – *Visite suspendue.*

De dimensions imposantes (69 m de long, 23 m de large, 17 m de haut), Westminster Hall serait la plus vaste salle de ce genre, sans support de colonnes, au monde.

Sa **Charpente**★★★ en chêne, terminée en 1402, chef-d'œuvre du maître-charpentier Hugh Herland, est particulièrement digne d'admiration : remarquer surtout les blochets, segments de poutre horizontaux dont les extrémités sont sculptées de figures d'anges aux ailes déployées, tenant les écus aux armes de Richard II. Les arcs doubleaux ont été réparés en 1820 avec des bois provenant de vieux vaisseaux de ligne. L'ensemble a été restauré (1914-1923) et quatre travées furent refaites après les bombardements de 1941.

Westminster Hall fut d'abord, à la manière des basiliques romaines, utilisé comme lieu d'assemblée et comme tribunal où l'on rendait la justice. La Cour suprême y siégea jusqu'en 1822 et quelques-uns des plus grands événements de l'histoire d'Angleterre s'y sont déroulés : la déchéance de Richard II, celui-là même qui avait restauré la salle, y fut déclarée, Charles Ier y fut condamné à mort (plaque commémorative sur les degrés de l'escalier) et Cromwell y fut proclamé Lord-Protecteur ; parmi les procès qui y furent jugés on peut citer ceux de Thomas More, Robert Devereux comte d'Essex, Guy Fawkes auteur de la Conspiration des Poudres (**Gunpowder Plot** – 1605), Strafford, le chancelier de Charles Ier, Byron accusé d'avoir tué Chatsworth en duel.

Cependant Westminster Hall fut le théâtre de grands banquets et des fêtes de couronnement jusqu'à George IV : au couronnement de ce dernier un de ses écuyers entra à cheval dans la salle et, jetant le gant, défia quiconque oserait prétendre contester la couronne du suzerain.

De nos jours Westminster Hall est un terrain de rencontre pour tout ce qui touche à la politique et aussi le cadre des veillées funèbres auprès des corps des « grands » du royaume.

Crypte St-Étienne (St Stephen Crypt). – Édifiée à la fin du 13e s. sous le roi Édouard Ier, cette crypte était en fait alors une chapelle basse destinée aux serviteurs du palais. Elle sert aujourd'hui de chapelle pour les membres des deux Chambres : des baptêmes et des mariages y sont célébrés à l'occasion. Remarquer la belle voûte à liernes (arcs complémentaires des ogives) qui serait la plus ancienne de ce genre à Londres.

WHITECHAPEL - ALDGATE

HX *et plan de la City p. 9 à 12* (SX) – Métro : Aldgate (Circle Line) et Whitechapel (District et Metropolitan Lines).

Au cœur de l'East End, ce quartier populaire d'artisans et de commerçants est partiellement habité par la communauté juive de Londres.

Pub typique. – **Hoop and Grapes,** 46 Aldgate High Street : maison de brique du 17e s.

■ CURIOSITÉS

Whitechapel. – Nom bien connu du laborieux East End, Whitechapel, où Charlie Chaplin naquit en 1889 (mort en Suisse, en 1977), forme avec Aldgate le ghetto de Londres, riche de boucheries Casher. Ce quartier rassemble plusieurs milliers d'Israélites surtout d'origine allemande ou russe, parmi lesquels maints brocanteurs ou fripiers dont les activités se matérialisent tous les dimanches matin au marché de Petticoat Lane.

Jadis village campagnard peuplé de guinguettes et de tavernes, Whitechapel, à la suite de son industrialisation, se fit une réputation de misère, de vice et de crime illustrée notamment par le groupe d'anarchistes installé dans le secteur de Jubilee Street et par le sinistre **Jack l'Éventreur** (Jack the Ripper) qui, du 7 août au 9 novembre 1888, assassina six prostituées et ne fut apparemment jamais identifié.

De nos jours, le faubourg, habité surtout par des tailleurs et les ouvriers des proches entreprises de confection, apparaît pauvre et sans grâce, son artère principale, constituée par **Whitechapel High Street** et **Whitechapel Road,** présente un caractère commerçant.

Whitechapel Bell Foundry. – *34 Whitechapel Road.* Fonderie ancienne, en ces lieux depuis 1738, a créé et refondu bien des cloches après le Grand Feu de 1666 et la dernière guerre : Bow Bells, Big Ben...

Whitechapel Art Gallery. – *80 High Street (métro Aldgate East). Galerie ouverte de 11 h à 18 h. Fermée le lundi ainsi que le Vendredi Saint et les 25 et 26 décembre.*

Cet édifice de 1901, surmonté de deux tourelles d'angle, présente des expositions d'art moderne et des œuvres d'artistes contemporains non encore reconnus ; c'est ici qu'exposa pour la première fois Barbara Hepworth.

Au 90 High Street, le **Blooms' Kosher Restaurant** est connu pour ses sandwiches de bœuf salé (cuisine casher).

The London Hospital. – *Whitechapel Road.* Fondé en 1740, près de Bunhill Fields, l'hôpital s'installa à Whitechapel, tout d'abord à Prescot Street, puis ouvrit ses portes sur cette avenue, en 1757. Agrandi au 19e s.

Pour connaître le vrai visage de Whitechapel il faut aussi s'enfoncer dans les rues adjacentes. On aura une idée du Whitechapel prolétaire, de ses sombres manufactures et de ses mornes cours qu'entourent les maisons ouvrières en parcourant **Brady Street,** première rue à gauche après Whitechapel Station (Métro) ; dans cette rue donne Durward Street, autrefois Bucks Row où Jack l'Éventreur perpétra son premier meurtre. D'autres rues comme Greatorex Street ou Montague Street sont curieuses par leurs petits commerces israélites ; un « Yiddish Theatre » subsiste dans Commercial Road.

Entre Commercial Road et les London Docks, au Nord de Wapping Lane, l'église **St George-in-the-East,** due à l'architecte Hawksmoor en 1723, a été reconstruite après guerre, dans le même style ; l'intérieur est moderne.

Plus à l'Est, et au Nord de Commercial Road, l'église paroissiale de Stepney, **St Dunstan and All Saints,** des 13e et 15e s., restaurée, abrite des monuments anciens.

Aldgate (SY). – Le bourg tiendrait son nom d'une ancienne porte (Old Gate) de l'enceinte médiévale, démolie en 1761. On pense plutôt que Aldgate proviendrait du mot anglo-saxon, aelgate, signifiant « ouverte à tous ». Au-delà de cette porte se forma un faubourg de part et d'autre du chemin de Whitechapel. Les premiers juifs installés ici furent amenés de Rouen par les Normands. Dès le 17e s. on note une prédominance de tailleurs et de couturières.

A la fin du 18e s. **Nathan Mayer Rothschild** (1777-1836) s'établit à Aldgate dans une maison d'America Square. Troisième fils de Mayer, il est, depuis la Révolution française, négociant en coton à Manchester, qu'il quitte pour Londres où il va élargir ses opérations en devenant négociant-banquier (nos actuelles banques d'affaires). N.M. Rothschild est enterré dans l'ancien cimetière de Brady Street *(voir p. 151)*.

Tailleurs et confectionneurs, marchands et courtiers sont groupés surtout dans Middlesex Street et **Houndsditch** dont le nom (fosse à chiens) rappelle que jadis on enterrait là ces animaux.

Aldgate Pump (RY). – Pompe légendaire pour les Londoniens (pomper de son eau signifiant du « bluff »).

Petticoat Lane (RSX). – Marché aux puces de l'ancienne « ruelle du jupon », se tenant désormais chaque dimanche *(de 9 h à 14 h)* sur Middlesex Street.

Spanish and Portuguese Synagogue (RX). – *12 Bevis Marks.* C'est la plus ancienne synagogue actuellement utilisée en Grande-Bretagne, construite en 1701 par un architecte quaker, Joseph Avis.

St Botolph Aldgate (SX). – Cette église, construite en 1744 par George Dance l'Aîné et remaniée en 1889 par **J.F. Bentley,** auteur de la cathédrale de Westminster, fut dédiée à un abbé bénédictin du 7e s., protecteur des marins. Depuis le 7e s. il y eut toujours une église à cet endroit. L'aquarelliste J.S. Cotman fut marguillier de St Botolph's ; le pionnier de la navigation à vapeur, **W. Symington** (1763-1831), y est enterré. A la sacristie, tête momifiée qu'on pense être celle du duc de Suffolk, père de Lady Jane Grey *(p. 129)*, décapitée en 1554.

WHITEHALL ★★

EY – Métro : Westminster (Circle et District Lines).

Siège du gouvernement et de l'administration britanniques, Whitehall a l'apparence d'une voie triomphale, à l'atmosphère un peu compassée, reliant Westminster à Charing Cross. C'est une des rares perspectives urbaines de Londres, tracée sur le site du palais de Whitehall, presque totalement détruit en 1698 par un incendie.

UN PEU D'HISTOIRE

L'ancien palais royal. – Au Moyen Age, il y avait là l'hôtel des archevêques d'York, propriété au 16e s. du favori de Henri VIII, le **Cardinal Wolsey** qui, peu avant sa disgrâce, « l'offrit », comme Hampton Court, à son terrible et ingrat patron.

Ayant quitté avec plaisir son palais de Westminster, fort incommode, **Henri VIII** se plut à agrandir sa nouvelle demeure et à la transformer en un vaste palais, le **Palace of Whitehall,** presque un village, baigné à l'Est par la Tamise et s'étirant jusqu'à l'actuelle Northumberland Avenue. Côté terre l'entrée principale se faisait par une porte monumentale ; la **Porte Royale** (King's Gate), édifiée d'après un projet de **Holbein :** la face extérieure était ornée, à l'italienne, d'un buste du roi, par Pietro Torrigiani, et de médaillons des Césars en terre cuite par le Florentin Giovanni de Maiano, transférés par la suite à Hampton Court. Holbein avait aussi participé au décor intérieur, réalisant la grande fresque de la « Privy Gallery », dont l'esquisse a été conservée *(p. 92)*, et le beau plafond de la « Long Gallery ».

De l'autre côté de la rue étroite, qui est désormais Whitehall, s'étendaient les jardins (« Privy Gardens »), reliés au palais par deux ponts au dessin recherché.

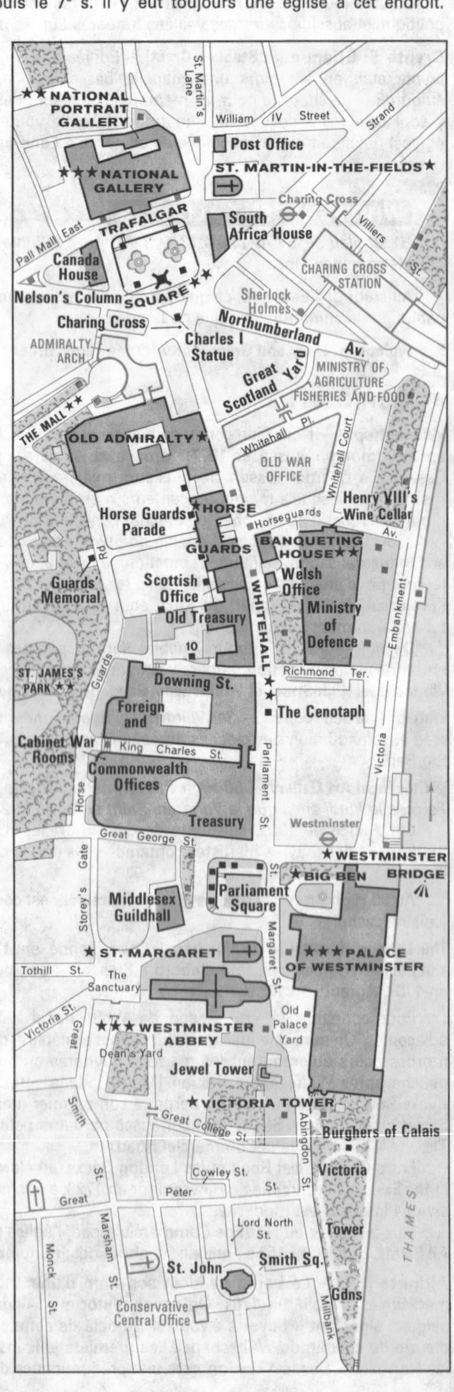

Le fastueux Tudor donna à Whitehall des fêtes splendides et c'est au cours de l'une d'elles, un bal masqué organisé en 1527, qu'il tomba sous le charme de la beauté troublante d'**Anne Boleyn** qui allait devenir successivement sa maîtresse puis, en 1533, son épouse, enfin, trois ans plus tard, sa victime. Le monarque mourut au palais en 1547.

Les filles de Henri VIII, la catholique Marie et la protestante Élisabeth, vécurent aussi à Whitehall ainsi que Cromwell et les rois Stuarts. En 1619 **Jacques Ier Stuart** demande à **Inigo Jones** (1573-1652) de reconstruire la grande salle du palais qui venait de flamber. **Banqueting House** n'était pas seulement destinée aux banquets mais aussi aux réceptions d'ambassadeurs et aux fêtes de la Cour, notamment ces bals masqués dont Inigo Jones lui-même s'était fait l'ordonnateur.

L'architecte prit son inspiration chez ses confrères italiens, et spécialement chez Palladio dont il avait pu étudier les œuvres lors de ses voyages en Italie. Les travaux se terminaient en 1625 lorsque Jacques Ier mourut.

Les dernières heures d'un condamné. – Les juges rassemblés par Cromwell à Westminster Hall *(p. 149)* ayant prononcé l'arrêt de mort de **Charles Ier** par décollation *(voir p. 20)*, le souverain fut conduit le 27 janvier 1649 au palais St James.

Le 30, jour prévu pour son exécution, Charles se lève un peu avant 6 h du matin ; trop légèrement vêtu, il frissonne. William Juxon, évêque de Londres, lui donne la communion.

A 10 h, le souverain traverse le parc St James, à pied, la tête nue, escorté d'un détachement de sa garde auquel il demande d'accélérer l'allure, car, dit-il, il va à la tête de ses soldats conquérir une couronne éternelle. Ayant franchi par une passerelle la rue qui sépare le palais de Whitehall de ses jardins, il pénètre dans la salle formant le premier étage de la Porte Royale *(p. 152)*. De là il se rend dans la « Privy Gallery » et gagne ses appartements.

L'ultime attente n'est pas longue. Le roi est invité à se diriger vers Banqueting House. Dans la splendide salle des fêtes qu'il a fait décorer, une fenêtre est ouverte d'où un escalier, construit spécialement, descend vers l'échafaud. Le roi marche d'un pas ferme. La foule se tait, respectueuse de son courage. Sur l'échafaud, le roi harangue longuement ceux qui l'entourent et pardonne aux auteurs de sa mort.

Les préparatifs commencent alors et le roi répète : « prenez garde à la hache ». Puis il ordonne à l'exécuteur de ne pas frapper avant qu'il ait étendu les mains et s'entretient encore quelques instants avec l'évêque de Londres auquel il tend son insigne de l'Ordre de la Jarretière en murmurant : « Remember » (Souvenez-vous). Enfin Charles Ier pose la tête sur le billot. Le bourreau lui ayant rentré les cheveux sous le bonnet, il lui redit : « Attendez que je vous fasse signe ». Un moment plus tard, il étend les mains, la hache tombe, la tête roule, le bourreau brandit alors le chef du roi en criant : « voici la tête d'un traître ».

L'incendie de 1698. – Il devait anéantir Whitehall, cet immense caravansérail, où l'on pouvait dénombrer environ 2 000 salles et qui venait d'être remanié sous la direction de Wren, avec la participation du sculpteur Gibbons et du peintre Verrio. Seule Banqueting House échappa aux flammes et la résidence royale dut être transférée au palais St James *(p. 104)*. On peut encore voir le débarcadère (1691) de l'ancien palais, à l'extrémité de Horseguards Avenue, un fragment de mur avec fenêtres, derrière la Trésorerie et une cave : **Henry VIII's Wine Cellar** *(ouverte l'après-midi des samedis de mars à septembre, sur demande écrite 5 jours à l'avance au Department of Environment, Room 10-14 St Christopher House, Southwark Street, London SE 1 OTE.*

VISITE *2 h environ*

Partir de Whitehall, près de la statue de Charles Ier.

Amirauté★ (Old Admiralty). – Un portique classique, élevé en 1760 d'après les dessins de Robert Adam *(voir p. 22)*, précède la cour au fond de laquelle s'élève l'hôtel de l'Amirauté, du début du 18e s., occupé par le Premier Lord de l'Amirauté : c'est dans cet hôtel que le comte de Sandwich inventa le « sandwich » qui lui permettait de ne pas interrompre sa partie de cartes.

En face de l'Amirauté, **Great Scotland Yard** (Grande Cour d'Écosse) tient son nom d'une enclave réservée aux rois d'Écosse ou à leurs ambassadeurs en séjour à Londres : là se trouvait, avant 1891, le centre de la Police britannique, **Scotland Yard,** installé par la suite à New Scotland Yard jusqu'en 1967 et maintenant à Broadway, près de Victoria Street.

Horse Guards★. – L'édifice fut construit au 18e s. sur les plans de William Kent avec deux ailes en retour, encadrant une cour où a lieu en hiver la relève de la Garde ; le bâtiment central surmonté d'une tour-horloge, est percé de trois arches donnant sur l'immense place de Horse Guards Parade où a lieu en été la relève de la Garde et où se tient le Trooping the Colour *(voir p. 154)*. C'est le quartier général des Horse Guards, abritant une quarantaine de cavaliers appartenant à la Maison Royale (Household Cavalry Mounted Regiment). La garde est assurée toutes les heures *(de 10 h à 16 h)* par des sentinelles casquées et cuirassées d'argent, deux sur des chevaux à robe noire, côté Whitehall, deux à pied, côté Horse Guards Parade. On voit alternativement :

Horse Guard.

– les **Life Guards** à tunique rouge et plumet blanc, chabraque blanche pour les chevaux des simples soldats, noire pour ceux des officiers. La formation de ce régiment date de 1659 ;
– les **Blues and Royals Guards** à tunique bleue et plumet rouge, chabraque noire pour tous les chevaux. Les « Blues » ont été réunis aux « Royals », en 1969.

Il arrive qu'en septembre, pendant l'entraînement des troupes de la Household Cavalry, les gardes soient remplacés par ceux de **King's Troop Royal Horse Artillery** dont l'uniforme est différent : veste à brandebourg et haute coiffe à plumet.

La Relève de la Garde★★ (Changing of the Guard). – *Tous les matins à 11 h (10 h le dimanche) sur Horse Guards Parade en été et dans la cour en hiver. Durée : 1/2 h. A 16 h, une revue met fin au service. Des changements d'horaires peuvent avoir lieu pour raison d'État ; se renseigner au London Visitor and Convention Bureau (☏ 01-730 3488).*

Ce cérémonial solennel, sans avoir l'ampleur musicale et l'apparat de la relève de la Garde de Buckingham avec la multitude des bonnets à poils, offre dans un cadre plus restreint la possibilité d'admirer de près la beauté des chevaux, l'éclat des uniformes et l'immobilité des sentinelles. Voici le déroulement de la relève, tel qu'il se présente en hiver dans la cour intérieure :

La nouvelle garde venant des Hyde Park Barracks (casernes), arrive par le Mall et la Horse Guards Parade. Elle franchit, clairon en tête (sur un cheval blanc), l'arche centrale et va s'aligner à gauche dans la cour intérieure, face à l'ancienne garde. Les chefs détachés du rang s'approchent à même hauteur et restent immobiles, sabre au clair. Après le choix des sentinelles, les appels d'usage et saluts respectifs aux étendards, l'ancienne garde s'éloigne, franchit l'arche deux par deux. La nouvelle garde s'approche des écuries, met pied à terre tandis que les nouvelles sentinelles entrent en faction.

Horse Guards Parade. – Sur cette vaste esplanade longée par St James's Park, se remarquent près du Horse Guards, de part et d'autre des statues équestres des maréchaux Wolseley et Roberts, deux étranges **canons.** L'un est turc (1524), pris en Égypte en 1801 ; son affût porte un sphinx à l'arrière et des crocodiles en relief sur les côtés. L'autre est un mortier français supporté par un dragon ailé, monument commémoratif des victoires de Wellington en Espagne (siège de **Cadix,** en 1812). A l'Ouest sur le fond d'arbres du parc se détache le **Guards' Memorial** en l'honneur des troupes tombées pendant la Première Guerre mondiale.

Trooping the Colour★★★ (Salut aux Couleurs). – *Autorisation à demander à The Brigade Major, Household Division, Headquarters London District, Horse Guards, Whitehall, London SWI, du 1er janvier au 1er mars. Les lettres sont tirées au sort et les gagnants auront droit à deux entrées (payantes). En dehors de ces privilèges, on peut assister à l'arrivée et au départ du cortège sur le Mall.*

Cette brillante parade militaire à l'ordonnance impeccable faisant figure de ballets de haute classe, a lieu en juin en l'honneur de l'anniversaire officiel de la Reine, avec salut au drapeau et défilé des sept régiments de sa Maison *(voir aussi p. 44)*. La première manifestation de ce genre a commencé au 18e s., sous le règne de George III mais l'origine est plus opérationnelle : en temps de guerre, le drapeau était présenté aux troupes en signe de ralliement éventuel.

Chaque régiment arrive sur le Horse Guards Parade, musique en tête, cuivres, tambours et fifres ; les Écossais et les Irlandais se distinguent par leurs cornemuses et leurs kilts (tartan rouge et jupe unie couleur safran). Tandis que la Musique de la Garde se masse le long du jardin, au n° 10 Downing Street, les huit détachements de fantassins, s'ordonnent en angle droit à l'Ouest et au Nord ; le rouge des tuniques tranche sur le noir des fameux bonnets en poils d'ours, empruntés aux soldats de la Garde Impériale de Napoléon.

Les équipages de la Reine Mère et des autres membres de la famille royale qui vont assister à la cérémonie de la fenêtre centrale du Horse Guards, sont salués au garde-à-vous. A 11 h, venant de Buckingham, la Reine Élisabeth II, Colonel en chef portant l'uniforme de l'unité dont les couleurs vont être à l'honneur, arrive montant en amazone, tandis que retentit l'hymne national. Sa Majesté est accompagnée par la Procession Royale et son Escorte. La Reine passe en revue la cavalerie alignée devant le Guards' Memorial.

La Reine se tient devant le bâtiment des Horse Guards pendant que la parade s'anime aux battements des tambours. Sur l'air rapide de la marche des « Grenadiers britanniques », le sergent-major, sabre au clair, salue les couleurs et prenant le drapeau le remet à l'enseigne ; l'escorte présente les armes et les quatre gardes des flancs se tournent à l'extérieur en position de combat pour défendre symboliquement le drapeau dans toutes les directions. Les couleurs sont alors présentées aux troupes sur l'air traditionnel et lent de la « Marche des Grenadiers ». Les gardes défilent devant la Reine à pas lents puis rapides. Quand tous les fantassins, après des conversions savantes et marquant le pas jusqu'à l'alignement complet, ont regagné leur place, la musique atteint son paroxysme. C'est alors le tour des cavaliers, avec trompettes et timbales qui passent au pas puis au trot, rendant hommage à leur Souveraine. Le « God save the Queen » termine la cérémonie. La Reine revient au palais de Buckingham par le Mall.

Banqueting House★★. – *Visite de 10 h (14 h le dimanche) à 17 h. Fermé le lundi ainsi que les 24, 25, 26 décembre, 1er janvier, Vendredi Saint. Entrée : 50 p.*

Unique et glorieux vestige du palais de Whitehall, Banqueting House, chef-d'œuvre d'Inigo Jones, dresse en face des Horse Guards sa noble façade à l'italienne.

Du côté Ouest de Whitehall se découvre une bonne vue de la façade. Inspirée de Palladio, son élévation comporte des colonnes à ordres superposés, ionique et corinthien, que surmontent des balustres ; cependant Inigo Jones y a apporté sa note personnelle en omettant la traditionnelle porte centrale, ce qui donne plus de majesté à l'ensemble. Les soubassements forment une sorte de crypte voûtée que le collaborateur d'Inigo Jones, le Dieppois Isaac de Caux, aménagea de 1624 à 1626 pour en faire une grotte tapissée de coquilles et agrémentée de jeux d'eau. Cette grotte fut ensuite convertie en cellier. Au pied de l'escalier du Grand Hall, l'attention est attirée par la tête colossale, en bronze, de Jacques Ier par Hubert **Le Sueur,** qui a vraisemblablement utilisé le buste modelé par lui-même pour le catafalque de Jacques Ier.

Le **Grand Hall,** superbe salle divisée en sept travées par des pilastres, mesure 34 m de long sur 17 de large et 17 de haut, constituant ainsi un volume en double cube d'après une formule mise à l'honneur par Palladio. Comme à l'extérieur, la superposition des ordres dénote l'influence italienne de même que la galerie en balcon qui fait le tour des murs. Sur le côté Sud se trouvait le dais surmontant le trône royal, qui est reconstitué.

Chef-d'œuvre de **Rubens,** le **plafond**★★ a été commandé en 1629 par Charles Ier et mis en place en 1635. Le maître d'Anvers reçut en paiement la somme de 3 000 livres et le titre de Chevalier. Admirablement mis en valeur par l'architecture de Jones, il représente l'Apothéose de Jacques Ier que l'on distingue, dans le panneau central, s'élevant aux cieux. Remarquer aussi, dans le panneau Nord, une composition symbolisant l'union de l'Angleterre et de l'Écosse, tandis que le panneau Sud évoque les bienfaits de Jacques Ier : celui-ci tend les bras à la Paix et à l'Abondance, cependant que des anges s'apprêtent à le couronner.

Banqueting House, transformée en chapelle en 1724, sous le règne de George Ier de Hanovre, fut affectée, en 1890, à l'United Service Institute qui y exposa ses collections militaires, fonds actuels du musée de l'Armée de Chelsea. L'ensemble a été restauré.

Revenir à Whitehall.

Old Treasury. – L'ancienne trésorerie date du 16e s. mais la façade principale a été ajoutée par Charles Barry, en 1845, en utilisant les colonnes prévues par Soane.

En face s'élève une construction du 18e s., remaniée en 1910 ; elle abrite le Ministère de la Défense **(Ministry of Defence).** Les **Scottish et Welsh Offices** occupent des demeures du 18e s.

Downing Street. – Un certain George Downing, secrétaire au Trésor, fit bâtir ici, pour la première fois, au 17e s. ; au siècle suivant, Boswell *(p. 27)* y habita quelque temps.

A l'extrémité de la rue, en cul-de-sac et qu'on peut interdire facilement en cas de besoin, on repère à droite une modeste maison de briques, du 18e s., veillée par quelques « bobbies » : c'est le fameux « 10 Downing Street », résidence officielle du Premier Ministre depuis que Robert Walpole s'y fut installé en 1731. Elle abrite le **Cabinet Room.**

Le n° 11 héberge le Chancelier de l'Échiquier (ministre des Finances).

Le Cénotaphe. – D'une grande simplicité, cette stèle a été érigée en 1919 à la mémoire des soldats anglais morts au cours de la Première Guerre mondiale. Un service auquel assiste la reine y est célébré chaque année *(le dimanche le plus proche du 11 novembre, à 11 h).*

Ici finissent les administrations avec, à droite le **Foreign and Commonwealth Offices and Treasury** (ministères des Affaires Étrangères du Commonwealth et des Finances), bâtiments victoriens de 1873 et 1912.

Parliament Square. – *Page 149.*

Middlesex Guildhall. – *Page 149.*

St Margaret's Westminster★. – Église paroissiale du Parlement, paroisse à la mode pour les mariages de la Cour et de la haute société (Samuel Pepys en 1655, Churchill en 1908), Ste-Marguerite, fondée au temps d'Édouard le Confesseur (11e s.), a été entièrement reconstruite au début du 16e s. dans le style gothique tardif.

Intérieurement, elle est garnie de maints monuments funéraires mais son principal élément d'intérêt est le vitrail du chœur du 16e s., provenant de Gouda (Hollande) dont le sujet montre une Crucifixion : de part et d'autres figurent les juvéniles donateurs Catherine d'Aragon et le fiancé de celle-ci, le prince Arthur, frère aîné de Henri VIII (Catherine veuve à 16 ans, épousera à 24 ans Henri VIII âgé de 18 ans). Voir aussi les fonts baptismaux, œuvre de Nicholas Stone (17e s.) et, dans la nef Sud, des vitraux contemporains dus à John Piper.

Contourner l'abbaye de Westminster et prendre à gauche Great Smith Street puis encore à gauche Great Peter Street et, par Lord North Street, pénétrer dans Smith Square.

Smith Square. – Ce square (n° 6 et 9) et ses entours (Lord North Street et Cowley Street) résultent d'un programme d'urbanisme conçu vers 1720 par James Smith et matérialisé par de charmantes maisons de briques.

L'église St-Jean **(St John's),** édifice de la même époque, a été transformée en centre culturel.

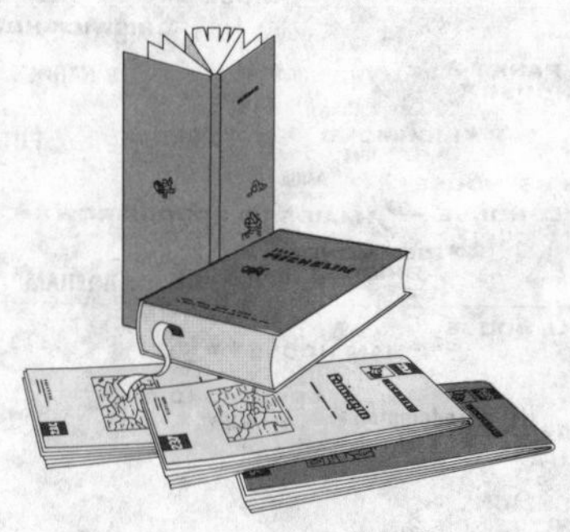

LE GRAND LONDRES

Curiosités classées par ordre alphabétique

Les lettres accompagnant les titres des curiosités correspondent au carroyage du plan ci-dessous.

Souvent sombre et monotone en ses faubourgs **(suburbs)**, l'immense banlieue de Londres conserve cependant, surtout au voisinage de la Tamise, des châteaux et des parcs agréables.

Au 19e s. sous le règne de Victoria est née la banlieue londonienne avec le lotissement des domaines **(estates)** de Chelsea, Notting Hill, Bayswater qui sont maintenant intégrés à la ville. En quelques dizaines d'années le rayon de la Londres urbaine passe de 5 à 15 km et des milliers de petites maisons de briques, peintes ou non, s'alignent à l'infini, parfois collées les unes aux autres (terrace), parfois entourées d'un minuscule jardin.

Entre les deux guerres, l'urbanisation s'accroît, se développant le long des routes (ribbon development) et des voies ferrées.

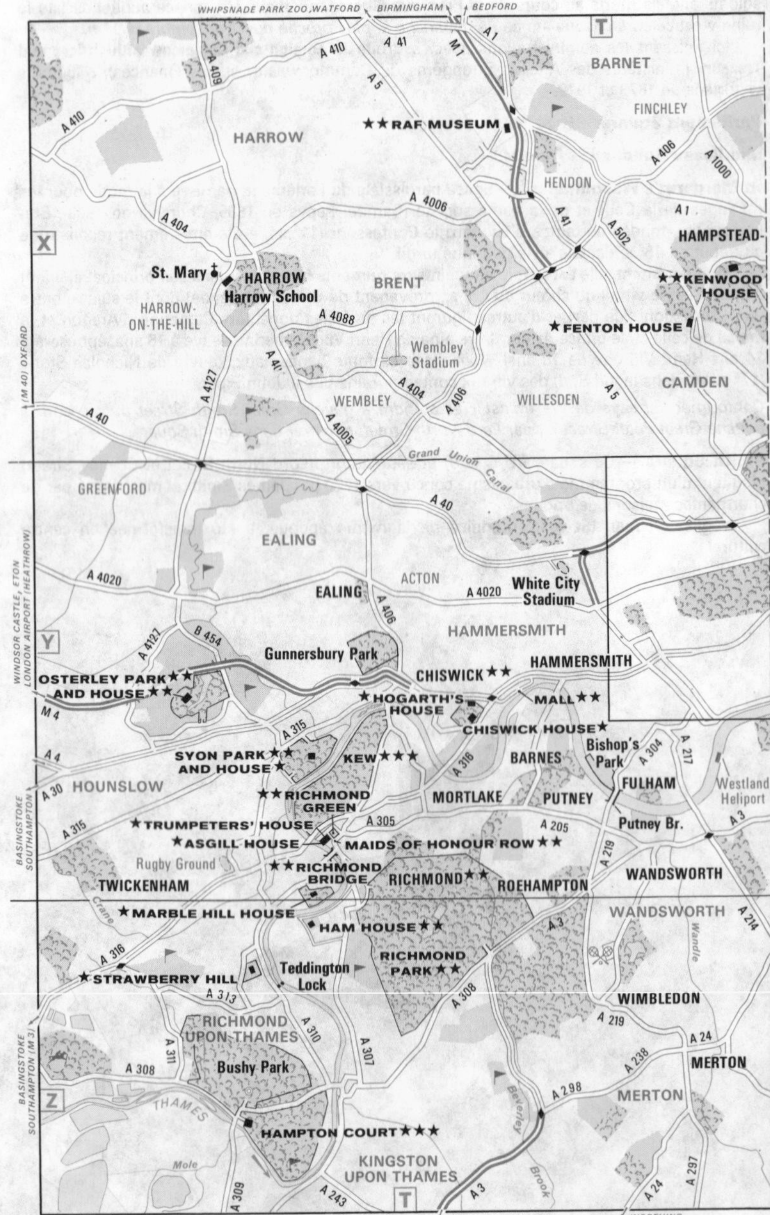

Le **Grand Londres** est administré, depuis 1965, par le **Greater London Council** *(p. 115)*, organisme qui dispose d'un budget alimenté surtout par le produit des taxes immobilières. Le GLC gère les comtés de Londres (sauf la City) et du Middlesex, une partie de ceux du Kent, du Surrey, du Hertfordshire et de l'Essex. Des changements administratifs sont prévus en 1986.

La banlieue Ouest a un aspect résidentiel et cossu, tandis que le secteur Est (East End) ou **Tower Hamlets,** est plus populaire. Cependant l'aspect général est marqué par la présence d'espaces verts communaux dits « commons » et, depuis 1935, par l'ambitieux projet de la « ceinture verte » **(Green Belt)** d'une largeur de 15 km environ, qui devait entourer l'agglomération, mais qui n'a pas été totalement réalisé. Quelques grands ensembles, « Estates » et « New Towns », ont été par ailleurs construits dont le plus réussi semble être **Roehampton Estate,** réalisé en 1957. En 1970 la Lea Valley a été mise en valeur par la création de plans d'eau et de terrains de sport à la place des carrières de terres à briques.

Chaque jour ouvrable, près de 1 200 000 banlieusards, les fameux **« commuters »,** font l'aller et retour de leur résidence à leur lieu de travail : 48 % environ utilisent le bus ou le métro, 39 % le chemin de fer ; les autres, un moyen de transport individuel.

Pour tout ce qui fait l'objet d'un texte dans ce guide (promenades, quartiers, sites, curiosités, rubriques d'histoire ou de géographie),

reportez-vous à l'index alphabétique, à la fin du volume.

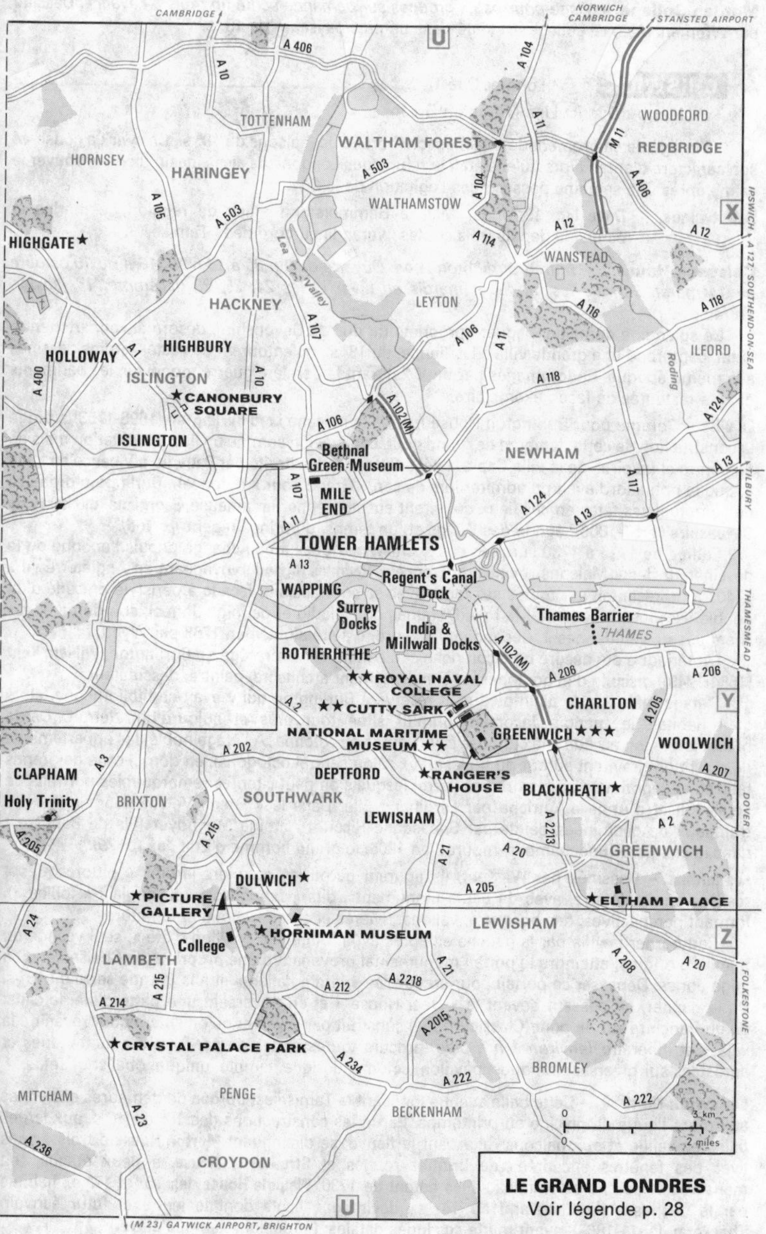

LE GRAND LONDRES
Voir légende p. 28

BARNES (Londres Ouest)

TY – Chemin de fer : Barnes Bridge, au départ de Waterloo Station.

Barnes a conservé son caractère champêtre : **Green** entouré d'arbres, étang, auberge du 19e s. aux murs couverts de planches et ancienne école du village.

St Mary's Parish Church. – De l'église Ste-Marie consacrée en 1215, après la signature de la Grande Charte, et détruite par le feu en 1978, il reste quelques vestiges : la partie Est de l'aile Sud, trois fenêtres gothiques et des fragments d'une frise peinte.

Au début de **High Street,** demeure où vécut l'écrivain Henry Fielding, en 1750.

Sur **Barnes Terrace,** s'alignent au bord de l'eau, résidences et cottages du 18e s., deux auberges donnant une bonne idée de l'architecture d'un pub au 19e s.

BLACKHEATH ★ (Londres Est)

UY – Chemin de fer : Blackheath, au départ de Charing Cross ou London Bridge Stations.

Blackheath occupe une vaste étendue entourée de majestueuses **« terraces »** et **demeures**★, la plupart en briques et pierres ou revêtues de stuc. Elles datent du 18e s. et du début du 19e s., à l'époque où les négociants, enrichis par la rapide extension des docks, commencèrent à s'implanter dans les environs.

Le calme actuel dément un passé agité et prestigieux : voleurs de grand chemin, troupes rebelles des 14e et 15e s. ; rassemblement autour de Henri V après sa victoire à Azincourt, en 1415 ; premier terrain de golf innové, paraît-il, par Jacques Ier, en 1608.

Parmi l'alignement presque constant de maisons regardant le green, **Colonnade House,** sur South Row, est décorée sur toute sa façade par un portique toscan du début du 19e s., d'où son nom ; **The Paragon** présente en léger arc de cercle, sept villas de briques à colonnes du 18e s.

Morden College. – *Visite pour petits groupes sur demande écrite un mois à l'avance.* Dessiné par Wren en 1695, ce collège est situé dans un parc paysager du 18e s.

CHISWICK ★★ (Londres Ouest)

TY – Métro : District Line (Turnham Green).

A l'image de sa promenade (Mall) encore bordée de maisons du 18e s., Chiswick a conservé son caractère d'antan alors qu'elle était le refuge des Londoniens aisés, désireux de retrouver le calme après une semaine passée dans l'agitation de la City.

Pub typique. – **Dove Inn,** 19 Upper Mall, à Hammersmith : lieu de réunion de marins et écrivains depuis trois siècles ; véranda au bord de la Tamise.

Chiswick House★. – *Entrée Burlington Lane. Ouverte de 9 h 30 à 18 h 30 (16 h du 16 octobre au 14 mars). Fermée les lundis et mardis en hiver et les 24, 25, 26 décembre, 1er janvier. Entrée : 50 p.*

Ce splendide domaine, naguère propriété du duc de Devonshire, désormais appartenant à l'État, comprend une grande villa à l'italienne, du 18e s., qu'entourent de vastes jardins dessinés à la même époque. Endommagés par un V 2 durant la dernière guerre mondiale, les bâtiments ont été restaurés de façon exemplaire.

La villa. – Comme pour Burlington House *(p. 96),* le mécène **Lord Burlington** (1695-1753) a dirigé la construction de cette demeure de grand goût, conçue non comme un lieu d'habitation mais de rencontre et inspirée de la villa Capra, dite la Rotonda, construite par Palladio à Vicence en Italie et que le noble lord avait pu admirer lors de son « Grand Tour » européen. Burlington organisa de somptueuses fêtes en ces lieux qui virent ensuite régner la fameuse **Georgiana, duchesse de Devonshire** (1757-1806), égérie des Whigs et, un temps, du prince régent *(p. 106).*

Édifiée de 1725 à 1730 sur plan carré, Chiswick House a peu changé depuis l'époque où le dessinateur des « Maisons royales de France », **Jacques Rigaud** , voyageant en Angleterre vers 1740, la représentait sur toutes ses faces avec sa spectaculaire façade à péristyle précédé d'un double escalier monumental (au pied, statues de Palladio et de Inigo Jones), son dôme et ses cheminées « vénitiennes ». Cependant l'aile droite a été ajoutée en 1768 par Wyatt.

L'intérieur a été décoré de façon riche et élégante par le protégé de Burlington, **William Kent** (1684-1749), disciple d'Inigo Jones, et simultanément architecte, peintre, dessinateur.

L'étage inférieur de plain-pied était réservé à Burlington qui y avait sa bibliothèque, alors qu'il habitait le manoir Jacobéen primitif situé tout près et aujourd'hui détruit. De la bibliothèque, on accède à la curieuse cave voûtée en rotonde. A l'étage noble, les appartements de réception gravitent autour du majestueux salon central octogonal, en dôme, orné de grands tableaux allégoriques ou historiques parmi lesquels on peut citer les remarquables portraits de Louis XIII et d'Anne d'Autriche par Ferdinand Elle. Dans le « Green Velvet Room » voir les trumeaux de cheminées peints par Sebastiano Ricci et Antoine Monnoyer (fils de Baptiste) ; dans la chambre (Bedchamber) mourut, en 1806, le grand homme d'État **Fox** *(p. 79).*

Les jardins. – Dessinés par W. Kent, ils figurent parmi les premiers jardins « pittoresques » réalisés en Angleterre, avec de petits monuments, dits « fabriques » (en anglais « follies »), formant perspectives, des bosquets, vallons, rivières et cascades imitant la nature.

Contourner la villa par la gauche et, après avoir longé le « pavillon d'été », seul vestige du manoir d'origine, atteindre le portail monumental provenant d'une propriété de Chelsea et dû à Inigo Jones. Dépasser ce portail pour accéder au « jardin italien » et à la grande serre du 19e s. De là gagner, en passant devant la « Deer House » et en traversant une patte d'oie, le canal qu'on franchira sur un pont (Classic Bridge) construit par Wyatt et qu'on suivra pour revenir à la villa. Cet itinéraire *(environ 1 h à pied)* procure toutes sortes de perspectives inattendues et agréables sur diverses fabriques, pavillon, colonne dorique, temple ionique, obélisque, etc.

Chiswick Mall★★. – Cette belle avenue longeant la Tamise est bordée de demeures anciennes aux murs fleuris de glycine au printemps. Parmi les constructions des 18e et 19e s. aux larges baies en saillie et aux balcons regardant le fleuve, se distinguent **Morton House** à trois étages avec des fenêtres encadrées de briques rouges et **Strawberry House,** à deux étages, toit mansardé et porche à colonnes ; elles datent de 1730. **Walpole House** des 16e et 17e s., habitée par la duchesse de Cleveland au 18e s., devint une école dont le jeune et futur écrivain Thackeray (1811-1863), ayant quitté ses Indes natales, fut quelque temps l'élève.

Maison de Hogarth★ (Hogarth's House). – *Great West Road. Visite de 11 h (14 h dimanches et fêtes) à 18 h, de 11 h à 16 h d'octobre à mars. Fermée le mardi (en hiver) et le 1er janvier, ainsi que les 15 premiers jours de septembre et les 3 dernières semaines de décembre.*

Située non loin de l'église, cette maison, où demeura Hogarth *(p. 26)* durant près de 15 ans, abrite des souvenirs de l'artiste ainsi qu'une collection de ses peintures, dessins et gravures.

Bedford Park. – Près de la gare de Turnham Green, typique cité-jardin victorienne, construite de 1875 à 1885 : maisons style « Queen Anne », bâties sur les plans de R.-N. Shaw.

Église St-Nicolas (St Nicholas Parish Church). – Cette église reconstruite en 1884, possède une tour crénelée de 1436, épaulée de contreforts. A l'intérieur, tombe du voyageur français **Jean Chardin** *(p. 144)*. Dans le cimetière sont ensevelis des artistes comme W. Kent qui repose dans le tombeau de son ami Burlington, et Hogarth.

CLAPHAM (Londres Sud)

UY – Métro : Northern Line (Clapham Common).

Le village de Clapham devint un lieu résidentiel aux 17e et 18e s., lors des épidémies et des incendies qui ravageaient Londres. Desservi par le métro dès 1870 et par les autobus en 1912, ce faubourg de la capitale fait partie maintenant du Grand Londres.

Parmi les habitants célèbres, citons : l'historien Macaulay (1800-1859), le physicien Henry Cavendish (1731-1810), le cardinal Bourne (1881-1935).

North Side. – Cette avenue au Nord du pré communal (Clapham Common) où a lieu un important concours hippique *(p. 18)*, possède des maisons du 18e s.

Holy Trinity. – Située au Nord-Est du « common », cette église a été érigée en 1776 ; son portique et sa tourelle d'horloge datent de 1872.

Crescent Grove. – Cette rue (donnant dans Clapham Common South Side) forme un arc de cercle bordé de maisons de stuc identiques ; c'est le seul témoin d'un ensemble créé par **Thomas Cubbitt,** en 1870, dans Clapham Park Estate. Dans **Old Town,** rue de la Vieille ville, il y a quelques maisons de style géorgien ; dans Rectory Grove, rue en prolongement menant à l'église St-Paul, remarquer au n° 52, une demeure décorée en Coade Stone *(p. 25)*.

St Paul's Church. – Construite à l'emplacement d'une église médiévale (Holy Trinity détruite en 1774), cette église en brique (1814), abrite des monuments funéraires du 15e au 19e s.

CRYSTAL PALACE PARK ★ (Londres Sud)

UZ – Chemin de fer : Crystal Palace, au départ de Victoria Station.

Couvrant une surface de 80 ha sur les hauteurs verdoyantes qui bordent Sydenham au Nord, le **parc du Crystal Palace** tient son nom du gigantesque édifice de verre et de fer construit pour l'Exposition Universelle de 1851 *(p. 73)*, remonté ici en 1854 mais anéanti par le feu en 1936. On trouve un zoo pour enfants *(ouvert d'avril à octobre de 13 h 30 à 17 h 30 – 11 h à 18 h pendant les vacances scolaires)* et dans les îles du lac, des effigies en plâtre d'animaux préhistoriques appelés **« les monstres ».** Complexe sportif avec piste de ski artificielle, piscine, tennis. Concerts.

DULWICH ★ (Londres Sud)

UYZ – Chemin de fer : North Dulwich, au départ de London Bridge Station ; West Dulwich au départ de Victoria Station.

Dans un cadre verdoyant, **Dulwich** (prononcer Dâlitche) est devenu un faubourg de Londres tout en conservant son charme rural. Les maisons seigneuriales du 17e s. se mêlent aux résidences des 18e et 19e s. élevées par les marchands de la City.

Dulwich Village. – Rue large plantée d'arbres avec quelques maisons anciennes : n° 60, 62 **(The Laurels, The Hollies)** datant de 1767, nos 103, 105 construites en 1700. Par contre les nos 93, 95 furent élevés en 1934.

Dulwich Park. – Ce parc de plus de 4 ha, fleuri au printemps de rhododendrons et azalées, possède un lac peuplé d'oiseaux et une aire de jeux.

Old College. – Près du parc de Dulwich, dans le triangle formé par College Road et Gallery Road, s'élève le **Vieux collège.** Son fondateur, l'acteur **Edward Alleyn** (1566-1626), brillant interprète de Shakespeare, se retira de la scène en 1605, acheta un manoir à Dulwich et créa un établissement charitable qui prit, en 1619, le nom de Chapel and College of God's Gift (chapelle et collège du Don de Dieu). La chapelle remaniée en 1823, abrite les restes d'Edward Alleyn (marbre renouvelé en 1816, l'original étant dans le cloître).

Dulwich Picture Gallery★. – *Visite de 10 h à 13 h et de 14 h à 17 h. Fermé le dimanche matin, le lundi et les jours fériés. Entrée : 60 p.*

Cet **édifice,** bâti sur les plans de John Soane *(p. 70)* et ouvert en 1814, fut la première galerie publique de tableaux en Angleterre, dix ans avant la National Gallery.

Le noyau de la **collection,** en dehors des 39 peintures comprenant le portrait du propriétaire, Edward Alleyn, a été constitué par **Noël Joseph Desenfans,** natif de Douai, professeur de langues devenu riche marchand de tableaux. Établi à Londres, il avait été chargé de former une Galerie Nationale pour le roi de Pologne, Stanislas dont on pourra voir un portrait au pastel.

Malheureusement, le souverain ayant abdiqué en 1795, la galerie resta à la charge de Desenfans qui, après avoir essayé de la vendre, la joignit à sa collection personnelle et légua le tout à son ami le peintre Francis Bourgeois.

Londonien d'origine suisse, **Francis Bourgeois** (1756-1811) était un paysagiste, élève de Loutherbourg et collectionneur. A son tour il offrit le fonds Desenfans, augmenté de sa propre collection, au college God's Gift ; il y joignit une somme d'argent destinée à construire un bâtiment jouant à la fois le rôle de mausolée pour les donateurs et de galerie d'exposition.

Mausolée. – *Face à l'entrée.* Tombeaux de Noël Desenfans, de sa femme Marguerite, de leur ami Francis Bourgeois.

Salle 1. – Gainsborough : série de portraits parmi lesquels ceux de Loutherbourg et des sœurs Linley.

Salle 2. – De **Reynolds,** Portrait de Mme Siddons. Nombreux tableaux de **Téniers le Jeune.** Van Dyck (un duc de Savoie, Samson et Dalila).

Salle 3. – Rubens (la duchesse de Buckingham, Agar sous les traits d'Hélène Fourment) ; Van Dyck ; Murillo (La Bouquetière).

Salle 4. – Claude Lorrain (Jacob accompagné de Laban et ses filles) ; paysages et scènes pastorales de Poussin ; Véronèse ; Le Brun (Massacre des Innocents).

Salle 5. – Jeunes paysans de Murillo.

Salle 6. – Nombreuses œuvres de **Cuyp** (1620-1691), paysagiste et peintre d'animaux, spécialiste des effets de soleil : Troupeau et personnages près d'une rivière.

Salle 7. – École hollandaise : Van de Velde, Téniers, Van Huysum.

Salle 8. – Deux petits Raphaël ; Tiepolo, Canaletto, P. di Cosimo (portrait d'un jeune homme).

Salle 9. – Autoportrait de Reynolds ; portraits de Lawrence ; Nellers.

Salle 10. – Rubens (Vénus, Mars et Cupidon) ; P. Lely (Dame en bleu) ; Van Dyck (Coucher de soleil, Paysage avec un berger).

Salle 11. – Rembrandt (Jeune fille à sa fenêtre, Titus, fils de l'artiste).

Salle 12. – Watteau (le Bal champêtre) ; un charmant Lancret (la fête champêtre).

College Road. – La petite maison, au n° 31, Pickwick Cottage est sensée être la retraite envisagée par Dickens pour son héros. Bell House en briques (1787), s'oppose à Bell Cottage, à pans de bois. Le **Dulwich College** dépendant du Vieux Collège et situé à 600 m au Sud de ce dernier, fut élevé de 1866 à 1870 par Charles Barry, en briques rouges de style Renaissance, avec un campanile et des arcades reliant les bâtiments.

Face au collège, à côté de l'étang (Mill Pond), un groupe de maisonnettes (Pond Cottages), certaines à colombage, datent du 18e s. Plus bas se trouve l'ancien octroi **(Toll Gate).**

Plus au Sud, **Kingswood House** *(accessible par Alleyn Park),* demeure crénelée du 19e s., a été transformée en bibliothèque et centre populaire : intérieur de style « Jacobean ».

EALING (Londres Ouest)

TY – Métro : District et Piccadilly Lines (Ealing Broadway Station).

Ealing Abbey, St Benedict's Church. – *Charlbury Grove.* Cette **abbaye** bénédictine supprimée au 16e s. par Henri VIII, a retrouvé vie dans des bâtiments monastiques et une **église** St-Benoît, de style néo-gothique (1897-1935).

Pitshanger Manor. – *Walpole Park, Ealing Central Library.* Ce **manoir** (actuellement bibliothèque) conçu par **George Dance** junior en 1770, avait été acheté par **John Soane** en 1800, comme résidence champêtre. Les colonnes de l'entrée ont été ajoutées au 19e s.

St Mary's Parish Church. – L'**église Ste-Marie** (1866) en briques sombres, abrite une plaque tombale en cuivre (brass) du 15e s.

Gunnersbury Park. – Dans ce parc, deux maisons acquises par les Rothschild en 1835 et 1889, sont transformées en **musée** d'histoire locale et du transport au 19e s. *(visite du 1er mars au 31 octobre, du lundi au vendredi de 13 h à 17 h, les samedis, dimanches et fêtes, de 14 h à 18 h ; fermeture à 16 h le reste de l'année ; fermé le Vendredi Saint, les 24, 25 et 26 décembre).*

Dans le cimetière Kensington voisin, Katyn Memorial, obélisque couronné d'un aigle d'or dressé en 1976 en souvenir du massacre de 4 500 officiers polonais trouvés sur le sol russe, en 1943.

FULHAM (Londres Ouest)

TY – Métro : Putney Bridge (District Line).

Longtemps connue comme résidence estivale des évêques de Londres puis au 19e s. comme « le verger et le jardin potager du Nord de la Tamise », Fulham est un ancien village situé sur la rive gauche du fleuve, face à Putney auquel le relie **Putney Bridge** *(p. 123),* pont d'où se donne le départ du célèbre match annuel d'aviron entre les « huit » d'Oxford et de Cambridge *(p. 18).* De chaque côté du pont se dresse une tour d'église : côté Putney *(p. 180),* St Mary du 15e s., côté Fulham, All Saints Church.

All Saints Church. – Encore entourée de son vieux cimetière, cette église de style gothique a conservé une belle tour fortifiée du 14e s. La nef, restaurée au 19e s. par A. Blomfield, abrite des tombeaux d'évêques, principalement du 17e s. Près de l'église, remarquer une construction du 19e s., Powell Almshouse, maison de retraite enserrant un jardin.

Bishop's Park. – S'allongeant le long de la Tamise, le parc de l'évêque est ainsi nommé parce qu'il dépendait du **Fulham Palace** *(accès aux jardins seulement),* palais que les évêques de Londres possédèrent ici du 17e s. jusqu'à 1868. Une terrasse dominant le fleuve, une allée de platanes centenaires, des parterres fleuris, un théâtre de plein air et des jeux pour enfants contribuent à son agrément.

Fulham Pottery. – *210 New King's Road.* Cette **poterie** établie par John Dwight en 1671 était connue pour ses grès et ses statuettes. C'est actuellement un fournisseur en matériel pour les écoles et les artisans potiers.

Hurlingham House. – En aval du pont, cette demeure du 18e s. *(club privé)* entourée d'arbres, rappelle les vastes propriétés d'autrefois.

Charing Cross Hospital. – *Fulham Palace Road.* Cet hôpital, aux lignes pures, a remplacé en 1973, celui de 1831, conçu par Decimus Burton à Charing Cross, au centre de Londres.

GREENWICH ★★★ (Londres Est)

Accès. – On peut atteindre Greenwich (UY) par fer au départ de Charing Cross (20 mn), Waterloo, Cannon Street (arrivée à Maze Hill plus 5 mn de marche) ou par route (bus au départ de Victoria Station et de Victoria Embankment). Durant la belle saison, d'avril à octobre, il est préférable de faire le trajet par eau, en empruntant les vedettes qui, au départ des embarcadères de Westminster Pier *(de 10 h à 17 h)*, de Charing Cross *(de 10 h 30 à 16 h 30)* et de Tower Bridge *(11 h 30 à 17 h)*, descendent la Tamise jusqu'à Greenwich Pier *(départ toutes les 20 ou 30 mn ; durée du trajet : 30 à 45 mn, aller). Renseignements ☎ 730 4812.*

Greenwich évoque le méridien auquel la ville a donné son nom. C'est aussi une promenade de la journée au départ de Londres, qui allie les agréments d'un site et d'un parc, aux découvertes d'une École Navale, d'un musée de la Marine et d'un Observatoire.

Pubs typiques. – **Cutty Sark Tavern,** Ballast Quay : intérieur avec boiseries géorgiennes.
Trafalgar Tavern, Park Row : 1837 (restauré), célèbre pour ses fritures ; balcons sur la Tamise.
Yacht Tavern, Crane Street : agréable terrasse sur la Tamise.
Plume of Feathers, Park Vista : petit « café » du 18ᵉ s.

Un séjour royal. – Greenwich fit partie de sites chers aux souverains anglais.

A l'origine, Greenwich était un village de pêcheurs. En 1428, le duc de Gloucester fait construire une demeure, **« Bella Court ».** En 1433, Henri VI transforme 200 acres de terrain en parc ; sa veuve, la reine Marguerite d'Anjou donne le nom de **« Placentia »,** Plaisance, au château rénové par ses soins.

Tudor Palace (Palais Tudor). – **Henri VIII,** né à Greenwich, fit agrandir le palais et peupler le parc de daims. Il crée la fameuse **Armurerie Royale,** composée au début d'artisans italiens et allemands, dont la production allait rivaliser celle de Milan et de Nuremberg. Naissent au palais les futures reines Marie Iʳᵉ (1516), fille de Catherine d'Aragon 1ʳᵉ femme d'Henri VIII, puis Élisabeth Iʳᵉ (1533) fille de sa 2ᵉ femme Anne Boleyn ; il épousera Anne de Clèves, sa 5ᵉ femme, en 1540 à Greenwich. C'est au palais que mourra son unique fils et successeur, le jeune roi Édouard VI, qu'il avait eu de sa 3ᵉ femme, Jane Seymour.

Palladian House, Pretty Palace (Maison Palladienne, Palais Joli). – L'épouse de Jacques Iᵉʳ Stuart, **Anne de Danemark,** se plaisait, elle aussi, à Greenwich et entreprit de faire construire pour elle, en 1617, un pavillon sur les plans d'**Inigo Jones** qui s'inspira de Palladio, architecte italien du 16ᵉ s. Cependant, à la mort de la reine, en 1619, les travaux n'en étaient qu'aux soubassements et c'est l'épouse de Charles Iᵉʳ, **Henriette-Marie,** qui les fit reprendre en 1629. Elle surveilla attentivement le décor intérieur, achevé en 1637 et enrichi de la collection de marbres de Charles Iᵉʳ. Le couple princier aimait aussi à se promener dans le parc ainsi que le montre un grand tableau (1633) de l'Anversois Van Stalbemt où on voit les souverains, accompagnés de leur suite, sur la colline que couronne aujourd'hui l'Observatoire.

Laissé à l'abandon durant la domination de Cromwell, le domaine fut, à la Restauration, repris par les Stuarts et la Reine-Mère Henriette-Marie put se réinstaller dans son pavillon. **Charles II,** de son côté, fit abattre les bâtiments Tudor du château et entreprendre, par Webb, le pavillon du Roi. La construction du **« Pretty Palace »** fut abandonnée faute de fonds, à l'exception de l'Observatoire.

Du Royal Hospital au Royal Naval College. – Le pavillon du Roi allait être incorporé dans le nouvel Hôtel des Invalides de la Marine, construit sur les plans de Wren et affecté depuis 1873 à l'École Navale *(p. 163)*. Depuis le 18ᵉ s. les souverains anglais ont délaissés Greenwich, mais les yachts royaux y ont conservé leur poste d'amarrage.

■ PRINCIPALES CURIOSITÉS

Le « Cutty Sark »★★. – *Visite de 10 h 30 (14 h 30 le dimanche et le Vendredi Saint) à 18 h (17 h d'octobre à mars). Fermé les 24, 25 et 26 décembre et 1ᵉʳ janvier. Entrée : £ 1 ; enfants : 50 p.* Lancé en 1869 ce majestueux trois-mâts aux lignes si pures est sorti des chantiers navals de Dumbarton, sur la Clyde, en Écosse. Utilisé à l'origine pour l'importation en Angleterre du thé d'Extrême-Orient, ce « clipper » d'environ 1 000 tonneaux, mesurant hors tout près de 90 m de longueur, fut rapidement concurrencé par les bateaux à vapeur, après l'ouverture du canal de Suez. Il se convertit alors en vue du transport de la laine d'Australie. Il fallait compter 70 jours à l'aller 80 au retour à pleine charge (5 000 balles de laine) pour accomplir le périlleux périple comprenant le franchissement du cap Horn.

Vendu à une compagnie portugaise après 1895, il voyage sous le nom de « Ferreira » puis de « Maria do Amparo » pour retrouver son nom, 27 ans plus tard. Aménagé en navire-école en 1922, le Cutty Sark a été transféré à Greenwich en 1954, mis en cale sèche, et transformé en une sorte de musée nautique.

Extérieurement, observer l'incroyable enchevêtrement de vergues, de poulies et d'agrès tributaires des mâts qui sont. de la proue à la poupe, le mât de misaine, le grand-mât et le mât d'artimon. La figure de proue (1956) dont l'original restauré se trouve à l'intérieur, représente la sorcière « Nannie » portant une courte tunique dite « cutty sark ». Sortie de la légende et chantée par l'Écossais Robert Burnes (1759-1796) dans son poème « Tam O'Shanter », la jeune Nannie court-vêtue, surprise en plein sabbat par le fermier Tam en état d'ivresse, le poursuit et réussit à arracher la queue de son cheval alors qu'il saute la rivière.

La visite intérieure permet d'évoquer la vie à bord d'un voilier au siècle dernier. Sur l'entrepont des caisses de thé et des balles de coton rappellent les cargaisons d'antan ; des couchettes rudimentaires occupant les flancs du bateau ont servi à l'équipage jusqu'en 1871. Dans les cales aux poutrelles de fer boulonnées sur des planches de bois (caractéristique de l'époque), belles **figures de proue**★ de navires marchands du 19ᵉ s. : Hiawatha, le chef indien du poème de Wadsworth, Lalla Rooke (1836) coiffé d'un turban, une Mariane tricolore, la Dame à la Rose (1876), un Roi saxon tout doré, Nightingale, un Aigle d'or.

Un tableau de photos et dessins retrace le voyage en solitaire autour du monde de **Francis Chichester** (1966-67) sur le **Gipsy Moth IV,** un « Ketch » de 11 tonneaux, que l'on peut visiter *(en saison)* ; il se trouve à proximité du Cutty Sark.

En quittant les bateaux, emprunter la rue principale, Greenwich Church Street qui mène à l'église. Auparavant tourner à gauche dans le passage piéton Turnpin Lane, il traverse une halle couverte (1908) et donne sur King William Walk qui longe l'Hôpital.

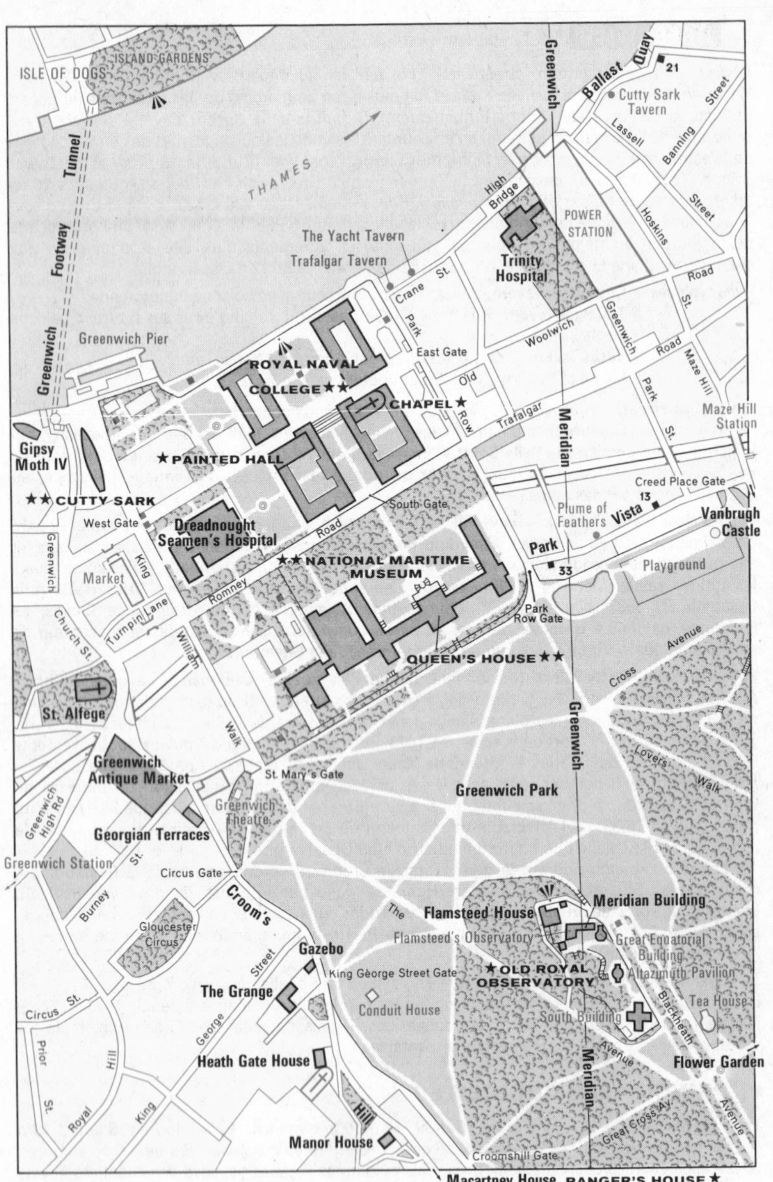

Dreadnought Seamen's Hospital. – Hôpital-infirmerie construit en 1764 sur les plans de James Stuart, dit l'Athénien, pour les marins de cuirassé.

Tourner à droite puis à gauche dans Romney Road.

Musée national de la Marine★★ (National Maritime Museum). – *Visite de 10 h à 18 h (17 h 30 en hiver) ; le dimanche de 14 h à 17 h 30 (17 h en hiver). Fermé le 1er janvier, le Vendredi Saint, le 1er mai et les 24, 25 et 26 décembre. Entrée : £ 1 ; enfants : 50 p. (billets combinés avec l'Observatoire : £ 1.50 et 75 p).* Ses collections très riches et variées illustrent, par des peintures dont certaines très remarquables, des maquettes, des documents, l'histoire navale de la Grande-Bretagne. Elles sont disposées dans des bâtiments comprenant un pavillon central du 17e s. (Queen's House) qu'un portique relie à deux ailes du 19e s. Si l'on désire voir les collections dans leur ordre chronologique, il faut commencer par le pavillon de la Reine puis continuer par l'aile Ouest consacrée au 18e s. et aux campagnes navales contre Napoléon, pour terminer par l'aile Est qui marque l'évolution de la marine anglaise du 19e s. à nos jours.

Pavillon de la Reine★★ (Queen's House). – *Fermeture provisoire pour restauration.* Chef-d'œuvre d'**Inigo Jones** *(p. 22)*, ce bâtiment d'une sobre élégance est la première construction d'influence palladienne réalisée en Grande-Bretagne (de 1617 à 1637). Côté cour, son escalier à double volée, côté jardin, sa loggia et, côté ciel, son toit en terrasse bordé de balustres rappellent en effet l'architecture des villas vénitiennes élevées par Palladio et son élève Scamozzi au 16e s.

L'intérieur, malgré certains remaniements, est typique des influences palladiennes, notamment par son grand **salon à l'italienne** ceint d'une galerie à mi-hauteur et dont le volume forme un cube parfait, manifestant l'intérêt porté par Jones aux concepts mathématiques de la Renaissance. Le plafond de ce salon, à compartiments, a malheureusement perdu ses peintures allégoriques d'Orazio Gentileschi, représentant les Arts et les Sciences, exposées aujourd'hui à Marlborough House *(p. 103)* et partiellement remplacées ici, en 1972, par une composition attribuée à James Thornhill (18e s.). Remarquer que le dessin du carrelage et celui du plafond se répondent. Autre élément spectaculaire, l'escalier, connu sous le nom de **Tulip Staircase,** en raison du motif floral de la rampe de fer forgé, s'enroulant autour d'une cage en forme de puits : il conduit aux Appartements de la Reine.

Reconstituée dans son état ancien, la **Chambre de la Reine** est une pièce magnifique tournée vers le fleuve ; le décor est celui du temps d'Henriette-Marie, exécuté très probablement d'après des projets d'Inigo Jones lui-même, encore que la peinture du plafond, œuvre de James Thornhill, soit plus tardive (début 18e s.).

Des tableaux remarquables ornent les intérieurs du pavillon de la Reine : marines comme la Bataille de Lépante (1571) et la Bataille du Texel (1673) par les **Van de Velde,** peintres hollandais qui eurent durant quelque temps un atelier aménagé au rez-de-chaussée du pavillon ; portraits tels ceux d'Henriette-Marie par Van Dyck, Inigo Jones par Dobson, Pepys *(p. 27)* par Kneller, Jacques II Stuart par Largillière.

Dans la partie Sud de Queen's House, au-delà de la Colonnade se trouve, au rez-de-chaussée, l'**Orangerie** entourée de petites salles où sont rassemblées, côté Ouest, des toiles du Vieux Greenwich (1680 – par J. Vosterman) et des vues plus récentes (1954 – Chalands par Norman Wilkinson, célèbre pour ses nombreuses peintures sur la guerre). Noter aussi par James Thornhill, le portrait d'un vieillard symbolisant l'hiver (étude pour le plafond du Réfectoire de l'École Navale). Côté Est, une vitrine renferme des astrolabes près d'un portrait de Galilée par Domenico Robusti, fils du Tintoret ; marines de Van de Velde le Jeune.

Au 1er étage, les cabinets Sud-Ouest sont meublés à la flamande (tapisseries et tableaux). Dans les cabinets Sud-Est, les deux salles du fond possèdent de merveilleuses **grisailles★** des 17e et 18e s.

Aile Ouest★ (West Wing). – Les galeries sont réparties sur trois niveaux et une mezzanine en sous-sol.

Au **1er étage,** histoire maritime sous Guillaume III et la reine Anne (1689-1714). Guerre de 7 ans contre la France (1756-1763). Arsenal Royal au 18e s.

Au **rez-de-chaussée,** salles consacrées au capitaine **Cook** durant ses explorations du Pacifique de 1768 à 1779 ; l'Amérique du Nord (campagnes maritimes aux 17e et 18e s.) ; **Nelson** (Bataille de Trafalgar, par Turner) et souvenirs le concernant, en particulier la tunique portée le 21 octobre 1805, à Trafalgar, où l'on voit sur l'épaulette gauche la trace du boulet qui causa sa mort (la manche droite replié rappelle le bras perdu à Ténériffe, en 1797).

Remarquables salles de la **Navigation** *(accès au Dolphin Cafeteria).* Cartes et mappemondes, planisphères du 16e au 17e s., globe terrestre (1613), globe céleste de Mercator (1551). Dans une vitrine, mini-globes de poche (Pocket-globes) du 18e au 20e s. dans leur écrin sphérique présentant à l'intérieur les constellations de la carte du ciel.

Splendides **chronomètres★★** (Marine Timekeeper) du 18e s. que l'on peut actionner soi-même. **John Harrison** (1693-1776) fut le premier à réaliser un appareil pour déterminer la longitude en mer ; comparer ses quatres modèles (1735-1737-1757-1759) ainsi que celui de **Kendall** (1774) qui servit au capitaine Cook pour son 3e voyage.

Le **New Neptune Hall★** abrite le **Reliant** (1907 – en service jusqu'en 1969), remorqueur à vapeur propulsé aussi par une roue à aubes que l'on voit tourner. Une coupe permet d'examiner la soute, les cabines à matelots, la salle des machines (pistons en action) ; un atelier de réparation a été reconstitué. Sur le pont, des vitrines avec maquettes montrent le développement du bateau à vapeur de 1830 à 1914.

Dans la **Barge House** est exposée la longue barque royale richement sculptée du prince Frédéric **(Prince Frederick's Barge),** dessinée par William Kent en 1732 ; elle a été utilisée pour la dernière fois en 1849. Plus petite mais plus ancienne, la précieuse chaloupe de la reine Marie II (Queen Mary's shallop) date de 1689 ; elle fit partie du cortège de Paix qui eut lieu sur la Tamise en 1919.

Au **sous-sol** *(accès direct par Barge House),* on suit les progrès de la construction navale aux 14e et 15e s. ; les travaux d'archéologie sur d'anciennes embarcations trouvées en Grande-Bretagne (âge du bronze, ère des Vikings) ; la navigation de plaisance du 17e s. à nos jours. La dernière salle abrite la grande maquette du Cornwallis, bâtiment de guerre de 1815, à 74 canons.

Aile Est (East Wing). – On y assiste au passage de la voile à la vapeur.

Au **1er étage,** toiles de Turner, batailles navales, évolution de la Royal Navy au 19e s. protection du commerce maritime pendant les deux dernières guerres mondiales, danger des sous-marins.

Le **rez-de-chaussée** concerne les vaisseaux d'émigrés et leur condition de vie à bord, les petits voiliers de 1870 à 1920, les navires de commerce du 20e s., les bateaux de pêche.

Au **sous-sol,** l'Arctic Gallery est consacrée aux expéditions polaires.

Sous la coque du Reliant, dioramas de chantiers de constructions navales (en fer et en acier).

École Navale★★ (Royal Naval College). – L'école Navale anglaise, qui forme les officiers de la Navy, occupe depuis 1873 les bâtiments du **Royal Hospital,** Hôtel des Invalides réservé aux retraités de la Marine, comme le Royal Hospital de Chelsea l'était aux vétérans de l'Armée de Terre. A l'emplacement de l'actuel pavillon du Roi s'élevait le vieux palais Tudor où était née Élisabeth Ire (la Grande Élisabeth). Charles II le fit détruire en 1664 en raison de son mauvais état. Le pavillon du Roi, analogue à celui de la Reine, est dû à John Webb, gendre et élève d'Inigo Jones. Cet édifice constitua, avec d'autres bâtiments conçus par Wren et terminés en 1705, le Royal Hospital.

Cour. – Au centre, statue en marbre blanc de George II par Rysbrack (18e s.). A proximité de la Tamise, belle **vue** en direction du pavillon de la Reine.

Réfectoire★ (Painted Hall). – *Visite de 14 h 30 à 17 h. Fermé le jeudi, le 25 décembre et le Vendredi Saint.*

Œuvre de Wren, avec la collaboration de Hawksmoor, ce bâtiment, couronné par un dôme, a été achevé en 1703. Après avoir servi de galerie de peinture, il a retrouvé son utilisation primitive en faisant fonction de « mess » pour les cadres et les élèves de l'École.

Précédée par un vestibule, la salle principale apparaît très majestueuse par l'ampleur de ses proportions et la richesse de son décor : le plafond de style baroque notamment a été orné, entre 1708 et 1727, par le peintre décorateur **James Thornhill,** de brillantes scènes allégoriques à la gloire de la dynastie d'Orange, en la personne de Guillaume et de son épouse Marie II ainsi que leur successeur. Dans la dernière salle surélevée, on remarque sur le mur une composition où Thornhill s'est représenté debout, à droite, tendant la main vers la famille royale : George I avec son fils, son petit fils et sa mère. C'est là que fut exposé le corps de Nelson en 1805, avant d'être conduit vers St-Paul sur une barque royale.

Chapelle★. – *Mêmes conditions de visite que pour le réfectoire.* Symétrique au réfectoire et d'une élévation identique, la chapelle a été reconstruite de 1779 à 1789 après un incendie, sous la direction de James Stuart « l'Athénien ». Le décor intérieur est d'une grande homogénéité mais un peu froid ; retable de Benjamin West consacré aux naufrages de saint Paul.

Observatoire★ (Old Royal Observatory). – *Mêmes conditions de visite que pour le musée de la Marine.*

Dépendant du musée de la Marine, le célèbre observatoire de Greenwich apparaît au sommet de la colline qui domine le port royal et la Tamise. Fondé en 1675 par Charles II, quelques années après que Louis XIV eut institué celui de Paris, et installé dans un corps de bâtiment par Wren, il fut dès l'origine destiné à résoudre les problèmes de longitude pour le calcul de la position des navires en mer.

Depuis 1884, le **méridien de Greenwich** a d'ailleurs succédé à celui de Paris comme méridien d'origine (0° de longitude). Toutefois le calcul de l'heure légale pour les départements français, qui s'effectuait sur le temps moyen de Greenwich (GMT) depuis 1911, est basé depuis 1978, sur le temps universel coordonné (UTC) établi par le Bureau international de l'heure siégeant à l'Observatoire de Paris.

Cour. – Le tracé du méridien est indiqué sur le sol. Le méridien de Paris se situe à 2° 20′ 14″ plus à l'Est. De la terrasse vue plongeante sur la Tamise.

Maison de Flamsteed (Flamsteed House). – Cet édifice en briques à chaînages de pierres avec sa façade à contreforts de volutes et ses petites coupoles à pans, tient son nom de **John Flamsteed** (1646-1719), le premier Astronome Royal qui l'occupa.

Au sommet d'une des coupolettes surmontant la terrasse, une boule rouge dont la chute a lieu à 13 h précises, permettait aux navigateurs sur la Tamise de régler leurs chronomètres.

A l'intérieur on visite l'appartement de Flamsteed, meublé dans le style de l'époque, et la salle octogonale **(Octagon Room)** où l'on procéda aux premières expériences de mesure du temps. Dans le corps de bâtiment voisin **(The Meridian Building)**, une salle avec un système de volets mobiles s'ouvrant sur le ciel, abrite une exceptionnelle **collection★★** de télescopes et instruments scientifiques anciens. De l'observatoire on peut rayonner dans le parc.

Appareil équinoxial, 1690.

Le parc. – Le parc de Greenwich clôturé en 1433 puis muré sous les Stuarts, est le plus ancien domaine royal de ce genre. Ses vastes pelouses, ses longues allées rectilignes formant perspectives, ont été dessinées sous Charles II dans la manière de Le Nôtre. Au-delà de Great Cross Avenue, se trouve le jardin fleuriste **(Flower Garden)**, agrémenté d'arbres centenaires (cèdres du Liban), d'un étang et de quelques daims.

En se dirigeant vers la gare de Maze Hill, on trouve sur Park Vista, des demeures du 18ᵉ s., au n° 13, **Manor House**, au n° 33, **Vicarage**. Au Sud de la gare, s'élève un étrange château crénelé, **Vanbrugh Castle**, érigé en 1717 par John Vanbrugh, inspecteur de l'hôpital de Greenwich ; c'est actuellement une école.

■ AUTRES CURIOSITÉS

Vue de Greenwich★★. – Emprunter le tunnel pédestre, **Greenwich Footway Tunnel** *(p. 124)* sous la Tamise ; il donne accès à l'île des Chiens *(Isle of Dogs)* d'où l'on découvre une perspective remarquable sur le site et les monuments de Greenwich.

Église St-Alphège (St Alfege's Church). – Elle doit son nom à l'archevêque de Canterbury, Alphège, tué en ces lieux par les Danois, en 1012, pour avoir refusé d'être rançonné.

L'ancienne église où fut baptisé Henri VIII, le 28 juin 1491, s'étant effondrée, elle fut reconstruite par Nicholas **Hawksmoor** (1718) avec un élégant portique dorique et un clocher élevé sur le chevet.

Greenwich Antique Market. – Ce marché d'antiquités à lieu près de St Alfege's, dans la Greenwich High Road *(les samedis, également les dimanches de mai à septembre).*

Croom's Hill. – Cette voie s'élève sur la colline, longeant le parc de Greenwich à l'Ouest, en direction de Blackheath. En dehors du Greenwich Theatre (1968), elle est bordée de demeures anciennes : les **Georgian Terraces** (1702) s'opposent à un ensemble de cinq maisons plus modestes (nᵒˢ 3 à 11), de 1702 ; le **Gazebo** (1672), pavillon d'été, a toit pyramidal, élevé dans le jardin de **« La Grange »**, châtelet des 17ᵉ et 18ᵉ s., le **Heath Gate House** de 1630, le manoir **(Manor House)** et **Macartney House** (1674).

Ranger's House★ (Maison du garde forestier). – *Chesterfield Walk. Ouverte de 10 h à 17 h (16 h de novembre à janvier). Fermé le Vendredi Saint, les 24 et 25 décembre.*

Agrandie en 1749 par deux ailes en brique blonde, cette demeure devint la maison du garde forestier du parc de Greenwich de 1815 à 1902. Elle abrite la **Suffolk Collection,** 53 peintures ayant appartenu aux Suffolks : portraits de famille en riches atours par William Larkin, aux environs de 1620 ; œuvres de peintres à la mode tels Daniel Mytens. Le 1ᵉʳ étage *(ouverture prévue en 1985)* doit abriter une collection d'instruments de musique.

A l'Est de l'École Navale, le **Trinity Hospital,** fondé en 1613, fut restauré au 19ᵉ s. Sous la Power Station (centrale électrique) voisine, passe le méridien. En suivant le **Ballast Quay,** on trouve au n° 21 le **Harbourmaster's Office** (bureau du capitaine du port) qui jusqu'en 1890 assurait le contrôle du Port de Londres.

HAM HOUSE ★★ (Londres Ouest)

TZ – Métro : Richmond (District Line), puis bus (65-71), ou à pied le long de la Tamise.

Visite de 14 h à 18 h (de 12 h à 16 h d'octobre à mars). Fermé le lundi (sauf les lundis fériés) et les 24, 25, 26 décembre, 1er janvier, 1er mai. Entrée : £ 1.50 ; enfants : 75 p.

Situé à proximité de la Tamise, ce manoir de briques illustre parfaitement la demeure de plaisance aristocratique telle qu'elle était conçue à l'époque des Stuarts, sobre mais élégante.

A l'origine, domaine d'un familier de Jacques Ier, Thomas Vavasour, qui fit construire l'habitation en 1610, Ham House Passa en 1637 à **William Murray,** premier comte de Dysart. La fille de William, Elizabeth, et son second époux, le **duc de Lauderdale,** ajoutèrent, de 1673 à 1675, sur le côté Sud, de luxueux appartements.

Restée propriété des comtes de Dysart jusqu'en 1948, Ham House est désormais administrée par le Victoria and Albert Museum qui a complété le mobilier Charles II laissé par les Dysart avec des œuvres d'art de la même époque.

Extérieur. – L'entrée principale, côté Tamise, donne accès à la cour, à l'extrémité de laquelle se dresse la façade de Ham House, qui a conservé ses dispositions et son portail d'origine encore que les Lauderdale l'aient fortement modifiée par l'abaissement des toitures.

Côté jardin, la façade entièrement refaite par le duc et la duchesse regarde les parterres du 17e s. Sur le côté Ouest, l'ancien potager a lui aussi été transformé en pelouse.

Intérieur. – Garni d'un somptueux mobilier, il a conservé son décor sculpté et peint datant de Charles Ier et de Charles II.

Rez-de-chaussée. – On visitera d'abord des salles décorées à partir de 1637 lorsque William Murray était propriétaire, c'est-à-dire le Grand Hall dont la cheminée est surmontée des effigies de William et de sa femme Katherine Bruce, le Grand Escalier au plafond de gypse sculpté et, à gauche, la chapelle. Revenant dans le Grand Hall on passera alors dans les appartements du duc et de la duchesse de Lauderdale donnant sur le jardin et aménagés à partir de 1675, où l'on verra successivement :

- la chambre de la duchesse (Her Grace's Bedchamber) avec quatre marines de Van de Velde le Jeune en dessus de porte, exécutées spécialement pour cet usage ;
- la garde-robe du duc (Duke's Dressing Room) ornée d'un beau miroir de marqueterie ;
- la salle à manger (Marble Dining Room) dont le pavement de marbre du 18e s. a disparu, tendue de cuirs dorés et peints ; au-dessus de la cheminée, peinture représentant le jardinier Rose offrant à Charles II les premiers ananas mûris en Angleterre ;
- le petit salon (Withdrawing Room) aux superbes fauteuils dorés et sculptés de dauphins ;
- la salle de la Volière (Volury) tendue de tapisseries des Flandres, l'Histoire de Pyrrhus, d'après Poussin ;
- le Cabinet blanc (White Closet) : près de la cheminée, boîte à bijoux, au-dessus de laquelle sont accrochées deux peintures sur cuivre de Jacques Stella (1637) ;
- le boudoir de la duchesse (Her Grace's Private Closet) où Sa Grâce prenait le thé.

Premier étage. – Il était plutôt consacré aux réceptions avec :

- la galerie à l'italienne (Round Gallery), séparée, à l'époque des Stuarts, du rez-de-chaussée par un plancher, alors qu'elle servait de salle à manger d'apparat : plafond de gypse sculpté en 1636-37 ; buste de Katherine Bruce attribué à Hubert Le Sueur et ravissant portrait en pied d'Elizabeth Dysart par Peter Lely ;
- le salon Nord (North Drawing Room) : boiseries murales, gypseries du plafond et peintures exécutées en 1637 pour William Murray ; tapisseries anglaises du début du 18e s. représentant les Mois ; belle table à pieds en caryatides ;
- le Cabinet vert (Green Closet) ; son décor remonte à William Murray ; mobilier Charles II ;
- la Grande Galerie (Long Gallery), dont les murs ont été revêtus de boiseries en 1639, sur ordre de William Murray, forme galerie de portraits avec en particulier ceux de William et de sa femme, de Charles Ier (par Van Dyck) donné par le roi au châtelain, d'Henriette-Marie de France, du duc et de la duchesse de Lauderdale, de Van Dyck par lui-même.

Les salles suivantes appartiennent à la campagne de construction Lauderdale :

- la bibliothèque (Library) : globes terrestre et céleste du 17e s. ;
- le Salon vert (Green Drawing Room) : exceptionnel mobilier Charles II laqué et peint dont le joyau est un « cabinet » ou secrétaire reposant sur un piédestal sculpté et doré ;
- la chambre de la Reine (Queen's Bedroom) : tapisseries anglaises du 18e s. d'après Watteau et Pater ; rare clavecin exécuté en 1634 par le célèbre Ruckers ;
- le cabinet de la Reine (Queen's Closet) ; ravissant secrétaire en marqueterie ;
- la chambre de Lady Maynard (Lady Maynard's Chamber) : portraits de la famille Dysart ;
- la garde-robe de Lady Maynard (Lady Maynard's Dressing Room) : remarquables miniatures des 16e-17e s. par Hilliard (la reine Élisabeth), Isaac Oliver, Samuel Cooper, David Des Granges (Henriette-Marie de France, Charles II), portrait de Mme de Montespan.

HAMMERSMITH (Londres Ouest)

TY – Métro : Hammersmith (District, Metropolitan et Piccadilly Lines).

La célébrité de certains édifices de ce village n'est pas due à leur architecture mais à leur fonction. Derrière de hauts murs, **Wormwood Scrubs** (sur Du Cane Road), la dernière prison de Londres, hérissée d'une profusion de cheminées et de tourelles, fut construite par les détenus de 1874 à 1890.

Dans la même rue, **Hammersmith Hospital** datant de 1904, a été agrandi pour abriter des écoles de médecine.

Sur Wood Lane, un terrain de sport **White City Stadium** s'étend sur le site des jeux olympiques de 1908. Plus au Sud, le **BBC Television Centre** se signale par une originale construction en fer à cheval.

Shepherd's Bush Common, ancien pré communal de forme triangulaire servant d'îlot directionnel pour la circulation, est dominé par le Théâtre de la BBC. **St Paul Girls' School** sur la partie Sud de Brook Green, est une école de filles datant de 1904. Une aile construite en 1913 est consacrée à la musique et porte le nom du compositeur **Gustav Holst,** célèbre par ses arrangements pour chorales et instruments (St Paul's Suite). A l'extrémité de Shepherd's Bush Road, se tient **Hammersmith Palais,** bal public très fréquenté.

Une intense circulation règne sur **Hammersmith Broadway,** centre du village. Au Sud, ancienne école St-Paul (1881) ; au Nord, hôpital West London. Avant le carrefour avec Kensington High Street, l'**Olympia** (1884) *(voir plan p. 5 – AY)*, à façade de 1930, est un vaste hall d'exposition.

St Paul's, Hammersmith. – *Ouverte en semaine de 9 h 30 à 15 h 30 et pour les services du dimanche à 8 h 30, 11 h et 17 h 30 ; le jeudi à 13 h.*

Cette église paroissiale, à mi-chemin entre le pont et le centre-ville, est un édifice de 1882 avec tour à pinacles. Mobilier du 17ᵉ s.

De Hammersmith Bridge à Chiswick Mall

En amont du **pont de Hammersmith,** depuis le 18ᵉ s., de modestes maisons bordent le fleuve, groupées en « terrace » ou isolées avec leurs balcons fleuris de glycines.

Lower Mall. – Demeures des 18ᵉ et 19ᵉ s. à bow-window (nº 6), en briques jaunes à médaillons de style Adam (nº 10). Sur la jetée près de Furnival Gardens, une plaque indique l'emplacement du port où le village commençait.

Upper Mall. – Faisant suite à la précédente promenade, on trouve au début du Mall, Sussex House (1726) à l'entrée flanquée de pilastres doriens. Le **Dove,** café du 18ᵉ s. fréquenté par le poète James Thomson. **Kelmscott House** (1870) fut habitée successivement par l'écrivain George Macdonald de 1867 à 1877 puis par le peintre **William Morris** de 1878 jusqu'à sa mort en 1896. L'élève de ce dernier, **Frank Brangwyn,** s'installa en 1899, sur Queen Caroline Street, nº 51 (Temple Lodge), et construisit tout à côté, un atelier *(expositions et récitals)* pour abriter ses vastes compositions. **Rivecourt House,** du début du 19ᵉ s., est la plus grande maison du Mall ; Linden House, actuellement le London Corinthian Sailing Club, possède, comme la précédente des colonnes ioniques. Deux pubs, Old Ship et Black Lion, terminent la promenade.

Hammersmith Terrace. – Cette « terrace » comporte 16 maisons identiques de 3 et 4 étages, formant un seul bloc déjà très citadin en 1750, lors de sa construction en pleine campagne. En aval, s'allonge Chiswick Mall *(p. 158)*.

A l'intérieur, au Nord de Great West Road où s'élève la tour carrée de l'église St Peter (1829), se trouvent des groupes de demeures de 1830 encadrant St Peter's Square.

HAMPSTEAD - HIGHGATE ★ (Londres Nord)

TUX – Métro : Hampstead et Archway (Northern Line).

Ces deux bourgs résidentiels étagés sur des collines sont réputés pour la pureté de leur air. La verdoyante **Lande d'Hampstead (Hampstead Heath),** boisée et accidentée les sépare, formant sur 170 ha un site naturel très fréquenté par les Londoniens, avec une colline nommée **Parliament Hill** qui domine Londres, les étangs de Highgate et le domaine de Kenwood.

Le **Swiss Cottage** *(voir pubs ci-dessous)* a donné son nom à la petite localité qui se développe entre Hampstead et St John's Wood. Le **Swiss Cottage Civic Centre,** près du métro, est un bâtiment de 1964, conçu par **Basil Spence,** avec une bibliothèque et une piscine.

Pubs typiques. – **Bull and Bush,** North End Way : reconstruite en 1920, cette ferme du 17ᵉ s. devenue taverne au 18ᵉ s. fut un lieu de rencontre pour des peintres tels que Hogarth, Reynolds, Gainsborough, Constable.

Jack Straw's Castle, North End Way : ancien relais de diligence, restauré ; point de vue sur Londres.

Spaniards Inn, Spaniards Road ; célèbre pub *(p. 167)* de style champêtre avec jardin.

The Flask, 77 Highgate West Hill : bancs en plein air dans un cadre verdoyant *(p. 168)*.

Gate House Tavern, Highgate High Street : ancienne maison de gardien de parc au 14ᵉ s., bâtiment des 18ᵉ et 19ᵉ s.

Swiss Cottage, 98 Finchley Road : taverne de 1840.

■ HAMPSTEAD

Dès le 18ᵉ s., les Londoniens aisés eurent une résidence champêtre à **Hampstead,** devenu célèbre par la découverte de sources ferrugineuses. Le village avec ses rues tortueuses, attirait aussi les artistes et les écrivains comme Keats qui composa son Ode au rossignol, dans le jardin de Wentworth Place, connu maintenant sous le nom de Keats House.

Keats House. – *Keats Grove. Ouverte en semaine de 10 h à 13 h et de 14 h à 18 h, le dimanche et jours fériés de 14 h à 17 h. Fermée les 25 et 26 décembre, 1ᵉʳ janvier, Vendredi Saint, le Samedi Saint et le 1ᵉʳ mai.*

Dans ce double pavillon construit en 1816, le poète **John Keats** vécut avec son ami Brown, de 1818 à 1820. La maison restaurée a conservé son aspect extérieur, à l'exception d'une pièce ajoutée en 1839. La bibliothèque **(Keats Memorial Library)** abrite les œuvres de Keats et de ses contemporains ainsi que des microfilms de ses manuscrits.

En quittant **Keats Grove,** rue bordée de maisons du 19ᵉ s., passer devant la chapelle **St John** de style Regency, et emprunter Downshire Hill vers Hampstead High Street. Pénétrer dans la cour d'une ancienne brasserie : **Old Brewery Mews,** du 17ᵉ s., entourée de bâtiments de 1869 construits dans le même style.

Par **Church Row** au bel alignement de maisons en briques brunes à hautes fenêtres, avec une rangée d'arbres au milieu de la chaussée, on atteint l'**église St-Jean (St John's Church) ;** construite en 1747 en briques blondes avec une tour crénelée d'aspect médiéval, surmontée d'une fine flèche ; elle fut agrandie au 19ᵉ s. Le vieux cimetière qui l'entoure abrite la **tombe de Constable** (1776-1837), près du mur de clôture ; la maison que ce peintre habita de 1826 à sa mort, est située 40, **Well Walk** (allée du Puits), où se trouvait une source d'eau minérale, **Flask Walk** (allée du Flacon) étant le lieu de la mise en bouteilles. Church Row croise à l'Ouest la rue **Frognal** portant le nom d'un ancien manoir ; elle longe au Sud la University College School de style néo-géorgien. Sur Frognal Way, au nº 9, la Sun House date de 1935.

Monter par **Holly Walk,** allée qui longe à droite le nouveau cimetière. De jolis jardinets bordent les maisons de Benham's Place et, sur Holly Place, l'étroite façade de l'église **Ste-Marie (St Mary's Church),** fondée par un réfugié français, l'abbé Morel, tranche par sa blancheur sur les murs qui l'enserrent. A l'intérieur, la nef s'élargit sur un petit transept avec deux chapelles aux belles **mosaïques** du 20e s.

Tourner dans **Mount Vernon,** dominé par le lourd édifice de l'Institut national de recherches médicales (1880-1903). Au carrefour, sur Holly Bush Hill, la maison restaurée du peintre **Romney (Romney's House),** construite en 1797, présente des murs à colombage. Holly Bush et Hampstead Grove mène à Fenton House.

Fenton House*. – *Visite d'avril à octobre du samedi au mercredi de 11 h (14 h le dimanche) à 18 h, le reste de l'année seulement les samedis et dimanches de 14 h à 17 h. Fermée en décembre et janvier. Entrée : £ 1.60.*

Cette demeure de 1693, est une des plus anciennes du village de Hampstead, elle donne au Nord sur un beau jardin en terrasse.

Un des premiers propriétaires, le riche négociant Philip Fenton, s'y installa en 1793. La maison abrite une remarquable **collection d'instruments de musique**** et de belles **porcelaines***.

A l'Ouest de Fenton House des maisons portant les noms de **Volta, Bolton et Windmill Hill,** forment un bel ensemble du 18e s. en briques brunes et rouges. Dans **Admiral's Walk,** un cottage blanc, Grove Lodge, fut la demeure de John **Galsworthy** (de 1918 à sa mort en 1933) qui écrivit la Saga des Forsyte. Au n° 2 de Lower Terrace, **Constable** vécut de 1821 à 1825 avant d'habiter Well Walk.

A l'étang de la Pierre Blanche (Whitestone Pond) qui doit son nom à une borne routière aboutit **Heath Street** très animée avec ses étalages en plein air de tableaux et poteries. Le North End Way mène au **Hill Public Garden,** jardin aux allées rectilignes, orné de glycines, de roses et de plantes grimpantes, et au **Golders Hill Park** où les sentiers serpentent parmi les buissons, les pelouses plantées de grands arbres. Vers le Nord commence la verdoyante **Spaniards Road** qui domine le **Vale of Health,** vallon cher aux poètes, en direction du domaine de Kenwood.

L'**Auberge des Espagnols** (Spaniards Inn) dressant sa façade de briques blanchies sur la route qui unit Hampstead Heath à Highgate, fut célèbre au 18e s. Sur le passage rétréci de la voie se tenait autrefois une grille reliée au poste de douane (Tollhouse). En 1750, les émeutiers de Gordon, fanatiques « antipapistes », s'apprêtaient à détruire Kenwood House quand le propriétaire de l'auberge réussit à les enivrer, sauvant ainsi Kenwood en permettant l'arrivée de la milice. En ces lieux, Dickens fera vivre M. Pickwick (1836).

■ KENWOOD** (Iveagh Bequest)

Visite de 10 h à 19 h (16 h ou 17 h en hiver). Fermé les 24, 25 décembre et le Vendredi Saint. Entrée Hampstead Lane. Cafeteria ; auditorium en plein air (orchestra stand). Accès par le bus n° 210 au départ d'Archway Station (Northern Line, branche Est) Golders Green (Northern Line, branche Ouest).

Le domaine de Ken (ou Caen) Wood fut illustré au début du 17e s. par l'imprimeur du Roi, John Hill, et surtout au 18e s. par William Murray **(Lord Mansfield),** ministre de la Justice de George III et champion de l'abolition de l'esclavage, qui, en 1764, fit reconstruire par **Robert Adam** *(p. 22)* le manoir où il mourut en 1793. A l'extrême fin du siècle, le neveu de William, David, fit ajouter, côté cour, deux ailes en retour et à l'Est, les écuries et les communs.

En 1925 enfin, Kenwood fut acquis par Edward Cecil Guinness, **comte d'Iveagh** et possesseur d'une brasserie mondialement connue, qui, à sa mort, deux ans plus tard, légua le domaine à la Nation d'où l'appellation « Iveagh Bequest » (Leg d'Iveagh).

Le manoir (Kenwood House).** – Tout blanc du stuc dont il est revêtu, il règne sur une harmonieuse étendue de pelouses, de bois et d'étangs. Son élégante architecture ionique témoigne, par sa sobriété inspirée de l'antique, du style Adam *(p. 22)* : admirer, du côté de l'entrée, le portique remarquable par la pureté de ses lignes tandis que, sur le parc, s'impose un majestueux pavillon central finement décoré de pilastres à palmettes et de guirlandes spiralées, et flanqué d'ailes basses.

L'intérieur bien conçu dans sa distribution, a des pièces adaptées à chaque usage.

Faisant pendant au boudoir et à l'orangerie déjà existants, l'**antichambre** et la fameuse **bibliothèque**** furent conçues par les frères Robert et James Adam. Cette dernière, en « double-cube », présente une harmonie de teintes douces, rose ocré et bleu Wedgwood en contraste avec le blanc des colonnes et les ors des moulures. Des ornements de stuc « pompéien », des scènes allégoriques forment un ensemble luxueux.

Les pièces du pavillon central, exposées aussi au midi, font partie de la demeure primitive, mais elles sont agrémentées de cheminées de marbre blanc, de lambris et de frise de l'époque Adam. Le **boudoir** où se tenait la domesticité, communique avec la belle **orangerie** qui a conservé sa corniche du début du 18e s. Dans les ailes nouvelles se trouvent le **salon de musique** et la **salle à manger** ornée d'une gracieuse frise et qui communique avec le **hall de marbre.** L'escalier à balustrade dessiné par Adam, descend vers la **Hall d'entrée,** majestueux, au plafond peint d'un médaillon représentant Bacchus et Cérès.

Les appartements sont d'autre part enrichis d'une **collection de peintures****, léguée par le Comte d'Iveagh. **Reynolds** domine les portraitistes anglais avec en particulier les « Enfants Brummell » (1782) dont le plus jeune deviendra le « Beau Brummell », arbitre des élégances et ami de George IV. **Gainsborough** a peint en 1763 Mary, comtesse Howe, en robe rose à dentelles et chapeau plat, en 1776 Lady Brisco avec une haute perruque poudrée, en 1782 Miss Brummell, auréolée d'une vaporeuse charlotte et tenant un petit chat. De **Raeburn,** le jeune George Sinclair, ami de Byron au collège de Harrow. **Rommey** a représenté sa tendre amie, future lady Hamilton, en fileuse, quant à **Lawrence,** il se distingue avec la ravissante Miss Murray, coquette fillette tenant sa jupe en corbeille pour recueillir des fleurs.

Parmi les Hollandais, un **Rembrandt :** l'artiste s'est peint lui-même, palette en main, à 57 ans. Un **Vermeer,** La joueuse de guitare, à délicate carnation, se détache sur un paysage encadré qui donne à cette scène d'intérieur une ouverture sur le bleu du ciel. Un **Frans Hals,** L'homme à la canne, il s'agit de Pieter van den Bosh (1633), directeur à Surat aux Indes. Par **Claude de Jongh,** Le vieux pont de Londres, peint vers 1630 sur un étroit panneau en chêne.

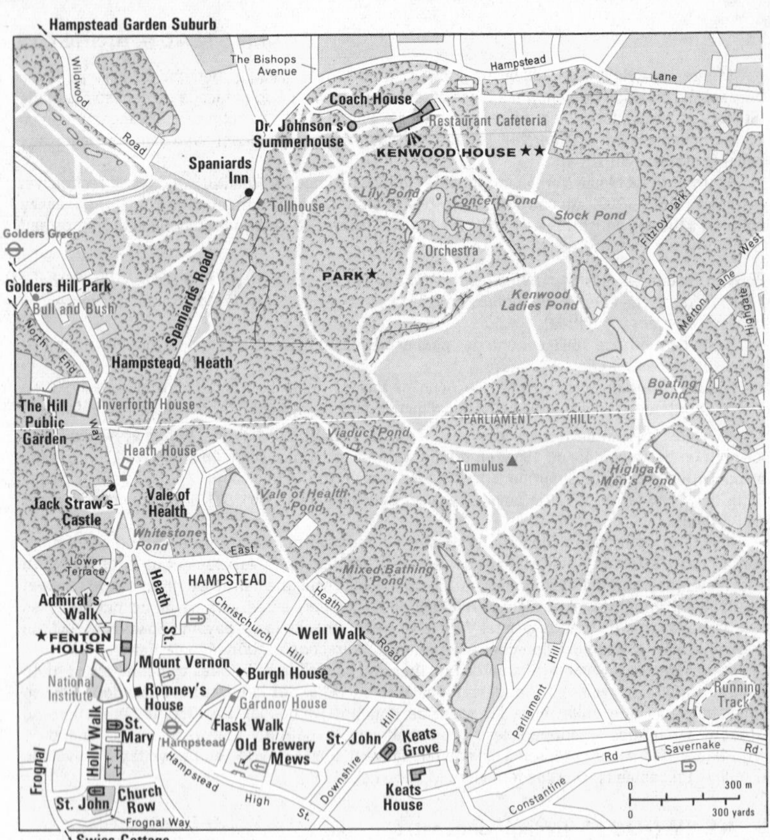

L'école flamande offre deux portraits de **Van Dyck :** la princesse Henriette de Lorraine, le duc de Richmond et Lennox. L'école française est évoquée par des œuvres du 18e s., le portrait du duc de Bourgogne, petit-fils de Louis XIV, par Rigaud et Parrocel, deux scènes galantes par Pater et quatre pastorales par Boucher. Noter également le portrait du créateur de Kenwood, le comte de Mansfield par J. Jackson.

Les communs (Coach House). – On y voit un « coach » du 19e s., grande voiture à cheval formant berline surmontée de bancs, qui emmenait jusqu'à quinze personnes.

Le parc★. – Dessiné « à l'anglaise » il se divise en deux parties distinctes :
- le jardin d'ornement, à l'Ouest, qui groupe de nombreux massifs de fleurs : la floraison des azalées et des rhododendrons, au printemps, attire beaucoup de monde. Dans cette section a été remontée, en 1967, la **Maison d'été** (Summer House) du Docteur Johnson *(p. 69)*, kiosque de bois où l'écrivain avait coutume de travailler durant la belle saison ;
- le parc proprement dit, de style paysager, se développant autour d'une vaste pelouse qui descend jusqu'à un vallon agrémenté d'étangs, tandis que de part et d'autre s'échelonnent des bosquets de chênes, de hêtres, d'ormes et de frênes centenaires.

■ HIGHGATE

Colline verdoyante au 16e s., **Highgate** attire dès le 17e s. de riches marchands qui viennent y construire leur résidence d'été. En dehors de rares constructions modernes, le village a su garder au 20e s., son caractère champêtre. Il est centré sur Pond Square et High Street.

Le « Grove ». – Cette large avenue portant le nom de « Bosquet » est plantée d'arbres. De belles maisons des 17e et 18e s., en briques roses, s'alignent derrière leurs grilles ; certaines façades sont marquées d'une couronne (Cie d'Assurances Imperial). Au no 1, habite le violoniste Yehudi Menuhin. Au no 3, Coleridge, poète romantique, ami des frères Wedgwood, a vécu ses dernières années, cherchant dans l'opium un remède à ses souffrances.

Église St-Michel (St Michael's Church). – Élevée en 1830, elle présente un clocher octogonal surmonté d'une flèche effilée et des bas-côtés à toiture en pente. Dans l'allée centrale de la nef, plaque tombale de **Coleridge** (1772-1834), auteur du long et mystérieux poème du Vieux Marin (The rime of the Ancient Mariner). Derrière l'église, s'étend le **cimetière de l'Ouest** (1838) : tombes du physicien Faraday (1791-1867), des Rossetti, de Charles Cruft, créateur du Dog Show, en 1886.

Dans le **cimetière de l'Est** (1855), s'ouvrant sur Swain's Lane qui mène au parc de Waterlow, sont enterrés : la femme de lettres George Eliot (1819-1880), **Karl Marx** (1818-1883) dont le buste énergique a été sculpté par L. Bradshaus, en 1956, le philosophe Spencer (1820-1903). *Ouvert de 9 h à 15 h (14 h à 16 h le dimanche).*

South Grove. – La belle unité architecturale du début du 18e s. de cette avenue est rompue par la présence de l'église de la Congrégation datant de 1859, et de l'Institut des Sciences et Lettres, fondé en 1839. Noter la **Rock House,** au no 6, du 18e s. et le **Old Hall,** construction plus ancienne de 1691 avec des bow-windows (baies arrondies en saillie). La ruelle de **Bacon's Lane,** porte le nom du philosophe qui vécut dans le quartier.

Près du carrefour, se tient un pub au nom prometteur **« The Flask »** (Le flacon), datant de 1721.

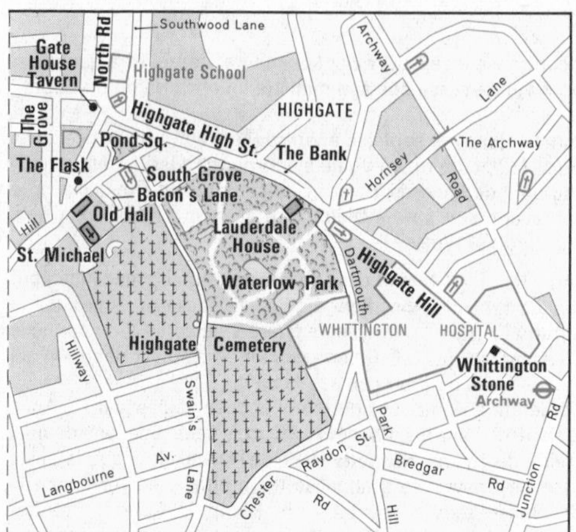

Square de l'Étang (Pond square). – L'étang a disparu depuis 1860 mais l'endroit est charmant avec son triangle de verdure entouré de pubs et de cottages géorgiens.

Au Nord de la place, le long de Southwood Lane ombragé de vieux arbres, des maisons du 18e s. portent l'emblème de la compagnie d'assurances Sunlight, un soleil rayonnant. Parallèle à la précédente voie, **North Road** est bordée par l'école de Highgate fondée en 1565, reconstruite en 1866 ; sur le côté gauche s'alignent des maisons géorgiennes (n°s 1 à 11, 15-17-47-49). Plus loin, les blocs d'appartements de Highpoint se dressent au point le plus élevé de la colline. Construits en 1938, ils ont été appelés « cité-jardin à la verticale » par Le Corbusier.

Highgate High Street. – La Grand'Rue est bordée de boutiques et de pubs **(Gate House Tavern),** surmontés d'appartements. Au n° 16, bouquiniste (1729) ; n° 23, Englefield House ornée d'une frise (1710) ; n°s 21 et 17, maisons alignées en « terrace » (1733). La voie longe un parc **(Waterlow Park)** dont la partie Sud côtoie les cimetières de Highgate. Au Nord se trouve une ancienne gentilhommière du 16e s., **Lauderdarle House,** remaniée en style géorgien, puis restaurée en 1893 (actuellement centre culturel) ; cette propriété appartenant au duc de Lauderdale, ministre de Charles II, fut louée vers 1676 à l'actrice Nell Gwynn, favorite du roi. De l'autre côté de la route, à l'opposé du parc, le **« Bank »,** un groupe de maisons surélevées (n°s 110-108-106), du début du 18e s., a des entrées ornées de pilastres toscans ; au n° 104, la maison dite de Cromwell (16e s.), avec de larges baies, un décor de briques et une tourelle (1638), a été restaurée en 1865.

Sur Highgate Hill se trouve la **Whittington Stone,** pierre posée en 1821, en souvenir du célèbre Maire de Londres *(voir p. 54),* le chat en marbre ayant été ajouté en 1964.

Les estimations de durée indiquées pour chaque promenade correspondent au temps global nécessaire pour bien en apprécier l'intérêt et effectuer les visites recommandées.

HAMPTON COURT *** (Londres Sud-Ouest)

TZ – Chemin de fer : Hampton Court, au départ de Waterloo Station.
Vedette fluviale : d'avril à octobre au départ de Westminster Pier *(4 services de 10 h à 12 h ; durée 4 à 5 h ; prix : £ 3.50, £ 5. AR). Renseignements : ☎ 7304812.*

En amont de Londres, sur la rive gauche de la Tamise, le palais royal de Hampton Court qui fut, du 16e au 18e s., une des résidences préférées des souverains britanniques, dresse ses murs de briques au-dessus d'un beau parc à la française, lumineux et fleuri.

Travailler pour le roi d'Angleterre... – Fils d'un boucher d'Ipswich, **Thomas Wolsey** (1471-1530) avait réussi à devenir le favori de Henri VIII. Il parvint à assumer simultanément les fonctions de ministre, cardinal et légat du pape ce qui lui permettait de tenir les rênes du pouvoir politique et spirituel. Tout ceci lui avait d'ailleurs quelque peu enflé la tête si bien que dans ses missives aux souverains étrangers il écrivait sans vergogne : « Moi et le Roi »... Vaniteux Thomas, cardinal Wolsey !

Hampton Court.

En 1514, Thomas, fraîchement promu archevêque d'York, acheta Hampton Court, dont ses médecins lui vantaient l'air salubre, aux chevaliers de St-Jean de Jérusalem qui y avaient un prieuré. Le nouveau propriétaire fit alors construire un somptueux palais ne comptant pas moins de 1 000 chambres où pouvaient s'affairer les quelques 400 serviteurs, y compris 16 chapelains, que comptait sa « maison ». Les bâtiments, encore d'architecture gothique mais de décor Renaissance, s'ordonnèrent autour de 5 cours intérieures et furent pourvus d'immenses cuisines destinées à alimenter les invités des fêtes sardanapalesques bientôt organisées en ces lieux. Fastueux Thomas, cardinal Wolsey !

Cependant Wolsey eut la malencontreuse idée de convier son maître, Henri VIII, à quelques-unes de ces agapes. Et le roi, séduit, n'eut de cesse que son ministre lui offrit Hampton Court... Pauvre Thomas, cardinal Wolsey !

Insatiable, l'homme aux six femmes, qui avait subtilisé à Wolsey une autre résidence, celle de York Youse, plus tard Whitehall *(p. 152)*, aurait bien voulu s'approprier aussi la tête de son ministre pour la ficher au sommet du pont de Londres. Hélas ! cet espoir devait être déçu car le cardinal se dépêcha de rendre, auparavant, son âme à Dieu... et à sa mort on s'aperçut qu'il portait un cilice. Surprenant Thomas, cardinal Wolsey !

Hampton Court, résidence royale. – Henri VIII se plut dans sa conquête qu'il aménagea pour son confort et celui de ses femmes, la troublante **Anne Boleyn** qui avait passé sa jeunesse à la cour des Valois, **Jane Seymour** qui mourut ici-même d'une fièvre puerpérale après avoir donné le jour au futur Édouard VI, **Catherine Howard** *(voir p. 172, Galerie du Fantôme)*. C'est Henri VIII qui fit édifier l'actuelle chapelle et la Grande Salle où il prenait ses repas.

Après les Tudors, les Stuarts résidèrent à Hampton Court, où l'épouse de Jacques Ier, Anne de Danemark, passa de vie à trépas en 1619. Leur fils, **Charles Ier Stuart,** y coule une lune de miel assombrie d'orages avec sa jeune reine de 16 ans, **Henriette-Marie de France,** alors que la peste terrorise Londres et que la duchesse de Chevreuse scandalise les puritains en traversant la Tamise à la nage. Une marée de chefs-d'œuvre envahit alors Hampton Court : grandes décorations de Mantegna, cartons de tapisseries dus à Raphaël, la Vénus du Titien et l'Antiope du Corrège aujourd'hui au Louvre, bien d'autres encore...

Enfin les Orange passèrent la belle saison à Hampton Court jusque vers 1760, époque à laquelle Windsor eut la préférence. **Guillaume III** et sa femme **Marie II,** de 1689 à 1702, fitent alors reconstruire les ailes Sud et Est par **Wren** *(p. 22)*, qui avait d'ailleurs son domicile habituel non loin de là, à Old Court House ; le plan, l'élévation et même la décoration intérieure des nouveaux bâtiments furent inspirés à Wren par l'exemple de Versailles.

Hampton Court est ouvert au public depuis 1838.

■ LE PALAIS*** *visite : 2 h*

Visite de 9 h 30 (11 h le dimanche) à 18 h d'avril à septembre ; de 9 h 30 (14 h le dimanche) à 17 h d'octobre à mars. Caves et cuisines, ouvertes seulement d'avril à septembre. Fermé les 24, 25, 26 décembre, 1er janvier et 1er mai. Entrée : £ 2 ; enfants : £ 1 (£ 1 et 60 p d'octobre à mars). Son et Lumière tous les soirs sauf le lundi (en août tous les jours) à 21 h 30 du 1er juillet au 13 août, 21 h du 14 au 31 août, à 20 h 30 en septembre. ☏ 891 3483.

Porte du Trophée (Trophy Gates). – L'entrée principale, construite sous le règne de George II, est ornée du lion et de la licorne. Elle donne accès à la **Cour verte extérieure** (Outer Green Court) dont une allée mène vers la Tamise (près de l'embarcadère) ; à gauche les anciennes casernes de la cavalerie (Cavalry Barracks) limitent le parking actuel.

Grande entrée (Great Gate House). – Précédée par un **pont** (sur des douves sèches) que décorent des animaux héraldiques, emblèmes de Henri VIII, l'entrée du palais est constituée par un majestueux pavillon de briques aux lignes équilibrées qui fut édifié par Wolsey dans un style encore féodal, les deux ailes en retour ayant été ajoutées en 1536, par Henri VIII. Remarquer la loggia aux **armes de Henri VIII** et les originales **cheminées** ornementales à dessins de briques en relief, qui surmontent les toits ; elles ont été reconstituées dans l'esprit du 16e s.

Le pavillon est, d'autre part, orné de **bustes-médaillons** Renaissance, en terre-cuite, représentant des empereurs romains, œuvres du sculpteur florentin Giuliano de Maiano qui travailla en Angleterre à partir de 1521 et qui fut aussi employé par Wolsey à York House (Whitehall). D'autres médaillons de cette série se retrouvent dans les cours suivantes.

Prendre le passage voûté qui donne accès à la première cour.

Première Cour (Base Court). – Cette cour Ouest aux murs crénelés comprenait les services du palais et les logements de la suite du roi. Dans le fond à gauche apparaît le pignon de la Grande Salle **(43)** sous laquelle est située la **Cave à bière du Roi** (King's Beer Cellar) où la bière était brassée ; la **Nouvelle cave aux vins du Roi** (King's New Wine Cellar) lui fait suite, elle se trouve sous la Grande Salle des Gardes **(41)**. De là on atteint, sur le côté Nord du palais, les vastes cuisines aux âtres multiples : **cuisine du Roi** (King's Kitchen-45) et **cuisine de Wolsey** (Wolsey's Kitchen).

Porte d'Anne Boleyn (Anne Boleyn's Gateway). – Ce pavillon à tourelle ornée comme la Grande Entrée de médaillons, fut rénovée en l'honneur de la deuxième femme d'Henri VIII ; les armes du roi sont sculptées au-dessus du porche ouvert sur la cour de l'Horloge.

Cour de l'Horloge (Clock Court). – Elle doit son nom à l'**horloge astronomique,** œuvre de Nicholas Oursian (1540), qui restaurée, brille de tous ses ors dans la pierre blonde gravée aux angles de blasons et des initiales d'Henri VIII. Sur le côté Nord s'allonge la Grande Salle de Henri VIII, aux hautes baies. Le côté Est fut reconstruit en 1732, sous George II ; le côté Sud a également perdu son caractère du 16e s. depuis l'adjonction de la colonnade ionique tracée par Wren. Il abrite les appartements destinés aux invités du cardinal Wolsey (Wolsey Rooms), qui occupent également le côté sud de la Première Cour.

Le portail du fond conduit à l'escalier des Grands Appartements.

Grands Appartements (State Apartments). – Les salles d'apparat se trouvent au 1er étage dans les ailes Sud et Est du palais, refaites par Wren dès 1689 pour Guillaume III et Marie II qui régnaient ensemble. On visite d'abord les appartements du Roi, donnant sur le Jardin privé, dans le sens suivi par les courtisans, puis ceux de la Reine sur le Jardin de la Grande Fontaine, dans le sens inverse, l'escalier d'honneur se trouvant en fin de parcours.

Escalier du Roi (King's Staircase) **(1)**. – Décor allégorique dû à Verrio (1639-1707), peintre italien arrivé en Angleterre en 1672 après un séjour en France ; cet artiste, d'abord employé par Charles II à Windsor, travailla à Hampton Court de 1700 à sa mort. Balustrade forgée par Tijou.

Salle des Gardes du Roi (King's Guard Chamber) **(2)**. – Au-dessus des boiseries blondes, des panoplies d'armes (plus de 3 000 pièces) ont été artistement groupées par John Harris, armurier de Guillaume III. *C'est par une porte de cette salle que l'on accède, durant le réaménagement de la galerie des Peintures Renaissance (48), aux Appartements Wolsey (47).*

Première antichambre (First Presence Chamber) (**3**). – Cette salle du trône, tendue de brocart de velours, conserve un dais de l'époque. Le tableau de Kneller (1701), représentant Guillaume III, est resté à son emplacement d'origine. Les chambranles en chêne et les guirlandes en bois de citronnier proviennent des ateliers de Gibbons.

Deuxième antichambre (Second Presence Chamber) (**4**). – Cette pièce, plus petite, servait parfois de salle-à-manger. Remarquer les trumeaux et le portrait de Christian IV de Danemark.

Salle d'Audience (Audience Chamber) (**5**). – Vue sur le Jardin privé. Portraits d'Élisabeth, reine de Bohême, sœur de Charles Ier, par Honthorst, baldaquin et siège du 17e.

Salon du Roi (King's Drawing Room) (**6**). – Belles guirlandes fleuries et chérubins de Gibbons sur un panneau supportant une toile de Franz Pourbus, Isabelle d'Autriche. Du Tintoret, les Neuf Muses, un chevalier de Malte ; de Véronèse le Mariage de Sainte Catherine.

Chambre d'apparat du Roi Guillaume III (William III's State Bedroom) (**7**). – Sous un riche plafond peint par Verrio, se dresse le lit à baldaquin royal. Quelques tapisseries du 16e s. illustrant l'histoire d'Abraham (d'autres tapisseries de cette série se trouvent dans les salles 14 et 43).

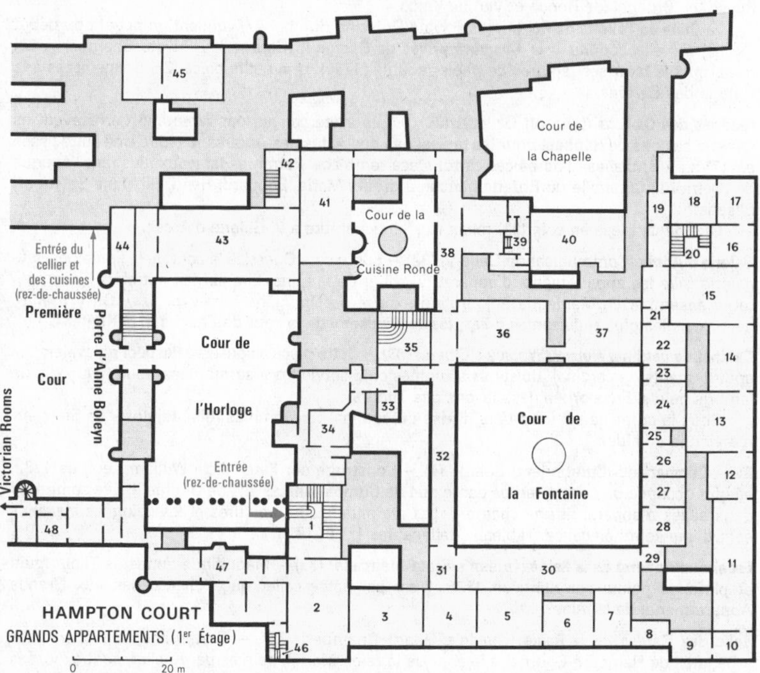

Cabinet de toilette du Roi (King's Dressing Room) (**8**). – Dans cette pièce au plafond peint par Verrio (Mars et Vénus), le souverain se retirait pour se vêtir. Peintures de Carracci (Allégorie de la Vérité et du Temps) et de Giorgione.

Cabinet de travail du Roi (King's Writing Closet) (**9**). – Sainte Famille d'Andrea del Sarto ; Portrait d'un jeune garçon du Parmesan et Vierge à l'Enfant du Pontormo. Un miroir au-dessus de la cheminée reflète l'enfilade des pièces précédentes. De ce cabinet, un escalier permettait au roi d'accéder à ses appartements privés du rez-de-chaussée. Par le cabinet et le **Boudoir de la Reine** (Queen Mary's Closet – **10**) communiquent les deux appartements d'apparat.

Galerie de la Reine (Queen's Gallery) (**11**). – La reine Marie étant morte (1694) avant l'achèvement des travaux, la partie Est du palais fut terminée sous les règnes suivants. Cette superbe galerie, longue de 24 m sur 8 m de large, boisée avec une fine corniche travaillée par Gibbons et une gracieuse cheminée en marbre, est tendue de tapisseries de Bruxelles d'après les cartons de Charles Le Brun (Histoire d'Alexandre) ; remarquer les vases et les « pagodes » de porcelaine.

Chambre de la Reine (Queen's Bedroom) (**12**). – Le plafond peint par James Thornhill, en 1715, représente une allégorie de l'Aurore sur son char, s'élevant au-dessus de la Nuit et du Sommeil. Lit à baldaquin, tabourets et fauteuils en damas cramoisi ; Portraits en médaillon de George Ier, du prince et de la princesse de Galles et de leur fils.

Salon de la Reine (Queen's Drawing Room) (**13**). – Plafond et peintures murales de Verrio, commandés par la reine Anne, belle-sœur et successeur de Guillaume III ; son prince consort, George de Danemark, est représenté, en amiral de la flotte, sur le mur Nord ; sur le mur Sud, Cupidon est emporté par des chevaux marins. De la baie centrale magnifique **perspective**★ sur le Jardin de la Grande Fontaine avec les allées rayonnantes bordées d'arbres taillés en cône.

Salle d'audience de la Reine (Queen's Audience Chamber) (**14**). – Tapisseries du 16e s. illustrant l'histoire d'Abraham (également dans les salles 7 et 43) ; trône à baldaquin ; portraits du duc et de la duchesse de Brunswick et d'Anne de Danemark.

Salle à manger (Public Dining Room) (**15**). – Décorée par J. Vanbrugh vers 1716-1718. Le fronton de cheminée porte les armes royales de George II ; portrait de Charles Ier avec Henriette-Marie de France et de leur nain, Jeffrey Hudson.

Suite du Prince de Galles (16-17-18). – Le prince de Galles – futur George II – la princesse de Galles et leur fils Frédéric occupaient ces trois pièces. La **Salle d'audience** (Presence Chamber) est ornée de peintures de A. Carracci (Il Silenzio) et de S. Ricci. Dans le **Salon** (Drawing Room), une tapisserie illustre la Conversion de saint Paul, provenant d'une série exécutée à Mortlake, au 17e s., d'après les cartons de Raphaël « Les Actes des Apôtres ». Cette pièce donne sur le petit jardin de Lady Mornington, mère du duc de Wellington. La **Chambre du Prince de Galles** (Prince of Wales's Bedroom) abrite le lit de la reine Charlotte, dessiné par Robert Adam (1776).

Le **Corridor (19)**, où l'on remarque une vue générale du palais et des jardins vers 1700, donne sur l'**Escalier du Prince de Galles** (Prince of Wales's Staircase – **20**) : les tapisseries de Mortlake dépeignent une bataille navale anglo-hollandaise (1672). Balcon et guirlandes en fer forgé (en dessous du palier) par Tijou.

Le **Vestibule (21)** relie la salle à manger (15) à l'Antichambre et à la Salle des Gardes de la Reine *(voir plus loin – 36 – 37)* et donne accès aux appartements privés, regardant la cour de la Fontaine. Ce sont d'abord la **Chapelle privée de la Reine** (Queen's Private Chapel – **22**) et le **Cabinet de toilette de la Reine** (Bathing Closet – **23**) ; vient ensuite la **Salle à manger privée** (Private dining Room – **24**) ornée d'œuvres des Italiens Pellegrini et Fetti ; un second cabinet (**25**) ouvre sur la **Chambre privée de la Reine** (Queen's Private Chamber – **26**) qui possède des peintures de Mytens, Ruysdael, Bruegel, de Hooch et Van de Velde.

La **Salle de Toilette du Roi** (King's Private Dressing Room – **27**) contient un petit lit du début du 18e s. ; elle conduit à la **Chambre privée de George II** (George II's Private Chamber – **28**) remarquable pour ses tentures de papier soufflé (1730). Une petite pièce (**29**) donne accès à la Galerie des Cartons.

Galeries des Cartons (Cartoon Gallery) (**30**). – Elle a été conçue par Wren afin de recevoir les fameux cartons de Raphaël pour les tapisseries des Actes des Apôtres *(p. 138)*. Une suite tissée au 17e s., à Bruxelles, d'après ces cartons, les remplace. Parmi les tableaux illustrant l'époque de Henri VIII, la famille du Roi (de gauche à droite, Marie, Édouard, Henri VIII, Jane Seymour, Élisabeth).

Une petite pièce en coin (**31**) reliait la 2e antichambre à la Galerie d'Accès.

Galerie d'Accès (Communication Gallery) (**32**). – Sur le côté Ouest de la cour de la Fontaine, cette galerie relie les appartements d'apparat du roi et de la reine. Elle abritait autrefois l'incomparable ensemble de Mantegna aujourd'hui exposé à l'Orangerie basse *(p. 174)*. On y montre désormais les plus séduisantes **« Beautés de Windsor »** de la cour de Charles II, par Peter Lely.

Cabinet du cardinal Wolsey (Wolsey's Closet) (**33**). – Cette pièce a conservé l'aspect qu'avaient les appartements du cardinal. Boiseries sculptées en « serviettes » surmontées, sous Henri VIII, de lambris peints. Frise ornée des blasons des Tudors.

Sous la corniche est inscrite la devise du cardinal : « Dominus mihi adjutor » (le Seigneur me vienne en aide).

Suite Cumberland (Cumberland Suite) (**34**). – Construite par l'architecte William Kent, en 1732, elle fut occupée un certain temps par le duc de Cumberland, 3e fils de George II. Elle comprend deux salles d'apparat et une chambre. Les plafonds clairs moulurés et les colonnes blanches sont d'une sobre élégance. Tableaux italiens des 17e et 18e s.

Escalier d'Apparat de la Reine (Queen's State Staircase) (**35**). – Magnifique rampe de Tijou, murs et plafonds peints par Kent, en 1735. C'est par cet escalier que l'on accédait aux Grands Appartements de la reine.

Salle des Gardes de la Reine (Queen's Guard Chamber) (**36**). – *Restauration en cours.* Les « Beautés de Hampton Court » (à la cour de la reine Marie), peintes par Kneller, sont exposées dans cette pièce ; monumentale cheminée.

Antichambre de la Reine (Queen's Presence Chamber) (**37**). – *Restauration en cours.* Lit et meubles destinés à la reine Anne (1714).

Galerie du Fantôme (Haunted Gallery) (**38**). – Elle longe les côtés Est et Nord de la **Cour de la Cuisine ronde** (Round Kitchen Court) mais c'est dans la première partie qu'elle mérite son nom car le fantôme de la jeune Catherine Howard, 5e femme d'Henri VIII, hanterait ces lieux. C'était en novembre 1541, la reine de 20 ans, convaincue d'adultère, était enfermée dans ses appartements ; elle réussit à courir vers la chapelle où son royal époux priait, pour le supplier, en vain, de lui épargner une mort atroce.

Tapisseries flamandes du 16e s. (Didon et Énée), peinture de Mytens (le Prince de Galles, futur Charles II), de Philippe de Champaigne (Richelieu), et de Ribera.

Cabinets des Jours Saints (Holiday Closets) (**39**). – Une porte à droite dans la Galerie du Fantôme mène au Balcon Royal (Royal Pew) et aux cabinets attenants d'où le roi et la reine assistaient aux cérémonies religieuses, selon la coutume au 16e s. Le cabinet fut redécoré par Wren en 1711 et le plafond peint par Thornhill.

Chapelle Royale (Royal Chapel) (**40**). – Construite par Wolsey, elle fut transformée par Henri VIII : somptueux plafond en bois doré formé d'éventails reposant sur des clefs pendantes très ouvragées. Les sculptures du retable sont de Gibbons, l'encadrement fut conçu par Wren.

Grande Salle des Gardes (Great Watching Chamber) (**41**). – Elle fut construite en 1536 à l'entrée des Grands appartements (aujourd'hui disparus) des Tudors. Beau plafond cloisonné (1536) avec des armoiries peintes et dorées où l'on retrouve les initiales d'Henri VIII et de Jane Seymour, sa 3e femme. Bois et têtes de cerfs ou d'élans. Tapisseries de Bruxelles (1500), les Vertus et les Vices ; les Triomphes de Pétrarque.

Salle des Cornes (Horn Room) (**42**). – Elle doit son nom aux trophées de chasse autrefois réunis dans la Galerie du Fantôme. Elle était utilisée pour le service des repas dans une partie de la Grande Salle, avec accès direct aux cuisines et aux celliers (escalier de chêne d'origine).

Grande Salle (Great Hall) (**43**). – Mesurant 32 m de longueur, 12 m de largeur, 18 m de hauteur, la Grande Salle, édifiée pour Henri VIII, présente une magnifique **charpente** de bois sculpté et ajouré. Henri VIII y faisait servir son repas principal, en grand apparat, sous un dais. Par la suite on y donna des spectacles de ballets ou de théâtre : Shakespeare lui-même aurait participé à certaines des représentations.

Sous les hautes baies aux vitraux de l'époque victorienne, sont tendues des tapisseries flamandes exécutées par Bernard van Orley, vers 1540. Elles ont pour thème, l'Histoire d'Abraham. A l'extrémité Ouest de la Grande Salle se trouve la galerie des musiciens. Des marches à droite, conduisaient à la Grande Cuisine ; un escalier sur la gauche permet de rejoindre la Porte d'Anne Boleyn. Une porte, au centre, menait à une **office** (Servery – **44**).

Par l'escalier Anne Boleyn, passer dans la cour de l'Horloge et dans la cour de la Fontaine.

Appartements Wolsey (Wolsey Rooms) (**47**). – *Pendant les réaménagements en cours, l'accès se fait par la Salle des Gardes du Roi (2).* Ces appartements étaient vraisemblablement destinés aux invités du cardinal et non à Wolsey lui-même. Les salles sont ornées de boiseries sculptées en « serviettes » ou de panneaux plus simples ; les plafonds, très fouillés, sont décorés des blasons du cardinal Wolsey. Les tentures brodées représentant des scènes bibliques proviennent du Nord de l'Italie (17e s.). Parmi les peintures on remarque un Erasme par Quentin Metsys, Charles Ier et Henriette-Marie de France par Mytens ; la Rencontre d'Henri VIII et de Maximilien Ier, des portraits de Jeanne d'Espagne, de Rodolphe II, un triptyque représentant l'Adoration des Mages et un Couronnement de la Vierge.

Galerie des peintures Renaissance (Renaissance Picture Gallery) (**48**). – *Aménagement en cours, l'accès se fera par l'escalier des Beautés (Beauty Staircase –* ***46****).*

Cour de la Fontaine★ (Fountain Court). – Transformée par Wren, l'ancienne Cour Verte du cloître d'Henri VIII a conservé sa fontaine, et la pelouse est toujours verte. Mais au-dessus des arcades de pierre s'alignent les hautes baies des appartements d'apparat, surmontées à l'Est et au Nord d'un étage de fenêtres rondes cernées de couronnes sculptées (par Caius Cibber). Sur le côté Sud les « oculi » sont obstruées de médaillons illustrant les Travaux d'Hercule, peints en grisaille par le Français Laguerre *(p. 103).* Un dernier étage s'ouvre sur des fenêtres carrées sauf sur le côté Ouest terminé par une balustrade.

L'ensemble de brique et de pierre blanche séduit par son ordonnance et sa grâce.

Un passage voûté mène de la cour aux jardins (passé ce porche, on ne peut revenir dans le château).

■ LES JARDINS***

Visite de 7 h à 21 h ou jusqu'au coucher du soleil. Restaurant et cafétéria ouverts en été, dans les Tiltyard Gardens.

Réalisés sur un plan régulier et ménageant de belles perspectives, les jardins de Hampton Court relèvent dans leur ensemble du style français, à la Le Nôtre. Ils furent dessinés sous Charles II Stuart et complétés sous Guillaume III d'Orange.

Du centre du terre-plein longeant la longue façade de Wren (fronton sculpté représentant le Triomphe d'Hercule sur l'Envie et entablement sculpté par Caius Cibber, en 1696), on jouit d'une vue spectaculaire sur la perspective formée par l'allée centrale du **Jardin de la Grande Fontaine** (Great Fountain Garden), le grand bassin et le canal (Long Water) créé par Charles II.

Aller jusqu'au canal et revenir ensuite vers le Jardin privé.

La **Grande Allée** (Broad Walk) longe la façade Est du palais et s'étend sur 700 m de la **Porte du Pot de Fleurs** (Flower Pot Gates) à la Tamise, séparant le Jardin de la Grande Fontaine du Jardin privé.

Jardin privé (Privy Garden). – Jadis réservé à la famille royale, il s'étend au-devant de la façade Sud du palais, ornée de deux figures colossales en bronze, par Hubert le Sueur : ce sont un Hercule et un Gladiateur, autrefois dans le parc St James *(p. 107).*

Ce jardin fleuri aux buissons touffus, aux allées croisant des sentiers herbeux, avec de gracieuses statues (Vénus, Cléopâtre) a, malgré son plan classique, le charme anglais.

A l'extrémité du jardin privé se trouve un rond-point séparé de la Tamise par des **grilles** de fer forgé, chef-d'œuvre de **Jean Tijou,** protestant français venu du continent en 1689 avec la reine Marie II : on reconnaît les emblèmes des nations du Royaume, comme la rose anglaise et le chardon écossais.

Grilles du Parc.

Maison des Banquets (Banqueting House). – *Elle n'est pas habituellement ouverte au public.* Située près de la Tamise, elle a été construite pour Guillaume III et s'ordonne autour d'une salle des Banquets décorée de peintures allégoriques par Verrio, que complètent des ornements sculptés par Grinling Gibbons.

Orangerie de Guillaume III (William III's Orangery) A. – Construite au rez-de-chaussée du bâtiment Sud de Wren, longue de 50 m, elle ouvre ses portes vitrées sur la terrasse. Elle abrite un musée.

Musée des Écuries Royales (Royal Mews Museum) **A.** – *Accès par la façade Sud. Entrée 30 p (en automne et en hiver, ouvert seulement les week-ends).*

Parmi les équipages et harnachements royaux noter : les harnais bleus d'État (1791) sous Georges III ; un char-à-banc français de Gautier et Picheron, présenté par Louis-Philippe à la reine Victoria, en 1844 ; un landau, attelage préféré de la reine Victoria ainsi qu'une « victoria »

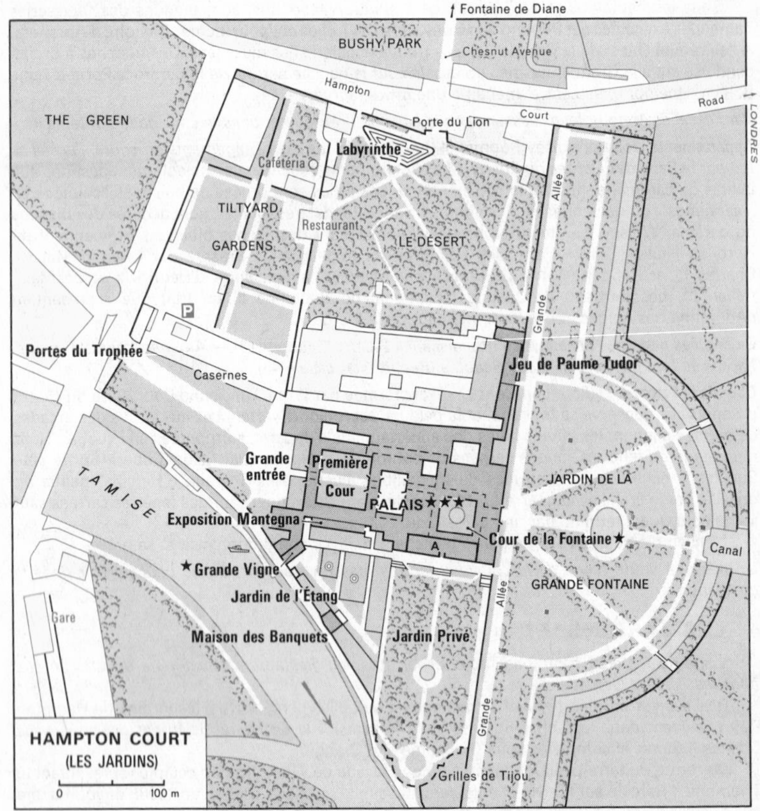

très basse utilisée par la reine âgée, un de ses traîneaux (1845). Des automobiles d'enfant : voiture de course du prince Charles, Aston Martin grise, modèle de James Bond, du prince Andrews.

A l'angle des bâtiments Sud de Wren et du pavillon Tudor, un jardinet appelé **Knot Garden** fut aménagé en 1924 dans le style du 16e s. Il est prolongé par une roseraie et un gazon qui borde l'Orangerie Basse.

Exposition Mantegna (Mantegna Exhibition). – *Entrée : 10 p.* Située dans l'Orangerie Basse (Lower Orangery) prévue par la Reine Anne, elle comprend la série des 9 peintures à la détrempe de **Mantegna** (1431-1506) illustrant le **Triomphe de Jules César.** Achetées au duc de Mantoue en 1627 par Charles Ier.

Jardin de l'Étang (Pond Garden). – Un bassin rond est encadré de bandes multicolores de fleurs et de buis alors que le petit jardin voisin forme des figures géométriques. Appelés aussi **Jardins Tudor** (Tudor Gardens), ils ont été redessinés au 18e s.

Grande Vigne* **(Great Vine).** – A l'extrémité Ouest du palais, une serre abrite un gigantesque pied de vigne de raisin noir de Hambourg, planté en 1768. Ses multiples ramifications forment un toit de verdure.

Jeu de paume Tudor. (Tudor Tennis Court). – *Ouvert d'avril à septembre.* Aménagés au 16e s. et restaurés sous Guillaume III. On y joue encore couramment à la longue paume, comme au temps des Tudors.

Traverser en diagonale la section des jardins qu'on nomme le Désert (The Wilderness), situé à l'Ouest des Tiltyard Gardens, aire de tournois sous Henri VIII puis jardin potager sous George III, actuellement pelouses fleuries et lieu de rafraîchissements.

Labyrinthe (The Maze). – *Ouvert de 9 h à 18 h de mai à septembre, à 17 h en octobre, mars et avril. Fermé de novembre à février. Entrée : 25 p.*

On pourra s'égarer dans le labyrinthe, un des plus parfaits du genre, dessiné sous Guillaume III.

De là il est possible, en franchissant la porte du Lion (Lion Gates) aux grilles attribuées à Jean Tijou, puis en traversant la route de Kingston, de pénétrer dans **Bushy Park** et de gagner la fontaine de Diane par la **Chestnut Avenue,** promenade plantée de marronniers sous Guillaume III ; à l'Ouest de la fontaine, un jardin du 20e s., **Woodland Garden,** offre, au début de l'été, une exceptionnelle floraison de rhododendrons et d'azalées.

■ HAMPTON COURT GREEN

A l'entrée du palais, le **Green,** vaste pelouse, est entouré de demeures anciennes qui se prolongent jusqu'au pont : elles abritaient, surtout aux 17e et 18e s., des gens de l'entourage du roi. Parmi ces hôtels, **Old Court House** où résida Christopher Wren de 1706 à 1723 ; **Faraday House** où se retira Michael Faraday de 1858 à 1867 ; **King's Store Cottage,** petit édifice carré, blanc, recouvert de planches. De l'autre côté de Hampton Court Road, s'alignent les **Royal Mews,** écuries royales des Tudors.

HARROW (Londres Nord)

TX – Métro : Harrow on the Hill et Harrow and Wealdstone (Metropolitan Line).

Agréablement située au sommet d'une colline (alt. 123 m) dominant la banlieue Nord de Londres, Harrow on the Hill est connue pour son aristocratique « Public School » fondée en 1571. Cet établissement **(Harrow School)** a compté dans ses rangs Lord Byron, Winston Churchill et Nehru. *Visite guidée sur demande,* ☎ *422 2303.* Une des salles (Old Speech Room), avec ses nombreux trésors, est ouverte au public l'après-midi. *Renseignements auprès du gardien (Custodian)* ☎ *422 2196, poste (extension) 225.*

Dans le cimetière de l'église **St Mary,** le jeune Byron avait coutume de s'étendre sur une tombe, désormais protégée par une grille.

Dans l'église, intéressante plaque tombale, fonts baptismaux du 12e s.

Participez à notre effort permanent de mise à jour.

Adressez-nous vos remarques et vos suggestions.

Cartes et Guides Michelin
46 avenue de Breteuil
75341 Paris Cedex 07.

ISLINGTON (Londres Nord)

UX – Métro : Angel (Northern Line). Highbury and Islington (Victoria Line).

Islington, bourgade agréable au 17e s., faisait partie de la banlieue de Londres. Entourée de champs où paissaient les troupeaux, elle était surnommée « la ferme de Londres ». La présence de sources d'eaux minérales *(voir Clerkenwell, p. 60)* et de salons de thé en plein air, attiraient une foule élégante. Au 19e s. le caricaturiste George **Cruikshank** illustra le développement urbain de ce quartier auquel participa Thomas Cubitt. Les petites industries du voisinage attirèrent de nombreux travailleurs.

Islington et Highbury

The Angel. – *Voir plan p. 7* (FV). Ce carrefour important où se croisent cinq voies, porte le nom de l'ancien relais de poste devenu par la suite taverne, qui se trouvait en ces lieux.

Duncan Terrace, Colebrooke Row. – Alignement de maisons du 18e s., en briques et stuc avec d'étroits balcons à l'étage. La **Charlton Place,** en forme de croissant, rejoint le Camden Passage.

Camden Passage. – *Upper Street. Ouvert du mardi au samedi (marché aux puces le mercredi).*

Ruelle aux nombreuses boutiques, magasins d'antiquité et galeries, avec deux restaurants et un pub victorien.

Agricultural Hall. – *Entre Upper Street et Liverpool Road.*

Construite en 1862 pour abriter le Salon d'Agriculture, cette immense salle aux piliers métalliques, coiffée d'une verrière, a servi de cadre à l'exposition canine de Cruft *(p. 18),* de 1891 à 1939. Il doit devenir un centre de design.

Islington Green. – Sur cette pelouse triangulaire, statue de Hugh Myddelton *(p. 61).*

Canonbury. – Cet ancien hameau est sillonné par un réseau de rues bordées de maisons du 19e s. en « terrace » et de squares aux belles proportions, en particulier le **Canonbury Square**★. Sur Canonbury Grove, cottages champêtres ; sur Alwynne Road, villas ombragées.

Canonbury Tower. – Seul vestige d'un manoir du 16e s., cette tour carrée en brique rouge est entourée de bâtiments des 18e et 19e s. Parmi les plus anciens, **Canonbury House** présente sur la place du même nom, un porche central encadré de colonnes ioniques.

Highbury Place. – Au 19e s., Highbury était tombé aux mains de bâtisseurs sans envergure. Font exception : Highbury Place (1779), Highbury Terrace (1789), Highbury Crescent (1830) où des villas opulentes ont été construites.

Holloway

Les villages de Lower et Upper Holloway ont fusionné au 19e s. La rue principale, Holloway Road, qui unit le centre d'Islington à Highgate, rejoint au Nord l'**Archway,** viaduc conçu à l'origine par John Nash en 1813 puis remplacé par un ouvrage métallique d'Alexander Binnie, en 1897. Au-delà d'Holloway Road, Highgate Hill longe le site de l'hôpital Whittington. Sur la colline se trouve la Whittington Stone *(voir p. 169).*

Pentonville Prison. – *A l'Est de Caledonian Road.* Cette prison à noyau central en pierre d'où rayonnent des ailes en briques, a été construite en 1840, sur le plan du fameux pénitencier (1824) de Philadelphie.

Caledonian Market Tower. – La tour blanche signale l'ancien marché aux bestiaux, en activité de 1876 à 1939. Il reste trois pubs de cette époque : Lamb, Lion et White Horse.

Holloway Prison. – *Parkhurst Road.*

Érigée en 1849, prison de femmes de 1903 à 1978, cette construction de style médiéval a fait place à un complexe d'habitations plus discret.

Michaël Sobell Sport Centre. – *Hornsey et Tollington Roads.* Centre de sports ouvert en 1973.

KEW★★★ (Londres Ouest)

Accès et conditions de visite. – *On peut se rendre à Kew par le métro (District Line), par le chemin de fer (gare commune : Kew Gardens Station) ou Kew Bridge au départ de Waterloo Station. Durant la belle saison, d'avril à octobre, nous conseillons d'emprunter le service de vedettes qui joint Londres (embarcadère de Westminster Bridge) à Kew (Kew Pier) par la Tamise (8 départs entre 10 h et 15 h 30 ; 3 h AR, £ 3 AR). Renseignements ☎ 730 4812.*

La visite des jardins est possible de 10 h au crépuscule ; les musées de 10 h et les serres de 11 h à 16 h 45 (17 h 45 le dimanche et 15 h 45 en hiver). Fermé les 25 décembre et 1er janvier (également les 24, 26 décembre et le Vendredi Saint pour les musées). Entrée : 15 p. Voir ci-dessous les conditions particulières à Kew Palace. Cafétérias : Tea Bar (ouvert toute l'année, de 12 h à 15 h seulement en hiver) non loin de Kew Palace et Refreshment Pavilion près de la Pagode. Un tableau, à l'entrée principale, indique les points d'intérêt selon les saisons.

Au temps des Tudors et des Stuarts, le hameau de **Kew** (TY) possédait une chapelle construite en 1522 où venaient se recueillir les courtisans du roi ; elle sera remplacée par l'église Ste-Anne. Au 17e s., un riche marchand de Londres, Samuel Fortrey, fils d'un réfugié hollandais, fit construire une belle demeure « Dutch House » qui deviendra résidence royale (Kew Palace). Kew est surtout célèbre pour ses magnifiques jardins.

▪ JARDINS ROYAUX DE KEW★★★ (Royal Botanic Gardens)

Ils composent, sur 120 ha au bord de la Tamise, un merveilleux tableau de bosquets et de vertes pelouses, aux parterres colorés. Un réseau de chemins sinueux et un jeu de petits bâtiments décoratifs viennent en outre rappeler qu'il s'agit bien d'un véritable parc « à l'anglaise ».

Les George au vert. – Au 18e s., la famille royale acquit deux domaines voisins : Richmond (Old Deer Park) et Kew. Le palais de Richmond, reconstruit en 1721 pour le futur George II et la reine Caroline, fut baptisé **Richmond Lodge.** Leur fils Frédéric, prince de Galles, habita en 1730 **White House,** appelée aussi Kew House (aujourd'hui disparue) ; sa veuve Augusta de Saxe Gotha, mère du futur George III, s'adressa en 1759 à **William Chambers** (1723-1796), architecte, dessinateur, écrivain, en vue de la réalisation de nouveaux jardins pittoresques, du style dit « anglo-chinois », avec leurs « fabriques », ponts, temples, pavillons, pagodes dont la formule fut bientôt adoptée par la France et toute l'Europe.

Sous le règne de George III, Richmond et Kew furent réunis et un observatoire (Kew Observatory) fut érigé à l'emplacement de Richmond Lodge, en 1769 (il a été utilisé jusqu'en 1980). Le roi eut l'idée d'un château « gothique » au bord de la Tamise, le **Castellated House,** dessiné par **James Wyatt,** mais il ne fut pas achevé.

Le jardin botanique ne prit véritablement son essor qu'à partir de 1841, date à laquelle il passa sous le contrôle de l'État : le premier Directeur, William Hooker, l'agrandit beaucoup et y créa l'herbarium, la bibliothèque et les musées. Il compte actuellement environ 25 000 variétés de plantes et sert d'école pratique à une soixantaine d'étudiants jardiniers.

VISITE *3 h 1/2 environ*

Main Gates (Entrée principale). – Dessinée par Decimus Burton, elle a remplacé en 1848 la porte ancienne décorée d'un lion couché et d'une licorne que l'on retrouve sur Kew Road à **Lion Gate** et **Unicorn Gate.**

Pavillon des arums (Aroid House). – Bâti sur les plans de Nash comme dépendance du palais de Buckingham, il fut transféré à Kew en 1836. Il abrite des arums, plantes tropicales à fleurs blanches en cornet, et des gingembres nécessitant aussi chaleur et humidité.

Dépasser un rond-point et s'infléchir à droite vers Kew Palace.

Kew Palace★★ (Dutch House). – *Visite de 11 h à 17 h 30. Fermé d'octobre à mars. Entrée : 60 p ; enfants 30 p.*

Dit Maison hollandaise (Dutch House) en raison de son style, ce manoir, portant la date de 1631, fut bâti à l'emplacement d'un édifice gothique dont subsistent les caves. George III et la reine Charlotte en firent leur résidence préférée à partir de 1781 et la décorèrent intérieurement en style géorgien d'une grande simplicité.

La façade sur jardin **(Queen's Garden),** ornée comme la façade principale de trois frontons galbés, s'ouvre sur un parterre classique, centré sur un joli puits vénitien. Au Nord-Ouest s'étend un jardin où l'on retrouve les plantes aromatiques chères au 17e s. (fiches signalétiques).

La Serre des palmiers (voir p. 178) est provisoirement installée près de Kew Palace.

Revenir sur ses pas et reprendre la Grande allée (Broad Walk) qui passe devant l'Orangerie.

Orangerie★. – Élevée en 1761 sur les plans de Chambers, elle sert aujourd'hui de salle d'expositions. Apollon et Zéphyre, deux statues du Cambraisien Pierre de Franqueville (1546-1615) ornent l'intérieur. La serre voisine abrite de délicates fougères (Filmy Fern House). La pelouse qui fait face à l'Orangerie marque le site du premier jardin botanique établi par Augusta en 1759.

Longer l'Orangerie et tourner à gauche vers le musée.

Wood Museum (Musée du Bois). – Installé dans **Cambridge Cottage,** sous le règne d'Édouard VII en 1904, il renferme les bois les plus variés : essences britanniques ou exotiques.

Le **Jardin d'eau** (Aquatic Garden) présente une pièce d'eau centrale couverte de nénuphars, encadrée de petits bassins avec des plantes aquatiques.

Le **Pavillon alpin** (Alpine House) est tout proche. Après le jardin de plantes herbacées (Herbaceous Garden) et le **Jardin de Rocaille** (Rock Garden), creusé en 1882 en forme de petite vallée rocheuse à cascatelles, on passe au pied d'un monticule couronné par le **Temple d'Éole** (Temple of Aeolus), édifice circulaire dessiné par Chambers en 1760 et reconstruit au 19e s.

Au pied du mont, face à l'étang se tient le musée.

Musée de Botanique générale (General Museum). – Il fut construit en 1857 sur les plans de Decimus Burton pour agrandir le précédent musée **(Museum of Economic Botany),** le premier du genre consacré uniquement à l'étude des plantes utiles. Il présente des plantes du monde entier, leur origine et leur évolution (tableau de la loi de Mendel sur l'hérédité chez les végétaux).

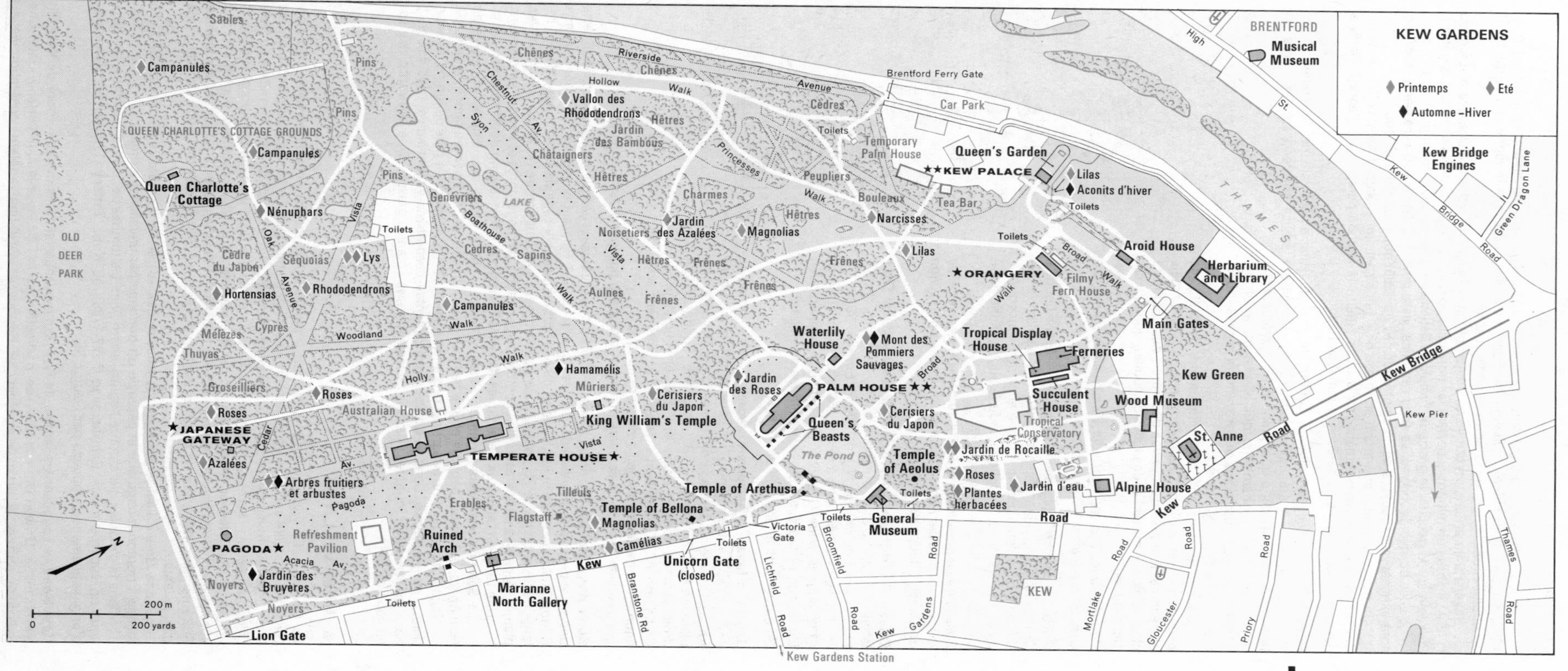
KEW GARDENS
Printemps
Eté
Automne -Hiver
Kew Bridge Engines
BRENTFORD
Musical Museum
THAMES
Kew Bridge
Kew Pier
Herbarium and Library
Main Gates
Kew Green
St. Anne
Wood Museum
Alpine House
Aroid House
Filmy Fern House
Ferneries
Succulent House
Tropical Conservatory
Jardin de Rocaille
Jardin d'eau
Queen's Garden
★★KEW PALACE
★ORANGERY
Tropical Display House
Lilas
Aconits d'hiver
Car Park
Brentford Ferry Gate
Temporary Palm House
Tea Bar
Narcisses
Mont des Pommiers Sauvages
PALM HOUSE★★
Cerisiers du Japon
Temple of Aeolus
Roses
Plantes herbacées
General Museum
Waterlily House
Queen's Beasts
The Pond
Victoria Gate
Kew Gardens Station
Temple of Arethusa
Jardin des Roses
Unicorn Gate (closed)
Temple of Bellona
King William's Temple
Magnolias
Camélias
TEMPERATE HOUSE★
Marianne North Gallery
Ruined Arch
Refreshment Pavilion
Lion Gate
PAGODA★
Jardin des Bruyères
★JAPANESE GATEWAY
Arbres fruitiers et arbustes
Azalées
Queen Charlotte's Cottage
QUEEN CHARLOTTE'S COTTAGE GROUNDS
Campanules
Nénuphars
Hortensias
Rhododendrons
Lys
Hamamélis
Vallon des Rhododendrons
Jardin des Bambous
Jardin des Azalées
LAKE
OLD DEER PARK
200 m
200 yards

L'allée contournant l'étang mène sur la droite au bord de l'eau par un escalier gardé, depuis 1958, par deux **lions chinois.** L'**étang** (The Pond) était plus vaste sous le règne de George III ; il occupait l'emplacement de la Serre et de la Roseraie.

Revenant en arrière, on trouve un peu en retrait le **Temple d'Aréthuse,** à chapiteaux ioniques (1760) ; il abrite un mémorial portant les noms des soldats et étudiants de Kew morts à la guerre. Plus loin sur la gauche, le gracieux **Temple de Bellone** de style dorique, domine un tertre.

L'allée bordée de magnolias et de camélias passe devant la **Galerie Marianne North** (1882) où sont exposées des œuvres de ce peintre (de 1872 à 1885) qui a parcouru le monde.

On franchit ensuite une arche en forme de « ruine romaine » **(Ruined Arch)** (1759). Passant devant la cafétéria (Refreshment Pavilion) on atteint la Grande perspective (Pagoda Vista) à l'extrémité de laquelle se détache la fameuse Pagode.

Pagode★. – Imitée de celle de Canton, la Pagode, tour octogonale de 10 étages et de 50 m de hauteur, a été édifiée en 1761-62. Ce curieux édifice surprend sur les bords de la Tamise, mais on sait à quel point le 18ᵉ s. était entiché de chinoiseries, et Chambers, qui le conçut, avait fait paraître quelque quatre ans auparavant un recueil « Dessins et édifices des Chinois ».

Construite dans un but uniquement décoratif, la pagode a inspiré celle de Chanteloup, près de Tours ; mais elle est malheureusement privée désormais des dragons à clochettes, des miroirs et des tuiles de couleur qui ornaient ses toitures.

Prendre l'allée des cèdres (Cedar Vista) jusqu'à hauteur de la Porte japonaise.

(D'après photo Pitkin Pictorials)

La Pagode.

Porte japonaise★ (Japanese Gateway). – Ayant figuré à l'Exposition anglo-japonaise de 1912, ce pavillon a été remonté ici, à l'emplacement d'une ancienne « mosquée » de Chambers. C'est la réplique, réduite au 2/3, d'une porte d'accès à un temple bouddhique.

Possibilité de pousser une pointe au Sud-Ouest par l'allée longeant l'Old Deer Park (Ancien parc à cerfs), en direction de Queen Charlotte's Cottage.

Queen Charlotte's Cottage (Cottage de la Reine Charlotte). – *Ouvert d'avril à septembre les samedis, dimanches et jours de fête de 11 h à 17 h 30. Entrée : 30 p.*

Ce charmant pavillon à toit de chaume fut construit en 1772 pour la reine Charlotte qui aimait y pique-niquer. L'intérieur, restauré, est orné d'estampes de Hogarth.

Se diriger vers le grand jardin d'hiver.

Jardin d'hiver★ (Temperate House). – Ainsi nommée parce qu'abritant les plantes des pays tempérés durant les frimas, la serre qui forme jardin d'hiver a été élevée sur les plans de **Decimus Burton** *(p. 98)* vers 1865. Continuer tout droit vers un temple édifié en 1837 en l'honneur de Guillaume IV **(King William's Temple)** ; à l'intérieur sont énumérées des batailles de l'armée britannique.

Une allée bordée de cerisiers du Japon mène à la **Roseraie** (Rose Garden).

Serre des palmiers★★ (Palm House). – *Fermée pour travaux. Les plantes sont exposées dans une serre provisoire située à côté du Tea Bar près de Kew Palace.* Conçue elle aussi par Decimus Burton, mais vingt ans avant le jardin d'hiver, cette étonnante cage de verre, longue de 110 m, large de 30 et haute de 20, est chauffée constamment à la température de 26° C : elle reçoit les plantes tropicales parmi lesquelles nombre de bananiers, de gingembres et surtout de palmiers.

Une rangée d'animaux héraldiques **(Queen's Beasts)** s'alignent le long de Palm House.

La **Serre de nénuphars** (Tropical Waterlily House – 1852) abrite des variétés tropicales de nénuphars, des lotus, papyrus et une belle collection d'hibiscus. *Ouverte seulement en été.*

Rejoindre le point de départ par la grande Allée ou, si l'on dispose de plus de temps, faire un détour par les **serres.** Dans le **Conservatory :** plantes décoratives variant suivant les saisons ; dans les **Ferneries :** fougères ; dans la **Succulent House :** plantes grasses. Une serre tropicale est en construction.

■ KEW VILLAGE

Le Green. – Ce vaste triangle vert dont la pointe Ouest touche l'entrée principale de Kew Gardens, accueille sur deux côtés les voitures en stationnement. En bordure du parc, se dresse les « Cottages royaux », parmi eux **Cambridge Cottage,** au n° 37, est devenu le musée du Bois (Wood Museum – *entrée à l'intérieur de Kew Gardens).* Au Nord un bâtiment géorgien de trois étages abrite l'**Herbier** (Herbarium) et la **Bibliothèque** (Library), accessibles seulement aux spécialistes ; 7 millions de plantes séchées constituent l'herbier le plus important du monde. Suit une ligne irrégulière de maisons des 18ᵉ et 19ᵉ s. (nᵒˢ 61-83), puis des pubs et restaurants plus récents.

Sur le Green, l'**église Ste-Anne** (St Anne's) des 18ᵉ et 19ᵉ s. a été restaurée en 1968. La façade à fronton triangulaire et péristyle est dominée par un clocher-tourelle.

Dans le **cimetière** qui entoure l'église, se trouvent les tombes de peintres célèbres : au Sud, sous un superbe rosier, **Gainsborough** (1727-1788), au Nord, **Zoffany** (1725-1810), portraitiste d'origine allemande, apprécié par George III.

Kew Road. – Longeant les jardins de Kew, cette avenue relie Richmond au pont de Kew, en traversant le Green. On y trouve, en particulier au n° 288, face à Cumberland Gate, une spécialité portant le nom de « Maids of Honour » ; c'est une tartelette confectionnée au

18e s., d'après une recette ancienne à base de fromage blanc, par une dame d'honneur de la princesse de Galles résidant alors à Richmond Lodge (actuel observatoire dans Old Deer Park).

Kew Bridge. – Dessiné par Barry et Brereton avec trois belles arches de pierre pour remplacer le pont du 18e s. aux piles multiples, il fut inauguré, en 1903, par Édouard VII.

Sur l'autre rive se dressent, au loin, les tours de Brentford et le haut gazomètre peint en bleu ciel. La station de pompage, située Kew Bridge Road, a été transformée en musée.

Kew Bridge Engines. – *Entrée : Green Dragon Lane. Ouvert les samedis, dimanches et lundis fériés de 11 h à 17 h ; fermé les 25 et 26 décembre. Entrée : £ 1.20 ; enfants : 70 p. Salon de thé.*

Cette station de pompage construite de 1837 à 1869 a alimenté en eau l'Ouest de Londres pendant 96 années. On y voit de gigantesques machines.

En continuant de suivre la Tamise par Kew Bridge et High Street on atteint l'église néo-gothique de St George abritant un musée.

Musical Museum. – *368 High Street, Brentford. Ouvert de 14 h à 17 h les samedis et dimanches. Fermé de novembre à mars. Entrée : £ 1.50.*

200 instruments de musique du 18e au 20e s. y sont présentés en état de marche.

LEWISHAM (Londres Sud)

UY – Chemin de fer : Lewisham, au départ de Charing Cross ; Forest Hill, au départ de London Bridge Station.

En décembre 1836 s'ouvrait la première ligne de chemin de fer de London Bridge à Depford. Les villages de Lewisham et de Lee s'étaient déjà urbanisés.

Parish Church of St Mary's. – *Lewisham High Street.* L'église paroissiale de Ste-Marie, en calcaire du Kent, date de 1795, la base du clocher étant plus ancienne. Le presbytère voisin, sur Ladywell Road, est du 17e s.

Pentland House, Manor House. – *Old Road.* Demeures du 18e s., la première est en stuc blanc, la seconde, en brique, abrite une bibliothèque.

Sur Lee High Road, deux maisons de retraite : Boone's Almshouses avec une chapelle (1683) de Wren, et Merchant Taylor's Almshouses (1826).

Horniman Museum★. – *London Road, Forest Hill. Visite de 10 h 30 (14 h le dimanche) à 18 h. Fermé les 24, 25 et 26 décembre. Conférences, concerts, bibliothèque, buffet.*

Fondé par F.J. Horniman (1835-1906), marchand de thé, et construit en 1901, par l'architecte H. Townsend dans le style « Art nouveau », ce musée abrite des collections variées concernant l'ethnographie et la zoologie (Aquarium), ainsi que des instruments de musique.

Derrière le musée, Horniman Gardens, créée en 1895, est un parc agréable, à flanc de colline.

St Antholin Spire (Clocher de St-Antholin). – *Darmouth Road, Forest Hill.* Dans le jardin de **Roundhill House,** se dresse une flèche de pierre surmontée d'une girouette. Elle provient d'une église de la City, construite par Wren à Watling Street, et qui fut vendue en 1874.

Church of the Resurrection (Église de la Résurrection). – *Kirkdale, Upper Sydenham.* Église catholique (1974), à l'aspect d'une forteresse basse, en briques jaunes.

OSTERLEY PARK★★ (Londres Ouest)

TY – Métro : Osterley Station (Piccadilly Line).

Visite de 14 h à 18 h (12 h à 16 h d'octobre à mars). Fermé le lundi, les 25, 26 décembre, 1er janvier et 1er mai. Salon de thé-cafétéria. Entrée : £ 1.50 ; enfants : 75 p.

Dépendant, comme Ham House, du Victoria and Albert Museum, ce domaine appartint d'abord à un fameux financier du temps d'Élisabeth Ire, **Thomas Gresham** *(p. 51)*, et à son beau-fils William Read, puis passa dans la famille des banquiers **Child,** dont l'emblème héraldique, une aigrette, orne maints éléments décoratifs du manoir.

Le **parc** a été dessiné dans le style pittoresque avec une rivière « Serpentine », des allées et des bosquets savamment disposés : les arbres présentent quelques imposants spécimens de chênes, hêtres, érables ou cèdres centenaires. Il est en outre agrémenté de deux pavillons, un « temple dorique » et une rotonde décorée par Adam de médaillons et de guirlandes.

Osterley House★★. – Avec Chiswick, Syon House et Kenwood, Osterley House, qui fut à l'origine (1577) un manoir quadrangulaire en briques, de style Tudor, représente de nos jours une des manifestations les plus élaborées de la manière de **Robert Adam** qui en aménagea les façades et l'intérieur à partir de 1760.

Particulièrement spectaculaire, la façade d'entrée fait penser à un décor théâtral avec ses degrés conduisant au majestueux portique ionique à fronton triangulaire orné de motifs décoratifs d'esprit antique, portique qui précède une cour formant scène. De même la façade opposée est marquée par un harmonieux escalier, restauré en 1954, dont les rampes de fer forgé sont typiques de style Adam *(p. 22)*. Par contre les façades latérales relèvent du Tudor par leurs tourelles d'angle carrées à couronnement en dômes.

L'intérieur est remarquable par son décor Adam incluant tapis, mobilier, rampes d'escalier... et par son plan combinant les grandes salles d'apparat, au centre, avec les pièces plus intimes réparties dans les ailes en retour, parmi lesquelles il faut citer :

- le **hall** immense où se tenaient les laquais, à double abside comme à Syon House ;
- la **galerie** (Gallery) attribuée à William Chambers mais dont les appliques et le mobilier sont dus à Adam, tendue de tapisseries représentant les quatre Continents d'après les cartons de Le Barbier (Beauvais 1786) : dans celle de l'Amérique on identifie la France, en Minerve, triomphant de l'Angleterre lors de la guerre de l'Indépendance américaine ;
- la **salle à manger** (Eating Room) ornée de peintures de Zucchi et d'un mobilier Adam ;
- la **bibliothèque** (Library) aux panneaux peints par le Vénitien Antonio Zucchi, collaborateur d'Adam et mari du peintre Angelica Kauffmann ; mobilier attribué à John Linnell ;

- le **salon** (Drawing Room) avec ses murs tendus de soie, son splendide plafond sculpté et peint de couleurs tendres auquel répond un non moins beau tapis de la manufacture de Moorfields ; des glaces de St-Gobain surmontent une paire de commodes demi-lune en marqueterie, d'après Adam ; les grands portraits sont de Reynolds ;
- la **salle des tapisseries** (Tapestry Room), ainsi nommée à cause de ses luxueuses tapisseries des Gobelins (1775) rehaussées de médaillons, d'après Boucher, évoquant les Amours des Dieux ; l'ameublement est assorti aux tapisseries ;
- la **chambre à coucher** (State Bedroom) abritant un étonnant lit Adam, à dôme et baldaquin, dont le projet, daté 1776, est conservé au Soane's Museum *(p. 70)*.

En sortant du château, on pourra aller voir, à gauche, les **communs** en briques (16e s.).

PUTNEY (Londres Ouest)

TY – Métro : East Putney (District Line)

Ce village au bord de la Tamise a vu Oliver Cromwell réunir son conseil de guerre en l'église St Mary, en 1647. Bien que relié à Fulham, au 18e s., par un pont à péage en bois, il a fallu attendre l'arrivée du rail au 19e s., pour urbaniser la région, la rive conservant ses clubs d'aviron et sa fameuse course (Boat Race – *p. 18)*, célèbre depuis 1845.

St Mary's. – L'église, située près du pont de Putney *(p. 123 et 160)*, a brûlé en 1973 et a été restaurée et rouverte en 1982. La chapelle de la fondation (14e s.) et la tour du 15e s. avaient été conservées lors de la reconstruction de l'église en 1836.

Putney High Street, Putney Hill. – De l'église à la gare, **High Street** est une voie animée, bordée en partie de maisons de style Tudor, pub orné de gargouilles (Old Spotted Horse) et hautes façades du 19e s. Dans **Putney Hill,** prolongement de High Street, noter au n° 11, The Pines, demeure victorienne où **Swinburne** (1837-1909), poète et critique attaché au mouvement préraphaélite, vécut ses trente dernières années. Dans la même rue, établissements scolaires : **Putney College for Further Education** (1960) et **Putney High School for girls** (1893), de style victorien.

D'autres écoles se trouvent à proximité : **Mayfield Comprehensive School** (92 West Hill), **Whitelands Training College** (1930) et **Wandsworth School** (1970) sur Sutherland Grove.

Lower Richmond Road. – Au début de la rue, face au fleuve, se tient **Winchester House** (1730), aux briques foncées ; un pub victorien de 1887, le **White Lion,** est orné de deux cariatides en figure de proue. Au-delà, parmi les boutiques d'antiquaires, sont disséminés d'autres pubs, le **Duke's Head** de style géorgien donnant sur l'eau, le **Spencer Arms** à pignons du 19e s. et devant le pré communal, le French Revolution.

Dans le Lower Common, **All Saints Church** *(ouverte pendant les offices)* est une église de 1874 remarquable par ses vitraux dus à Burne-Jones.

RICHMOND ** (Londres Ouest)

TYZ – Métro : Richmond (District Line).

Vedette fluviale : d'avril à octobre au départ de Westminster Bridge *(4 services de 10 h à 12 h, retour à 15 h et 17 h ; durée 2 h 1/2 à 3 h aller ; £ 4 AR). Renseignements : ☎ 730 4812.*

Coquette petite ville s'étageant au-dessus d'un méandre de la Tamise, Richmond est, en fin de semaine, une des promenades favorites des Londoniens qui viennent nombreux s'y délasser ou canoter durant les beaux jours d'été.

Pubs typiques. – **Cricketers,** The Green : connu en 1770 sous le nom de « The crickett Players » (Les joueurs de cricket). *Voir aussi, ci-dessous.*

Roebuck, 130 Richmond Hill : ancienne auberge de 1738 ; belle vue sur la vallée de la Tamise.

Three Pigeons, 87 Petersham Street : pub de 1735 avec jardin au bord de la Tamise.

Un lieu de séjour fréquenté. – Richmond, qui porta d'abord le nom de Sheen (beau), s'est développé en même temps qu'une résidence royale d'été, modeste d'abord au temps des Plantagenêts, mais reconstruite sur un bien plus grand pied par Henri VII Tudor qui y mourut. Le fils de celui-ci, Henri VIII, puis la Grande Élisabeth (morte également au palais de Richmond) y tinrent souvent leur cour de même qu'au siècle suivant la reine Henriette-Marie et Charles Ier.

Malheureusement le palais Tudor à tourelles coiffées de petites coupoles devait être vendu en 1648 sur ordre du Parlement et tomber peu à peu en ruines ; regardant la Tamise, ce château se trouvait à l'emplacement actuel de Richmond Green, au Nord-Ouest de la localité.

Durant la Révolution française Richmond fut choisi comme lieu de refuge par un certain nombre d'émigrés désireux de jouir du calme et du bon air : **Chateaubriand** y passa l'été 1799 et le publiciste **Mallet du Pan** y mourut en 1801 (sa tombe se voit encore au cimetière).

Richmond Green**. – Emprunter la rue commerçante The Quadrant où se trouve la station de métro ; sur la gauche s'ouvre **Waterloo Place** grande comme un mouchoir de poche avec des cottages du 19e s., puis une ruelle animée par un petit marché. Continuer par la rue principale, George Street, prendre à droite **Brewers Lane,** charmante voie piétonne étroite avec des échoppes et des antiquaires, donnant accès au Green.

Richmond Green est une vaste pelouse encadrée sur deux côtés par des demeures anciennes. Face au Little Green voisin, rompant cet ensemble harmonieux, s'élève le dôme vert du Théâtre en briques rouges (1899) de style « Edwardian ». Le long de Green Side des maisons du 18e s. se succèdent aussi que deux pubs, le Princes' Head et le **Cricketers** d'allure victorienne. Continuer par **Old Palace Terrace :** alignement de six maisonnettes de briques foncées à encadrements blancs. Remarquer deux demeures de 1700, **Old Palace Place** et **Oak House** dont l'entrée est protégée par un auvent à colonnes. **Old Friars** (1687) a été construite à l'emplacement d'un ancien monastère fondé par Henri VII, en 1500 ; en face, le Green est planté de tilleuls. Continuer à longer le Green par **Maids of Honour Row****, bordée de quatre maisons à briques patinées de trois étages, élevées par le futur George II en 1724 pour abriter les dames d'honneur de la princesse de Galles.

Richmond Palace n'est plus qu'un souvenir à part le porche Tudor aux armes, restaurées, de Henri VII. Des demeures privées se sont élevées sur ses ruines, au 18e s. ; **Old Palace** à tour crénelée, **Gate House** s'ouvrant sur un adorable square triangulaire, **Old Palace Yard** sur lequel donne **Wardrobe** où s'inscrit dans la façade une arche ancienne et **Trumpeter's House**★ (1708) qui abrita Metternich de 1848 à 1849. Ces deux dernières demeures occupent l'emplacement des 1re et 2e cours du château.

Sortir par Old Palace Lane que l'on suit à gauche jusqu'à la Tamise. A l'extrémité du chemin, dans l'enceinte du vieux palais, **Asgill House**★, construction de pierre blonde regardant le fleuve, fut élevée en 1760 par le banquier Charles Asgill.

Richmond Bridge★★. – Ce pont de pierre à cinq arches gracieuses, orné d'une balustrade classique, est dû à James Paine (1777). Son site a tenté plus d'un artiste. Pont à péage jusqu'en 1859, il a été élargi en 1937, sans perdre de son caractère.

De la berge un escalier permet d'atteindre le niveau du pont pour monter à droite sur Hill Rise ; on laisse sur la gauche The Wineyard, rue rappelant la présence d'une vigne aux 16e et 17e s., produisant un vin local apprécié.

Richmond Hill. – L'avenue en forte montée est bordée de magasins, d'antiquaires et de maisons d'habitation à balcons. Après avoir dépassé un bel ensemble moderne (Hill Court) sur la gauche on atteint sur la droite **Terrace Gardens.** Ce jardin à flanc de coteau offre une jolie vue sur les frondaisons qui dévalent sur le fleuve. Plus loin une esplanade permet d'admirer le **panorama**★★ sur les méandres de la Tamise et Richmond.

Continuer à gravir Richmond Hill. Deux demeures regardent le fleuve : **The Wick** (1775) dont on peut apercevoir les grandes baies, au-dessus du mur de Nightingale Lane, et **Wick House** (1772), demeure de Reynolds qui peignit le paysage qu'il voyait de sa maison. Face au carrefour orné d'une fontaine fleurie à margelle surmontée d'une belle ferronnerie, une grande bâtisse de style néo-géorgien sert de maison de retraite aux soldats invalides ; elle fut construite à l'emplacement d'une auberge célèbre aux 18e et 19e s., dont elle porte d'ailleurs le nom : The Star and Garter (L'Étoile et la Jarretière).

Richmond Park★★. – Richmond Gate, l'entrée principale du parc de Richmond, s'ouvre à la lisière Sud de la ville, au-delà de la Terrasse.

Ancienne réserve royale de chasse, que Charles II fit clôturer, le parc de Richmond s'étend sur le plateau entre la Tamise et Wimbledon. Avec ses 904 ha, c'est le plus vaste parc du Grand Londres, le plus préservé aussi ; on peut le traverser ou en faire le tour par des routes accessibles aux automobilistes.

Sauvage et silencieux (en semaine) le parc, très prisé des cavaliers, compose un paysage ondulé, jalonné de bosquets, de **chênes** centenaires, avec un jardin, l'**Isabella Plantation,** où les fleurs de printemps **(spring flowers)** sont magnifiques **(rhododendrons).** La vie sauvage **(wildlife)** des animaux est respectée. En son centre, cygnes, canards et oiseaux aquatiques de passage hantent de vastes étangs ceinturés de hautes herbes, tandis que sur la lande errent force hardes de cerfs et de daims.

De rares habitations apparaissent çà et là parmi lesquels **White Lodge,** pavillon de chasse construit par George II au 18e s. et où la reine Mary, épouse de George V, donna le jour, en 1894, au duc de Windsor ; le pavillon abrite actuellement une école de danse.

Un sentier sur la droite mène à un jardin clôturé, **Pembroke Lodge Garden.** A l'intérieur sur un monticule appelé **King Henry VIII Mound,** des bancs sont disposés pour apprécier, au-delà d'un arbre étrange à deux troncs, une **vue**★★★ étendue sur la vallée de la Tamise, véritable point stratégique sur la plaine, du château de Windsor à l'Ouest au dôme de St-Paul à l'Est. *Les lointains sont souvent brumeux même par beau temps (jumelles souhaitables).* **Pembroke Lodge,** jolie maison (transformée en restaurant), fut habitée pendant son enfance par le philosophe Bertrand Russell (1872-1970), prix Nobel en 1950.

ROEHAMPTON (Londres Ouest)

TY – Bus 718 (Green Line), départ près de Victoria Station.

N'étant pas desservi par le rail, ce village du Surrey, au Nord-Est du parc de Richmond, ne s'est transformé en banlieue résidentielle qu'au 20e s. Le chemin rural, Roehampton Lane, est devenu route à quatre voies, avec des immeubles (1960) à 11 étages, des maisons groupées en « terraces », des demeures géorgiennes ombragées de cèdres magnifiques, abritant des établissements scolaires tels le Battersea College of Education, installé dans **Manresa House** (1750), le Garnett College dans **Downshire House** (1770), le Froebel Institute occupant des demeures des 18e et 19e s., **Grove House, Ibstok Place** et **Templeton.**

Roehampton House, vaste demeure de 1712, agrandie par la suite, est depuis 1915 un hôpital pour mutilés, le **Queen Mary's Hospital.**

High Street. – Rue aux petites maisons du 19e s. avec boutiques et plusieurs pubs : Angel, Montague Arms (18e s.), King's Head (17e et 18e s.). L'église voisine, **Holy Trinity** (1898), se signale par son haut clocher.

Mount Clare. – *Minstead Gardens.* Cette blanche demeure du 18e s., située sur une colline, est dominée par deux cèdres plantés en 1773 par Capability Brown (1715-1780), le paysagiste à la mode.

■ MORTLAKE

Chemin de fer : Mortlake, au départ de Waterloo. Bus 714 ou 716, arrêt Barnes.

Sur la rive droite de la Tamise, **Mortlake** est connu de nos jours par sa brasserie et la course universitaire d'aviron *(p. 18)* partant du pont de Putney. Son nom fut célèbre au 16e s. pour sa poterie vernissée et au 17e s. pour ses tapisseries **(tapestry works),** évoquées à Tapestry Court, 119 High Street.

St Mary the Virgin Church. – Reconstruite aux 19e et 20e s., cette église de la Vierge Marie a conservé quelques vestiges du 17e s., la sacristie et la tour Ouest dont les fondations datent du règne de Henri VIII. A l'intérieur, collection de poteries *(visite sur demande).*

Tombe de Sir Richard Burton. – *North Worple Way.* Dans le cimetière de St Mary Magdalen repose le grand explorateur Richard Burton (1821-1890). Sur sa pierre tombale, une tente de Bédouin en pierre a été érigée par sa veuve.

Au bord de l'eau, sur Mortlake High Street, cottages et maisons du 18e s. se succèdent : nos 115-117-119. Au **n° 123,** belle demeure à colonnes toscanes et jardin regardant le fleuve où Turner peignit plusieurs toiles.

ROYAL AIR FORCE MUSEUM ★★ (Londres Nord)

TX – Métro : Colindale (Northern Line)

Berceau de l'aviation britannique au début du siècle, l'ancien terrain de Hendon fut le cadre de fêtes aériennes célèbres entre les deux guerres mondiales. Un musée de la RAF est installé dans deux hangars de 1915 et un bâtiment construit à cet effet.

Ouvert de 10 h (14 h le dimanche) à 18 h. Fermé les 24, 25, 26 décembre, 1er janvier, Vendredi Saint et 1er mai. Entrée libre pour le musée principal. Cafétéria.

La **grande salle** (Main Aircraft Hall) abrite une quarantaine d'appareils, généralement militaires, depuis un monoplan Blériot de 1909 jusqu'aux chasseurs supersoniques. Les fameux Spitfire côtoient les bombardiers lourds.

La **galerie historique** *(commencer la visite par le 1er étage, à partir du hall d'entrée)* présente documents, instruments et souvenirs de l'armée de l'air britannique : nacelles de ballons, trophées Michelin de 1910 et 1913, reconstitution d'ateliers, uniformes.

Musée des Bombardiers (Bomber Command Museum). – *Entrée £ 1 ; enfants : 50 p.*

Saisissante exposition des fameux bombardiers de la Seconde Guerre mondiale, parmi lesquels un Lancaster, un Wellington, une Forteresse Volante B17.

Musée de la Bataille d'Angleterre (The Battle of Britain Museum). – *Entrée : £ 1 ; enfants : 50 p.*

La Bataille d'Angleterre (juillet 1940-mai 1941) a été remportée dans les airs. Rendant hommage aux pilotes de la Royal Air Force (RAF), Churchill affirma : « Jamais dans un conflit, un si grand nombre d'hommes ne fut redevable d'autant à un si petit nombre ».

Dans un vaste hangar élevé en 1978, ce musée réunit 14 avions britanniques, allemands et italiens ainsi que des documents ayant trait à cette grande bataille.

On voit également la réplique de la salle des opérations du Groupe 11 à Uxbridge.

SYON PARK ★★ (Londres Ouest)

TY – Métro : Gunnersbury (District Line), puis bus 237 ou 267, arrêt Brent Lea Gate.

Propriété familiale des ducs de Northumberland *(p. 134),* Syon constitue un domaine dont les jardins, réalisés au 18e s. par le fameux Capability Brown, ont été en partie morcelés.

Syon House★. – *Visite de 12 h à 17 h, du dimanche au jeudi, seulement le dimanche en octobre. Fermé de novembre à mars. Entrée : £ 1.50 ; enfants : 70 p (billet valable aussi pour les jardins).*

A l'origine monastère de nonnes fondé par Henri V, Syon House passa à la Couronne au moment de la Réforme et fut donnée au protecteur Somerset *(p. 119)* puis, par la reine Élisabeth Ire, aux Percy, **ducs de Northumberland,** qui la firent rebâtir. Extérieurement, elle présente encore le visage d'une maison forte de la fin du 16e s., cantonnée de tours d'angle et couronnée de merlons. Son apparence a peu changé depuis que Canaletto la peignit lors de son séjour en Angleterre, de 1746 à 1756, encore que maintenant elle soit dominée par le fameux lion des Northumberland, jadis placé sur Northumberland House.

Intérieur★★. – Il a été redécoré de 1762 à 1769 par **Robert Adam,** qui travailla aussi à Northumberland House. Le style Adam *(p. 22),* à la fois somptueux et raffiné, prend ici toute sa valeur, encore relevée par le mobilier dessiné par l'architecte lui-même.

Le grand hall est impressionnant avec ses colonnes doriques, ses statues d'après l'antique (bronze du Gaulois mourant) et ses stucs modelés par Joseph Rose.

Le vestibule (Ante Room), beaucoup plus petit et plus coloré que le hall, est aussi monumental grâce à ses colonnes ioniques de marbre vert antique, découvertes dans le Tibre romain et apportées dans ces lieux où Adam les fit surmonter de statues dorées ; remarquer aussi les splendides marbres polychromes en marqueterie, tapissant le sol.

(Autorisation du duc de Northumberland)

Commode Adam.

La salle à manger (Dining Room) présente une double abside comme le grand hall et des niches garnies de statues ; pendule anglaise fin 18e s. formant boîte à musique.

Le salon rouge (Red Drawing Room) s'orne d'un splendide tapis exécuté d'après les cartons d'Adam ; remarquable série de portraits des Stuarts par Honthorst (Élisabeth, sœur de Charles Ier), Van Dyck (Henriette-Marie de France), Peter Lely (Charles Ier et le duc d'York) et Mignard (Henriette d'Angleterre, fille de Charles Ier et duchesse d'Orléans).

La grande galerie (Long Gallery), longue de 40,60 m pour une largeur de 4,20 m, est éclairée par onze fenêtres et chauffée par deux cheminées surmontées de paysages peints par Zuccarelli (école vénitienne du 18e s.) ; une partie du mobilier a été dessinée par Adam.

Dans le cabinet des estampes (Print Room) orné des portraits des propriétaires de Syon House, remarquer le petit portrait de Somerset, dû probablement à Corneille de Lyon.

Dans la cage d'escalier (Staircase) est exposé un vase de Sèvres offert par Charles X et, au mur, une peinture de Rubens, Diane revenant de la chasse.

Jardins* **(Syon Park Gardens).** – *Ouverts de 10 h à 18 h (ou à la tombée de la nuit en hiver); fermé les 25 et 26 décembre. Entrée : 80 p ; enfants : 50 p (billets combinés : voir Syon House).*

Roseraie (Rose Garden). – *Jeton de 10 p nécessaire.* Située à droite de Syon House elle est riche de plus de 12 000 roses représentant quelque 400 variétés ; jolie vue sur le manoir et les grandes prairies qui courent vers la Tamise. La roseraie est prolongée par un jardin ornemental : beaux cèdres du Liban.

Jardin principal (Main Garden). – Dessiné et planté par Capability Brown, il s'étend le long d'un lac ornemental en serpentine et comprend maints arbres rares, des arbustes et des plantes d'espèces variées comme dans un jardin botanique et d'abondants massifs de fleurs sur lesquels règne, du sommet de sa colonne, la déesse Flore. Au bout du lac, sculptures modernes de Barbara Hepworth, Bernard Meadows, Magritte et César.

A gauche de Syon House, la **serre (Great Conservatory** – *fermé en hiver),* élevée en 1820 sur les plans de Charles Fowler et dont Paxton s'inspira lorsqu'il conçut le fameux Crystal Palace *(p. 73),* atteint plus de 20 m de hauteur sous dôme. Elle abrite de nombreuses plantes et fleurs exotiques, en particulier des orchidées ; dans l'aile Ouest sont installés une volière (Aviary) et un aquarium.

Depuis 1981, **The London Butterfly House** permet d'observer et de photographier des papillons vivant dans une serre tropicale *(ouverte de 10 h à 17 h 30 en saison, 15 h 30 en hiver).*

Musée d'Automobiles britanniques (BL Heritage Motor Museum). – *Ouvert de 10 h à 17 h 30 (16 h d'octobre à mars). Fermé les 25 et 26 décembre. Entrée : £ 1.60 ; enfants : 80 p.*

En lisière du jardin, sont exposées une centaine des 250 automobiles (anciennes, récentes, prototypes) de fabrication britannique, que possède le musée.

Les plans de villes sont toujours orientés le Nord en haut.

TWICKENHAM (Londres Ouest)

TYZ – Métro : Richmond (District Line), puis bus (plusieurs lignes).

Si, de nos jours, le nom de Twickenham est familier des sportifs français en raison de son fameux stade de la Rugby Union *(p. 18),* sis aux lisières Nord de la localité, historiquement parlant la ville, naguère village, doit sa notoriété à l'écrivain **Horace Walpole** (1717-1797), ami et correspondant anglais de Mme du Deffand, qui y possédait un magnifique domaine, Strawberry Hill, et au philosophe **Alexander Pope** (1688-1744) qui réalisa à Marble Hill House, avec l'aide de Kent et de Bridgeman, le premier jardin pittoresque de l'Angleterre, aujourd'hui disparu.

Le nom de Twickenham est aussi lié à la **famille d'Orléans,** Louis-Philippe, ses frères, ses enfants et petits-enfants y ayant trouvé refuge de 1800 à 1807, de 1815 à 1817, et après 1848.

Pubs typiques. – **The Fox,** Church Street : façade du 18e s.
The White Swan, Riverside : maison du 17e s. avec terrasse au bord de la Tamise.

York House. – *Richmond Road. Seuls les jardins sont ouverts au public.*

La famille d'York possédait ce domaine depuis le 15e s. et fit construire, en 1700, cette demeure de briques à trois étages, entourée d'un parc avec roseraie et jardins classiques, au bord de la Tamise. La maison est occupée par des services municipaux.

Sion Road. – Cette voie longe le parc de York House et rejoint le fleuve ainsi qu'une rue parallèle bordée de cottages, Ferry Road *(service de bac – ferry – en été, les samedis pour Ham House – p. 165).* **Sion Row** forme une « terrace » de 12 maisons uniformes, de 1721, personnalisées par leur porche d'entrée.

Orleans House Gallery. – *Visite en semaine de 13 h à 17 h 30 (16 h 30 d'octobre à mars), les dimanches et lundis fériés à partir de 14 h. Fermé les lundis, les 25, 26 décembre et le Vendredi Saint.*

La propriété tient son nom de **Louis-Philippe,** duc d'Orléans et futur roi des Français, qui la loua entre 1815 et 1817. Après la Révolution de 1848, le souverain déchu se retira au Sud de Londres à Claremont et **Orleans House** fut affectée à son fils, le **duc d'Aumale,** qui y résida jusqu'à 1871, réunissant une partie des collections rassemblées aujourd'hui à Chantilly; de 1866 à 1871, le frère d'Aumale, l'amiral de Joinville, habita au manoir de Mount Lebanon, anéanti par le feu en 1909.

(D'après une estampe)

Orleans House au 19e s.

Orléans House comprenait alors un corps de bâtiment datant de 1710 et un pavillon octogonal ajouté par James Gibbs en 1720, que reliait une galerie. Le bâtiment de 1710 et la galerie ont été démolis en 1926 mais le pavillon octogonal **(Octagon Room),** attenant à une galerie d'art **(Orleans House Gallery),** subsiste avec son curieux décor intérieur à sculptures de stucs dans l'esprit rocaille.

Marble Hill House★. – *Visite de 10 h à 17 h (16 h de novembre à janvier). Fermé le vendredi et les 24, 25, 26 décembre.*

Bâtie à partir de 1724 sur ordre de George II pour sa favorite Henrietta Howard, comtesse de Suffolk, Marble Hill House, qui est décorée de meubles et de peintures du 18e s., fut habitée, vers 1790, par Maria Fitzherbert, amie du prince régent, futur George IV. Descendant doucement vers la Tamise, le **parc** se compose de pelouses alternant avec des bosquets. Dans l'un d'eux on remarque un énorme noyer (walnut) contemporain de la comtesse de Suffolk.

Strawberry Hill★. – *St Mary's College, Waldegrave Road. Visite guidée les samedis après-midi sur demande écrite.*

En 1747, Horace Walpole, historien, journaliste, homme de lettres et collectionneur distingué, fit l'achat d'un cottage vieux d'un demi-siècle, au Sud de Twickenham. Il le transforma en un château gothique ; le **Gothic Revival** *(p. 23)* était né.

L'intérieur est un fantastique rappel du passé : balustrade de l'escalier, copié sur celui de la cathédrale de Rouen, fenêtres à vitraux flamands, plafonds Tudor, grandes salles de réception éclairées aux flambeaux...

Depuis 1923, le domaine est occupé par une École Normale (St Mary College).

WANDSWORTH (Londres Sud)

TY – Chemin de fer : Wandsworth Town au départ de Waterloo Station.

Jusqu'au 19e s., c'était un village du Surrey, étiré sur les berges de la **Wandle,** affluent de la Tamise dont les eaux poissonneuses faisaient tourner des moulins et vivre toute une population d'artisans (potier, imprimeurs, chaudronniers) auxquels s'étaient joints, au 17e s., des tisseurs de soie et des fabricants de chapeaux. Parmi ces derniers, des Huguenots émigrés ont marqué les lieux de leur passage : **Huguenot Place,** entre Trinity Road et Wandsworth Common Northside, le cimetière des Huguenots près de l'église St Anselm's, abritant des tombes de protestants français. Des usines, à l'Ouest de Streatham Common, **Factory Gardens,** fabriquaient des chapeaux de cardinal en soie rouge, bon teint, spécialité huguenote.

Sur Heathfield Road se tient la **Wandsworth Prison** (1849).

WOOLWICH (Londres Est)

UY – Chemin de fer : Woolwich – Arsenal, Charlton, Eltham (Well Hall), au départ de Charing Cross ou London Bridge Stations. Accès par la Tamise : voir p. 185.

Sur la rive droite de la Tamise, Woolwich (prononcer Woulidge) possédait au 14e s. le privilège royal d'un bac gratuit pour traverser le fleuve. Cet ancien village de pêcheur fut transformé sous les Tudors en un chantier naval (Royal Naval Dockyard) qui vit la construction, en 1512, du Great Harry, navire de guerre d'Henri VIII. Concurrencé par Devonport, le chantier ferma ses portes en 1869.

Plus en aval fut créé au 17e s. un arsenal militaire qui prit le nom du lieu, la « Warren » (la Garenne), pour devenir au 18e s. le **Royal Arsenal** (Arsenal royal). A la Première Guerre mondiale, il occupait 80 000 travailleurs ; sa fermeture eut lieu en 1963.

Face à l'entrée principale (1829) de l'Arsenal, sur Beresford Square, se tient le marché en plein air où se mêlent à la population de nombreux Indiens vivant à Woolwich (Sikhs reconnaissables à leur turban). La principale rue commerçante, Powis Street, mène au **Free Ferry** (bac gratuit) qui relie Woolwich à North Woolwich ; le bateau à vapeur et à aubes de 1889 a été remplacé en 1963 par un bateau à moteur diesel. Un tunnel pour piétons **(Woolwich Foot Tunnel)** rejoint également la rive opposée depuis 1912 et permet de traverser la Tamise quand le ferry ne fonctionne pas.

Sur les hauteurs de la ville (Woolwich Common) sont installés plusieurs bâtiments militaires des 18e et 19e s. séparés par l'ancien fossé creusé en 1777, l'actuel Ha-Ha Road (route du Saut-de-Loup). Les casernes **(Royal Artillery Barracks)** où est basé le Régiment royal d'artillerie, alignent sur Artillery Place leur longue façade coupée par un porche triomphal de modestes proportions. La **Old Royal Military Academy** (Ancienne Académie royale militaire), siégeant, lors de sa fondation en 1741, à l'Arsenal, occupa en 1805 ces vastes locaux dont la partie centrale évoque la Tour Blanche *(p. 130)* avec ses quatre tourelles. Le prince **Louis-Bonaparte,** fils de Napoléon III, fut élève de cette Académie.

Musée du Régiment royal d'Artillerie (Royal Artillery Museum). – *Academy Road. Visite de 10 h à 12 h 30 et de 14 h à 16 h. Fermé les samedis et dimanches.*

Situé dans l'ancienne Académie, il relate l'histoire du Régiment royal d'Artillerie à travers des documents variés (uniformes, maquettes).

La Rotonde (The Rotunda). – *Repository Road. Visite de 12 h (13 h les samedis et dimanches) à 17 h (16 h de novembre à mars). Fermée les jours fériés.*

Cet édifice en forme de tente faisait partie d'un groupe de six, conçus par Nash en 1814, pour la rencontre des souverains alliés dans les jardins de Carlton House (actuel Hyde Park). Réédifié sur la colline de Woolwich, en 1819, il abrite une collection d'armes depuis les mortiers utilisés à la bataille de Crécy jusqu'aux missiles balistiques du 20e s.

Thamesmead. – A l'Est de Woolwich, une ville nouvelle surgit sur d'anciens marécages couvrant plus de 600 ha. Elle engloberait l'ancien Royal Arsenal.

Charlton. – A l'Ouest de Woolwich, cette agglomération d'aspect provincial avec son église paroissiale, l'auberge Bugle Horn, le relais de poste White Swan du 18e s., la rue principale appelée The Village, ne s'anime que les samedis de manifestations sportives (Charlton Athletic).

St Luke's. – *Charlton Lane.*

Cette église à tour carrée et porche à pignon date dans son ensemble de 1630 ; elle servait de point de repère pour la navigation sur la Tamise, au 18e s. A l'intérieur, monuments funéraires de gens de la maison royale ou de personnalités politiques, du 16e au 19e s.

Charlton House. – *Charlton Road. Visite de la maison : prendre rendez-vous avec le gardien, ☏ 856 3951, de préférence le vendredi de 10 h à 12 h et de 16 h à 17 h.*

Seul exemple de l'architecture civile au temps de Jacques Ier ayant subsisté dans les proches environs de Londres, Charlton House fut édifiée au début du 17e s. pour Adam Newton, précepteur et secrétaire du frère aîné de Charles Ier, Henri, mort à 18 ans.

C'est un harmonieux édifice construit sur plan symétrique mais d'esprit encore gothique avec son appareil de briques, ses baies à meneaux et ses tourelles à dômes. On remarque surtout l'avant-corps central formant loggia, au décor très coutourné, d'inspiration germanique.

Barrage de la Tamise (Thames Barrier). – *Accès par le fleuve : de Westminster Bridge, 4 départs de 10 h à 14 h 45, durée 1 h 1/4 aller, escale à Greenwich, prix : £ 3 AR, renseignements, ☏ 930 3373. En train : de Waterloo Station à Charlton ou Woolwich Dockyard. En bus : No 51, 177, 180.*

Londres « au péril de la mer ». – Au cours de son histoire Londres a connu de terribles inondations ; les murs élevés pour protéger les rives n'ont pas réussi à endiguer ce fléau devenu de plus en plus fréquent *(voir p. 122)*. En effet, la couche d'argile sur laquelle repose la capitale s'affaisse lentement, en outre toute la Grande-Bretagne bascule : le Nord-Ouest du pays s'élève tandis que le Sud-Est s'enfonce dans la mer du Nord d'environ 30 cm par siècle ; depuis cent ans le niveau moyen des marées au Pont de Londres a augmenté de plus de 60 cm. L'action conjuguée – rare mais redoutable – de violents vents du Nord, qui repousse parfois la mer fort en avant dans l'estuaire de la Tamise, et des grandes marées d'équinoxe risquait, avant la construction du barrage, de provoquer une nouvelle catastrophe dans la région londonienne.

Le Barrage. – Le coût très élevé (435 millions de Livres) de ce gigantesque ouvrage ne représente cependant qu'un sixième de celui qu'aurait entraîné une seule grave inondation. Après l'achèvement du barrage de l'Escaut oriental aux Pays-Bas (9,6 km de long), la « barrière » de la Tamise sera le deuxième barrage mobile du monde. Réalisé entre 1972 et 1982 sur le fleuve large à cet endroit de 520 m, il se compose de quatre vannes latérales à déplacement vertical (3 vers la rive Nord et une au Sud) et de six vannes centrales pivotantes, en forme de segment d'arc ; leur partie plane a 16 m de haut, chacune des quatre vannes principales a une longueur de 61 m et pèse 3 300 t, les deux vannes plus petites qui les entourent ont 31,50 m de long et pèsent 900 t ; ces six portes sont actionnées par des mécanismes hydrauliques indépendants, abrités dans chacune des sept piles centrales et protégés par un sabot d'acier.

En temps normal les vannes reposent horizontalement au fond du fleuve, encastrées dans des niches de béton ; elles permettent alors le passage de navires jaugeant jusqu'à 20 000 t. La salle de commande principale, sur la rive Sud, est reliée au centre d'alerte aux marées situé au Nord de l'Écosse ; en cas de danger, les vannes latérales se ferment et les portes centrales pivotent de 90° pour se dresser verticalement au fleuve, leur côté incurvé vers l'aval. La fermeture totale de la Tamise s'effectue en 30 mn ; les vannes dépassent alors d'environ 4 m le niveau moyen des eaux. Pour contenir le flot ainsi retenu, on a également surélevé les rives de la Tamise sur 20 km en aval.

Visite. – Un centre d'information est installé sur la rive Sud du fleuve ; il offre des présentations audiovisuelles, une boutique et un restaurant.

Depuis l'embarcadère (Barrier Pier) en aval du barrage, des circuits en vedettes permettent de s'approcher des installations. *Départ toutes les 30 mn, durée : 20 à 30 mn.*

Eltham Palace★. – *Situé au Sud de Woolwich, près de Court Road. Ouvert les jeudis et dimanches de 11 h à 17 h (16 h d'octobre à mars).*

Le manoir d'Eltham, séjour royal, fut décrit au 14e s. par le chroniqueur Froissart comme « un très somptueux palais ». Édouard IV y ajouta le Great Hall en 1479. Henri VIII y résida avant de préférer s'installer à Greenwich. Tombé en ruines pendant le Commonwealth, au 17e s., seul le Great Hall fut restauré en 1931. Des fouilles ont permis de découvrir les fondations de bâtiments d'époques médiévale et Tudor.

Great Hall. – Construction en briques et pierres, décorée de figures grotesques. A l'intérieur, belle **charpente** de bois.

INDEX ALPHABÉTIQUE

Piccadilly, National Gallery .... Localité, promenade, site, curiosité
Wren .... Personnage historique ou célèbre
Les Guildes .... Termes faisant l'objet d'un texte explicatif

D

E

F

G

H

I

J

K

L

M

N